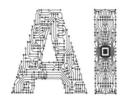

융합교육개론

정제영 · 김갑수 · 박보람 · 박휴용 · 이선복
전우천 · 정영식 · 조헌국 · 최숙영 · 하민수

머리말

  인공지능 시대(the Era of Artificial Intelligence)라는 용어는 이제 전 세계적으로 사용되고 있다. 제4차 산업혁명 시대, 디지털 대전환(Digital transformation)과 함께 미래사회를 표현하는 용어라고 할 수 있다. 인공지능을 비롯한 4차 산업혁명 기술이 사회를 근본적으로 변화시키는 가운데, 가장 큰 변화가 예상되는 영역 중 하나는 교육 분야이다. 실제로, 코로나 19 팬데믹으로 인해 교육계에서는 상당히 많은 변화가 나타난 바 있다. 교육계에서 원격수업, 비대면 교육이 사회 전반으로 확대되면서 온라인 수업을 맞이하게 되었고, 교육 분야에서 인공지능에 관한 관심이 높아졌다.

  인공지능 시대가 도래함에 따라 지능정보사회의 핵심기술인 머신러닝, 딥러닝을 비롯한 인공지능 기술이 비약적으로 발전하고 있다. 특히 4차 산업혁명의 도래로 인간 고유의 영역으로 인식되었던 인간의 복잡한 인지 능력까지 컴퓨터로 구현되어, 우리 삶의 모든 영역에 큰 변화를 가져오고 있다. 인공지능, 데이터 과학 등의 발전과 더불어 코로나 19 팬데믹으로 인한 디지털 대전환은 사회·경제·문화 전반의 구조적인 변화를 일으키고 이런 변화를 더욱 가속시킬 것으로 예상된다.

  인공지능 기술의 발전과 더불어 인공지능을 교육 분야에서 어떻게 적용할 수 있을지에 대해 세계적인 관심이 높아지고 있다. 초·중등교육에서 인공지능 교육은 인공지능 이해교육과 인공지능 융합교육으로 나누어볼 수 있다. 인공지능 이해교육은 인공지능 기술과 기법에 대한 내용 교육, 인공지능에 대한 기본

소양교육, 그리고 최근 강조되고 있는 인공지능 윤리교육 등이 해당된다. 인공지능 융합교육은 기존 교과의 내용과 인공지능 기술, 데이터 과학 등이 결합하는 교과융합교육과 각 교과에서 인공지능을 활용한 프로그램을 활용하여 학습의 성과를 높이는 인공지능 활용교육으로 나누어볼 수 있다.

우리나라 정부는 2020년에 교원들의 인공지능 역량을 높이기 위해 세계적으로 유래가 없는 'AI 융합교육' 전공의 석사과정을 신설하여 운영하고 있다. 2020년 9월에 38개 대학교 42개 전공으로 시작하여, 2021년에는 41개 대학교 45개 전공, 2022년에는 46개 대학교 50개 전공으로 확대되었다. 이는 국내 각 대학에서 AI융합전공 개설 의지가 있음을 의미하며, 향후 전공의 지속적인 발전 및 성장 가능성을 보여주는 수치이다.

전국에 신설된 AI융합교육 전공의 교육과정 운영을 지원하기 위해 이화여자대학교 미래교육연구소는 AI융합교육연구지원센터로 지정되어 2년간 운영되었다. 2020년 9월부터 2022년 8월까지 운영된 센터는 전공과정을 설치한 대학교의 교육과정 운영을 지원하고자 1차년도 및 2차년도에 각각 AI 융합교육과 관련된 전공 공통 과목의 교재 및 전공 과목의 교재를 연간 2종 이상 개발하여 보급하였다. 신설된 AI융합교육 전공 교육과정 내실화를 위해 수업 운영의 기본이 되는 교재를 개발하는 것은 그 의미가 매우 크다.

이번에 자발적으로 기본 교재 개발에 참여하신 교수님들이 의기투합하여 별도의 교재를 출판하기로 결정하였다. 전통적인 교과의 교재를 개발하는 것과는 달리 새로 만들어진 융합전공에서 다양한 전공의 배경을 갖고 계신 교수님들이 모여 책을 쓴다는 것은 학계에서 쉽지 않은 도전 과제이다. 이렇게 출판의 결실을 맺게 된 것은 모두 참여해주신 교수님들의 인내와 노력의 결과라고 할 수 있다. 참여해주신 교수님들께 지면을 빌어서 다시 한번 감사의 말씀을 드린다. 그리고 책으로 나오기까지 여러 가지 도움을 주신 박영스토리 대표님과 편집진께도 감사의 말씀을 드린다.

이 책은 'AI 융합교육' 전공이라는 새로운 융합학문에 입문하는 석사과정의 첫 번째 수업을 위해 기획하였다. 하지만 현장에 계신 많은 선생님들에게도 도움이 될 것으로 기대한다. 이번에 출판하는 1판은 새로운 분야에 도전하는 노력의 시작이고 새 판을 거듭하면서 발전하기를 소망한다.

2023년 신년
저자 대표 정제영

목차

PART 02   인공지능 기술과 교육적 활용

인공지능과
교육의 변화

1

AI 시대, 교육 환경의 변화

정제영

　근대 민주주의의 형성에 있어서 학교는 매우 중요한 역할을 수행하였다. 학교라는 공교육 제도는 국가적으로 민주시민을 양성하는 중요한 기능을 담당하였는데, 매우 효율적으로 시민교육을 수행하였다고 평가할 수 있다. 학교제도를 통해 교육기회의 양적인 확대에 긍정적인 영향을 미쳤음에도 불구하고 근대식 학교제도에 대한 문제 제기는 지속적으로 이루어져 왔다.

　많은 학생을 효율적으로 가르치기 위한 근대식 학교제도는 2차 산업혁명으로 등장한 대량생산 체제인 공장의 구조와 닮아있다. 20세기 초 Taylor(1911)는 공장에서 좀 더 높은 성과와 수익을 얻을 수 있는 방법을 연구한 끝에 '과학적 관리론'을 고안했다. Taylor는 효율성과 생산성을 높이기 위해 시간과 동작을 분석하는 연구를 진행하여 공장에서의 '분업화'와 '전문화'를 구현했다. 포드자동차의 설립자인 Henry Ford는 당시 과학적 관리론을 자동차 공장에 적용하여 컨베이어 벨트와 표준화된 공정을 통해 대량생산 체제를 완성했다. 동일한 생산 공정을 반복하는 '표준화', 각자 자신이 맡은 부분만 담당하는 '분업화', 자신의 일을 완벽하게 해내는 '전문화'를 구현하였는데 이러한 관리체제를 '포디즘(Fordism)'이라고 한다. 하지만 대량생산 공장에서 조직의 능률을 높여주었던 과학적 관리론은 1936년 찰리 채플린의 영화 '모던 타임즈'에서 묘사되었듯이 인간을 기계의 일부인 톱니바퀴처럼 통제함으로써 부정적으로 인식되기도 했다.

근대 학교제도는 한마디로 '대량교육을 수행하는 체제'라고 할 수 있다. 과학적 관리론과 포디즘에 기반을 둔 근대 학교제도는 공장의 컨베이어 벨트를 학교의 학년제로 구현하였고, 표준화된 공정을 국가교육과정으로 전환하였다. 학생들은 자동차의 부품이 조립되듯이 컨베이어 벨트에 올려진 채로 1년 단위로 학년을 이동하게 되었다. 교사는 마치 공장의 노동자처럼 동일한 공정에 투입되어 표준화된 수업을 진행한다. 여기서 중요한 점은 대량교육 시스템에서는 학습의 주체인 학생이 교육의 대상, 즉 객체화된다는 것이다(정제영, 2017).

근대 학교제도에 대해 전 세계적으로 이루어지고 있는 비판은 우리나라의 상황에서도 유사하게 나타나고 있다. 우리나라의 경우에는 학교제도의 경직성, 국가교육과정의 획일성, 상대평가와 학생 간 치열한 경쟁체제 등을 더욱 강조해서 살펴볼 필요가 있다. 학생들은 제각기 고유한 소질과 적성을 갖고 있고 개인적 경험이 다양하게 체화되어 있다. 학교제도는 이런 학생의 다양성을 존중하지 못하고 평균 수준의 '표준화'된 목표를 지향한 교육을 시행한다. 학생의 나이에 따라 배울 내용이 결정되는 학년제의 운영 방식은 공장의 컨베이어 벨트와 같은 원리라고 볼 수 있다. 교육과정의 운영에 있어서 개별 학생의 학습 이력이나 성과는 반영하지 않는다. 국가교육과정은 학년제와 강력하게 결합되어 있고, 학년별로 학습해야 할 내용의 분량은 정해져 있다. 학생들의 학습 역량과 무관하게 진도라는 형태로 수업이 진행된다. 학교별로 교육이 운영되고 있지만, 전국적으로 볼 때 하나의 기업이 운영하는 공장들이라고 봐도 무방할 정도로 표준화되어 있다.

특히 우리나라는 다른 나라보다 더욱 뚜렷하게 서열화된 대학 구조를 갖고 있다. 학생들이 진학하기를 희망하는 명문대학은 어느 나라에나 존재하지만, 우리나라는 대학 졸업장이 취업과 생애소득에 미치는 영향이 매우 높은 상황이다. 우리나라 학생과 학부모들은 일반적으로 좋은 대학에 입학하고자 하는 강렬한 욕구를 갖고 있다. 대학 입시에 고등학교의 내신 성적이 반영되기 때문에 고등학교 교사는 학생들의 공정한 경쟁을 위해 엄격한 상대평가를 요구받고 있다.

공장과 같이 표준화된 평균 지향의 학교제도의 가장 두드러진 특징은 학습자의 개별적 상황이 고려되지 않는 제도의 획일성과 경직성이다. 이러한 특징으로 인해 학교교육의 가장 핵심적인 부분인 교수-학습 활동이 성공적으로 이루어지지 않는 문제가 지속되고 있다. 학교에 재학하고 있는 학생 중에서 상당히 높은 비율이 학교교육을 통해 학습을 제대로 하지 못하고 사교육에 의존하고 있다. 2021년 사교육비 통계에 따르면 사교육 참여율이 75.5%이고, 사교육비 총액은 23.4조 원에 이르고 있다(교육부, 2022). 심지어 학업을 포기하는 현상도 발생하고 있는데 2020학년도 초·중·고교의 학업 중단 학생수는 32,027명이고, 학업중단율은 0.6%에 해당한다. 누적되고 있는 학업중단으로 학령기의 학교 밖 청소년은 30만 명에 육박한다고 유추할 수 있다. 근대 학교제도의 하위 시스템들이 안고 있는 문제에 대해 구체적으로 살펴보고자 한다.

1 근대적 학교교육의 문제

1) 학교제도의 경직성

우리나라의 현행 학제는 교육법령에 근거하여 학교 단계를 초등학교, 중학교, 고등학교, 대학교로 나누어 '6-3-3-4'제로 운영하고 있다. 우리나라는 모든 지역에서 동일한 학제를 운영하고 있는데, 효율성 면에서는 장점을 갖고 있지만, 제도의 경직성으로 인한 문제가 상당히 존재한다. 우리나라 국민이라면 누구나 만 6세에 초등학교에 입학해야 하고, 초등학교에 입학한 지 6년이 지나면 초등학교를 졸업하고 중학교에 입학한다. 중학교에 입학한 지 3년이 지나면 고등학교에 입학하고, 3년 후에는 졸업을 한다. 초등학교 과정을 덜 배웠다고 해서 초등학교를 7년 동안 다닌다거나, 초등학교 교육과정을 모두 학습했다고 해서 5년 만에 중학교에 입학하는 사례는 극히 드물다.

우리나라의 학교는 학생의 학습 수준, 학습 속도, 학습 필요, 문화적 차이 등을 반영하지 않고 경직되고 고정된 방식으로 운영된다. 따라서 학교에서 제공하는 내용과 수준과 속도에 일치하지 않는 학생들은, 더 빠르게 가는 학생도 더디 가는 학생도 모두 소외될 수밖에 없다(최상근·박효정·서근원·김성봉, 2004). 결과적으로 학교제도를 너무 획일적으로 경직되게 운영함으로써 다양한 측면에서 문제가 발생하고 있다. 학생들은 각자 모두 다른데, 학교에서는 예외가 인정되지 않는 교육이 이루어지고 있는 것이다.

2) 표준화된 교육과정의 획일성

근대 학교제도의 경직성을 더욱 고착시키는 제도는 바로 국가교육과정이다. 학교에 처음 입학하는 초등학교 1학년부터 학생 간 학습 수준과 속도에서 차이가 발생하지만, 국가교육과정에는 이를 반영하는 유연성이 없이 단일한 교육과정으로 운영되고 있다. 획일적인 교육과정은 수업시수, 과목별 단위 수의 형태로 구성된다. 학습의 양과 시간이 표준화되어 있다는 것은 결과적으로 학습자 개인별 차이를 고려하지 않고 있음을 의미한다. 허경철(2001)은 국가교육과정의 성격이 보다 유연하게 변화되어야 함을 강조하면서, 현행 국가교육과정이 학교에서 가르쳐야 할 교과목의 종류와 시간을 획일적으로 결정하는 부분에 대해 비판하고 있다.

학교에 입학할 시점에서의 개인별 학력 수준 차이는 표준화된 교육과정을 통해 학년이 올라가면서 그 격차가 더 커지게 된다. 한번 학습 결손이 발생하면 계속 누적되어 극복하기가 매우 어렵다. 양정호, 서정화, 김영철, 백순근(2008)은 학력격차 해소를 위한 학습부진 책임지도 정책에 대한 연구에서 학교급이 높아질수록 평균적인 학업성취 수준이 낮아짐을 확인했다. 조지민, 김명화, 최인봉, 송미영, 김수진(2007)은 학교급이 높아질수록 기초학력에 미달하는 학생의 비율이 높아지고 개인의 학습 부진이 누적되고 있다고 분석했다. 김경근, 성열관, 김정숙(2007)은 학력 부진 학생의 특징과 학력 부진 학생들이 생기는 원인에 대해 면담법 등을 통한 질적 연구를 시도했는데, 교육과정의 평균적인 난이도가 높기 때문에 학력 부진 학생들의 학력이 더욱 낮아지고 있다고 분석했다. 표준화된 교육과정의 운영으로 인해 수업 내용에 대한 흥미를 잃게 되고, 결과적으로 잠자는 교실의 문제나 일반고의 위기 현상 등이 나타나고 있다.

3) 무한 경쟁을 유발하는 상대평가

강력하고 뚜렷하게 서열화된 대학에 입학하는 것을 정점으로 하여, 우리나라의 모든 고등학교에서는 상대평가 제도를 시행하고 있다. 상대평가는 학생들의 성취수준을 서열에 따라 등급으로 나누어 평정하는 방식으로, 현행 9등급제에서는 서열이 상위 4%에 해당하는 학생들만이 1등급을 받을 수 있다. 모든 학교에서 일정 비율의 학생들은 학습의 과정에서 실패한 것으로 평가받도록 제도화되어 있다. 실제 학생들의 역량을 파악하는 데 상대평가의 결과인 등급이 나타내는 정보는 피평가 집단에서의 서열 이외에는 거의 없다. 해당 학생이 수학 교과에서 세부적으로 어떠한 특성을 갖고 있으며 어떤 부분에서 장단점이 있는지에 대한 정보를 제공하지 못하는 것이다.

성의철, 양혁승(2015)이 절대평가 대비 강제배분 상대평가 방식이 피평가자의 외재적 동기에 미치는 효과를 분석한 결과, 강제배분 상대평가 방식이 절대평가 방식에 비해 외재적 동기에 긍정적 영향을 미치는 반면, 기대공정성, 지각된 통제감, 기대결과치 모두에 부정적 영향을 미치는 것으로 나타났다. 그리고 강제배분 상대평가 방식이 외재적 동기에 미치는 정적인 직접 효과는 기대공정성, 지각된 통제감, 기대결과치를 통한 부정적 간접효과로 인해 일정 수준 억제되는 것으로 나타났다. 김성일, 윤미선, 소연희(2008)는 흥미와 내재동기에 대한 이론과 경험적 연구를 바탕으로 국제비교에서 우리나라 학생들이 상대적으로 낮은 학업 흥미를 보이는 주된 이유를 통제적인 학습환경, 경쟁으로 인한 불안 및 스트레스와 함께 빈번한 상대평가에서 오는 유능감의 박탈 등으로 파악했다. 상대평가는 결과적으로 일정한 비율로 학습에 실패한 학생들을 만들어내므로, 학교교육에서 실패하여 좌절하는 학생이 생길 수밖에 없기 때문이다.

표준화된 교육과정 운영과 연결된 학교의 내신 평가는 학년별 평가로서 동일 과목에 대해서는 가르치는 교사의 구분 없이 동일한 평가를 실시하고 있다. 수준별 반편성이 이루어지는 학교에서도 평가 문항은 대부분 동일하게 시행된다. 학생에 대해 많은 정보를 가지고 있는 교사에게는 평가권이 거의 주어지지 않고, 정답을 정확하게 응답해야 하는 선택형이나 단답형 위주로 문항이 구성되는 경우가 많다. 평가가 획일적으로 이루어지면 교사의 수업도 획일적으로 이루어져야 하는 악순환이 발생한다. 결과적으로 토론과 상호작용이 활발한 교실 수업보다는 진도에 따라 지식을 정확하게 전달하는 수업으로 변질될 가능성이 높아지고, 학생 개인에 대한 개인별 수시평가나 형성평가를 통한 개인 맞춤형 피드백의 가능성이 낮아질 수밖에 없다.

고부담의 상대평가는 학업성취도가 낮은 학생뿐만 아니라 높은 학생들에게도 과도한 사교육을 유발하고 있다. 학업성취 목표를 달성하기 위한 목적의 사교육이 아닌 다른 학생과의 경쟁에서 이기기 위한 사교육을 유발하고 있다. 경쟁적인 제도에 의한 사교육은 모두가 그만두지 않으면 지속될 수밖에 없으며, 이를 경제학적으로 위치재(位置財)라고 한다. 특히, 학업성취도가 높은 학생들의 경우 대학 입학이라는 인생 최대의 고부담 평가에서 상대적으로 높은 점수를 얻고자 정해진 교육내용의 문제를 빠르고 정확하게 해결하기 위해 무한 반복적인 학습을 하며, 이를 위해 어릴 때부터 학교 교육과정과 무관하게 사교육을 받는 상황이 나타나고 있다.

4) 부분 최적화 방식으로 진행되는 교육개혁의 한계

학교를 중심으로 하는 교육제도를 개선하려는 교육개혁의 노력은 세계적으로 지속되어왔다. 하지만 이러한 교육개혁의 시도를 Tyack와 Cuban(1995)은 '유토피아를 향한 어설픈 땜질(tinkering toward utopia)'이라고 표현한 바 있다. 부분적인 개선의 노력으로는 본질적인 문제를 해결하지 못하고, 땜질식 처방에 그치는 경우가 많다는 것이다. 우리나라에서도 수많은 교육개혁이 이루어져 왔으나 학교교육의 근본적인 문제를 해결하지는 못했다.

1945년 해방 이후 우리나라의 학교교육은 거의 새로운 시작에 가까운 수준이었다. 1948년 당시 13세 이상 인구 1,500만 명 중에서 초등학교 이상 학력 소지자는 12.6%에 불과하였고, 문맹자는 53%에 이르렀다. 학교교육의 입학과 졸업의 기회를 확대하는 것이 당시에는 가장 큰 교육적 과제였다(이종재·김성열·돈 애덤스, 2010). 1950년대에 초등학교 취학률을 높이고, 1960년대와 70년대에 걸쳐서 중학교와 고등학교 진학률을 거의 100%에 가까운 수준으로 높여

왔다. 1980년대 이후에는 대학 진학률을 높이기 위해 대학의 정원을 확대하였다.

교육기회를 확대하는 양적인 성장기를 지나면서 교육의 질적인 성장을 위한 정책들을 꾸준히 지속해왔다. 특히 1995년에 발표된 '5·31 교육개혁' 이후의 교육정책들은 학습 성과를 높이기 위한 목표를 설정하고 노력했다는 점에서 매우 큰 의미를 지닌다. 하지만 이러한 교육개혁의 노력들이 근대 학교제도의 근본적인 문제를 해결하지 못했다는 점에 대해 평가와 반성이 필요하다.

교육개혁이 성공을 거두지 못한 가장 큰 원인은 학교교육의 개선을 위한 시스템적 사고가 부족했기 때문이다. 정제영(2016)은 우리나라 교육개혁의 실패 원인을 "부분 최적화 전략의 한계"로 지적했다. 학교 시스템은 하위 시스템 사이에 유기적인 연계를 갖고 있는데, 이러한 시스템 간 연계를 고려하지 않고 하위 시스템별로 최적화하려고 시도하는 것은 결과적으로 전체 학교 시스템에 긍정적인 변화를 가져오기 어렵다는 의미이다. 거의 매년 바뀌어온 대입제도를 포함한 다양한 변화와 노력들을 통해 현재의 교육 패러다임을 바꿀 수 있는 수준에 이르지는 못하고 부분적으로 개선하려고 시도해왔다. 하지만 이러한 교육제도 개선의 노력은 패러다임을 바꾸는 결과보다는, 일선 교육 현장에서 교육개혁의 피로감으로 누적되어 왔다고 평가할 수 있다.

2 학교교육 환경의 변화

현재 우리나라의 교육은 저출산과 고령화, 학령인구의 감소, 사회적 양극화와 교육격차 심화 등 오래전부터 진행되어 온 환경의 변화에 직면해 있다. 또한 지능정보기술의 발전과 AI 시대 사회의 도래, 디지털 대전환 등 교육 시스템에 영향을 미치는 급격한 사회 변화를 마주하고 있다. 세계경제포럼(World Economy Forum)에서 Klaus Schwab 회장이 제4차 산업혁명을 선언한 이후 AI 기술의 적용이 급격하게 확대되고 있다. 2020년에 전 세계를 강타한 코로나 19 팬데믹은 교육 분야에서 디지털 대전환이 이루어지는 변화를 가속화시키는 요인으로 작용하였다. 교육환경의 급격한 변화를 살펴보고 교육적 대응 방향에 대해 살펴보고자 한다.

1) 저출산·고령화와 학령인구의 감소

저출산으로 인한 우리 사회의 학령인구 감소는 매우 심각한 수준에 이르고 있다. 인구변동 요인에서 가장 큰 부분을 차지하고 있는 것은 출생아 수의 감소로서 현재까지 진행된 인구변동은 급속한 출생아 수 감소에 기인한 바가 크다. 1981년 86만 7천 명 수준을 보인 출생아 수는 2000년에 64만 명으로 약 4분의 1이 감소하였으며, 2005년에는 43만 8천 명으로 1981년 수준의 절반으로 하락하였다. 2000년대 지속적으로 유지하던 40만 명대의 출생아 수는 2017년에 와서 35만 7천 명으로 하락하였으며, 2020년 출생아 수는 27만 2,400명으로 전년보다 3만 300명이 줄어 10.0% 감소했다.

▼ 그림 1-1 학령인구의 변화 전망

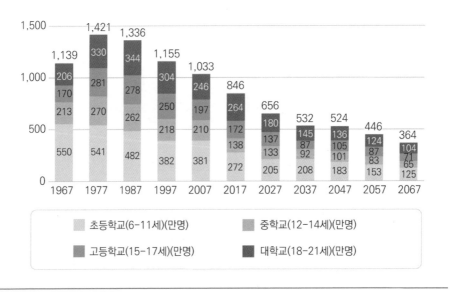

출처: 인구로 보는 대한민국 https://kosis.kr/visual/populationKorea

2020년 출생아 수는 통계가 작성된 1970년 이후 가장 적은 상황이며 2021년에는 더욱 줄어들 것으로 예상된다. 2019년부터 사망자 수가 출생아 수보다 많아지는 인구 자연감소가 시작되었다. 정부는 이에 대비하여 2006년부터 저출산고령사회 기본계획을 발표하고 대응책을 마련하고 있다. 제3차 저출산고령사회 기본계획의 예산은 무려 108조에 이르는 수준으로 막대한 정부 예산이 지출되고 있지만, 실적은 미미한 수준이다. 2021년에 시작되는 제4차 저출산고령사회 기본계획에서도 교육적 대응을 다루고 있지만 교육분야에서는 더욱 철저한 대응이 필요한 상황이다. 학생 수 감소에 따라 생산가능인구도 줄어들 것으로 예상되어 학생 한 명 한 명이 더욱 소중한 의미를 갖고 있다. 학생 개개인의 역량을 충분히 발휘할 수 있도록 교육과정을 개별화하고 맞춤형 교육과정을 제공하는 학교의 질적 혁신이 필요한 상황이다.

인구구조의 변화 중에서 또 다른 중요한 변화는 고령화의 급속한 진전이다. 우리나라는 2018년 고령사회에 진입하였으며 UN 보고서에 따르면 2026년에는 초고령사회로 진입할 것으로 전망된다. 고령화로 인한 생애주기의 변화에 따라, 특히 중년 이후의 노령인구를 위한 교육의 변화가 요구된다. 2018년 고령사회 진입과 함께 생산연령인구가 감소하기 시작하였다. 더불어 기대수명은 1970년 62.3세에서 2016년 82.4세로 45여 년 동안 약 20년 연장되었다. 고령화로 인해 세대 간 연령차의 폭이 커지면서 세대 간 격차가 더욱 커지고 이로 인해 가정, 조직, 사회에서의 갈등상황이 벌어질 것으로 예상된다. 고령화로 인한 사회적 인구 구성의 변화에 대응하는 가장 효과적인 방법은 전 세대를 대상으로 교육체제를 혁신하는 것이다.

2) 사회적 약자의 확대로 인한 양극화와 교육격차 심화

한부모 가구는 사별, 이혼, 미혼모, 미혼부, 별거, 유기 등 다양한 원인으로 형성되며 특히 최근 급증하고 있는 이혼으로 인해서 빠르게 증가하는 추세이다. 2020년 전체 2,148만 가구 중에서 한부모 가구는 153만 가구로 7.1%에 해당한다. 조부모와 미혼손자녀로 구성된 조손 가족은 2018년 약 11만 5,000가구로 전체 가구의 0.6%를 차지하고 있는 것으로 나타났다. 우리나라 조손 가족에서 양육하고 있는 손자녀 수는 가구당 평균 1.4명이며, 손자녀 1인을 양육하는 경우가 전체 가구의 66.2%로 나타났다. 농어촌의 경우 특히 초등학생의 34.0%, 중학생의 31.2%, 고등학생의 32.1%가 조손 가족인 것으로 나타났다. 교육적 소외가 발생할 수 있는 사회적 약자가 점차 증가하는 추세라고 할 수 있다.

사교육의 통계를 보면 사회적 양극화가 교육의 양극화로 이어지는 현상을 발견할 수 있다. 2021년 사교육비 총 규모는 약 23조 4천억 원으로 2018년 약 19조 5천억원, 2019년 21조원에서 상승하는 추세이다. 사교육 참여율은 학교급별로 초등학교 82.0%, 중학교 73.1%, 고등학교 64.6% 순으로 나타났다. 전체학생의 1인당 월평균 사교육비는 36만 7천원, 참여학생은 48만 5천원으로 나타났다. 학교급별로 보면 초등학교 32만 8천원, 중학교 39만 2천원, 고등학교 41만 9천원으로 나타났으며, 사교육에 참여하는 학생들로만 보면 초등학교 40만원, 중학교 53만 5천원, 고등학교 64만 9천원으로 높아진다.

사교육비 지출이 교육적으로 효과가 있다고 가정한다면 사교육비 지출의 격차는 교육 성과의 격차로 이어질 가능성이 있다. 소득구간별로 1인당 월평균 사교육비 지출의 분포를 볼 때, 월평균 소득이 200만 원 미만 구간의 경우 사교육 참여율도 낮고 상대적으로 소액을 지출하는 학생의 비중이 높은 것에 비해 월평균 소득이 800만 원 이상 구간의 경우 사교육 참여율이 높고 상대적으로 고액을 지출하는 학생의 비중도 높은 것으로 나타났다. 2021년의 사교육비 통계에 의하면 월평균 사교육비는 800만원 이상 구간은 59만 3천원, 200만원 미만 구간은 11만 6천원으로 5배 이상의 격차를 보이고 있다. 사교육 참여율에 있어서도 800만원 이상 구간은 86.0%, 200만원 미만 구간은 40.4%로 2배 이상의 격차를 보이고 있다. 사교육이 교육의 결과에 영향을 준다고 가정할 때, 가정의 사회·경제적 배경에 의한 교육의 격차는 점점 심화되고 있음을 의미한다.

사회적 양극화가 심화되면서 부모의 사회·경제적 지위(Socio-Economic Status)는 자녀의 교육 기회에 큰 영향을 주고 있다. 서울지역 고등학교 1학년 학생의 학교 유형별 가구소득 분포를 보면 특목고, 자율고와 같이 학업성취도가 높고 우수대학 진학률이 높은 학교의 경우 고소득층 비율이 높은 것으로 나타났다. 서울대 입학생 구성 변화를 보면 특목고, 강남 3개 구 출신 학생 비율이 높아지고 있다. 대학에 입학한 뒤에도 저소득층 대학생들은 학비를 부담하기 위해 고소득층 학생에 비해 학업에 충실하기 어려워 학업성취도에서도 차이가 발생하는 것이다. 이처럼 경제·사회의 양극화로 인해 교육 투자의 격차는 심화되며, 교육을 통해 계층이 재생산되는 악순환이 나타나고 있다. 교육 투자에 대한 격차는 교육 성과의 격차로 이어지고, 사회적 양극화의 결과가 나타날 수 있다. AI 등 새로운 기술을 활용하여 적은 비용으로 개인별 소질과 적성, 학습 수준에 맞는 맞춤형 교육을 지원함으로써 사회적 격차를 줄이는 정책이 필요한 상황이다.

3 AI 시대의 도래와 교육적 대응

AI 시대(the era of artificial intelligence)라는 용어가 이제 전 세계적으로 사용되고 있다. 이는 제4차 산업혁명, 디지털 전환(digital transformation)과 함께 미래사회를 표현하는 용어라고 할 수 있다. 최근 OECD(2019)에서 회원 36개국과 아르헨티나, 브라질, 콜롬비아, 코스타리카, 페루, 루마니아가 참여하여 AI 시대의 정책적 전략과 관련하여 'AI에 관한 OECD의 원칙(The OECD AI Principles)'을 채택하였다. OECD는 AI 관련 권고안과 원칙을 발표하였고 이는 국제 표준으로 작용해 국내외 AI 사업 전반에 영향을 미칠 것으로 전망된다. OECD는 AI 정책 추진에 있어서 가치에 기반한 다섯 가지 원칙을 제시하였다(OECD, 2019). 첫째, AI는 포용적 성장(inclusive growth), 지속가능한 개발 및 복지(sustainable development and well-being)를 추진함으로써 사람들과 지구에 이익을 가져다주어야 한다. 둘째, AI 시스템은 법, 인권, 민주적 가치, 다양성을 존중하는 방식으로 설계되어야 하며 정의롭고 공정한 사회를 위한 안전장치(appropriate safeguards to ensure a fair and just society)를 포함해야 한다. 셋째, 사람들이 AI 알고리즘에 기반하여 도출한 결과를 이해하고 그 결과에 도전(challenge)할 수 있도록 AI 시스템에 대해 투명하고 책임감 있게 공개해야 한다(transparency and responsible disclosure around AI systems). 넷째, AI 시스템은 수명 주기 내내 강력하고 안전한 방식으로 기능해야 하며 잠재적 위험성을 지속적으로 평가하고 관리(continually assessed and managed)해야 한다. 다섯째, AI 시스템을 개발, 구축, 운영하는 기관과 개인은 위의 원칙에 따라 적절히 기능하도록 책임(accountable)을 져야 한다는 것이다. 이러한 원칙은 교육 분야에서 AI 기술을 활용할 때 반드시 적용되어야 할 내용이라고 할 수 있다.

2020년 세계경제포럼은 4차 산업혁명 시대를 위한 새로운 교육 모델을 정의하는 미래교육 비전을 발표하였다. 세계경제포럼은 교육 혁신을 주도하기 위한 다섯 가지 접근법을 제시하였다. 첫째, 학습의 과정에서 재미있는(playful) 접근법이 필요하다. 학습의 과정에서 학생들이 적극적 사고, 사회적 교류를 통해 의미 있는 학습을 할 수 있도록 즐거운 경험을 제공해야 한다는 것이다. 둘째, 경험적인(experiential) 접근법이다. 학습의 과정에서 학생들이 실생활에 응용할 수 있는 콘텐츠(프로젝트 기반, 연구 기반 학습)를 제공해야 한다는 것이다. 셋째, 컴퓨터를 사용한(computational) 접근법이다. 학습의 과정에서 학생들이 디지털 기기를 활용하여 문제를 활용해야 하고, 컴퓨터적 사고의 과정을 이해하고 문제를 해결해야 한다는 것이다. 넷째, 체화된(embodied) 접근법이다. 학습의 과정에서 학생은 행동적 경험을 통해 문제를 해결하는 과정에서 지식을 체화시켜야 한다는 것이다. 다섯째, 다문화적(multiliteracies) 접근법이다. 학생들이 다양한 언어가 사용되고 공유되는 과정을 통해 다문화를 이해하고 융합해야 한다는 것이다. 우리나라는 현재 2022 개정 교육과정을 준비하는 과정인데 이러한 접근법이 적용될 필요가 있을 것이다.

1) OECD의 대응 사례

OECD는 AI 관련 권고안과 원칙을 발표하였고 이는 국제 표준으로 작용해 국내외 AI 사업 전반에 영향을 미칠 것으로 전망되고 있다. OECD 회원 36개 국과 아르헨티나, 브라질, 콜롬비아, 코스타리카, 페루, 루마니아에서 AI에 관한 OECD의 원칙(The OECD AI Principles)을 채택하였다(2019).

1. AI는 포용적 성장(inclusive growth), 지속가능한 개발 및 복지(sustainable development and well-being)를 추진함으로써 사람들과 지구에 이익을 가져다 주어야 한다.
2. AI 시스템은 법, 인권, 민주적 가치, 다양성을 존중하는 방식으로 설계되어야 하며 정의롭고 공정한 사회를 위한 안전장치(appropriate safeguards to ensure a fair and just society)를 포함해야 한다. (eg. 필요한 상황에 인간의 개입을 허용)
3. 사람들이 AI에 기반한 결과를 이해하고 그 결과에 도전(challenge)할 수 있도록 AI 시스템에 대해 투명하고 책임감 있게 공개해야 한다(transparency and responsible disclosure around AI systems).
4. AI 시스템은 수명 주기 내내 강력하고 안전한 방식으로 기능해야 하며 잠재적 위험성을 지속적으로 평가하고 관리(continually assessed and managed)해야 한다.
5. AI 시스템을 개발, 구축, 운영하는 기관과 개인은 위의 원칙에 따라 적절히 기능하도록 책임(accountable)을 져야 한다.

OECD의 AI 정책 권고안(Recommendation of the Council on AI)에 신뢰할 수 있는 AI를 위한 국가 정책 및 국제협력을 위해 권고 사항을 제시하였다.

OECD의 신뢰할 수 있는 AI를 위한 국가 정책 및 국제 협력

1. 연구 개발에 대한 공공 및 민간 투자를 촉진하여 신뢰할 수 있는 AI의 혁신(Innovation in trustworthy AI)을 촉진한다.
2. 데이터와 지식을 공유할 수 있는 디지털 인프라와 기술, 메커니즘으로 접근 가능한 AI 생태계(Accessible AI ecosystems)를 구축한다.
3. 신뢰할 수 있는 AI의 시스템 구축을 위한 정책 환경(Policy environment)을 보장한다.
4. 사람들이 AI 기술을 배울 수 있도록 하고 공정한 전환(Fair transition)을 위해 근로자들을 지원한다.
5. 신뢰할 수 있는 AI의 책임 있는 관리(Responsible stewardship of trustworthy AI)를 위해 국경과 분야를 넘나들며 협력한다.

OECD AI Policy Observatory는 각국이 사회의 이익을 위해 신뢰할 수 있는 AI 시스템을 구축할 수 있도록 돕는 것을 목표로 OECD의 AI 원칙을 기반으로 AI 공공 정책을 수립하고 공유하기 위한 온라인 플랫폼을 운영하고 있다. 이 플랫폼은 전 세계 AI 정책의 종합 데이터베이스를 제공하며 다영역적 접근(Multi-disciplinarity), 증거 기반 분석(Evidence-based analysis), 국제 이해관계자 파트너십(Global multi-stakeholder partnerships) 등 세 가지 핵심 속성을 중심으로 한다.

2) 미국의 대응 사례

미국은 미래 사회를 'AI 시대'라고 규정하고, AI 영역에서 미국의 리더십을 유지하는 것이 경제 및 국가 안보에 매우 중요하다고 강조하며, 국제 사회에서의 리더십을 유지하기 위해 다양한 영역에서의 AI 관련 정책을 구상하고 제시하였다. 2018년 5월 백악관은 AI 시대에 미국의 리더십을 유지할 수 있도록 하는 AI 관련 정책에 대한 회의를 개최하였다. AI 관련 연구개발 적극 지원, STEM 교육과 AI 관련 교육을 통해 산업의 요구에 맞는 인력개발, 과도한 규제가 AI 혁신의 장애물이 되지 않도록 개선, AI에 대한 시민들의 인식 개선 등 AI와 관련된 연방정부의 노력을 강조하였고, 미국의 지속적인 리더십을 확보하기 위해 국가 과학기술 위원회 산하에 'AI 특별 위원회' 설치를 결정하였다.

미국 연방정부는 'AI 집행 명령'에서 AI에서 미국의 리더십 유지를 위한 전략적 목표를 제시하였다. 특히 산업, 학계, 국제 파트너, 동맹국 및 관련 단체와 협력하여 AI와 관련된 연구개발에 지속적인 투자를 유치하여 AI 및 관련 기술에 대한 기술적 돌파구를 마련한다는 것이다. 이러한 기술적 개발을 미국의 교육을 포함한 경제, 사회 및 국가 안보에 적극적으로 활용할 수 있도록 하는 것을 목표로 설정하고, 미국의 차세대 AI 연구자와 사용자를 위해 컴퓨터 과학에 중점을 두고 과학, 기술, 공학, 수학 교육(STEM 교육)을 강화하는 것을 목표로 제시하여 과감한 투자를 진행하고 있다.

3) 캐나다의 대응 사례

캐나다 정부는 2017년 국가 수준의 AI 정책의 연구와 실행에 관련된 사항을 CIFAR(Canadian Institute for Advanced Research)에 위임했다. CIFAR는 국가별 AI 전략의 판도를 조사하여 AI 전략을 정의하고, 다양한 유형의 전략을 이해할 수 있는 프레임워크를 제공하고 있다. 다시 말해 CIFAR는 캐나다의 국가 AI 정책 실행을 위한 씽크탱크의 역할을 수행한다.

캐나다의 CIFAR에서는 국가 수준의 AI 전략 중에서 교육과 연구개발을 강조하고 있다. AI 분야의 인재 육성(talent development)을 위해 국내외 AI 인재를 유치하기 위한 과감한 투자를 진행하고 있다. 예를 들어, AI 장학금 신설, AI에 특화된 석사, 박사 과정을 신설하는 내용이다. AI 분야의 기술 개발(skills development)을 위해 학생들이 미래를 위한 기술을 배울 수 있도록 STEM 교육, 디지털 역량, 평생학습 역량 등을 강조하고 있다. 그리고 AI 시대에 더욱 문제가 심각해질 것으로 예상되는 사회적 양극화에 대응하여 AI 역량의 격차를 줄이기 위한 포용(inclusion)적 정책을 강조하고 있다. 즉 사회적 약자에 대한 적극적 AI 교육 지원이 강조되고 있는 것이다.

4) 영국의 대응 사례

영국은 자국을 AI의 세계 중심지로 만들기 위해 정부와 민간 영역 간의 협력을 촉진하고 있으며 AI 정책에 많은 재원을 투자하고 있다. 영국 정부는 2018년 4월에 AI 분야 국가전략인 'AI Sector Deal'을 발표하였고, 이후 2019년 5월에 최근 정보를 추가하였다.

비즈니스·에너지·산업정책부(Department for Business, Energy & Industrial Strategy)와 디지털·문화·미디어·체육부(Department for Digital, Culture, Media & Sport)는 AI 사무국(Office for Artificial Intelligence)을 신설하였다. AI 사무국은 AI Sector Deal에 명시된 이행 노력을 조율하는 업무를 담당한다. 이 계획에는 공공 및 민간 연구 개발(R&D), STEM 교육에 자금 투자, 디지털 인프라 개선, AI 인재 육성, 데이터 윤리 등이 포함되어 있다.

영국에서 2019년 5월에 발표한 AI Sector Deal은 영국 전역에 생산성과 수익력을 신장시키는 경제를 만들기 위해 약 10억 파운드 자금을 투자하는 내용의 정부－산업간 AI 분야 합의안이다. 이 합의안에는 영국이 미래 산업의 최전선에 나서기 위해 설정한 네 가지 대과제가 있다. 첫째, 'AI and Data Economy'는 영국을 AI와 데이터 혁명의 선두에 세우도록 하는 것이다. 둘째, 'Future of Mobility'는 인력, 상품 및 서비스 이동 방식에 있어서 세계적인 선두가 되는 것이다. 셋째, 'Clean Growth'는 글로벌 전환에서 청정 성장에 이르기까지 영국 산업의 이점을 극대화하는 것이다. 넷째, 'Ageing Society'는 고령화 사회의 욕구를 충족시키기 위해 혁신의 힘을 사용하는 것이다. AI Sector Deal의 목표는 AI로 인해 변화될 경제와 사회를 준비하는 것이다. 이를 위해 '아이디어(ideas), 인력 강화(people), 인프라 구축(infrastructure), 기업 환경(business environment), 지역(place)' 등 다섯 가지 핵심 영역에 초점을 맞추고 있다.

5) 교육적 대응 방향: 개인별 맞춤형 교육 지원 확대

교육환경의 급격한 변화로 인해 교육계의 혁신은 이제 선택이 아니라 필연으로 다가오고 있다. 앞에서 살펴본 바와 같이 저출산·고령화와 학령인구의 감소, 사회적 양극화와 교육격차 심화, 지능정보기술의 발전과 AI 시대의 도래 등은 이제 변수가 아니라 상수가 되고 있는 상황이다. 이러한 환경 변화에 대응하는 교육혁신의 기본적인 방향은 개인별 맞춤형 교육이라고 할 수 있다. AI 기술은 이러한 목표를 구현하는 혁신의 지렛대 역할을 할 수 있을 것으로 기대된다. 개인별 맞춤형 학습을 구현하기 위해서는 AI 기술에 기반한 AI 보조교사 시스템과 개인별 학습지원시스템, 첨단 미래학교 인프라 구축을 하는 것이 필수적이다. AI, 빅데이터 등을 활용한 에듀테크 산업의 발달은 기존 학급 단위의 강의식 교육에서 학습자의 데이터를 기반으로 학습자의 특성에 맞는 학습 콘텐츠를 제공하는 개인별 맞춤형 교육을 구현해 줄 수 있다.

정부에서도 여러 분야에서 AI 시대를 맞이하기 위한 준비를 하고 있다. 교육 분야에서는 2020년 11월에 'AI 시대 교육정책 방향과 핵심 과제'를 발표하고 교육혁신을 위한 노력을 기울이고 있다. 하지만 학교 현장에서 체감할 수 있는 변화의 모습은 아직 느껴지지 않는다. 맞춤형 교육을 위한 시스템을 공교육에서 구현하기 위해서는 이를 뒷받침할 수 있는 체계적인 준비가 필요하기 때문이다. 교육부에서는 미래교육을 위한 비전을 확립하고 이를 실현하기 위한 로드맵을 마련하고 있다. 하지만 중요한 것은 17개 시·도교육청, 각급 학교, 실제 교실 현장으로 이어지는 top-down 방식으로는 구현되기 어렵다는 점이다. 교육부는 제도적인 틀을 만들고, 현장에서는 혁신의 사례를 만들어가는 노력이 동시다발적으로 이루어져야 한다. 이러한 AI, 메타버스 등의 에듀테크는 교육혁신을 위한 중요한 도구가 될 수 있지만 역시 변화의 주인공은 현장의 교사가 되어야 할 것이다.

4 코로나 19로 맞이한 온라인 교육 실험

2020년에 시작된 코로나 19 팬데믹은 2021년에도 계속 이어지고 있고 당분간은 지속될 것으로 보인다. 눈에 보이지 않는 감염병이 사회 각 분야의 변화를 촉발하고 있다. 재택근무와 화상회의는 일상에서 경험하는 가장 두드러진 변화의 양상이다. 일하는 방식이 대면에서 비대면으로 전환되고, 온라인 만남이 늘어나면서 언택트(untact)와 온택트(ontact)라는 신조어가 등장하게 되었다. 이제는 이러한 온택트가 익숙해지면서 효율성과 편리성을 체감하게 되는 뉴노멀(new normal)이 되어서 오히려 대면 회의가 불편하다고 느껴질 정도가 되었다.

1) 사상 유례없는 교육 실험: 전면적인 비대면 온라인 수업

2020학년도부터 전 세계는 전면적인 비대면 온라인 수업이 적용되는 사상 초유의 교육 실험이 진행되고 있다. 2020년에 대부분의 대학은 3월에 2주 정도 개학을 연기한 후에 온라인 개강을 시작하였다. 초·중등학교는 2020년 4월 9

일부터 고등학교와 중학교 3학년이 개학을 하면서 순차적으로 온라인 비대면 개학을 진행하였다. 일주일 후인 4월 16일에 고등학교와 중학교의 1~2학년, 초등학교 4~6학년이 개학을 하였다. 이후 4월 20일에는 마지막으로 초등학교 1~3학년이 개학하였다. 온라인 개학 이후 초·중·고 약 534만 명 학생들 중 98.9%가 원격수업 방식으로 수업에 참여하였다. 대학은 자체적인 학습관리 시스템(LMS)을 통해 온라인 수업을 진행하였고, 고등학교 이하의 각급 학교에서는 온라인 학습관리 시스템인 KERIS의 e학습터와 EBS 온라인클래스를 중심으로 수업을 진행하였다. 학생 534만 명과 교직원 50만 명이 원격으로 정규수업을 소화하는 '역대급' 교육 실험을 진행한 것이다.

전국 학교에서 원격으로 진행된 온라인 수업에서 여러 가지 문제가 드러났다. 우선 인프라의 측면에서 인터넷 환경, 온라인 교육을 위한 모바일 기기에서 교육격차가 발생하였다. 가장 기본적인 조건이 준비되지 않은 많은 가정의 아이들은 온라인 수업에 접속하는 것부터 한계를 보여주었다. 그리고 학교에서는 온라인 수업에 활용할 수 있는 콘텐츠가 부족하고, 수업을 관리하는 플랫폼이 미비하여 수업 진행과 관리에 어려움을 겪었다. 이러한 문제는 정부와 민간이 협력하여 공공학습관리(LMS) 플랫폼을 개설하고 콘텐츠를 제공하면서 조금씩 해소되었고, 소외계층 등을 위한 스마트 기기 무상 대여 및 인터넷 통신비 지원 등이 이루어졌다.

2) 자기주도성의 차이와 학습격차의 문제

비대면 온라인 수업 상황에서 자기주도적 학습에 익숙하지 않고 공부에 흥미가 적은 중하위권 학생들의 경우 대면 수업과 비교하여 교사의 직접적 지도와 소통 등 피드백이 상대적으로 약해질 수밖에 없기 때문에 학력이 약화되는 현상이 나타났다. 2020년 7월 교육부에서 교사를 대상으로 실시한 설문조사 결과를 살펴보면, 교사들의 약 80%가 원격수업으로 학습 수준의 차이가 커졌다고 인식하는 것으로 나타났다. 교사들은 학습격차의 원인으로 자기주도적 학습능력의 차이가 약 65%, 학부모의 학습 보조 여부가 약 14%, 학생과 교사 간 피드백이나 소통의 한계가 약 11%인 것으로 보았다.

2021년 6월에 교육부는 2020년 국가수준 학업성취도 평가 결과를 발표하였다. 코로나 19 감염증이 발생한 2020년 학생들의 학업성취 수준 등을 확인할 수 있는 공식 통계로, 교육부는 이번 평가 결과를 통해 확인된 학습 결손이 심각하다는 것을 발표하였다. 평가대상은 전체 중3과 고2 학생 총 771,563명의 약 3%에 해당하는 21,179명(424개교)이다. 교과별 성취수준에서 보통 학력인 3수준 이상 비율은 전년 대비 중학교 국어·영어, 고등학교 국어에서 감소하였다. 반면에 기초학력 미달에 해당하는 1수준의 경우, 중학교 수학을 제외한 모든 과목에서는 전년보다 증가하였다.

학교생활 행복도(심리 적응도, 교육환경만족도)는 2013년 이후 지속적으로 증가하여 60% 내외의 높은 수준을 유지하고 있으나, 전년 대비 중학교(59.5%)는 4.9%p, 고등학교(61.2%)는 3.5%p 감소하였다. 교과 기반 정의적 특성을 의미하는 자신감, 가치, 흥미, 학습의욕 또한 2019년 대비 2020년에 중·고등학교에서 전반적으로 낮아진 경향이 나타났다. 원격수업 유형 중 도움이 된다고 응답한 비율이 가장 높은 항목은 중·고등학교 모든 교과에서 '학교 선생님이 직접 제작한 수업 영상'으로 나타났다.

▼ 그림 1-2 2013~2020년 학교생활 행복도 '높음' 비율(%)

출처: 교육부 보도자료(2021)

코로나 19로 등교를 하지 못하게 되면서 학교교육의 의미를 다시 한 번 성찰해보는 계기가 되었다. 등교를 못하는 원격수업이 장기화되면서 학력 격차 문제, 돌봄 문제, 학생들의 사회성과 인성 함양 문제들이 제기되었다. 이러한 문제를 해결하기 위한 방법으로 등교수업 확대가 거론되었다. 심지어 코로나 19 이후 세계적으로 아동 학대가 증가되었다는 안타까운 사실도 뉴스로 전해졌다. 전문가들은 원격수업 장기화로 학생들이 가정에 머무는 시간이 늘어나면서 나타나는 현상이라고 진단하였다. 코로나 19로 등교를 하지 못하게 되어 학교의 의미를 되새겨본 계기도 되었다고 평가할 수 있다.

5 AI 융합교육을 활용한 교육혁신

학교가 존재하는 이유는 모든 학생들이 학습의 과정에서 성공을 경험하게 하는 것이다. 산업사회에서 모든 시민을 대상으로 교육을 제공하기 위해 설계된 현재 학교는 모든 학생들에게 교육의 기회를 효율적으로 제공하는 데에는 매우 성공적인 시스템이지만 개별 학생에게 학습의 성공을 경험하게 하는 데에는 매우 취약한 구조이다. 미래 학교의 방향은 '모든 학생들이 학습의 성공을 경험하게 하는 것'이라는 학교의 존재 이유에 대해 공감하는 것이 가장 중요하다고 할 수 있다.

학교 시스템 설계의 가장 중요한 원리는 평균을 지향하는 교육의 운영이다. 교육과정의 운영은 학생들의 연령에 따른 평균적인 수준에 따라 내용과 속도가 설정되어 있다. 대량 교육을 운영하기 위해 전국 단위로 학생들의 평균적인 수준에 따라 내용과 속도를 고려하여 교육과정을 설계하고 이에 따라 전국 학교의 교실에서 학생의 연령에 따라 동일한 내용을 같은 속도로 가르치고 있는 것이다. 이러한 평균 지향의 강의식 수업을 극복하기 위해 시도되었던 여러 가지 대안 중의 하나는 '일대일 맞춤형 교육(one-to-one tutoring)'이라고 할 수 있다.

1) 일대일 맞춤형 교육은 효과적인가?

전통적인 강의식 수업이 개별 학생의 학습 수준, 학습 속도, 학습 필요, 문화적 차이를 반영하지 않은 채 모든 학생들에게 정해져 있는 학습 내용을 같은 방식으로 전달함으로써 학교에 부적응하는 학생을 만들고 있다는 비판은 20세기부터 지속적으로 제기되어 왔다. 1968년 Benjamin Bloom은 모든 학생이 학습에 성공하기 위한 방안으로 완전학습(Mastery Learning)이론을 제시하였다. 완전학습이 이루어지려면 학습에 필요한 시간을 파악하고 개별 학생에게 맞는 학습의 시간을 제공해주어야 한다는 것이다. 현재 학교는 개별 학생이 필요로 하는 시간에 대한 고려 없이 동일한 학습의 시간을 제공하고 있다는 점이 가장 치명적인 문제라고 할 수 있다.

▼ 그림 1-3 완전학습 이론에서 학습의 성과

학습성과 = (학습에 사용된 시간) / (학습에 필요한 시간)

Bloom(1984)의 완전학습 이론을 적용해서 학습의 성과를 높이기 위해서는 두 가지 전략을 활용할 수 있다. 첫째는 분모에 해당하는 개별 학생들이 학습에 필요한 시간을 정확히 파악하고 최소화시키는 전략이다. 우선적으로 개별 학생의 적성과 수업이해력을 파악하는 것이 가장 중요하다는 점을 강조하는데, 이는 진단평가라고 해석할 수 있다. 학습자의 특성을 파악한 후에 이에 맞는 교수법을 활용하여 수업의 질을 높여줌으로써 개별 학생이 필요로 하는 학습의 시간을 줄여줄 수 있다는 것이다. 둘째는 개별 학생에게 필요한 시간을 정확하게 파악한 후에 개별적 교수 전략을 활용하여 학습에 성공하도록 하는 것이다. 교육계에서는 학생들이 필요로 하는 가장 효율적인 교수전략을 활용하기 위해 다양한 노력을 해왔다.

▼ 그림 1-4 Bloom의 2시그마 문제를 극복하는 튜터링의 효과

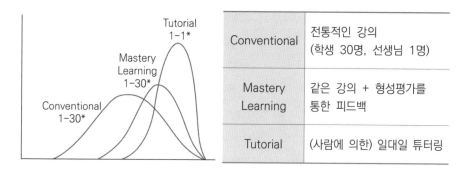

Conventional	전통적인 강의 (학생 30명, 선생님 1명)	
Mastery Learning	같은 강의 + 형성평가를 통한 피드백	
Tutorial	(사람에 의한) 일대일 튜터링	

출처: Bloom. (1984). The 2 sigma problem: The search for methods of group instruction as effective as one-to-one tutoring. Educational Researcher, 13(6), 4-16.

'일대일 맞춤형 교육(one–to–one tutoring)'의 교육적 효과에 대해서는 상당히 많은 실증 연구가 진행되어 왔다. 가장 대표적인 연구는 Bloom(1984)의 실험 연구라고 할 수 있다. 일대일 맞춤형 교육(one–to–one tutoring)을 통해 학습 효과를 통계적으로 '2–표준편차(2–sigma)'만큼 높여줄 수 있다는 결과를 발표한 것이다. '2시그마 효과'라고도 불리는 이 결과는 교육계에 상당한 반향을 일으켰다고 할 수 있다.

Bloom(1984)의 연구 결과에 따르면 전통적인 강의식 수업을 했을 때를 기준으로 하여 형성평가를 통한 피드백을 하면 상당한 교육 효과가 있다. 더 나아가 교사에 의해 일대일 튜터링(one–to–one tutoring)을 하게 되면 학생들의 학업성취도 평균이 전통적인 강의식 수업을 받은 학생들의 평균에 비해 2시그마만큼 높아진다는 것을 보여주었다. 이후 다양한 후속 연구가 진행되었는데, 대부분 Bloom의 연구결과를 긍정적으로 지지해 주는 결과였다. Corbett(2001)은 LISP라는 프로그래밍 언어를 학습하는 데 있어서 학생들이 고정된 순서의 문제를 푼 경우에 비해 컴퓨터를 활용한 튜터링 시스템을 활용하여 개인별 맞춤형으로 문제를 푼 경우 40%의 문제를 더 풀고, 최종 평가에서도 25% 정도 정답률이 높아졌다는 결과를 보고하였다.

2) 소인수 학급으로 맞춤형 교육을 구현할 수 있는가?

Bloom의 완전학습 이론과 '일대일 맞춤형 교육(one-to-one tutoring)'의 방향에 대해서 많은 교육자들이 공감을 갖게 되어 이를 구현하기 위한 다양한 노력이 이루어졌다. 그중에서 미국에서 이루어진 가장 대표적이면서 대규모 교육 실험이 학급당 학생 수를 줄여서 맞춤형 교육을 하려는 시도라고 할 수 있다. 이를 통칭하여 CSR(class size reduction) project이라고 불리는 '학급당 학생 수 감축 프로젝트'라고 할 수 있다. 1980년대 이후에 미국의 주정부 수준에서 이루어진 대표적인 CSR 프로젝트로는 테네시주의 'STAR Project', 인디애나주의 'Prime Time Project', 위스콘신주의 'SAGE Program', 캘리포니아주의 'CSR Program' 등이 있다.

교육의 성과를 높이기 위해 이루어진 가장 대표적인 CSR 프로젝트는 테네시주의 'STAR(Student/Teacher Achievement Ratio) Project'라고 할 수 있다. STAR Project는 미국 테네시주에서 1985년부터 1989년까지 4년에 걸쳐 이루어진 학급규모 감축의 교육 효과에 관한 연구이다. STAR Project는 테네시주 42개 학교구의 79개 학교, 300개 학급이 표집되었으며, 유치원에서 초등학교 3학년까지 7,000명의 학생을 대상으로 비교 연구가 수행되었다. 실험 설계를 위해 비교집단은 학급규모가 22~25명으로 구성된 '일반 학급(regular class)'으로 설정하고, 실험집단은 정상적인 학급에 보조교사를 추가하는 집단(regular/aide)과 학급규모를 13~17명으로 구성한 '소규모 학급(small class)'으로 설정하였다. 연구 결과, 소규모 학급의 학생들은 일반 학급의 학생들과 비교하여 표준화 학력검사(Stanford Achievement Test)와 기본 기능시험(Basic Skills First) 모두에서 높은 성취를 나타낸 것으로 보고되었다.

다른 주의 연구결과도 유사한 결과를 보여주고 있는데, 인디애나주의 'Prime Time Project' 결과, 소규모 학급의 학생들의 읽기 성적과 수학에서의 긍정적인 학업성취 결과에도 불구하고, 일부는 대규모 학급에서도 높은 성취를 나타내는 혼합된 연구 결과를 보이기도 하였다. 위스콘신주의 'SAGE Program'의 결과, 소규모 학급에서의 학생들의 학업성취는 대규모 학급 학생들에 비해 우수하였지만 그 차이는 크게 증가하지 않았다. 캘리포니아주의 'CSR Program'

의 결과, 소규모 학급 학생들의 학업성취는 대규모 학급 학생들과 비교하여 긍정적인 것으로 나타났지만 비용에 대비하여 그 효과는 기대한 만큼의 수준은 아니었다.

미국에서 진행된 학급규모 감축 연구의 결과와 시사점을 정리하면 다음과 같다. 첫째, 미국에서 수행된 학급규모 감축 연구에서 소규모 학급의 교육 효과는 대부분 긍정적인 것으로 나타났지만, 일부 연구에서는 그 결과가 부정적인 것으로 나타나기도 하였다. 둘째, 학급규모 감축의 교육 효과는 상급학교보다 하급학교의 하급학년에서 더 긍정적으로 나타나고 있었다. 셋째, 소규모 학급의 교육적 효과는 학생 활동 측면보다는 교사 활동 측면에서 업무를 경감하는 긍정적 효과가 더 많이 나타나고 있다.

이러한 학급규모 감축 연구 결과, 미국에서는 정책적으로 어떤 결정을 했을지에 대해 주목할 필요가 있다. 결과부터 제시한다면 당시 학급의 규모를 유지하면서 교사의 역량 강화를 위한 재정지원을 확대하는 쪽으로 정책 결정이 이루어졌다. 그 이유는 학급규모 감축에 투자해야 하는 재정에 비해 교육적 효과가 상대적으로 크지 않다는 것이다. 학급규모를 감축하는 것이 저학년에서는 학습 효과를 높이는 결과가 나타났지만 학습 효과가 지속적으로 높아진다는 결과를 발견하지는 못했다. 또한 상급학교로 올라갈수록 학급규모 감축의 교육적 효과를 발견하기 어렵다는 점이 중요하게 고려되었다. 미국의 CSR 연구 결과의 시사점은 학급규모의 감축만으로는 재정적 투자를 통해 기대하는 만큼의 학습 효과를 거두지 못하는 것을 확인할 수 있다. 학급규모 감축의 효과를 높이기 위해서는 학급 규모를 감축함과 동시에 교육 내용 및 교수학습 방법의 측면에서 혁신이 이루어져야 함을 알 수 있다.

3) AI 융합교육: 'AI 보조교사 시스템' 도입

일대일 맞춤형 교육을 구현하기 위해서는 학생 개개인에게 필요한 학습의 시간을 확인하기 위한 진단평가가 이루어지고 학습의 과정에서 지속적인 형성평가가 이루어져야 한다. 이러한 학생의 학습 진단을 기반으로 학생에게 필요한 학습에 대한 처방이 지속적으로 이루어져야 한다. 교사는 교육과정을 재구성하여 수업을 설계하고, 이에 따라 교수－학습의 과정을 진행하고, 수업의 결과를 평가로 확인하고, 이를 기록하고 학생에게 피드백을 제공한다. 현재 이루어지고 있는 '교육과정－수업－평가－기록'의 과정에서 혁신을 할 수 있는 시간적 여력은 많지 않다. 현재의 역할을 수행하는 데에도 시간이 모자라는 상황이기 때문이다. 우리가 지향하는 '일대일 맞춤형 교육(one－to－one tutoring)'을 할 수 있는 여력이 없고, 학급당 학생 수 감축만으로는 이를 구현하기 어렵다고 할 수 있다.

'AI 보조교사 시스템'이 제안되는 이유는 일대일 맞춤형 교육을 구현할 수 있는 효과적인 수단이기 때문이다. 개인별 맞춤형 학습지원이 가능한 클라우드 기반 교수학습 플랫폼을 설계할 때 가장 중요한 것은 교사의 역할과 시스템의 활용이 조화를 이루어야 한다는 것이다. AI 보조교사 시스템은 빅데이터와 AI를 활용한 개인별 맞춤형 학습지원 시스템 및 AI 자동 채점 시스템을 구축하는 것이다. 데이터 중심의 학습 분석에 기반한 개인형 맞춤 학습의 실현을 통해 학습자 중심 교육으로의 전환이 이루어지는 것이다.

여기서 중요한 것은 교사가 AI 보조교사 시스템을 적극적으로 활용하되 교사가 교육을 직접 주도적으로 운영해야 한다는 점이다. AI 기술이 다양하게 도입되는 에듀테크 산업이 전면적으로 학교에 도입될 때 교사의 역할에 대한 고민이 필요하다. 일부에서는 AI 기술로 만들어진 로봇 교사가 인간 교사를 대체하게 될 것이라는 예측과 우려가 등장하고 있다. 하지만 완전히 프로그램화된 AI교사가 학습을 지도하게 된다면 그야말로 지식교육 중심의 학교교육으로 변화될 우려가 있다. AI의 교육적 활용(AI in Education)의 주요 영역과 기술은 크게 교육주의, 학습주의와 함께 교사의 역할 중심으로 나누어 볼 수 있다. AI 기술의 발달로 교육 분야에서 기술이 다양하게 활용되고 있으며, 이러한 변화는 지속적으로 증가하게 될 것으로 보인다. AI 기술에 모든 교육을 의존하는 교육주의나 학생의 구성적 학습을 강조하는 학습주의는 모두 장단점을 갖고 있다. 하지만 보다 중요한 것은 교사가 주도하여 미래형 교수법을 활용하는 것이 가장 바람직하다고 할 수 있다.

AI 기술을 활용한 에듀테크의 가장 중요한 목표는 'AI 보조교사'의 역할을 수행하도록 설계해야 한다는 것이다. 교사가 AI 보조교사의 지원을 받아서 더 효과적으로 수업을 지도하는 것이 바람직한 미래 교실의 모습이라고 할 수 있다. 모라벡의 역설에서는 인간이 컴퓨터보다 잘하는 일과 컴퓨터가 인간보다 잘하는 일의 영역이 구분된다는 함의를 주고 있다. 많은 데이터를 수집, 관리, 분석하고 패턴화된 예측을 수행하는 것은 컴퓨터가 더 잘 할 수 있는 일에 속한다. 인간교사는 학생들과 의사소통하면서 개별화된 학습 지도를 위해 동기를 자극하고 자기주도성을 높여줄 수 있는 격려, 배려, 지원 등의 역할을 수행하는 것이 바람직하다. 또한 교사는 지식교육을 바탕으로 미래 역량을 길러주는 창의적 학습을 지도하는 역할을 수행해야 한다.

4) 미래 교사의 역할과 역량 변화: EX with AI

IBM에서는 미래의 인재상으로 지식의 폭이 넓고 깊은 'T자형 인재'를 제시하였다. T자형 인재는 넓은 영역의 지식 기반을 갖추고 하나의 특정 영역에서 전문성을 깊이 있게 갖춘 인재를 의미한다. 기존에는 한 분야에 깊이 있는 지식을 갖춘 'I자형 인재'를 선호하였던 것에 대비되는 표현이다. AI 기술의 기하급수적인 발달과 함께 직업 세계에 던져줄 파괴적 혁신에 대해 사회적으로 초래할 변화에 대한 불안감이 존재한다. 고령화 사회와 더불어 빠른 직업 세계의 변화에 대응하여 평생 여러 가지 직업에 종사해야 할 수도 있다는 예상이 지배적이다. 미래에는 여러 분야에서 깊이 있는 전문성을 갖추어야 한다는 의미에서 'M자형 인재'가 필요하다고 볼 수 있다. 전문성을 갖추고 있는 분야를 넓혀갈 수 있는 메타인지 역량을 갖춘 확장형 인재라고 할 수 있다.

미래교육에 있어서 교사의 역할이 변화하는데, 이에 따라 전문적 역량 역시 변화가 필요하다. 한 분야의 전문성을 갖추고 있는 인재(expert)가 AI 기술로 대표되는 첨단 분야의 전문성을 갖추는 경우 이를 'AI 분야의 역량을 갖춘 분야별 전문가'라는 표현으로 'X with AI'라고 지칭한다. 교사는 해당 교육 분야의 내용과 방법적 전문성을 갖추고 있는 교육전문가(EX: Educational Expert)라고 할 수 있는데, 이제는 AI 등 첨단 분야의 전문성을 결합하는 것이 필수적인 과제라고 볼 수 있다. 'AI 분야의 역량을 갖춘 교육 전문가'라는 표현으로 'EX with AI'라고 표현하고 싶다. EX with AI가 바로 미래형 인재인 교육 분야의 'M자형 인재'라고 할 수 있다.

인간 교사가 AI 보조교사를 잘 활용하여 도움을 받게 되면 이를 증강지능(augmented intelligence)과 같은 강력한 역량을 갖춘 EX with AI라고 할 수 있다. 교육과정의 재구성에서부터 수업 중에 개별화된 지식 이해와 전달, 평가에 있어서의 개별화된 접근과 평가 결과의 정리, 맞춤형 평가 결과의 기록을 위한 기초 자료 생성, 학생별로 필요로 하는 피드백의 기초 자료 제공 등의 역할을 AI에게 맡길 수 있을 것이다.

유명한 영화인 아이언 맨을 보면 인간 주인공이 아이언 맨의 옷을 입게 되어 신체적으로 강한 파워를 갖게 된다. 더 눈여겨보아야 할 부분은 바로 AI 비서인 '자비스'로부터 인지적 측면에서 다양한 지원을 받는다는 것이다. 결과적으로 인간이 갖고 있는 역량을 뛰어넘는 초인적 역량을 발휘하게 된다. 교사의 경우에도 AI 보조교사의 지원을 받게 되면 지금보다는 더 뛰어난 교육적 역량을 발휘할 수 있을 것으로 기대할 수 있다. AI 융합교육의 지향점은 교사가 주도하여 AI 등 첨단의 시스템을 적극적으로 활용함으로써 교육적 효과를 효율적으로 높이는 것이라고 요약할 수 있다.

참고문헌

교육부(2020). 인공지능시대 교육정책 방향과 핵심과제 보고서.

교육부(2021). 2020년 국가수준 학업성취도 평가 결과 보도자료.

교육부(2022). 2021년 사교육비 조사 결과 주요 특징 및 대응방안 보도자료.

국회입법조사처(2017). 노인 부양부담의 증가 및 정책적 시사점. 지표로 보는 이슈.

김경근, 성열관, 김정숙(2007). 학력 부진 아동의 특징 및 발생 원인에 대한 면담 연구. 교육사회학연구, 17(3), 27−52.

김성일, 윤미선, 소연희(2008). 한국 학생의 학업에 대한 흥미 − 실태, 진단 및 처방. 한국심리학회지, 14(1), 187−221.

박종현, 방효찬, 김세한, 김말희, 이인환, 최병철, 이강복, 강성수, 김호원(2014). 사물인터넷의 미래. 서울: 전자신문사.

성의철, 양혁승(2015). 절대평가 대비 강제배분 상대평가 방식이 피평가자의 외재적 동기에 미치는 직·간접 효과. 대한경영학회지, 28(3), 1009−1027.

양정호, 서정화, 김영철, 백순근(2008). 학력격차해소를 위한 학습부진 책임지도 정책추진 방안 연구. 서울: 교육과학기술부.

윤정일, 김계현, 한숭희, 윤여각, 우마고시 도오루(2001). 학교교육 붕괴의 실상과 원인에 관한 조사연구. 서울: 서울대학교 교육연구소.

윤철경, 이인규, 박창남(1999). 학교붕괴 실태 및 대책 연구. 서울: 교육부.

이종재, 김성열, 돈 애덤스(2010). 한국교육 60년. 서울: 서울대학교출판문화원.

이종재, 정제영(2003). 학업부실학교의 규모와 특성에 관한 연구. 중·고등학교를 중심으로. 교육행정학연구, 21(3), 237−254.

정제영(2016). 지능정보사회에 대비한 학교교육 시스템 재설계 연구. 교육행정학연구, 34(4), 49−71.

정제영(2017). 4차 산업혁명 시대의 학교제도 개선 방안: 개인별 학습 시스템 구축을 중심으로. 교육정치학연구, 24(3), 53−72.

정제영(2018). 디지털 시대와 4차 산업혁명에 대비한 교육의 시대. 서울: 박영스토리.

정제영, 황규호, 박주형(2020). 학생 맞춤형 교육 활성화를 위한 교육과정 방향 탐색. 진천: 한국교육개발원.

조지민, 김명화, 최인봉, 송미영, 김수진(2007). 국가수준 학업성취도 평가 연구. 200
3∼2006년 변화 추이. 서울: 한국교육과정평가원.

최상근, 박효정, 서근원, 김성봉(2004). 교육소외 계층의 교육실태와 정책과제. 서울:
한국교육개발원.

통계청 e−나라지표. http://www.index.go.kr/main.do에서 인출.

통계청 인구로 보는 대한민국, https://kosis.kr/visual/populationKorea/PopulationBy
Number 에서 인출.

통계청(2017). 2016년 출생·사망통계 잠정 결과 (2017. 2. 2)

한국개발연구원(2013). KDI 행복연구조사.

한국교육학술정보원(2020). KERIS 온라인 학습 대응반 일일보고서 (2020. 9. 18.)

한국청소년정책연구원(2016). 대학생 졸업유예 실태 및 지원 방안 연구. 세종: 한국
청소년정책연구원.

허경철(2001). 미래사회와 학교 교육과정의 운영. 교육과정연구, 19(1), 67−93.

Bernstein, B. (1977). Social class, language and socialization. In J. Karabel and
A.H. Halsey(eds.), Power and ideology in education. NY: Oxford University
Press.

Bloom, B. S. (1984). The 2 sigma problem: The search for methods of group
instruction as effective as one−to−one tutoring. Educational Researcher, 13(6),
4−16.

Bourdieu, P. (1973). Cultural reproduction and social reproduction. In R.
Brown(ed.), Knowledge, education, and cultural change. London: Tavistock.

Bowles, S. & Gintis, H. (1976). Schooling in capitalist America: Educational re−
form and the contradictions of economic life. New York: Basic Books.

Bowles, S. & Gintis, H. (1986). Democracy and capitalism: Property, community,
and the contradictions of modern social thought. New York: Basic Books, Inc,
Publishers.

Coleman, J. (1966). The concept of equality of educational opportunity. Harvard
Educational Review, 38(1), 37−77.

Corbett A. (2001) Cognitive Computer Tutors: Solving the Two−Sigma Problem.

In: Bauer M., Gmytrasiewicz P.J., Vassileva J. (eds) User Modeling 2001. UM 2001. Lecture Notes in Computer Science, vol 2109. Springer, Berlin, Heidelberg. https://doi.org/10.1007/3−540−44566−8_14

Creemers, B. (1996). The school effectiveness knowledge base. NY: Routledge.

Edmonds, R. (1979). Effective schools for the urban poor. Educational Leadership, 37(1), 15−24.

Giroux, H. (1983). Theory and resistance in education: A pedagogy for the opposition. Amherst, MA: Bergin & Gavey.

Holmes, W., Bialik, M., & Fadel, C. (2019). Artificial intelligence in education. Boston: Center for Curriculum Redesign.

Holon IQ. (2019). 2019 Arficial Intelligence & Global Education Report.

Illich, l. (1970). Deschooling society. New York: Harrow Books (Harper & Low).

Jencks, C. et al. (1972). Inequality: A reassessment of the effect of family and schooling in America. New York: Harper & Row Publishers.

Kornhaber, M. L. (2004). Appropriate and inappropriate forms of testing, as−sessment, and accountability. Educational Policy, 18, 45−70.

Laitsch, D. (2006). Assessment, high−stakes, and alternative visions: Appropriate use of the right tools to leverage improvement. The Great Lakes Center for Education Research & Practice.

Linn, R. L. (1998). Assessment and accountability. CRESST/University of Colorado at Boulder.

OECD. (2014). Society at a Glance 2014. OECD Publishing.

OECD. (2018). The Future of Education and Skills: Education 2030.

OECD. (2019). The Future of Education and Skills 2030-Conceptual Learning Framework-Concept Note: Student Agency for 2030.

Peterson, P. E., & West, M. R. (2003). No Child Left Behind? The politics and practice of school accountability. Washington D.C.: The Brookings Institution Press.

Reimer, E. (1971). School is dead: Alternatives in Education. New York: Penguin Books.

Schwab, K. (2016a). The fourth industrial revolution. Geneva: World Economic Forum.

Schwab, K. (2016b). What it means and how to respond. In Rose G(eds.), the fourth industrial revolution. New York: Council on Foreign Relations.

Taylor, F. W. (1911). The Principles of Scientific Management. New York and London, Harper & brothers

Tyack, D. B., & Cuban, L. (1995). Tinkering toward utopia: A century of public school reform. Cambridge, Mass: Harvard University Press.

UN(United Nations) (2015). World population prospects (The 2015 Revision): Key findings and advance tables. Author. Retrieved, Dec. 9, 2017, from https://esa.un.org/unpd/wpp/publications/files/key_findings_wpp_2015. pdf.

White House. (2019). Executive Order 13859 of February 11.

World Economic Forum. (2016). The Future of Jobs: Employment, Skills and Workforce Strategy for the Fourth Industrial Revolution.

World Economic Forum. (2020). Schools of the Future, Defining New Models of Education for the Fourth Industrial Revolution.

2

AI 시대, 미래교육의 방향

전우천, 정제영

1 인공지능의 발전과 미래사회 변화

2016년 3월 우리나라에서 역사적인 바둑대회가 개최되었다. 구글 딥마인드 (Google DeepMind)가 개발한 인공지능 바둑 프로그램인 알파고(AlphaGo)와 인간 최고의 바둑기사인 이세돌 9단이 5번기 대결을 펼치게 된 것이다. 알파고는 1국, 2국, 3국, 5국에서 불계승을 거두었고, 이세돌 9단은 4국에서 1승을 거두는데 그치면서 알파고가 최종 승리하였다. 이후 알파고는 다른 공식대국에서 인간에게 패배를 한 것이 없어서 이세돌 9단의 1승도 높게 평가받고 있다.

이 바둑의 결과는 알파고 신드롬이라고 할 수 있을 만큼 세계적으로 큰 충격을 안겨주었다. 첫째, 경우의 수가 너무 많아서 인간을 능가하기 어려운 영역이라고 생각해 왔던 바둑에서 컴퓨터가 인간을 능가했다는 점이다. 체스나 장기에서는 이미 컴퓨터가 인간의 능력을 넘어서는 경우가 있었지만 바둑에서는 컴퓨터가 여러 가지 한계를 보여 왔기 때문에 인공지능 기술, 특히 딥러닝이라고 명명된 새로운 알고리즘이 세계적인 주목을 받게 되었다. 둘째, 컴퓨터의 지시를 따르는 인간의 모습이 또 다른 충격을 안겨주었다. 알파고는 컴퓨터이기 때문에 직접 바둑돌을 놓을 수 없어서 알파고 개발팀 중 대만계인 아자황(아마 6단)이 알파고가 계산한 수를 대신 바둑판으로 옮겨 놓는 역할을 하였다. 아자 황이 이세돌 9단이 둔 수를 컴퓨터에 입력하면 구글 클라우드에서 알파고 프로그램을 돌려 수많은 컴퓨터를 통해 대국 중에 수백만 번의 시뮬레이션을 한 결과를 제시하고 아자 황은 그대로 바둑돌을 놓는 역할만 수행한 것이다. 2016년 이후 우리나라를 포함한 전 세계적으로 인공지능 기술에 대해 더욱 주목하게 되었다.

이러한 변화의 조짐은 2000년대부터 본격화되었다고 할 수 있다. 인공지능 사회(Artificial Intelligence Era)라고 일컬어지는 시대적 변화는 다양한 인공지능기술의 개발과 보급으로 인하여 날로 성장하고 있다. 모든 현대인들은 이제 인공지능기술의 혜택을 직간접으로 누리고 있으며 한편으로는 이러한 인공지능기술에 종속되고 있다. 이제 인공지능은 현대인들이 거부할 수 없는 현실이 되었으며 매일매일의 삶 속에서 우리에게 영향을 미치고 있다.

인공지능기술은 날로 발전하고 있으며 다양한 방면에서 우리의 삶에 영향을 미치고 있다. 인공지능의 발전으로 미래 사회가 다음과 같이 변화할 것으로 예상하고 있다(김윤정, 유병은, 2016).

첫째, 생산성의 향상이 빠른 속도로 진행되고 있다. 인공지능기술이 발전하면서 산업현장에 다양한 변화가 발생되었다. 즉 제조업이나 서비스 분야에 있어서 품질향상과 더불어 불필요한 중복투자 감소, 자동화된 서비스 제공 등을 통하여 생산성이 크게 향상되기 시작하였다. 생산성의 향상은 인건비 절감 등 비용절감 효과를 유발하면서 절감된 비용이 연구 및 개발에 투자가 되어 선순환의 고리를 계속할 수 있는 방향으로 진행하고 있다.

둘째, 산업계의 변화에 따라 일자리의 변화가 일어나고 있다. 인공지능에 기인한 자동화로 인하여 다양한 업무 대체가 발생하여 일자리에도 많은 변화의 바람이 일어나고 있다. 즉, 로봇 자동화로 인하여 없어지는 직업이 생겨나는 반면에 로봇으로 대치하기 어려운 업무의 경우 여전히 경쟁력이 있으며 특히 다른 사람들을 설득하거나 협상을 필요로 하는 직종이나, 예술적인 감성을 필요로 하는 직업, 창의적 사고를 필요로 하는 직업은 여전히 경쟁력이 있다. 대체적으로 단순하고 반복적인 업무나 매뉴얼로 수행되는 직업 등은 없어질 수 있는 고위험군으로 분류된다.

셋째, 인간의 삶의 질이 향상될 것이라고 예상된다. 인공지능기술의 발전은 다양한 사람들에게 지능화된 서비스를 제공하여 삶의 질을 높일 수 있다. 보급률이 매우 높은 스마트폰에 디지털 개인비서 형태로 설치되어 음성인식과 더불어 일정 관리 및 실시간 번역 등 기본적인 서비스를 제공할 뿐만 아니라 장애인이나 노인층과 같은 정보 소외계층에도 획기적인 복지서비스를 제공할 수 있다. 즉, 웨어러블 장치 등을 통하여 실시간 모니터링 서비스와 개인별 맞춤 서비스를 제공하여 장애인과 노인의 건강을 지킬 수 있으며 실종 예방 등 다양한 서비스를 제공할 수 있다.

넷째, 디지털 전환에 따른 새로운 사회적·윤리적 문제가 등장할 것으로 예상된다. 인공지능의 발전은 우리에게 다양하고 풍성한 혜택을 제공하는 동시에 심각한 부작용과 사회적·윤리적 문제를 일으킬 수 있다. 이러한 문제는 인공지능 기기의 오작동에 의해 발생될 수 있으며 악의를 가진 특정 집단에 의해서 기기가 조작되어 발생할 수도 있다. 예를 들어, 자율주행 자동차가 탑재된 소프트웨어의 오작동으로 멈추지 않거나 장애물을 인식하지 못할 경우 대형 사고를 일으킬 수 있으며, 산불 등 환경감시를 위해 개발되어 주행 중인 드론이 해킹을 당해 점유될 경우 공격용 무기로 돌변해 무고한 사람들을 살상할 수도 있다.

또한 인공지능기술이 올바르게 사용되는 경우에도 우리 사회 구성원의 합의가 필요할 수도 있다. 예를 들어, 의료기술 분야에 인공지능기술을 도입할 경우 다양한 의료 정보를 공유하고 개방해야 하는데 자칫하면 매우 민감한 개인의 의료 정보가 유출될 수도 있으며 이를 통해서 환자의 신상이 공개될 경우 사회적으로 매우 심각한 불이익을 당할 수도 있다. 따라서 의료 정보의 개방여부와 개방 정도의 경우 다양한 사회구성원의 합의가 필요하며 상당한 시간의 토의를 통하여 합의를 유도해야 한다.

2 미래 사회에 대비한 교육의 변화 방향

4차 산업혁명과 지능정보사회, 디지털 혁명 시대를 맞이하면서 인공지능과 로봇 등 지능정보기술의 눈부신 변화가 이루어지고 있다. 하지만 역설적이게도 새로운 미래 사회에서 필요로 하는 인재이자 선제적으로 대응할 수 있는 '인간'에 대한 관심이 높아질 수밖에 없으며, 이를 가능하게 하는 미래교육에 대한 담론은 국내·외에서 어느 때보다도 다양하게 논의되고 있다.

우선 이미 널리 알려진 바와 같이 2016년 다보스 세계경제포럼을 통해 전 세계에 4차 산업혁명(The Fourth Industrial Revolution or Industry 4.0)의 개념이 등장하였으며, 그동안 인류가 가져왔던 삶의 방식이 변화의 규모, 범위, 복잡성의 측면에서 이전의 경험과는 전혀 달라질 것이라는 논의가 강조되었다 (Schwab, 2016). 즉 4차 산업혁명은 특정 분야를 막론하고 미래 사회 변화를 관통하는 시대의 키워드로 자리매김하였으며 급격한 사회변화로 인해 교육 혁신에 대한 요구를 강하게 불러일으키게 되었다.

2016년 다보스 포럼이 새로운 미래 사회가 도래되었고 이에 걸맞은 교육 혁신이 이루어져야 한다는 논의가 촉발되는 계기가 되었다면, 최근 2020년 1월에 진행되었던 2020년 다보스 세계경제포럼에서는 본격적으로 4차 산업혁명 시대를 위한 새로운 교육 모델을 정의하는 미래교육(Schools of the future—defining new models of education for the fourth industrial revolution)을 발표한 것이 주목할 만하다(World Economic Forum, 2020). WEF에서 발표한 주요 내용을 검토해보면 다음과 같다.

우선 4차 산업혁명 시대의 새로운 미래교육(Education 4.0) 프레임워크는 양질의 수준 높은 학습(high—quality learning)을 위해 요구되는 학습 내용(Learning content)과 경험(Experience)에서의 여덟 가지 변화를 키워드로 제시하였다.

학습 내용에서의 변화는 네 가지 특성이 반영되었는데, 첫째, 세계시민역량 (Global citizenship skills)으로, '더 넓은 세상에 대한 인식, 지속가능성, 글로벌 사회에서의 역할 수행'이며, 둘째, 혁신과 창의 역량(Innovation and creativity skills)으로 '복잡한 문제 해결, 분석적 사고, 창의성 및 시스템 분석'이며, 셋째, 과학기술 역량(Technology skills)으로, '개발에 기반한 콘텐츠(프로그래밍, 디지털 책임, 디지털 기술의 사용 능력)'를 포함하며, 넷째, 대인관계 역량(Interpersonal skills)으로 '대인감정적 지능(공감, 협력, 협상, 리더십, 사회적 의식)'의 강조이다.

학습 경험에서의 변화에서도 네 가지 특성을 확인할 수 있는데, 첫째, 개별 학습자의 학습 속도에 따른 맞춤형 학습(Personalized and self−paced learning)으로, '표준화된 학습 시스템에서 다양한 개인의 필요와 학습자 개인의 속도에 맞게 진행할 수 있는 유연한 학습 시스템으로 변화'하는 것을 의미한다. 둘째, 접근가능하며 포용적인 학습(Accessible and inclusive learning)으로, '학교 건물에 출입할 수 있는 사람들에게만 제한된 시스템에서 모든 사람이 학습에 접근 가능한 시스템으로 변화'하는 것이다. 셋째, 문제기반 협업학습(Problem−based and collaborative learning)으로, '프로세스 기반의 프로젝트에서 문제기반, 또래와의 협업, 미래의 일과 더 밀접하게 관련된 프로젝트로 변화'하는 것을 뜻한다. 넷째, 학생주도 평생학습(Lifelong and student−driven learning)으로, '개인의 남은 수명에 따라 개인의 능력과 학습이 줄어드는 시스템에서 모든 사람이 지속적으로 기존의 능력을 개선하고 개인의 필요에 따라 새로운 능력을 배울 수 있는 시스템으로 변화'함을 의미한다.

▼ 그림 2-1 The World Economic Forum Education 4.0 Framework

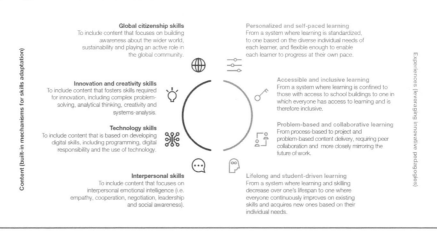

출처: World Economic Forum, (2020: 7).

또한 WEF(2020)는 교육 시스템의 혁신을 주도하기 위한 다섯 가지 접근법을 제시하였으며, 이는 새로운 미래교육의 실행을 위해 주요하게 강조되어야 할 글로벌 공통 기준이라 할 수 있다. 구체적인 내용은 다음 표와 같다.

▌표 2-1 교육 혁신을 주도하기 위한 다섯 가지 접근법(WEF, 2020)

구분	접근법	내용
1	Playful	학생들이 적극적 사고, 사회적 교류를 통해 의미 있는 학습을 할 수 있도록 즐거운 경험을 제공
2	Experiential	실생활에 응용할 수 있는 콘텐츠(프로젝트 기반, 연구 기반 학습)
3	Computational	학생들에게 컴퓨터가 문제를 어떻게 푸는지 이해하도록 하여 문제를 해결할 수 있도록 함
4	Embodied	신체의 움직임을 통한 학습
5	Multiliteracies	언어가 사용되고 공유되는 다양한 방법을 배우고 학습과 문화에 대한 인식을 연결

출처: World Economic Forum, 2020.

경제협력개발기구 OECD(Organization for Economic Co−operation and Development)에서도 장기적인 관점에서 미래교육이 도전해야 할 과제를 고찰하고 미래교육의 비전을 제시하고자 'OECD 교육 2030 프로젝트(The OECD Future of Education and Skills 2030)'를 진행하였다.

▼ 그림 2-2 OECD Learning Framework 2030(OECD, 2018)

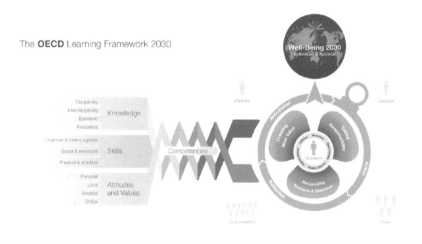

출처: OECD, 2018: 14.

2018년에 발표한 포지션 페이퍼에 의하면, 학습을 통해 갖추어야 할 미래 역량(Competencies)을 지식(Knowledges), 능력(Skills), 태도와 가치(Attitudes and Values)로 구분하였고, 이러한 역량의 지향점인 변혁 역량(Transformative Competencies)으로 새로운 가치 창출(Creating New Value), 긴장과 딜레마 조정(Reconciling Tensions & Dilemmas), 책임감 갖기(Taking Responsibility) 등으로 제시하면서 결국 교육의 궁극적인 목적을 '개인과 사회의 웰빙(Well-Being)'으로 제안한 바 있다(OECD, 2018).

▼ 그림 2-3 OECD Learning Compass 2030(OECD, 2019)

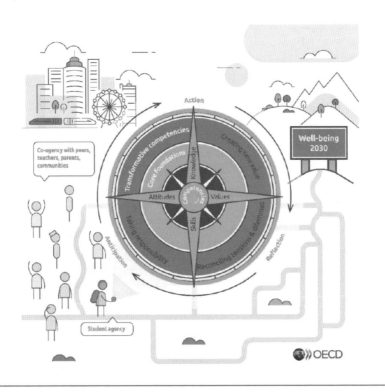

출처: OECD(2019: 15).

2019년에는 학생들이 변화하는 세계 속에서 잘 살아가는 데 필요한 지식(Knowledge), 역량(Skills), 태도 및 가치(Attitude and values)는 무엇이며, 어떻게 효과적으로 교수-학습 시스템을 이룰 것인지에 대한 답을 위해 'OECD 학습 나침판 2030(Learning Compass 2030)'을 논의하였다(국가교육회의, 2019). 이는 2018년에 OECD가 제시한 교육 2030 학습 프레임워크의 방향성을 보다 확대한 것으로 확인할 수 있다. 주요 내용으로는 미래교육의 핵심으로, 학생 자기 주체성(Student agency)뿐만 아니라, 사회적 맥락 속에서 교사, 학부모, 지역사회와의 협력적 주체성(Co-agency)을 길러야 한다고 제시하고 있으며, 이를 위해 기존에 제시하였던 역량(지식, 인적 역량, 태도 및 가치)인 핵심 기초(Core foundations)를 함양할 것을 제안하였다(OECD, 2019).

임종헌, 유경훈, 김병찬(2017)은 4차 산업혁명 사회에서 요구되는 다양한 교육에 대해 학습자의 개성을 반영한 교육, 협력, 인간 존중을 지향하고, 다양화된 교육과정과 삶 중심의 교육과정을 추구하고, 역량과 시민성 강조, 다양한 테크놀로지 발달 양상을 반영한 네트워크 기반의 교육, 교육 복지의 강화 등으로 검토한 바 있다. 앞서 언급한 2020 다보스 포럼과 OECD의 논의와 비슷한 맥락으로, 미래 사회의 교육은 지식 전달과 문화 전승이라는 기존의 역할에서, 학습 내용 측면에서는 새로운 사회 변화에 적응할 수 있도록 다양한 능력을 갖춘 인간을 길러내는 것에 집중하고, 학습 경험의 측면에서는 유연한 학습 체제와 평생교육의 강조 및 소외된 학습자를 경계하고 공동체를 강조하는 것을 확인할 수 있다.

결국 미래교육을 통해 양성하고자 하는 인간상은 "4차 산업혁명과 디지털 시대를 맞이함에 따라 새로운 사회 변화에 유연하게 적응하고 창의적으로 향유 가능한 인재"로 주목할 수 있다(정제영, 2017). 새로운 디지털 사회에서는 일상을 넘어 전반적인 삶 전체에서 디지털화되기 때문에 인간의 삶의 변화 역시 급속히 이루어질 수밖에 없다. 이러한 4차 산업혁명과 디지털 시대의 도래로 인한 사회 환경 변화에 적극적으로 대응할 수 있는 인재를 양성해야 하는 교육 관점의 대전환이 요구된다고 볼 수 있다.

이영희 외(2018)에서도 미래교육 관련 연구를 분석한 결과, 인구구조 및 사회 구조의 변화, 과학기술의 발달 등과 같은 환경적 변화에 따른 미래교육 비전 및 목표로 학습자 맞춤형 교육, 유연하고 탄력적인 교육 체계, 교원 역할 재정립 등이 도출되었다. 또한 많은 미래교육에 대한 연구와 담론에서는 지능정보사회에 필요한 창조적 사고력뿐만 아니라 올바른 인성을 갖춘 전인적 인재의 필요성을 강조함을 알 수 있다.

우리나라의 경우, 그동안 표준화된 대량 교육 시스템(mass education system)이 최적화되어 있어(정제영, 2017), 학생의 학습 수준과 흥미나 적성 등에 적합한 교수-학습이 이루어지기 어려웠다. 하지만 새로운 미래 사회에서는 유연한 학교 제도와 탄력적인 교육과정의 실현 가능성이 한층 높아지고 있으며 미래형 학교교육으로의 변화가 이루어질 것으로 전망된다.

여기서 유연성과 탄력성은 변화하는 교육 수요에 신축적으로 대응할 수 있는 능력을 뜻하며 새로운 학교 제도나 교육과정의 도입 시에 학교가 필요로 하는 지원 체제를 자율적으로 설치하거나 정원을 조정하는 등의 노력을 말하며, 학습자의 측면에서는 교수 학습의 방식(형태)이나 교과를 포함한 교육에 대한 선택 확대를 의미하기도 한다(박재윤 외, 2007).

미래 사회의 환경 변화에 따라 현재의 교육 시스템이 개선될 수 있도록, 현재의 학교 시스템의 하위 요소들이 가지고 있는 기능과 역할을 잘 수행하면서도 거시적인 큰 목표를 이루기 위해 단순한 합 이상의 효과를 거두어야 할 것이다(정제영, 2016). 하지만 우리나라 교육을 이루고 있는 다양한 하위 요소들은 각자 가진 문제점을 중심으로 조금씩 바꾸어나가는 '부분 최적화'의 한계를 여실히 갖고 있는 상황이다. 학교교육의 혁신을 위해서는 하위 체제와 그 요소들의 전반적인 혁신을 통해 미래 사회에 걸맞은 새로운 학습자 맞춤형 교육으로 나아가야 할 필요가 있다(정제영 외, 2017).

홍선주 외(2016)는 인공지능의 발달은 사회 전반의 혁신적 변화를 가져올 것으로 예측되기 때문에 이에 대응할 수 있도록 미래의 학교교육의 방향을 새롭게 탐색한 바 있다. 4차 산업혁명의 주요 키워드로 '초연결성'과 '초지능성'을 두고 이러한 인공지능기술을 교육 분야에서 적극 활용할 수 있는 교육 서비스를 논의하였으며, 미래 사회가 요구하는 역량 중심의 교육, 고등 사고력의 중요성 강조, 개인 맞춤형 교육과정 구현에 대한 논의를 제시하였다. 이는 본 연구가 검토하고자 하는 미래 사회의 변화 양상 및 그에 따른 교육과정 혁신 방향에 대한 논의와도 유사한 부분이 있다.

인공지능 사회에 대비한 미래형 학습자 맞춤형 교육에서 무엇보다 중요한 의미를 갖는 것은 학교교육이 나아갈 방향을 정하고, 가르치고 배울 내용을 결정하며, 그에 따른 교수·학습 및 평가의 기준을 제공하는 교육과정이라 할 수 있기 때문에, 앞으로의 학교교육에서 어떤 교육과정을 고민하고 구현하고자 하는지에 대한 논의는 필수적으로 검토되어야 한다(김경애 외, 2015).

3 인공지능의 도입과 미래 학교의 방향

인공지능기술의 발달과 더불어 인공지능 사회가 더욱 성숙하고 심화되고 있으며, 우리 일상생활의 다양한 분야에서 인공지능은 많은 영향을 끼치고 있다. 특히 교육 분야에서도 많은 변화를 불러일으키고 있으며 이러한 움직임은 우리나라 국가차원에서의 초중등교육 교육과정에도 영향을 미치어 인공지능과목의 도입이 추진되고 있다(교육부, 2015).

한국교육과정평가원(2020)에 의하면, 초·중등 교육에서의 인공지능교육은 '인공지능의 기본 개념과 기술을 바탕으로 다양한 교과 및 실생활 문제를 해결하기 위한 교육'으로 정의하고 있다. 우리나라의 인공지능교육은 '인공지능에 대한 교육'과 '인공지능 활용 교육'으로 구분하여 추진되고 있다. 인공지능에 대한 교육은 '인공지능의 개념 및 원리를 이해하고 관련 기술 및 태도를 기르기 위한 교육'으로 정의하고 있으며, 인공지능 활용 교육은 '인공지능을 다양한 교과에서의 교수학습 상황에서 교육의 도구로서 활용하는 교육'으로 정의하고 있다. 즉 인공지능에 대한 교육은 인공지능을 하나의 독립된 교과로서의 교육이며, 반면에 인공지능 활용 교육은 다양한 교과목이나 교육 전반에서 인공지능을 활용하는 교육을 의미한다.

인공지능은 하나의 독립된 교과로서 아니면 활용 교육 형태로 다양한 교과에서 도구로서 교육에 널리 사용될 전망이다. 이와 같이 인공지능은 교과에 영향을 미칠 뿐만 아니라 학교 교육 전반에 다양한 변화를 유도할 전망이다. 김현진 외(2020)에 의하면 인공지능기술은 교육분야의 현재와 미래에 다음 <표 2-2>와 같이 활용되리라고 전망하였다.

| 표 2-2 교육분야 인공지능 기술의 현재와 미래(김현진 외, 2020)

구분	교육분야 현재의 AI기술	교육분야 미래의 AI기술
적용범위	제한된 적용	보편적 적용
AI 기술	• 약한 인공지능 • 머신러닝/딥러닝 • 규칙기반 AI와 IRT 등 기존 방식 혼용 • 일부 지식추론, 영상 및 음성 인식(일부 자연어 처리)	• 약한 또는 강한 인공지능 • 딥러닝 보편화 및 AI 진화 • 인간과 유사한 수준의 음성지능, 시각지능, 언어지능, 행동지능 구현
데이터	• 정형 〉비정형 데이터 • 인간이 직접 학습 데이터를 수집하고 전처리한 다음 기계에게 제공	• 비정형 〉정형 데이터 • 기계 스스로가 학습 데이터 수집하고 분석
콘텐츠 유형	• 디지털 콘텐츠와 지식 중심	• 온/오프라인 콘텐츠와 총괄적 경험
인터페이스	• 클라우드 중심 플랫폼 • PC 및 모바일기반 중심 • AI 스피커, 챗봇, 일부 로봇	• 클라우드 중심 플랫폼 • PC 및 모바일기반 중심 • AI 스피커, 챗봇, 지능형 로봇, 웨어러블 디바이스

한편, 인공지능은 학교교육 현장에서 3가지 형태의 프레임으로 사용될 전망이다(한국교육과정평가원, 2020). 즉, 교육과정의 전체적인 차원에 해당하는 '교육과정 영역', 세부적인 차원에 해당하는 교육 프로그램의 '분석-설계·개발-실행-평가' 영역, 교수학습의 외적인 영역에 해당하는 '학생지도 및 지원' 영역 등의 세 가지로 형태로서 인공지능기술은 향후 더욱 활발하게 학교교육에서 활용될 전망이다. 다음 <표 2-3>은 '교육과정' 영역에서의 인공지능 활용 프레임을 보여준다.

▌표 2-3 '교육과정' 영역에서의 인공지능 활용 프레임

영역	기능
교육과정 운영	① 요구 분석 • 지역사회의 인적, 물적 자원에 대한 정보 및 교육 환경 분석 • 학교 구성원의 교육과정 편성과 운영에 대한 요구 조사 및 분석 ② 교육과정 편성 • 학교 교육과정 운영 현황 분석 • 학교 교육과정 재구성 및 편성 • 학교 단위 학급 편성 및 수업 시간표 편성 ③ 교육과정 관리 • 학교 교육과정 운영 현황 모니터링 • 학교 교육과정 운영 과정 및 결과 기록
교육과정 개선	① 교육과정 평가 • 학교 구성원의 교육과정 편성 및 운영 결과에 대한 평가 및 분석 ② 교육과정 분석 • 취약 교육과정 및 개선 요구사항 전달 • 교육과정 실행 결과에 의한 개선 정보 제공

또한, <표 2-4>는 '학생지도 및 지원' 영역에서의 인공지능 활용 프레임을 보여준다.

▌표 2-4 '교수학습 및 평가' 영역에서의 인공지능 활용 프레임

영역	기능
설계 · 개발	① 학습 목표 설정 • 진로 목표에 따른 맞춤형 장기 학습 목표 및 과제 설정 • 장기 학습 목표에 따른 단기 학습 목표 및 과제 설정 ② 목표 달성 지원 • 교육과정에 명시된 성취기준 목록 제공 − 학생별 성취목표 기록 및 성취수준별 학습계약 개발 ③ 교수학습 설계 • 학급 특성 및 수준에 맞게 교수 · 학습활동 재구조화 ④ 교수학습 방법 추천 • 최적화된 교수학습 방법 추천 • 교수학습계획안 수립 및 작성 • 교수학습 관련 자료 및 정보 제공

영역	기능
실행	① 교수학습 지원 　• 수업 보조 도구 지원 　• 학습 과정 및 상호작용 모니터링 　• 학습 이력 관리 및 학습 경로 제안 ② 개별학습 지원 　• 개별 맞춤형 학습 콘텐츠 큐레이션 및 학습 도구 지원 　• 지능적 튜터링 및 탐색적 학습 지원 ③ 협력학습 지원 　• 학습자 관심사와 역할 등에 따른 팀 구성
평가	① 교수학습 평가 　• 각종 시험 및 과제, 글쓰기에 대한 자동 채점 및 표절 방지 ② 교수학습 개선 　• 학생 단위의 학업 성취 관련 자료(e-portfolio) 기록 및 관리

한편, <표 2-5>는 '학생지도 및 지원' 영역에서의 인공지능 활용 프레임을 보여준다.

▌표 2-5 '학생지도 및 지원' 영역에서의 인공지능 활용 프레임

영역	기능
학생상담	① 진로 설계 ② 상담 지원
학부모	① 가정 연계 지원
행정	① 행정 업무 지원

4 디지털 리터러시와 AI 리터러시 교육

1) 디지털 리터러시 교육

디지털 리터러시라는 용어는 Gilster(1997)에 의해서 처음 등장한 이후 연구가 계속 진행되고 있으며, 디지털 리터러시의 개념을 규정하기 위한 연구가 다수 수행되었다. 특히 정보화와 정보 격차의 논의 속에서 세계적으로 강조되고 있는 개념으로, 배우고 일하는 환경 자체가 디지털화되면서 디지털 리터러시의 중요성은 더욱 커지고 있다.

ALA(American Library Association)의 정보기술정책국(Office for Information Technology Policy)은 디지털 리터러시를 '디지털 정보의 탐색, 이해, 평가, 제작, 그리고 소통하기 위해 정보를 이용하고 기술과 소통할 수 있는 역량으로, 인지적·기술적 스킬 모두가 요구되는 역량'으로 정의하고 있다. 이는 많은 양의 정보가 디지털 기술에 기반하고 있기 때문에 정보 리터러시의 정의와 상당히 겹쳐지는 부분이 있다고 본다(정영미, 2018).

캐나다의 MNet(Media Awareness Network)은 디지털 리터러시의 정의를 구성하는 일반적인 개념으로 세 가지를 제시하고 있다. 첫째, 컴퓨터, 휴대전화, 그리고 인터넷 기술과 같이 다양한 하드웨어 기기와 디지털 미디어 소프트웨어 애플리케이션을 사용할 수 있는 스킬과 지식이다. 둘째, 디지털 미디어 콘텐츠와 애플리케이션을 비판적으로 이해하는 능력이다. 셋째, 디지털 기술로 창조할 수 있는 지식과 역량이다(Turow, 2010). 사용－이해－창조 역량은 점차 더 높은 수준으로 논리적인 전개를 뜻하긴 하지만 세 가지의 역량이 반드시 순차적으로 개발될 필요는 없다고 보고 있다(정영미, 2018).

영국 교육과 연구를 위한 디지털 솔루션을 제공하는 JISC는 디지털 리터러시의 하위 구성요소를 정보 리터러시, ICT 리터러시, 미디어 리터러시, 디지털 스콜라십, 학습 스킬, 커뮤니케이션과 협력, 경력과 정책성 관리로 상정하였다. JISC는 디지털 리터러시를 디지털 사회에서 삶을 영위하고 학습하고 일하기 위해 개인에게 필요한 역량으로, 단순한 컴퓨터 활용 역량이 아닌 탐색한 정보의 가치에 대한 비판적 사고력과 정확한 이해를 기반으로 자신의 목적에 활용할 수 있는 스킬로 정의하고 있다(정영미, 2018).

▼ 그림 2-4 JISC의 디지털 리터러시의 하위 구성요소

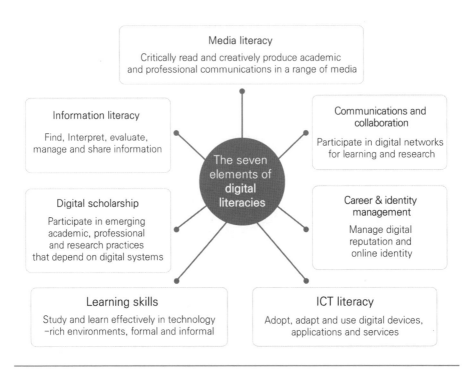

출처: https://www.jisc.ac.uk/guides/developing-digital-literacies

　우리나라의 정부와 한국교육학술정보원에서는 선행연구 및 이론을 토대로 디지털 리터러시를 '급속하게 변화하는 디지털 환경에서 다양한 디지털 미디어를 통하여 정보의 필요성을 인식하고 필요한 정보를 수집, 관리, 평가, 통합 및 창출할 수 있는 포괄적인 능력'으로 정의하였다. 이후 정보 리터러시와 구별되지 않는다는 전문가들의 의견을 반영하여 최종적으로 디지털 리터러시를 '디지털 매체와 테크놀로지를 효율적으로 사용할 수 있는 기술 지식, 비판적 사고력과 함께 문제 해결 커뮤니케이션, 그리고 지식을 창출할 수 있는 능력'으로 정의한 바 있다(정영미, 2018).

UIS(UNESCO Institute for Statistics)는 'A Global Framework of Reference on Digital Literacy Skills for Indicator 4.4.2'에서 시민의 디지털 사용 능력을 강화하기 위해 디지털 사용 능력 프레임워크인 DigComp 2.0을 제시하였다(Law & Wong, 2018). UIS는 디지털 리터러시를 '양질의 일자리 및 기업가정신을 위해 디지털 기술을 통해 정보를 안전하고 적절하게 액세스, 관리, 이해, 통합, 커뮤니케이션, 평가 및 생성할 수 있는 능력이며, 컴퓨터 사용능력, ICT 사용능력, 정보 사용능력, 미디어 사용능력 등으로 다양하게 언급되는 역량을 포함하는 것'으로 정의하였다.

김수환 외(2017)는 디지털 리터러시의 개념을 재정립하고 학습자의 역량을 강화하기 위한 디지털 리터러시의 하위영역과 요소를 규명하였다. 연구 결과, 디지털 리터러시란 '디지털 사회 구성원으로서 자주적인 삶을 살아가기 위해 필요한 기본소양으로 윤리적 태도를 가지고 디지털 기술을 이해·활용하여 정보를 탐색 및 관리, 창작을 통해 문제를 해결하는 실천적 역량'으로 조작적으로 정의되었으며, 하위영역으로는 '디지털테크놀로지 이해와 활용', '디지털 의식·태도', '디지털 사고 능력', '디지털 실천 역량'을 제안하였다.

▎표 2-6 디지털 리터러시의 하위영역과 요소

하위 영역	영역별 요소
디지털테크놀로지 이해와 활용	컴퓨팅 시스템, 소프트웨어 활용, 인터넷과 네트워크, 정보관리, 코딩, 최신기술 이슈
디지털 의식·태도	생명존중의식, 디지털 준법정신, 디지털 예절
디지털 사고 능력	비판적 사고력, 컴퓨팅 사고력, 창의적 사고력
디지털 실천 역량	의사소통 & 협업, 문제해결, 콘텐츠 창작

이은경 외(2019)에 의하면 초기의 디지털 리터러시의 개념과 구성 요소가 정보 활용 능력이나, 의사소통을 위한 미디어 도구를 사용하는 기술적 능력에 초점을 두었다면 최근의 디지털 리터러시의 개념과 구성 요소는 문제해결력, 비판적 사고, 의사소통 능력, 태도나 관점을 포함하는 역량 중심으로 변화되고 있으며, 정보를 직접 생산하고 공유할 수 있는 능력을 보다 강조하고 있는 개념이다.

권성호와 김성미(2011)는 소셜 미디어 시대에 부합하는 디지털 리터러시를 새롭게 재개념화하기 위해 전통적인 디지털 리터러시 구성요소 3CS를 소개하고 이에 기반하여 새로운 디지털 리터러시 개념을 소개한 연구를 진행한 바 있다.

전통적인 디지털 리터러시의 구성요소는 비판적 이해, 창의적 생산, 협력적 의사소통으로 이루어져 있다. 비판적 이해는 학습자가 자신이 처한 상황, 자신의 경험, 자신의 지식 등을 활용하여 학습 콘텐츠를 능동적으로 재해석할 수 있는 능력을 뜻한다. 창의적 생산은 사고의 발산과 수렴을 통해 새로운 의미를 구성하고 대안적 해결책을 스스로 제시할 수 있는 능력이다. 창의적으로 생산하는 학습자들은 자신의 한계를 뛰어넘는 무한한 가능성을 깨닫고 즐겁게 배울 수 있다. 여기서 학습과 놀이의 경계는 모호해진다고 서술하고 있다. 협력적 의사소통은 비판적 이해와 창의적 생산이 개별적 학습 과정이면서 동시에 사회적 활동임을 일깨워주는 것이다. 협력적 의사소통은 자신의 생각을 공유하고, 타인의 관점을 수용할 수 있는 능력을 의미한다.

권성호, 김성미(2011)는 소셜 미디어가 강조하는 맥락, 연결성, 상호작용의 특징을 사회, 문화적으로 확장시켜 그 연장선상에서 학습 활동의 분절된 개념들을 구조화하여 '구성력', '파급력', '성찰력'을 소셜 미디어 시대의 디지털 리터러시의 구성요소로 추가 도출하였다.

박주현(2018)은 디지털 리터러시를 '디지털 매체를 이용하여 매체에 드러난 텍스트를 이해하고 텍스트에 드러난 정보를 활용하고 평가하여 윤리적으로 문제를 해결하거나 의사소통 할 수 있는 역량'으로 리터러시의 개념을 적극적으로 반영하여 디지털 리터러시의 개념을 광의적으로 해석하여 정의하였다.

영국의 경우 2013년에 발표된 국가교육과정(National curriculum in England: computing programmes of study)에 따르면 핵심 단계(key stage)를 1부터 4단계까지 나누어 5세부터 16세까지의 학생을 대상으로 소프트웨어 교육 커리큘럼을 제시하였다.

▍표 2-7 영국의 소프트웨어 교육 커리큘럼

단계	교육 내용
1단계	• 디지털 장치에서 프로그램으로 구현되어 있는 알고리즘과 정확하고 모호하지 않은 명령어를 통해 실행되는 프로그램에 대해 이해하기 • 간단한 프로그램을 작성하고 디버깅하기 • 간단한 프로그램이 어떻게 실행될지 예측하는 논리적 추론 사용하기 • 디지털 콘텐츠를 생성, 구성, 저장, 조작, 검색할 수 있는 기술을 활용하기 • 학교 이외에 정보기술을 보편적으로 사용하고 있음을 인식하기 • 기술을 안전하게 사용할 수 있도록 기술지원을 받을 수 있는 연락처를 확인하기
2단계	• 특정 목적을 해결하기 위한 프로그램을 설계, 작성, 디버깅해보기 • 프로그램에서 변수와 다양한 입·출력 형태를 사용하여 순서적, 선택적, 반복적 기능 활용하기 • 동일한 알고리즘이 어떻게 실행되는지 설명하고 알고리즘과 프로그램의 에러를 확인할 수 있도록 논리적 사고를 활용하기 • 인터넷 등과 같은 컴퓨터 네트워크 이해하기 • 검색 기술을 효과적으로 사용하기 • 특정 디지털 기기에서 프로그램을 설계하고 제작하기 위해서 여러 종류의 소프트웨어를 선택, 사용, 결합하기 • 정보기술을 안전하고 책임감 있게 사용, 용인될 수 없는 행동 인지 등
3단계	• 실제 문제나 물리 시스템에서의 상태와 행동을 모델로 컴퓨터적 추상화를 통해 설계, 사용, 평가하기 • 동일문제에 대해 여러 알고리즘을 비교하여 사용할 수 있도록 주요 알고리즘에 대해 이해하기 • 데이터구조의 적절한 사용, 모듈 프로그램 설계 및 개발을 위해 2개 이상의 프로그래밍 언어를 사용하기 • 프로그램에서 사용되는 Boolean 논리와 2진수로 표기 체계를 이해하기 • 컴퓨터 시스템을 구성하는 하드웨어 및 소프트웨어가 어떻게 통신하는지 이해하기 • 컴퓨터 시스템에서 명령어가 어떻게 저장되고 실행되는지, 그림, 소리와 같은 다양한 형태의 데이터가 어떻게 2진수로 표현되고 조작되는지 이해하기 • 디지털 산출물에 대한 신뢰성, 디자인, 사용성을 개선하기 위해 사용자들에게 생성, 재사용, 개정, 용도 변경하여 제공하기 • 온라인 개인정보를 보호하는 기술적 보호 조치의 범위에 대해 이해하기
4단계	• 컴퓨터과학, 디지털 미디어, 정보기술에 대한 능력, 창의성, 지식 계발시키기 • 개개인의 분석, 문제해결, 설계, 컴퓨터적 사고 능력의 계발 및 적용 • 온라인 개인정보를 보호하는 새로운 방법 등을 포함하여, 기술적 보호 조치가 어떻게 변화하고 있는지 이해하기 ※ 이 수준에서는 높은 수준의 연구 분야 또는 전문 직종으로 진출할 수 있도록 충분한 수준의 정보 기술 및 컴퓨터 과학을 공부할 수 있는 기회가 있어야 함

디지털 리터러시는 이제 새로운 사회에서 생존하기 위한 기본적인 역량에 해당한다고 할 수 있다. 디지털 대전환으로 이제 디지털의 영역이 더욱 더 늘어날 것으로 예상되기 때문이다. 학교교육에서도 디지털 리터러시를 기르기 위한 노력이 특정 교과를 넘어서 전체적인 교육의 과정에 내재화될 필요가 있다. 특히 강조되고 있는 인공지능 관련된 역량 교육도 더욱 확대될 필요가 있을 것이다.

2) AI리터러시 교육

인공지능 사회의 도래는 현대인들이 거부할 수 없는 현실이 되었으며 인공지능기술의 발전은 우리에게 동전의 양면과 같이 다양한 혜택과 더불어 부작용을 동시에 가져다주고 있다. 이러한 인공지능 시대에 능동적이고 주체적으로 살아가기 위해서는 인공지능교육의 필요성과 더불어 중요성이 더욱 커지고 있다.

인공지능교육 역할은 인공지능 리터러시로 제시할 수 있으며 본 절에서는 최근 Long이 제안한 인공지능 리터러시를 다음과 같이 소개한다(박윤수, 이유미, 2021). Long이 제안한 인공지능 리터러시 모형은 크게 4가지 영역의 17개의 세부 리터러시 요소로 구성되어 있다.

첫째, '인공지능은 무엇인가?(What is AI?)'와 관련된 4개의 요소가 필요하다. 인공지능이 될 수 있는 것과 될 수 없는 것을 식별하는 역량(Recognizing AI), 기계 지능에 대한 이해 역량(Understanding Intelligence), 다양한 인공지능 응용에 대한 이해 역량(Interdisciplinarity), 일반적 인공지능과 좁은 인공지능에 대한 이해 역량(General vs. Narrow) 등이다.

둘째, '인공지능이 할 수 있는 것(What can AI do?)'과 관련된 2개의 요소이다. 인공지능의 강점과 약점에 대한 이해 역량(AI's Strengths & Weaknesses), 미래 인공지능의 응용에 대해 예상할 수 있는 역량(Imagine Future AI) 등이다.

셋째, '인공지능은 어떻게 작동하는가?(How does AI work?)'와 관련된 9개의 요소이다. 지식의 표현에 대한 역량(Representations), 컴퓨터의 의사결정에 대한 이해 역량(Decision-Making), 기계학습의 단계적 과정에 대한 이해 역량(ML Steps), 인공지능 사회에서 인간의 역할을 설명하기 위한 역량(Human Role in

AI), 데이터 리터러시 역량(Data Literacy), 컴퓨터가 데이터로부터 학습하는 과정에 대한 이해 역량(Learning from Data), 학습의 예시를 적절하게 설명하기 위한 역량(Critically Interpreting Data), 현실에서 구현가능한 AI에 대한 이해 역량(Action & Reaction), 학습을 위한 다양한 데이터를 생성할 수 있는 센서에 대한 이해 역량(Sensors) 등이다.

넷째, '인공지능은 무엇을 해야 하는가?(What should AI do?)'와 관련된 2개 요소이다. 인공지능의 주변에서 다양한 관점에서 AI 기술에 대한 비판적 시각을 가질 수 있는 역량(Ethics), 에이전트(Agent)는 프로그래밍이 가능하다는 것을 이해하는 역량(Programmability) 등이다.

5 인공지능 시대 교사의 역량

인공지능 사회에 있어서 학교교육현장에는 인공지능기술의 도움으로 많은 변화의 바람이 불 전망이다. 이러한 변화는 인공지능 사회에 학교교육을 담당하는 교사에게도 많은 변화를 요구할 것이다. 인공지능 사회에 능동적이고 주도적인 인재를 기르기 위해서 교사들도 변화해야 하며, 본 절에서는 인공지능 시대에 미래의 주역이 될 학생들을 지도할 교사들이 필수적으로 가져야 할 역량들을 다음과 같이 소개한다.

1) 정보역량

인공지능 사회를 선도할 인재를 육성하기 위해서 학교 교사들은 무엇보다도 정보역량을 최우선으로 키워야 한다. 미래의 주역이 될 학생들이 소극적으로는 인공지능 사회에 올바르게 적응하면서 살아가기 위한 역량을 지도하기 위해서, 적극적으로는 인류에 도움이 될 다양한 인공지능기술을 개발할 기본적인 역량을 지도하기 위해서는 무엇보다도 교사들이 정보역량을 키워야 한다.

정보역량은 정보에 대한 지식, 기능 및 가치관을 중심으로 정보 이론, 정보 구현, 정보 윤리 등 상당히 포괄적인 내용을 포함한다. 초중고 교사들이 학교 현장에서 학생들을 지도하기 위해서 어느 정도의 정보역량을 가져야 하는 것은 쉽게 규정할 수 있는 일이 아니며 다양한 논의를 거쳐야 한다. 또한, 인공지능기술이 발달함에 따라 정보역량도 지속적으로 변화가 되어야 한다. 이러한 정보역량의 핵심은 '컴퓨팅 사고력(Computational Thinking)'이라고 할 수 있다. 즉 컴퓨팅 사고력은 인공지능시대의 주역이 될 학생들을 지도하기 위한 교사들의 가장 중요한 정보역량이라고 할 수 있다.

컴퓨팅 사고력은 다양하게 정의할 수 있으며, 종합하면 인간이 실생활에서 맞이할 수 있는 다양하고 또한 복잡한 문제를 어떻게 쉽게 해결할 것인지를 절차적으로 사고하고, 문제 해결 과정을 정보 기기가 제공하는 강력한 성능들을 통해 효율적으로 해결하고자 하는 종합적 사고과정이라고 정의할 수 있다. 즉 컴퓨팅 사고력은 간단히 정리하면 복잡한 문제를 단순화시켜서 컴퓨팅 기기를 통하여 문제해결하는 사고과정이라고 할 수 있다. 컴퓨팅 사고력은 2015년에 교육부에 의해서 발표된 소프트웨어 교육의 핵심적인 사고과정이라고 할 수 있다. 컴퓨팅 사고력은 복잡한 문제를 추상화를 통한 단순화과정을 거쳐서 쉽게 일반화를 할 수 있는 사고력으로서 반드시 정보문제뿐만 아니라 일상생활의 모든 문제해결에 적용할 수 있는 핵심적인 사고라고 할 수 있다.

▌표 2-8 컴퓨팅 사고력의 구성요소(교육부, 2015)

구성요소		정의
자료 수집		문제해결에 필요한 자료 모으기
자료 분석		자료의 이해, 패턴 찾기, 결론 도출하기
구조화		문제를 그래프, 차트, 그림 등으로 시각화 하기
추상화	분해	문제를 관리가 가능한 수준의 작은 문제로 분해하기
	모델링	문제 해결을 위한 핵심요소를 추출하고, 모델 만들기
	알고리즘	문제 해결을 위한 일련의 단계를 알고리즘으로 표현하기(절차적 표현)
자동화	코딩	프로그래밍 언어를 이용하여, 문제해결과정을 자동화하기
	시뮬레이션	프로그램(소프트웨어)을 실행하기
일반화		문제해결과정을 다른 문제에 적용하기

컴퓨팅 사고력은 <표 2-8>에서 보여주는 것과 같이 9가지의 과정으로 구성되어 있다. 9단계의 컴퓨팅 사고력은 자료수집, 자료분석, 구조화, 추상화, 자동화, 일반화 등 6단계로 요약할 수 있다. 이와 같은 6가지 단계 중에서 가장 중요한 단계는 추상화(Abstraction)로, 추상화란 한마디로 '복잡한 문제에서 비핵심적인 부분을 제외하고 핵심부분으로 문제를 요약하는 단계'라고 할 수 있다. 즉, 수학 문제 등을 비롯하며 모든 문제해결에 있어서 추상화는 반드시 필요하며 또한 거쳐야 하는 핵심적인 단계이다. 추상화 과정에 이르지 못했다는 것은 문제의 핵심을 파악하지 못했다는 의미이며, 또한 문제해결의 실마리를 갖지 못했다는 의미로 해석할 수 있다.

이와 같이 컴퓨팅 사고력은 학생들에게 인공지능기술의 기본이 되는 정보분야를 지도할 때 반드시 필요한 역량이며 컴퓨팅 사고력은 단순한 연수나 일회성 교육으로 마스터될 수 없으며 부단한 노력과 실습을 통해서 터득할 수 있다.

2) 창의역량

창의적인 인재육성은 전통적인 인재육성의 목표로서 다양한 교육과정과 교과의 교육목표로서 시대를 초월한 인재상으로서 자리를 잡고 있다. 창의적인 인재육성의 필요성은 현재 인공지능 사회에 있어서 더욱 필요한 교육목표가 되어가고 있다. 이것은 다음과 같이 설명할 수 있다. 첫째, 다양한 인공지능기술의 발달로 인하여 다양한 창의적인 제품의 개발이 가능했다. 즉, 도구로서의 인공지능기술의 발달은 생각하는 것을 쉽게 구현할 수 있는 강력한 도구로 다양한 분야에 활용되기 시작했다. 예를 들어, 드론 기술의 발달로 인하여 카메라를 장착한 드론은 사람이 촬영하기 어렵거나 위험한 환경에서 영화를 보다 현실감 있게 촬영할 수 있게 되었다. 둘째, 인공지능 사회에서 다양한 기술과 쏟아져 나오는 제품들의 홍수 속에서 'fast follower'가 아닌 'first mover'가 되기 위해서는 기존의 제품을 모방하거나 개선하는 방식에서 떠나 창의적인 기술이나 제품이 필요하다. 셋째, 인공지능기술의 발달로 인하여 교육현장에서 다양한 체험과 제작 활동이 가능해졌다. 예를 들어, 인공지능 로봇이나 3D 프린터의 보급으로 체험 위주의 교육과 더불어 메이커 교육 등 제작 활동은 창의적인 생각을 보다 현실적이고 실용적으로 표현하는 데 많은 도움을 주고 있다.

교사들은 학생들의 창의성을 향상시키기 위해서 무엇보다도 학교수업에 있어서 허용적인 분위기를 제공해야 한다. 즉, 지나친 권위나 규율로 학생들을 지도하게 되면 학생들이 소극적인 분위기를 가질 수가 있으며 또한 창의적인 사고를 하기보다는 정해진 규율을 잘 따르는 학생들이 되기 쉽다. 따라서, 학교수업에서 학생들의 창의성을 방해하는 요소를 형성하지 말아야 하는데, 학생들의 창의성을 방해하는 대표적인 4가지 요소는 다음과 같다(하종덕, 문정화, 2005; 문정화, 2019).

① 평가

평가는 학생들의 창의성을 감소시키는 요인으로서, 창의성은 자유로운 환경에서 최대한 발휘될 수 있다. 즉, 학생들은 잘해야 된다는 강박감을 갖게 되면 창의성 발달의 저해요인으로 작용할 수 있다.

② 보상

보상이 항상 긍정적 결과를 가져오지는 않는다. 즉, 보상은 학생들로 하여금 스스로 무엇인가를 직접 찾아서 해보려는 내적 동기를 낮추게 되고, 계속되는 보상은 오히려 창의성을 떨어뜨리는 결과를 초래할 수 있다.

③ 경쟁

학생들의 지나친 경쟁의식은 심리적으로 불안정한 상태를 유발시킬 수 있으며, 이러한 불안정한 상태가 계속되면 창의성을 제대로 발휘할 수 없도록 만들 수 있다.

④ 선택권의 제한

학교교실에서 교사들이 미리 정한 규칙을 그대로 따르게 하는 생활은 학생들의 창의성을 구속할 수 있다. 즉, 매사 교사의 기준으로 평가하고 판단해서 학생들로 하여금 선택의 여지를 주지 않고 무조건 따르도록 한다면 학생들의 사고는 늘 주어진 틀 안에서만 맴돌게 되어 창의성을 신장시키지 못할 수 있다.

한편, 교사들은 학생들의 창의성 향상을 위해 브레인스토밍, 스캠퍼 기법 등 다양한 창의성 향상방법을 익혀야 하며, 무엇보다도 평소에 학생들의 창의성을 개발하는 데 좋은 환경과 지도를 해야 한다. 학생들의 창의력 개발을 위한 모범적인 교사의 역할은 다음과 같다(하종덕, 문정화, 2005).

- 독특한 행동을 보이는 학생들을 거부하지 마라.
  즉 학생들의 상상력과 확산적 사고를 방해할 수 있다.
- 창의적인 행동과 이상행동을 구분하라.
  창의적인 행동과 비사회적인 태도와 행동을 구별해야 한다.
- 창의적인 학생들의 문제점을 잘 파악하고 대처하라.
  창의적인 학생들이 친구들로부터 소외될 수 있다.
- 학생들 스스로 해결방법을 찾을 수 있도록 도와줘라.
  교사들은 지나친 간섭보다 안내자의 역할을 해야 한다.
- 자유롭게 표현할 수 있는 분위기를 조성하라.
  교사들은 정서적으로 안정되고 친밀한 분위기 조성에 노력해야 한다.
- 다방면에 적절한 자극을 받을 수 있는 환경을 제공하라.
  다양한 실물과 교구로 놀이하면서 체험할 수 있는 교육환경을 제공한다.
- 어떤 문제에 대해 여러 가지 해결책을 낼 수 있는 능력을 키워줘라.
  학생들의 참신한 사고를 자극하고 확산적 사고를 위한 질문을 한다.
- 사물에 대한 호기심을 가지고 탐구하도록 격려하라.
  사물에 대한 호기심과 민감성을 장려한다.
- 교사가 창의적인 교수기법을 익혀라.
  교사의 창의적인 태도에 학생들도 창의적인 태도를 익힐 수 있다.

3) 융합역량

창의적인 인재육성과 더불어 융합형 인재육성은 지식정보사회와 인공지능 사회에 있어서 핵심적인 교육의 목표가 되고 있다. 창의적인 인재육성과 융합형 인재육성은 서로 별개의 인재를 양성하는 것이 아니라 서로 불가분의 관계가 있다. 즉 창의적인 인재가 되기 위해서는 융합형 인재가 먼저 되어야 하고, 융합형 인재는 궁극적으로 창의적인 인재로 발전될 수 있다. 다시 말해서 한 인재가 궁극적으로 창의적인 인재라 하면 그는 이미 융합적인 인재라고 볼 수 있으며, 융합적인 인재라면 그는 또한 궁극적으로 창의적인 인재로 발전할 수 있다고 할 수 있다.

창의성과 융합의 불가분의 관계는 다음과 같이 설명할 수 있다. 즉, 창의성이란 궁극적으로 기존과는 다른 독창적인 사고를 가지고 새로운 제품이나 작품을 만드는 능력인데, 이러한 창의성을 발휘하기 위해서는 융합적인 능력이 필요하다. 즉 기존의 A라는 제품에서 새로운 B라는 제품으로 발전되기 위해서는 바로 제품 A에서 제품 B로 갈 수 없으며 A → A' → A" → ,,, → B의 형태로 발전이 되는 경우가 보통이다. 예를 들어, 현재 자동차는 기존의 내연기관 자동차에서 친환경적인 전기차로 점차 이동 중에 있다. 이러한 내연기관에서 전기차로 바로 발전될 수 없으며 그 중간 형태의 자동차인 하이브리드 자동차를 거쳐서 가는 경우이다. 우리가 궁극적으로 원하는 것은 제품 A에서 제품 B로 바로 가기를 원하지만 여러 가지 기술적인 난제와 윤리적인 이슈 등을 거쳐야 하기 때문에 중간에 A', A", A'" 등을 거쳐야 하는데 이러한 A', A", A'" 등을 만드는 사고가 융합적인 사고라고 할 수 있다.

융합교육은 흔히 STEAM교육이라고 불리며, 각각 과학(Science), 기술(Technology), 공학(Engineering), 예술(Arts), 수학(Mathematics) 등 5개의 과목을 의미한다. 융합교육에 있어서 각각의 과목은 다음과 같은 역할과 의미를 갖는다(강충인, 2015).

① 과학

이론적 근거를 제시

② 기술

잘 만드는 방법(How에 관계)

③ 공학

최적화(Optimization), 근사값 계산

④ 예술

심미적 요소

⑤ 수학

가능성 확인(정답이 있는가?) 및 이론적 정확성 보장

융합교육은 이와 같이 어떤 제품을 개발하거나 결합을 하는 데 있어서 5가지 과목의 요소를 모두 고려해야 한다. 예를 들어, 비행기 개발 사례에 있어서 과학, 기술, 공학, 예술 및 수학이 어떻게 적용이 되는가를 살펴보면 다음과 같다.

• 과학: 나는 원리 및 이론 개발(양력, 중력, 저항력, 추진력)
• 수학: 이론 입증(수치계산)
• 공학: 비행기 설계 및 제작(최적화 적용)
• 기술: 실제 작업
• 예술: 모양 및 기능성(화장실 손잡이, 실내등 모양 등)

인공지능 사회에 있어서 융합형 인재의 육성은 매우 필요하며 다양한 제품의 개발에 있어서 필수적인 사고가 되고 있다. 융합적 사고력은 융합형 인재를 양성하는 교사로서 반드시 필수적으로 지녀야 하는 역량이며, 융합역량은 지식적인 내용으로 채워질 수 없으며 다양한 적용과 시행착오를 통해서 연마되는 능력임을 인식해야 한다.

4) 종합역량

한편 교육부에서는 21세기 미래교육 환경에서 교사가 가져야 할 역량을 다음과 같이 규정하여 발표하였다(교육부, 2021).

- 지식 교육에 더하여 학생의 성장·진로개척을 함께하는 '협력자'
- 표준화된 교육과정을 단순 시연하는 것을 넘어 교과 간 융합 등 교육과정 재구성, 학습자 주도의 수업 구안 등 수업 '기획자'
- 학급 관리자에 더하여 갈등과 문제 해결을 위한 '소통·중재자'
- 변화에 대한 통찰력 및 탐구심(열린 태도), 새로운 기술(지능정보기술 등)에 대한 수용성 등 미래를 유연하게 준비하는 '혁신가'

참고문헌

강충인(2015). STEAM교육의 이론과 실제, 과학사랑출판사.

교육부 보도자료(2021). 현장성과 미래 대응력 제고를 위한초·중등 교원양성체제 발전 방안(시안).

교육부. (2015). 초·중등학교 교육과정 총론. 교육부 고시 제2015−80호 [별책1].

국가교육회의. (2019). 2030 미래교육 한−OECD 국제교육컨퍼런스 자료집.

권성호, 김성미(2011). 소셜 미디어 시대의 디지털 리터러시 재개념화: Jenkins 의 '컨버전스'와 '참여문화'를 중심으로. 미디어와 교육, 1(1), 65−82.

김경애, 류방란, 이명진, 김지하, 김진희, 박성호. (2015). 학생 수 감소 시대의 미래 지향적 교육체제 조성 방안. (RR2015−04). 서울: 한국교육개발원.

김수환 외(2017). 디지털 리터러시의 교육과정 적용 방안 연구. 한국교육학술정보원.

김윤정, 유병은(2016). 인공지능 기술 발전이 가져올 미래 사회 변화, KISTEP Inside and Insight, 제12호, 52−65.

김현진, 박정호, 홍선주, 박연정, 최정윤, 김유라, 이항섭, 이인숙(2020). AI시대 대비 국가수준

문정화(2019). 또 하나의 교육 창의성, 학지사.

박윤수, 이유미(2021). 대학생의 AI 리터러시 역량 신장을 위한 교양 교육 모델, 정보교육학회논문지, 25(2), 423−436.

박재윤, 양승실, 윤종혁, 김태은, 김성기, 김용, 황준성. (2007). 미래사회에 대비한 학제개편 방안(Ⅱ). (RR2007−03). 서울: 한국교육개발원.

박주현(2018). 독서·정보·ICT·디지털 리터러시의 개념화 모델 개발 연구. 한국도서관·정보학회지, 49(2), 267−300.

이영희, 윤지현, 홍섭근, 백병부, 임재일. (2018). 미래교육 관련 연구 메타분석을 통한 미래교육의 방향. 교육문화연구, 24(5), 127−153.

이은경, 박상욱, 전성균(2019). 컴퓨터·정보 소양 함양을 위한 융합 교육에 관한 중등학교 교사의 인식 및 요구 분석. 컴퓨터교육학회 논문지, 22(6), 35−42.

임종헌, 유경훈, 김병찬(2017). 4차 산업혁명사회에서 교육의 방향과 교원의 역량에 관한 탐색적 연구. 한국교육, 44(2), 5−32.

정영미(2018). 미국 공공도서관의 성인을 위한 디지털 리터러시 교육에 관한 연구. 한국문헌정보학회지, 52(1), 359－380.

정제영(2016). 지능정보사회에 대비한 학교교육 시스템 재설계 연구. 교육행정학연구, 34(4), 49－71.

정제영(2017). 4차 산업혁명 시대의 학교제도 개선 방안: 개인별 학습 시스템 구축을 중심으로. 교육정치학연구, 24(3), 53－72.

정제영, 강태훈, 신태섭. (2017). 고등학교 교실 수업 및 평가 혁신을 위한 방안 연구. 교육부.

하종덕, 문정화(2005). 또 하나의 교육 창의성, 학지사.

한국교육과정평가원(2020). 학교 교육에서 인공지능(AI)의 개념 및 활용, 연구자료 ORM 2020－21

홍선주, 이명진, 최영인, 김진숙, 이연수. (2016). 지능정보사회 대비 학교 교육의 방향 탐색. (연구자료 ORM 2016－26－9). 2016 KICE 이슈페이퍼. 서울: 한국교육과정평가원.

Gilster, P. (1997). Digital literacy. John Wiley & Sons, Inc..

Law, N., Woo, D., & Wong, G. (2018). A global framework of reference on digital literacy skills for indicator 4.4. 2 (No. 51, p. 146). UNESCO.

OECD. (April, 2018). The Future We Want. The Future of Education and Skills: Education 2030. Position Paper.

Schwab, K. (2016). The fourth Industrial Revolution. Colony/Geneva: World Economic Forum.

Turow, J. (2010). Media Today, 2010 Update: An Introduction to Mass Communication. Routledge.

World Economic Forum. (2020). School of the Future, Defining New Models of Education for the Fourth Industrial Revolution.

3
지식의 융합과 AI 융합교육

조헌국

1 융합의 필요성

1) AI, 빅데이터, 그리고 4차 산업혁명

2016년 스위스 다보스에서 열린 세계경제포럼에서는 AI, 빅데이터, 로보틱스 등을 활용한 미래사회의 급격한 변화를 4차 산업혁명이라는 용어를 통해 등장시켰다. 2000년대 중반 이후 딥러닝을 비롯한 여러 알고리즘이 개발되고, 실제 상황에 적용해 많은 성과들을 축적하면서 AI가 다양한 학문에서의 질문과 연구뿐만 아니라 인류의 생활과 당면과제까지 해결할 것이라는 믿음이 커졌다. 이에 2010년 이후에는 수학, 과학, 공학 외에도 언어, 경영, 경제, 예술 등 분야를 가리지 않고 다양한 분야에서 AI가 적용되기 시작하였으며 이로 인해 소프트웨어나 AI 등 과학기술과 다양한 학문 분야와의 결합이 가속화되고 있다. 2021년 가트너(Gartner)의 유망 기술 동향 결과를 살펴보면 지난 10년간 AI를 이용한 데이터 분석, 예측, 창출 등 다양한 분야에서의 기술 혁신에 기여한 것을 알 수 있다.

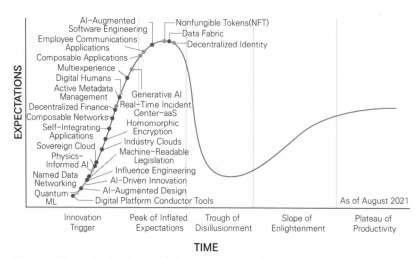

Source: Gartner(August 2021)

4차 산업혁명이 가져오고 있는 변화 중 가장 피부로 와 닿는 것은 일자리와 산업 생태계의 변화이다. 다양한 종류의 데이터가 쌓이고 이를 분석할 능력이 생겨나면서 광고나 홍보, 판매 전략 등이 보다 고도화되고 있다. 예를 들면 예전에는 TV나 라디오 같은 단방향 의사소통 채널을 통해 불특정 다수에게 전달되었다면 최근에는 사용자의 성별이나 검색어나 구매 목록 등을 활용해 특화된 광고나 콘텐츠 추천이 일어나고 있으며, 이러한 기법이 빅테크로 분류되는 기업들의 서비스에서 빈번하게 활용되고 있다. 특히, 플랫폼을 중심으로 생산자가 제조부터 판매, 유통 전반을 관장하는 것으로부터 플랫폼을 통해 생산자와 소비자의 만남이 이뤄지고 이를 매개하는 시장의 중요성이 강조되면서 재화나 서비스, 자산 등에 대한 관점이 크게 변화하고 있다. 특히, 소유 중심의 경제적 관점에서 공유, 또는 구독 중심의 경제적 관점으로 변화하고 있다(조헌국, 2017). 특히, 코로나19 이후 사람들의 활동이 크게 제한되면서 급격하게 성장한 시장 중 하나는 배송 서비스이며, 이로 인해 플랫폼에서의 노동자가 급격히 증가하고 있다. 세계 최대 배송 서비스 업체인 아마존의 경우, 2010년 약 34.2억 달러의 매출을 올렸으나 불과 10년 뒤인 2020년에는 386.1억 달러로 매년 20% 이상의 고성장을 지속하고 있다.

새로운 기술의 등장이 환경의 변화를 가져오는 것뿐만 아니라 기업의 정체성이나 새로운 가치를 창출하기도 한다. 아마존의 경우, 세계 최대의 온라인 쇼핑몰이기는 하지만 실제 영업이익의 75% 가량은 쇼핑이 아니라 아마존이 구축한 클라우드 서비스인 AWS(Amazon Web Service)가 차지하고 있다. 우리나라의 삼성전자와 같은 대기업뿐만 아니라 넷플릭스, 모더나 등 굴지의 기업들이 모두 아마존의 클라우드 서비스를 이용하고 있는데, 단지 정보를 저장하기 위한 공간뿐만 아니라 슈퍼 컴퓨터를 통해 다양한 종류의 통계나 프로그래밍, 머신러닝과 딥러닝을 수행할 수 있는 기능을 제공하고 있다. 마이크로소프트나 테슬라 역시 딥러닝 연산을 위한 거대한 서버를 이미 가지고 있으며, 본업과 관계없이 이와 같이 투자한 인프라를 통해 서버의 기능을 빌려주고 벌어들이는 새로운 소득, 그리고 플랫폼을 통해 쌓이는 거대한 양의 데이터의 가치로 더 많은 부가가치를 창출할 것으로 여겨진다.

또한 증강현실이나 가상현실, 영상 자료에 대한 처리 기술이 발전하면서 주목받고 있는 것들이 메타버스, 그리고 대체불가능 토큰(NFT; Non-Fungible Token)이다. 메타버스라는 용어는 스티븐슨의 소설 <스노우 크래시>에서 가장 처음 등장한 말로 현실 세계를 닮은 가상의 공간을 의미한다. 이는 가상 세계만의 자유롭고 창의적인 요소들과 함께 현실 세계로부터 얻은 데이터와 특성 등을 연동한 새로운 개념으로 먼 미래에 주목받게 될 기술로 여겨졌다(서성은, 2008; ASF, 2007). 그런데 코로나19로 인한 팬데믹이 전 세계를 덮치고 많은 사람들의 이동과 생활을 제한하면서 이를 돌파하기 위한 도구로 주목받게 되었다. 코로나19로 인해 각종 공연이나 콘서트가 거의 개최될 수 없었는데, 이때 미국의 유명 래퍼인 트래비스 스콧(Travis Scott)은 포트나이트라는 메타버스 기반의 게임에서 가상 콘서트를 열어 크게 화제가 된 바 있다. 그리고 우리나라에서도 개더 타운을 활용한 각종 기업 연수가 학생들의 비교과 활동들을 열게 되면서 새로운 시장으로서의 가치를 주목받게 되었다. 이로 인해 자연스럽게 온라인에서의 높은 보안을 가진 새로운 디지털 자산이 주목받게 되었는데

이를 NFT라고 부른다. NFT는 디지털 파일의 소유자와 판매자가 관련 기록을 블록체인에 저장함으로써 위·변조를 막는 것으로서 영상, 그림, 게임 아이템 등 기존의 콘텐츠에 고유한 디지털 주소를 부여해 자산으로 만들고, 이를 별도의 플랫폼에서 거래하도록 한 것이다. 온라인상에서의 도난이나 분실 등을 막는 새로운 방법으로 주목받고 있으며, 아바타를 위한 운동화나 헤어 스타일, 가방 등을 디자인하고 이를 NFT로 만들어 현실세계처럼 매매할 수 있게 되었다.

이러한 변화는 단지 경제나 산업에서 그치지 않고, 교육 분야로도 점차 확대될 것으로 보이며, 이미 최근 수년간 교육 분야에서도 AI나 온라인을 기반으로 한 다양한 스타트업이 등장하고 있다. YouTube와 같은 소셜 미디어의 급격한 성장으로 인해 디지털 콘텐츠 제작을 전문으로 하는 기업들 역시 점점 그 입지를 넓혀가고 있다.

2) AI와 지식의 지형의 변화

AI와 다른 분야의 접목은 예술 분야에서도 큰 주목을 받았는데, 2010년대 중반 ING, Microsoft, 네덜란드의 렘브란트 미술관 등 다국적 기업과 예술가들의 협력을 통해 빛의 화가로 잘 알려진 렘브란트의 화풍과 기법을 재현하는 프로젝트를 시작하였다. 넥스트 렘브란트(The Next Rembrandt)로 명명된 프로젝트는 20여 명의 데이터 과학자와 AI 개발자, 3D 스캔 전문가 등이 협업을 통해 렘브란트가 그린 300점 이상의 작품을 모두 3D 스캔한 뒤 그림에서의 색조, 인물의 자세, 얼굴의 표정, 인체 각 부위의 표현 등을 면밀히 분석하고 이를 딥러닝을 통해 분석하여, 그의 화풍을 적용해 재현하고자 하였다. 2016년 마침내 40대 중년 남자의 초상화를 AI를 통해 그린 작품을 발표하였고 이는 많은 예술가들과 AI 전문가들에게 반향을 일으켰다. 이는 AI 스스로 새로운 화풍이나 장르를 창조한 것이 아니라 그의 작품을 분석해 흉내낸 것이기는 하지만 예술 작품을 만들어내는 일조차 AI로 가능하다는 것을 보여준 사례이다.

AI를 예술에 적용한 사례는 여기에서 그치지 않는다. 최근에는 이미 작고한 가수의 목소리를 분석하거나 다양한 화가들의 작품을 분석해 그들의 스타일을 적용한 예술 작품을 생성할 수 있게 되었다. 2021년에는 국내에서 작고한 가수인 김광석의 노래로부터 목소리를 분리해 학습시킨 결과를 통해 고인이 부르지 않은 노래에 적용함으로써 인간과 AI의 모창 대결이라는 TV 프로그램을 통해 주목받기도 하였다.

최근에는 전문적인 작곡가가 아니더라도 쉽게 도움을 받을 수 있는 다양한 프로그램이 개발되고 있는데, 구글에서 개발한 마젠타(Magenta)나 아마존의 DeepComposer, OpenAI의 JukeBox, 유럽에서 만든 AIVA 등 매우 다양하며 최근에는 중·고등학교 음악 교실에서도 무료 프로그램을 이용해 수업하는 사례도 늘어나고 있다.

시계열 분석이나 심층 신경망, 생성적 적대 신경망(Generative Adversarial Network)을 적용한 라이브러리가 공개되면서 누구든 데이터와 소스코드를 통해 원하는 작업을 수행할 수 있는 수준에 이르렀다. 이와 같이 급속도로 발전하는 과학기술의 등장은 결국 예술적 가치와 창조 행위에 대한 저작권의 문제와 함께 예술의 정의 자체를 새롭게 쓰고 있다(김은령, 2014). 이와 같은 변화는 기계가 결코 흉내낼 수 없을 것이라고 여겼던 감성과 정서, 상상력을 기반으로 한 창작까지 대체될지 모른다는 불안과 우려를 낳고 있다.

AI의 변신은 전혀 다른 분야를 연결하는 데에도 쓰이고 있다. 2019년 말부터 전 세계를 강타한 코로나19 바이러스는 알파, 베타, 감마, 델타 등 끊임없는 변이가 일어나고 이로 인해 많은 의료 전문가들에게 어려움을 안겨주었다. 특히, 새로운 변이는 이전과 다른 증상이나 높은 치명률(Fatality)을 보이기 때문에 이를 파악하는 것이 매우 중요한데, MIT의 생명과학, 컴퓨터과학, AI 분야의 전문가들이 협업해 AI를 활용해 바이러스의 변이를 파악하는 새로운 방법을 고안해 냈다(Hie et al., 2021). 이 연구가 특별한 관심을 모았던 이유는 단지 전통적인 화학 또는 생물학 영역에서의 염기서열 분석이 아니라, 이를 자연어 처리의 관점에서 이해하려고 했기 때문이다. 인간이나 생명체의 유전정보는 DNA 또는 RNA라고 불리는 고분자화합물로 구성되어 있다. 인간의 경우, DNA는 아데닌, 구아닌, 시토신, 티민이라는 4개의 염기가 끊임없이 반복되어 나타나는데 이와 같은 염기들이 끊임없이 이어지기 때문에 염기서열이라고 부른다. 인간의 경우는 DNA가 두 가닥으로 서로 강하게 연결되어 있어서 끊어지거나 훼손될 가능성이 적지만 에이즈나 코로나를 일으키는 바이러스들은 한 가닥으로만 이뤄져 있어서 쉽게 변형될 수 있으며, 이러한 변형이 변종 바이러스의 등장을 가져오기도 한다. 이 때, 검체로부터 체취한 바이러스의 염기서열의 각각을 문자로 취급하고 이러한 문자로 구성된 문서들이 기존의 다른 문서들(다른 환자의 염기서열)과 비교해 얼마나 차이가 있는지 AI를 이용해 분석하는 방법을 활용한 것이다. 언어를 분석하기 위한 AI 모형과 언어 분석을 위한 기법들이 변종 바이러스의 예측에도 활용될 수 있다는 것으로 전통적인 학문 간의 구분이 더욱 모호해질 수 있다는 점을 보여주는 사례이다.

▼ 그림 3-2 DNA로부터 RNA로 정보가 복제되는 과정

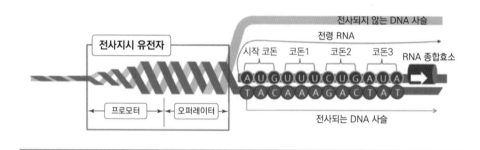

3) 새로운 패러다임과 문화의 등장

오늘날 주목받고 있는 4차 산업혁명의 변화를 고려한다면 융합적 사고를 중요하게 고려할 필요가 있다. 4차 산업혁명은 AI, 증강현실, 사물인터넷, 클라우드 서비스 등 여러 기술의 총체로 불리기도 하고, 초연결, 초지능, 초융합으로 요약되기도 한다(하상우, 조헌국, 2022). 그러나 4차 산업혁명의 핵심은 전통적으로 경계가 확실한 것들 간의 구분이 사라지는 데에 있다. 예를 들면 생물과 비생물, 인간과 무생물, 의식과 무의식에 대한 구분들이 점차 사라지고 있다. AI 역시 인간의 고유한 기능인 지능(Intelligence)을 기계적, 물리적 관점에서 수행할 수 있도록 구현한 것이며 결과적으로 인간의 지적 활동과 기계나 로봇에 의

한 지적 활동 간에 무슨 차이가 있는가 하는 점을 불러일으킨다. 그리고 가상현실(Virtual Reality)은 현실과 매우 비슷하지만, 현실이 아닌 가상의 실재로서, 진짜 세계와 가짜 세계 사이의 경계를 허무는 데에 있다. 이미 게임을 중심으로 가상현실을 도입하였으며 최근에는 전문직의 교육 수단으로, 실험이나 실습을 위한 수단으로 활용함으로써 현실에서 이룰 수 없는 것들을 이루는 또 다른 현실처럼 역할을 하고 있다. 또한, 빅데이터나 클라우드 서비스는 개인이 가지고 있던 물리적, 논리적 정보들을 모두 종합하여 새롭게 예측하고 대응하도록 하는 것으로서 지식이나 정보가 한 개인의 소유가 아니라 많은 사람이 공유하는 것으로 개인과 개인의 구분을 확장하고 허물어가고 있다.

4차 산업혁명을 통해 나타나는 변화 중 하나는 서로 다른 학문 간의 결합이다. 예를 들면 자동차 공학, 컴퓨터 공학과 심리학, 법학, 윤리학 등 다양한 전문가들이 모여 만들어낸 것이 자율주행 자동차의 개념이다. AI 역시 신경과학과 심리학, 컴퓨터 공학과 연결되어 있고 가상현실은 물리학과 수학, 심리학, 예술 등이 반영된 고도화된 새로운 세계의 그림이다. 이처럼 다양한 전문 지식과 세계관 등이 결합하여 새로운 아이디어와 문화적 가치를 창출해 내면서 기존에 서로 연결되지 않던 자연과학 및 공학과 인문사회학, 예술이 서로 접점을 찾으려고 빈번하게 만나고 있다. 결국 AI와 관련된 기술의 여러 분야에서의 활용은 결국 컴퓨터 과학과 경제, 문학, 생명과학, 의학, 예술 등 서로 다른 분야와의 협업과 연계를 통해 창의적 산출물을 얻는 과정을 목적으로 한다면 융합은 중요한 가치로 고려하는 것이 타당하다.

2 역사 속에서 살펴보는 융합

1) 고대 시대의 융합

AI를 비롯한 다양한 과학기술과 새로운 영역과의 결합은 단지 현재의 시대에만 나타났던 것들은 아니다. 이미 인류의 지식과 가치가 형성되기 시작한 때로부터 지속적으로 이뤄져 왔던 것들이다. 인간이 세계에 대한 이해하는 방식은 관찰과 지각 등을 이용한 경험, 그리고 논리적 추론과 수학적 계산, 사고를 이용한 이성에 의존한 방식으로 구분할 수 있다. 그리고 이와 같은 두 철학적 방법의 기초를 마련한 것이 고대 그리스 철학자였던 플라톤과 아리스토텔레스이다.

귀족 집안의 출신이었던 플라톤은 소크라테스를 만나면서 철학에 빠지게 되었는데, 그는 이 세계가 참되고 본질적인 근원적 세계와 눈에 보이는 감각적 세계로 구분되어 있다고 생각했으며 전자를 이데아(Idea), 후자를 현상계라고 불렀다. 그는 만물의 본질적 가치인 이데아는 절대 변하지 않고 우리가 살아가고 감각할 수 있는 세계와는 떨어져 있는 일종의 형이상학적 세계에 존재한다고 믿었다. 우리가 살아가는 세계의 현상들은 모두 이데아로부터 파생된 것이기는 하지만 이는 단지 모방한 것일 뿐 진짜는 아니며, 완벽하지 않다고 생각했다. 비유로 설명하자면 모든 가방의 본질적인 원형이 A라는 이데아이며, 이것을 토대로 모방하거나 변형해서 만들어진 것들이 A_1, A_2, A_3 등이다. 그러나 모방품은 진품의 모습과 닮아 있더라도 진품은 아니기 때문에 어딘가 결점이나 흠이 있기 마련이다. 따라서 현실에 있는 그 어떤 현상이나 사물이라 하더라도 완벽한 실재가 될 수는 없다. 즉, 감각적으로 얻게 되는 정보, 그리고 그 대상은 완벽하지 않으므로 인간의 경험만으로는 참된 실재를 알 수 없으며 통찰과 이성에 의해서 가능한 것으로 보았다. 이로 인해 플라톤의 사상은 근대 합리론의 기초가 되었다.

한편, 플라톤의 이데아에 대한 생각은 만물의 근원적, 보편적 사상에 대한 기초를 제공하였다. 예를 들어 아름다움이라는 말을 떠올린다면 자연이나 세계, 음악, 미술, 수학, 과학 등 다양한 것들을 들 수 있다. 이데아에서의 아름다움은 이러한 분야나 현상에 따라 서로 달리 존재하는 것이 아니라 하나의 보편적인 것이므로 음악에서의 아름다움은 근본적으로 예술이나 수학에서의 아름다움으로 귀결되어야 한다. 이러한 관점에서 보면 음악에서의 통용되는 규칙과 생각들이 수학에서도 적용되어야만 한다. 피타고라스 학파의 생각들이 바로 이러한 생각들을 반영하고 있는데, 피타고라스 학파는 우주는 숫자로 이뤄져 있다고 믿었으며, 이러한 숫자 사이에서의 규칙이 모든 현상들을 이루고 있다고 생각하였다. 대표적인 예가 피타고라스 음계(Pythogorean tuning)인데, 음의 높이를 의미하는 주파수(Frequency)의 비율을 3:2로 만드는 자리를 통해 계이름을 구성하는 방법이다. 예를 들어 도(262Hz)음을 기준으로 1.5배 주파수가 높아지면 솔이 되고, 솔에서 다시 1.5배가 커지면 레가 된다. 그리고 레로부터 1.5배 주파수가 큰 음이 라가 된다. 이와 같은 방식으로 오늘날의 7음계를 구성할 수 있다. 이는 음악이든 자연 현상이든 모두 숫자로 구성되어 있다는 아이디어로부터 출발한 것으로 모든 것의 근원적 원리로 하나로 통합될 수 있다는 믿음을 나타낸다.

▼ 그림 3-3 각 음의 높이와 현의 길이의 관계

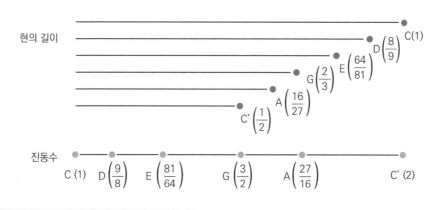

아리스토텔레스는 플라톤의 제자로서 스승이 가지고 있던 이데아와 현상계의 구분(이를 이원론이라고 부른다)에는 동의하지만 이데아는 세계 밖에 있지 않고 감각적인 세계 속에 있다고 믿었다. 마치 선물을 받으면 선물의 내용을 확인하기 위해 포장지를 뜯게 되는데 이 때 포장지 속 선물이 바로 이데아가 된다. 아리스토텔레스의 이러한 관점에서 참된 실재는 감각적인 세계 속에서 존재하며, 그리고 근원적이고 보편적인 모습보다는 그 종류나 형태에 따라 다른 모습을 띠게 된다. 자연이나 예술, 시 등 모두 아름다움을 갖고 있지만 그 아름다움의 특징이나 모습은 서로 다르다는 점이다. 플라톤은 하나의 통합되고 보편적인 진리의 모습에 초점을 두었다면 아리스토텔레스는 오히려 다양성 속에서 나타나는 실재들 사이에서 공유되는 특징이나 공통점을 강조한 것이라 볼 수 있다.

2) 근대의 융합

플라톤과 아리스토텔레스는 서구 유럽의 근대적인 사고방식과 학문의 발전에 중요한 기틀이 되고 있다. 그들의 생각이 유럽에서 인기를 끌고 관심을 받게 된 시기가 바로 14세기 르네상스 이후이다. 중동에 있던 이슬람 세력으로 인해 비잔티움 제국이 몰락하면서 고대 그리스의 많은 지식과 문화유산이 유럽으로 유입되고, 수도사들을 통한 그리스 저서들의 번역, 그리고 인쇄술을 이용한 서적의 유통과 정보 확산이 일어나면서 근대 유럽은 학문뿐만 아니라 문화, 산업에서도 큰 발전을 이룰 수 있었다.

근대 유럽의 거대한 발전이 있었던 중요한 사상적 배경에 기여한 것이 바로 신플라톤주의(Neoplatonism)이다. 신플라톤주의는 3세기 경 플로티누스를 중심으로 당시 여러 학파의 아이디어를 종합하기 위해 등장했던 철학적 사조였다. 플라톤이 주장했던 바를 따라 이데아와 현상계로 세계를 구분하고, 근원적이고 보편적 실재로서 이데아를 신봉한 반면, 플라톤과는 달리 이데아로부터 계층적으로 연결되는 일원론적 세계관을 보였다. 플로티누스는 이데아를 다시 여러 계층으로 구분하였는데, 가장 근원적인 존재를 일자(Hen), 그리고 일자로부터 파생된 정신 또는 지성(Nous), 이것으로부터 다시 파생된 것을 영혼(Psyche)이라고 구분하였으며, 마침내 이것이 감각 가능한 형태로 구성된 것이 바로 현상계라고 보았다. 마치 양파가 여러 껍질로 구성되어 있듯 가장 핵심을 이루는 것이 일자이며, 일자로부터 파생된 다양한 모습들이 계층화되고, 최종적으로는 현실의 다양한 양태로 나타난다는 점을 고려한 것이다. 이와 같은 생각은 겉으로는 달라 보이는 다양한 학문이나 현상들이 결국에는 하나의 사상 또는 원리로 설명될 수 있다는 단초를 제공하며, 이러한 생각을 기반으로 과학과 예술, 수학 등 다양한 분야에서의 융합이 이뤄질 수 있었다.

이탈리아를 중심으로 일어났던 고대 그리스 문화유산에 대한 탐닉과 모방, 재현을 기치로 했던 르네상스는 중세 미술과는 사실적인 묘사에 집중하게 되었는데, 이 과정에서 미켈란젤로나 다 빈치 등 예술가들은 시체를 해부하거나 거울이나 렌즈 등을 활용한 광학에도 매우 큰 관심을 갖고 있었다. 그들은 마치 과학자처럼 인체를 해부하고 묘사하며, 거울이나 렌즈를 이용해 그림을 그리기도 하였는데 이는 예술의 목적이 참된 실재를 재현하는 것이기 때문이었으며, 이는 과학에서의 자연 현상에 대한 진리 탐구라는 가치와도 부응한다. 그들은 자연을 탐구하여 그 결과를 붓과 끌로 묘사하는 과학자였던 것이다.

한편, 과학자들 역시 예술에서의 조화나 규칙에 대한 사상의 영향을 받기도 하였는데, 폴란드의 신부이자 과학자였던 케플러는 이탈리아의 여정 속에서 많은 악사들을 만나게 되었다. 이를 통해 음악에서도 화음을 구성하는 일정한 규칙이 있다는 사실을 깨닫게 되면서 신에 의해 창조된 우주 속에서도 이러한 규칙과 조화가 있을 것이라 생각하였다. 그래서 태양계의 행성을 각각 화성 (Harmony)이라고 생각하였으며, 행성의 움직임을 주파수와 비교해 생각하게 되었다. 태양으로부터 가까이 있는 행성일수록 공전 주기가 짧고, 반대로 멀어질수록 공전 주기가 길어지게 된다. 주기가 짧으면 같은 시간 동안 왕복하는 횟수는 더 커지기 때문에 가까이 있는 행성의 주파수가 멀리 있는 행성보다 크게 된다. 이와 같은 방식으로 판단하면 행성을 고음 또는 저음을 나타내는 음계로 표현할 수 있게 된다. 당시의 과학기술로는 토성까지만 그 존재를 알 수 있었는데, 그래서 태양으로부터 가장 가까이 있는 수성이 주기가 가장 짧으므로 수성을 가장 고음으로, 가장 멀리 떨어져 있다고 생각한 토성을 가장 저음으로 생각하게 되었는데 이러한 아이디어가 그가 쓴 <세계의 조화>에 음표로 그대로 기록되어 있으며, 이는 오늘날 조화의 법칙($T^2 \propto R^3$, T: 행성의 공전 주기, R: 행성의 공전 반지름)으로 잘 알려져 있다.

이 외에도 계몽주의의 많은 철학자들은 경제, 윤리, 법학 등 다양한 분야를 넘나드는 종합적인 지식들을 기술하였는데, 이러한 것들이 가능했던 이유는 모두 하나의 통합적인 근원적 지식, 법칙에 대한 믿음이 있었기 때문이었다. 그리고 이러한 사상의 근간에 영향을 준 것이 바로 플라톤이라 할 수 있다.

3) 현대의 융합

오늘날의 융합이 고대 또는 근대의 융합과 차이점이 무엇인지 알기 위해서는 현대 문명의 형성에 기여한 산업혁명으로 인한 변화를 충분히 이해해야 한다. 산업혁명이란 영국을 중심으로 일어났던 유럽의 과학기술로 인한 거대한 사회경제적 변화를 뜻하며, 주로 18~19세기를 떠올리게 된다. 최근에는 현재에 이르는 산업사회의 변화를 구분하여 설명하기 위해 1~4차 산업혁명으로 세분화하고 있다(Han, 2016). 1차 산업혁명은 영국을 중심으로 18세기 증기기관의 발명으로 나타난 사회적 변화를 말하는데, 증기기관차 등 새로운 교통수단의 등장이라는 의미도 있겠지만 가내수공업에서 경공업으로 전환된 것을 큰 의미라 볼 수 있다. 이와 함께 자본주의가 점차 무르익으면서 인본주의를 바탕으로 자유로운 시장 경제 체제를 추구하는 흐름이 나타났다. 토지나 물물이 아니라 화폐를 중심으로 한 자본의 형성, 노동력을 통한 생산성의 강화 등이 이 시기에 이뤄지게 되었다.

2차 산업혁명은 19세기 후반 전기의 발명으로 유럽 전반에 나타났던 변화를 말한다. 특히, 수력 발전을 통해 대규모 전력 생산이 가능해지면서 전기를 활용한 중공업이 등장하게 된 것을 큰 산업적 변화라 볼 수 있다. 19세기 초반 패러데이에 의해 자기장의 변화를 통한 유도 전류가 형성되는 전자기 유도 현상이 관측되었고, 19세기 후반에는 테슬라에 의해 미국에 최초의 교류 발전소가 설립되면서 산업과 생활 전반에 많은 변화가 일어났다. 많은 노동력과 자본이 모인 도시가 전기를 통해 더욱 성장할 수 있는 도화선이 되었다. 그러나 한편 이러한 발전은 해가 되기도 했는데, 급격한 산업화 및 도시화로 인한 스모그 등의 대기 오염, 공장 폐수로 인한 수질 오염, 도시의 슬럼화와 위생 및 보건 문제 등 환경 문제가 일어났고, 이와 함께 빈부격차의 심화로 인한 인간 소외의 문제가 제기되면서 기존의 사회적 질서와 가치, 사회 구조에 대해 대항하고 저항하는 모더니즘(modernism)이 대두되었다.

3차 산업혁명은 20세기 중반 이후, 컴퓨터, 인터넷의 발명으로 가속화된 정보통신 중심의 변혁을 의미한다(조헌국, 2017). 상대성이론과 양자역학의 등장 등 새로운 과학이론의 등장은 기존의 전통적 과학 개념을 대체하였고 미시적인 자연 세계에 대한 깊은 이해를 통해 반도체와 컴퓨터 등이 개발되면서 정보통신 분야에서의 급격한 발전이 이루어졌다. 이와 함께 과학, 기술, 공학에서의 전문화 및 분업화가 가속화되었다. 특히, 정보통신기술(ICT; Information, Communication and Technology) 분야의 성장은 인터넷과 같은 새로운 플랫폼을 통해 거대 기업을 중심으로 성장하였다. IBM이나 구글, 마이크로소프트, 애플, 인텔 등이 그 예에 해당한다. 사회적으로는 다원주의적, 상대주의적 성격이 강해지면서 포스트모더니즘(Post-Modernism)이 등장하게 되었다.

마지막으로 4차 산업혁명이라는 표현은 2016년 스위스 다보스에서 열린 세계 경제 포럼에서 주요 의제로 등장하면서 관심을 끌었으며, 미래사회에 변화에 대한 사회, 문화, 경제, 교육 등 여러 측면에서 논의한 바 있다. 4차 산업혁명은 독일 등 유럽에서는 인더스트리 4.0이라고 부르기도 한다(Schwab, 2016). 세계 경제 포럼 이후 우리나라에서는 학교와 기업 외에도 미디어, 관공서 등 다양한 곳에서 사회 변혁의 흐름을 강조하고 있고, 최근 딥러닝을 활용한 환자의 진단이나 전염병 확산 예측, 신약 개발 등이 주목받으면서 빅데이터를 기반으로 한 AI의 활용이 국가적 수준에서 중요한 과제(Agenda)가 되고 있다.

4차 산업혁명이 갖는 철학적 특징 중 하나는 전통적으로 경계가 확실한 것들 간의 구분이 사라지는 것이다. 예를 들면 생물과 비생물, 인간과 무생물, 의식과 무의식에 대한 구분들이 점차 사라지고 있다. AI 역시 인간의 고유한 기능인 지능(Intelligence)을 기계적, 물리적 관점에서 수행할 수 있도록 프로그래밍한 것이며 결과적으로 인간의 지적 활동과 기계나 로봇에 의한 지적 활동 간에 무슨 차이가 있는가 하는 점을 불러일으킨다. AI의 선구자인 앨런 튜링(Alan Turing)은 1950년대 초 튜링 테스트(Turing test)를 통해 인간인지, 기계인지 구분할 수 없게 될 때 진정한 AI에 도달한 것으로 평가할 수 있다고 예측하였다. 그리고 가상현실은 현실과 매우 비슷하지만, 현실이 아닌 가상의 실재로서, 현실과 가짜 사이의 경계를 허무는 데에 있다. 이미 게임을 중심으로 가상현실을 도입하였으며 최근에는 전문직의 교육 수단으로, 실험이나 실습을 위한 수단으로 활용함으로써 현실에서 이룰 수 없는 것들을 이루는 또 다른 현실처럼 역할을 하고 있다. 또한, 빅데이터나 클라우드 서비스는 개인이 가지고 있던 물리적, 논리적 정보들을 모두 종합하여 새롭게 예측하고 대응하도록 하는 것으로서 지식이나 정보가 더 한 개인의 소유가 아니라 많은 사람이 공유하는 것으로 개인과 개인의 구분을 확장하고 허물어가고 있다.

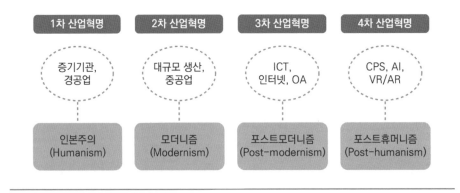

▼ 그림 3-4 1~4차 산업혁명의 변화와 주요 철학적 관점의 연계

이렇듯, 4차 산업혁명을 통해 나타나는 새로운 변화들은 우리가 가지고 있던 전통적 개념의 구분들을 허물어가고 있다. 이러한 내용은 과학기술에 관심을 가진 사람이라면 어디서든 한 번쯤 들어보았을 것들이다. 흥미로운 점은 각각의 산업혁명이 일어날 당시에는 독특한 사회 현상이 있었고 그러한 생각에 토대가 되는 철학이 있다는 점이다. 산업혁명의 등장은 르네상스 이후 나타난 계몽주의 사상(Enlightenment)과 깊이 연관되어 있고, 2~3차 산업혁명은 오늘날 문화예술에 큰 영향을 미친 모더니즘과 관련이 있다. 그리고 4차 산업혁명의 경계를 넘어선 시대에서는 새로운 인간을 정의하는 포스트 휴머니즘으로 정의될 수 있다. 이러한 변화의 흐름에는 언제나 새로운 생각의 전환이 있었다는 점을 잊어서는 안 된다.

오늘날 사회나 학자들이 4차 산업혁명에 주목하게 되는 이유 중 하나는 이종(異種) 학문 간의 결합에 있다. 예를 들면 자동차 공학, 컴퓨터 공학과 심리학, 법학, 윤리학 등 다양한 전문가들이 모여 만들어낸 것이 자율주행 자동차의 개념이다. AI 역시 신경과학과 심리학, 컴퓨터 공학과 연결되어 있고 가상현실은 물리학과 수학, 심리학, 예술 등이 반영된 고도화된 새로운 세계의 그림이다. 이처럼 다양한 전문 지식과 세계관 등이 결합하여 새로운 아이디어와 문화적 가치를 창출해 내면서 기존에 서로 연결되지 않던 자연과학 및 공학과 인문사회학, 예술이 서로 접점을 찾으려고 빈번하게 만나고 있다.

3 융합교육의 의미와 방향

1차원의 선과 선이 만나면 차원이 없는 점이 생기고, 2차원의 면과 면이 만나면 1차원의 선이, 3차원의 입체끼리 만나면 2차원의 면이 형성된다. 이와 같이 AI 그리고 다양한 학문의 영역이 만나면 융합의 수준이나 방법에 따라 나타나게 되는 결과물의 성격은 달라질 수 있다. 융합의 개념에서도 이와 같은 차이를 말할 수 있는데, 통합 또는 연결하고자 하는 수준이 세계관인지, 아니면 하나의 이론 체계인지, 아니면 방법이나 외적 사건이나 현상인지에 따라 다양하게 나타날 수 있다. 그리고 그것은 단순히 AI라는 주사기로부터 액체를 뽑아낸 뒤 다 쓰면 버리는 것이 아니라, 융합을 통해서 서로 발전하고 변화할 수 있다는 점을 인지해야 한다.

AI와 교육과의 접목 중 가장 손쉬운 방법은 현상적 관점에서 연결해 보는 것이다. 즉, 특정한 분야나 주제에서 문제 해결, 창의적 아이디어 산출, 자료 분석 등을 위해 도구로서 활용하는 것을 말한다. 예를 들면 오토드로우를 통해 쉽게 그림을 그린다거나 사물 인식 기능을 통해서 시각 정보 속에 들어가 있는 여러 사물을 쉽게 파악하는 것 등의 방법들이다. 이러한 방법은 구체적인 이론이나 방법에 대한 이해 없이도 쉽게 결과를 눈으로 확인할 수 있기 때문에 초보적인 수준의 학생들에게도 쉽게 적용될 수 있고 해당 교과교육의 분야에서 AI를 유용하게 활용할 수 있는 장점이 있다. 그러나 이는 보다 깊은 사고 능력이나 학습 능력을 향상시키는 데에 기여하기는 어려우며 AI를 하나의 단순한 도구로서 활용한 것에 그친 것이라는 한계도 존재한다.

AI에 대해 충분히 식견을 갖추고 있고 활용 방법을 어느 정도 파악하고 있다면 AI를 활용해 새로운 지식을 창출하는 것도 가능하다. 예를 들면 실험을 통해 수집된 데이터를 설명하기 위해 머신러닝을 활용하여 이를 설명하는 새로운 공식을 찾을 수도 있고, 동식물을 분류하는데 이를 활용하여 새로운 연구 결과를 낼 수도 있다. 교실이나 학교 주변의 여러 식물의 잎을 채집하고 이 식물이 무엇에 해당하는지 혹은 같은 종인지 다른 종인지 구분하는 작업 등에 유용하게 쓰일 수 있다. 특히 무료로 공개된 라이브러리나 사이트를 통해서 쉽게 구현할 수 있기 때문에 학교에서도 활용 가능하다. 또한 해당 교과 분야에서의 새로운 지식 형성에도 도움을 줄 수 있다.

AI와 교육의 연계를 위한 보다 깊은 차원은 이론적 관점에서 이를 서로 연결하는 것이다. 이론적 관점에서 AI를 활용하고 AI의 발전에 기여한 사례는 무수히 많이 존재한다. 판별 및 예측 분석에서 기초가 되는 베이지안 정리는 조건부 확률 계산을 위한 수학적 정리이며, 푸아송 분포, 베르누이 분포 등 확률 집단의 분포에 따라 다양한 모습들을 정의할 수 있다. 또한 심층 신경망에서 쓰이는 제한 볼츠만 머신(restricted Boltzmann machine)은 에너지에 따른 입자 분포를 나타내는 고전적 열역학적 분포인 맥스웰－볼츠만 분포로부터 아이디어를 가져와 만든 것으로 정보가 연결될수록 강화되고 그렇지 않을수록 퇴화된다는 신경과학의 개념(Hebbian rule)을 포함한다(Chakraverty et al., 2019; Melko et al., 2019). 하나의 이론이 유용하고 그럴듯 하다면 아직 적용되지 않은 새로운 맥락이나 분야에서도 도움이 될 수 있다. 경제학에서 화폐의 흐름에 따른 유동성을 분석하고자 할 때 돈의 흐름을 상대성이론에 비유해 보자. 특수상대성이론 중에는 물체의 속도가 빨라지면 시간이 천천히 흐르게 되는 시간 지연 효과가 있다. 시간이 늘어나기 때문에 상대적으로 천천히 흐르는 것처럼 보이는데 여러 경제 주체 간의 거래를 물체의 속도에, 이 때 이동하는 화폐를 시간에 비유한다면 경제 주체 간의 무역과 거래가 빨라질수록 자본 시장에서의 화폐는 원래보다 늘어나게 된다. 그리고 시장이 축소되거나 위기를 겪으면서 경제가 불황을 겪거나 자본 흐름의 경색이 일어나면 반대로 줄어들게 되어 더 많은 돈을 풀어야 이전과 같은 경기 회복이 일어나게 된다. 이와 같이 물리학에서의 이론으로 경제 현상을 설명하는 것은 보다 높은 사고 과정과 창의적 결과를 도출할 수 있다. 또한 어떤 글에서 나타난 주장이 참인지, 아닌지를 정보 엔트로피의 관점에서 분석해 보는 것도 가능하다. 그리고 DNA나 RNA의 염기서열을 나타내는 기호(A, G, T, C)를 텍스트로 여긴다면 이들이 얼마나 문법에 맞는지 아닌지를 빅데이터로 분석해 변이가 일어났는지 아닌지를 판단할 수도 있다.

이와 같이 하나의 이론을 통해 경계를 넘어 적용하거나 분석하는 작업은 고차원적인 사고 과정을 요구하지만 하나의 분야를 바라보는 새로운 관점을 열어주고 AI 자체의 발전에도 기여할 수 있다는 긍정적인 효과를 가져올 수 있다. 볼츠만 머신의 사례를 잠시 언급했지만 AI에서 활용되는 여러 이론과 규칙들은 실제 수학이나 과학으로부터 차용된 것들이기 때문에 자연 현상을 설명하는 새로운 과학이론은 AI의 알고리즘으로 구현된다면 또 다른 문제 해결에 기여할 수 있게 된다.

AI의 이론이나 체계를 더 잘 이해하고 있다면 우리의 지식, 학습, 기억 등의 체계가 단지 한 개인에 국한되지 않고 점차 확장되고 있는 것을 알 수 있다. 세계의 급격한 발달로 다양한 존재들과 긴밀하게 얽히고, 수많은 데이터와 정보, 가치들이 네트워크로 공유되면서 다양한 지식과 능력이 모두 긴밀하게 연결되어 있는 것을 알 수 있다. 과연 이러한 변화를 지금의 학습이론이나 방법으로 설명할 수 있는지 깊이 고민해 보아야 한다.

김은령. (2014). 포스트 휴머니즘의 미학: 예술과 기술 사이. 서울: 그린비.

서성은. (2008). 메타버스 개발동향과 발전전망 연구. 한국HCI학회 학술대회, 1450−1457.

조헌국. (2017). 4차 산업혁명에 따른 미래사회와 교육환경의 변화, 그리고 초·중등 과학교육의 과제. 초등과학교육, 36(3), 286−301.

조헌국. (2020). 물리교육에서의 인공지능의 활용 방안에 대한 논의. 새물리, 70(11), 974−984.

하상우, 조헌국. (2022). 초융합, 초연결, 초지능의 개념을 통해 살펴본 4차 산업혁명 시대의 물리교육. 새물리, 72(4), 319−328.

Acceleration Studies Foundation (ASF). (2007). Metaverse roadmap overview. Retrieved from https://metaverseroadmap.org/MetaverseRoadmapOverview.pdf

Chakraverty, S., Sahoo, D. M., & Mahato, N. R. (2019) Hebbian learning rule. In S. Chakraverty, D. M. Sahoo & N. R. Mahato (Eds.), Concepts of soft computing. pp. 175−182.

Gartner. (2021). Gartner identifies key emerging technologies spurring innovation through trust, growth and change. Retrieved from

Han, D. (2016). University education and contents in the fourth industrial revolution. Humanities Contents, 42, 9−24.

Hie, B., Zhong, E. D., Berger, B., & Bryson, B. (2021). Learning the language of viral evolution and escape. Science, 371(652), 284−288.

https://www.gartner.com/en/newsroom/press−releases/2021−08−23−gartner−i dentifies−key−emerging−technologies−spurring−innovation−through−trust −growth−and−change

Melko, R. G., Carleo, G., Carrasquilla, J., & Cirac, J. I. (2019). Restricted Boltzmann machines in quantum mechanics. Nature Physics, 15, 887−892.

Schwab, K. (2016). The fourth industrial revolution: what it means, how to respond. https://www.weforum.org/agenda/2016/01/the−fourth−industrial−revoluti on−what−it−means−and−how−to−respond/

4

AI 교육의 개념과 영역

최숙영

1 AI 교육의 필요성과 분류

1) AI 교육의 필요성

AI의 발전으로 기술혁신에 기반을 둔 산업구조의 변화와 함께 사회 전반에 걸쳐 혁명적인 변화가 일어나고 있다. AI는 단순한 기술적 차원을 넘어 인문사회 등 모든 영역에 걸친 패러다임의 변화를 초래하고 있다. 이에 따라 AI 시대로의 변화를 대비할 수 있는 국가와 사회 전반에 걸친 준비가 필요한 시점이다. 특히, AI 시대를 준비하는 그 중심에 교육이 있다. 미래의 AI 시대에 대응하기 위해서는 모든 학생이 기초 소양으로서 AI에 대한 기본적인 지식과 역량을 갖추고 다양한 환경과 상황에 적용할 수 있는 능력을 기르는 것이 중요하다. 이에 따라 세계 각국에서는 AI 소양을 갖춘 인재 양성을 위한 노력들을 하고 있다. AI 역량이 국가 경쟁력을 좌우한다는 인식하에 각국은 체계적인 AI 인력양성을 위한 교육과정 마련 및 교육 지원 정책들을 수립하고 있다. 이러한 시대적 흐름에 맞춰 국내에서도 2019년 12월에 AI 국가전략을 발표하였다. 과학기술정보통신부와 교육부는 2020년 SW 교육 필수화를 완료함과 동시에 AI 교육으로 전환하여 모든 학생이 AI 활용능력을 기를 수 있는 교육기회를 제공하겠다고 발표하였다. 교육부는 2019년 AI 교사 양성 계획을 발표하였으며, 현재 각 시도별 대학에 AI 융합교육과정이 신설되어 교육이 이루어지고 있다. 또한 빅데이터, AI 등 에듀테크를 활용한 교수·학습 혁신 추진 방안을 수립하였고, 초중고 AI교육 기반 조성−AI교육을 위한 초중고 단계별 내용 기준을 마련하였다. 각국의 AI 관련 정책 및 교육관련 주요 내용은 <표 4−1>과 같다.

▮표 4-1 각 국가별 AI 관련 정책 및 주요 내용

국가	AI 관련 정책	주요 내용 및 특징
미국	AI 이니셔티브 행정명령 (2019.02) : AI 인재 양성을 위한 교육혁신 이니셔티브 추진	• 국립학술원(NAP)은 미래의 데이터 과학자 양성을 위한 교육 정책 권고안 제시 • 미국국립과학재단(NSF)은 민관협력을 기반으로 교육의 질과 유연성제고 정책 추진 • STEM 교육을 중심으로 CS, AI 교육 추진
일본	AI 전략 2019 발표(2019.03) : 과학기술 인력 육성과 산업 융합을 통한 미래 경쟁력 확보	• '4차 산업혁명을 향한 인재육성 종합 이니셔티브'를 통해 전 학령에 걸친 단계별 AI 교육 혁신 추진 • 일본 전체 대학생(50만명) 대상 AI 기초교육 실시, AI 전문 인재 25만명 양성, 재직자(2천명) 대상 AI 실무교육 추진 • 초중등 교육은 AI 활용 역량을 키울 수 있도록 AI의 기반이 되는 STEM 교육과 컴퓨터 프로그래밍을 편성
영국	AI Sector Deal 발표(2018.04) : AI 관련 분야별 정책 제안	• 산업 생산성을 높이기 위한 AI 글로벌 기업 유치, AI 환경 구축, 인력 양성 등 AI 관련 5개 분야별 정책을 제안 • 민간과의 협력을 기반으로 AI 인재 양성 및 비즈니스 환경 조성에 투자 집중 • 산업계의 청소년 AI 교육을 위해 진로 탐색 프로그램 운영, AI Council 운영
	EdTech Framework for Change : 영국 교육부(DfE, 2019)	• 학교 교육에서의 AI 및 에듀테크 활용을 통해 교사의 교수(敎授) 업무 부담 감소 및 교육적 효율성 제고, 모든 학생의 교육적 접근성 및 궁극적인 교육성과 향상에 대한 비전 제안

국가	AI 관련 정책	주요 내용 및 특징
중국	차세대 AI 발전 계획 발표 (2017.07) : 정부주도의 AI 정책 추진	• 정부 주도의 데이터, AI 분야 대규모 투자 및 인력 양성을 추진하고, 선도 기업을 지정하여 산업별 특화 플랫폼 육성 • 차세대 AI 발전 계획의 인력양성 방안 실행을 위한 교육부 세부 계획으로, 대학 등 고등 교육기관의 AI 기술 혁신 및 인재양성 세부방안을 제시
프랑스	AI 권고안 발표(2018.03) : 노동시장의 변화에 대응한 AI 생태계 구축	• 고등교육연구혁신부는 약 50여 개의 정책 권고안을 담은 미래 전략 보고서 발간 • AI 인재양성 및 연구확산을 위한 기초교육 강화, AI 윤리 교육추진, 생태계 구축 등 기반 마련을 위한 정책 방향 수립
한국	AI 시대 비전과 전략을 담은 'AI 국가 전략' 발표 (2019.12)	• 전 생애, 모든 직군에 걸친 AI 교육 실시 및 세계 최고의 AI 인재 양성 • AI를 이끌 당사자인 국민, AI 경쟁력 확보 주체인 기업, 미래 방향성을 제시할 학계 등 민간이 혁신을 주도
	AI 교육 종합방안 수립(2020.下)	• AI 교육의 비전 및 전략을 제시하고, 전 국민의 AI 기본소양 함양, AI 기술개발 인력 및 분야별 전문인력 등 양성방안 모색 • 빅데이터, AI 등 에듀테크(EduTech)를 활용한 교수·학습 혁신 추진 • 초·중·고 AI교육 기반 조성-AI교육을 위한 초 중 고 단계별 내용 기준 마련

출처: 홍선주 외(2020)와 S&T GPS의 이슈분석 143호 내용을 발췌, 재구성하였음.

2) AI 교육의 분류

교육 분야의 AI 접근 방식은 크게 '도구로서의 AI'와 '내용으로서의 AI'로 구분할 수 있다. 교육의 '내용으로서의 AI'는 AI 자체에 대한 교육으로 AI를 독립된 하나의 교과로 지도하는 교육이다. '도구로서의 AI'은 교과나 교육전반에서 AI를 활용하는 교육이다 (홍선주 외, 2020). 즉, 각 교과의 수업을 위해 AI를 교수학습 도구나 매체로 활용하는 경우이다. 교육전반에서 AI를 활용하는 경우는 에듀테크 관점에서 접근하는 것으로 수업의 혁신을 이루는 측면이 많다. 즉, AI를 교수자 입장에서 학습자 모니터링, 평가, 채점, 상호작용 도구로 사용하거나 학습자 입장에서 적응형 혹은 개인화된 학습을 지원하는 형태로 사용되고 있다 (최숙영, 2021).

▼ 그림 4-1 서울특별시 교육청의 AI 교육 요소와 AI 기반 융합 교육

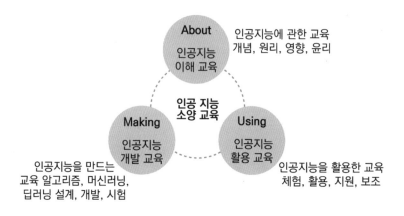

AI 교육의 요소

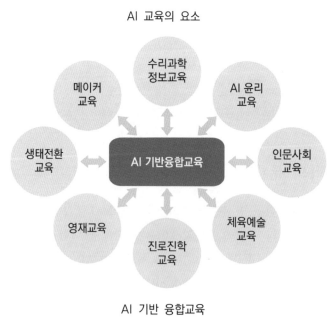

AI 기반 융합교육

이러한 AI 교육과 관련하여 기관마다 조금씩 다른 용어를 사용하고 있다. 서울시교육청은 2021년 2월에 AI 기반 융합혁신미래교육 중장기 발전계획 (2021~25)을 발표하면서, 그 발전계획안에 'AI 교육'을 3가지로 구분하여 정의하였다. 그 3가지는 <그림 4-1>과 같이 'AI 이해교육', 'AI 활용교육', 'AI 개발교육'이다. 'AI 이해 교육'은 AI에 대한 교육으로 AI 개념, 원리, 영향, 윤리를 학습하는 것이다. 'AI 활용 교육'은 교수학습 과정에 AI를 활용하는 것이며, 'AI 개발교육'은 AI를 직접 개발하기 위한 교육이다. 또한 AI 기반 융합교육이란 용어를 정의하고 있는데, 그 정의는 "AI를 기반으로 하여 모든 교과 및 영재, 진로진학, 생태전환, AI 윤리교육 등을 융합하여 학생의 미래 역량을 함양하는 교육"이다.

부산광역시 교육청에서는 'AI 기반교육'이라는 명칭으로 교육에 AI를 도입하고 있다. AI 기반교육(Artificial Intelligence Based Education)을 "삶의 문제해결을 목표로 두고, 교수학습에서 AI 활용을 통해 문제를 해결하는 다양한 경험을 갖게 하되, 이를 위해 AI 기초 소양, AI 활용은 나아가 AI 개발능력의 함양까지 포괄하는 교육"으로 정의하고 있다 (배창섭, 2020). 이 정의를 그림으로 표현한 것이 <그림 4-2>이다. 이 정의를 보면 'AI 기반교육'은 'AI 내용교육'과 'AI 활용교육'을 다 포함하는 것으로 되어 있다.

▼ 그림 4-2 부산광역시 교육청의 'AI기반교육'

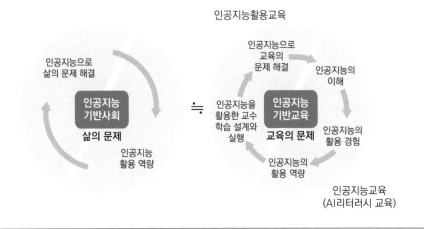

한편 AI 기반교육이란 용어를 전형배 외(2021)의 연구에서는 에듀테크 관점에서 AI를 활용하는 것으로 보고 있다. 즉, 개인화된 맞춤형 학습, 자동채점, 학습자 관리 등 교육 전반에서 AI를 활용하여 교수학습을 돕도록 하는 것이다. 이와 같이 AI 교육 관련 용어들이 각 기관과 연구자마다 조금씩 다르게 정의되고 있다.

최근 AI 융합교육이란 용어가 사용되고 있다. 이것은 2019년 11월 교육부가 4차 산업혁명 시대에 대비하여 학교 교육 및 수업혁신에 기여할 수 있는 교사를 보다 전문적인 인력으로 양성하기 위한 목적으로 교육대학원에 AI 융합 교육전공을 신설하면서 사용되기 시작하였다. 안성훈 외 (2020)의 보고서에서는 AI 융합교육에 대한 정의를 알아보기 위해 전문가들의 의견을 조사한 후 분석한 결과를 다음과 같이 두 가지로 정리하였다. 첫째는 "AI융합교육은 AI에 대한 기초적인 이해를 바탕으로 AI와 교과를 융합하거나 AI를 수업에 활용하여 학생의 창의적 문제해결력을 향상시키는 방안을 연구하는 교육"이고, 둘째는 "AI의 개념과 원리에 대한 이해를 바탕으로 교과(학문)간 융합을 통해 실생활 및 다양한 학문 분야의 문제를 창의적으로 해결하는 능력과 태도를 함양하는 교육"이다.

위의 관련 연구들을 기초로 AI 교육을 정리해보면 다음과 같다. AI 교육 분야는 크게 <그림 4-3>과 같이 'AI 내용교육'과 'AI 활용교육', 'AI 융합교육'으로 구분할 수 있다. 'AI 내용교육'은 AI의 개념과 원리, 기술, 영향 등을 이해하고 관련된 스킬과 태도를 기르기 위한 교육이다. 'AI 내용교육'은 연구자에 따라 'AI 이해교육' 혹은 'AI 원리교육'이라고 기술하기도 한다. 'AI 내용교육'은 학습 대상과 교과목 특성, 학습 목표에 따라 'AI 이해', 'AI 활용', 'AI 개발' 단계로 구분될 수 있다. 즉, 단순히 AI 개념과 AI의 영향에 대한 이해 교육이 진행될 수 있으며, 이 AI 이해 교육을 바탕으로 하여 AI 개념, 기술, 도구 등을 문제해결에 활용하는 AI 활용 단계로 진행될 수 있다. 또한 좀 더 심화 과정으로 AI 알고리즘을 개발하는 AI 개발 단계로 진행될 수 있다.

'AI 활용교육'은 AI를 교육의 도구와 매체로 활용하는 관점이다. 이것은 각 교과의 교수학습 상황에서 수업 내용과 관련된 AI 도구나 플랫폼을 활용하여 교육하는 관점과 교육 전반(교육과정 운영과 개선, 교수학습 및 평가', 학생지도 및 지원 등)에서 AI를 활용함으로써 교육의 효율성을 추구하는 에듀테크 관점으로 구분할 수 있다.

'AI 융합교육'은 AI에 대한 원리와 기술, 도구의 이해를 바탕으로 다양한 교과의 내용과 관련 문제들을 새로운 관점으로 바라보고 창의적인 해결책을 제시할 수 있도록 하는 것이다. 즉, 각 교과에서 AI 개념과 AI 기술을 이용하거나 AI 도구들을 체험하거나 활용함으로써 문제를 해결하도록 하는 것이다. 'AI 융합교육'은 'AI 내용교육'과 'AI 활용교육'의 특성을 다 포함하고 있다고 볼 수 있다. 따라서, 'AI 융합교육'의 'AI 내용교육' 측면과 'AI 활용교육' 측면을 <그림 4-3>과 같이 각각 '내용적 융합교육'과 '방법적 융합교육'으로 구분하여 나타낼 수 있다. 내용적 융합 교육은 각 교과에서 문제를 해결하기 위해 AI 개념과 원리, 기술 등을 이용하는 것으로, 그 예로, AI 관련 분류 기법을 지리 정보 분석에 활용하거나 의사결정 트리 같은 AI 개념을 과학과 수업에서 동물의 종을 분류하는데 사용하는 것이다. 방법적 융합교육은 각 교과 수업의 학습 주제에 대한 학습자의 이해와 흥미를 높이기 위해 교수방법의 측면에서 AI 도구나 플랫폼을 활용하여 교육하는 것을 의미한다. 그 예로 오토드로우(AutoDraw)와 같은 AI 도구를 이용하여 미술시간에 그림을 그리거나 과학시간에 AI 플랫폼을 사용하여 AI 모델 기반의 식물 분류 학습을 할 수 있다.

▼ 그림 4-3 AI 교육의 분류

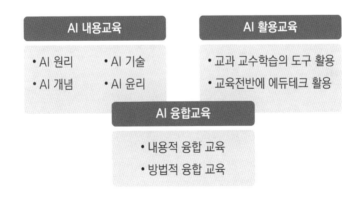

2 AI 내용 교육

AI 내용 교육은 AI에 관한 교육으로 교육의 내용이 AI가 되는 교육이다. AI 내용 교육에서 다루어지는 주요 내용들을 살펴보면 다음과 같다.

1) AI 정의

AI는 인간의 지능이 갖고 있는 기능을 기계 등에 인공적으로 구현한 것이다. 앨런 튜링은 1950년 <컴퓨팅 기계와 지능>이라는 논문에서 "기계가 생각할 수 있을까"라는 도전적인 질문을 던지며 기계의 지능을 정의했다. 이후 AI라는 용어는 1956년 미국 다트머스 대학에서 열린 워크숍에서 존 매카시에 의해 처음 사용되었다. 그는 AI를 "지능적인 기계, 즉 기계가 인간의 학습 측면이나 지능을 흉내 내도록 컴퓨터 프로그램을 만드는 것"으로 정의하였다 (McCarthy 외, 2006). AI에 대한 정의는 계속해서 발전·확장되고 있다. 유네스코 산하의 세계과학기술윤리위원회(World Commission of Scientific Knowledge and Technology, COMEST)는 AI에 대해 "AI는 지각, 학습, 추론, 문제해결, 언어 상호작용, 심지어 창의적 작품 제작과 같은 인간 지능의 특정 기능을 모방할 수 있는 기계이다"라고 정의하고 있다(COMEST. 2019).

2) AI 기법

AI는 규칙기반 AI와 학습기반 AI로 구분될 수 있다(Miao 외, 2021). 전문가 시스템으로 대표되는 규칙기반 AI는 수동으로 규칙을 입력하면 기계가 추론하는 방식이다. 학습기반 AI는 기계학습 (Machine Leaning)으로 데이터를 입력하면 기계가 스스로 새로운 특징을 학습하고 예측하는 방식이다. 최근 데이터의 기하급수적인 증가와 컴퓨팅 처리 능력의 급속한 증가로 방대한 양의 데이터를 아주 빨리 저렴하고 손쉽게 처리할 수 있게 됨에 따라 기계학습의 르네상스 시대가 되었다.

(1) 규칙기반 AI

규칙기반 AI는 IF-THEN 연산 규칙에 따라 컴퓨터가 작업을 완료하기 위해 실행해야 할 조건부 논리 규칙과 단계를 수행한다. 수십 년 동안 규칙기반의 AI 전문가 시스템은 의학 진단, 신용 등급, 제조 등 다양한 분야에의 접목을 위해 개발되어왔다. 이 전문가 시스템은 지식 공학에 기초하고 있는데 특정영역의 전문가 지식을 도출하고 모델링하는 과정이 포함된다. 이 규칙기반의 AI 시스템은 수백개의 규칙을 생성해야 하며 규칙간의 상호작용이 증가하고 복잡해진다면 시스템의 개선이나 강화가 어려워진다.

(2) 기계학습

기계학습은 규칙을 부여하는 대신 대량의 데이터를 분석하여 패턴을 식별하고 미래 가치를 예측하는 데 사용되는 모델을 구축한다. 컴퓨터 프로그램은 사람이 직접 컴퓨터에 필요한 규칙을 입력하는 것이지만, 기계학습은 컴퓨터가 직접 수많은 데이터를 분석해서 알맞은 규칙을 스스로 찾아낸다. 기계학습 알고리즘으로 훈련 데이터를 표현하는 수학적 모델을 구축하고 이를 이용하여 의사결정 알고리즘을 만든다. 기계학습 접근 방식은 <그림 4-4>와 같이 지도 학습(Supervised Learning), 비지도 학습(Unsupervised Learning), 강화 학습(Reinforcement Learning)의 3가지로 구분된다. 지도 학습에는 인간에 의해 라벨링(Labeling)된 데이터가 필요하다. 지도 학습은 데이터를 라벨링과 연관 지어 유사한 데이터에 적용할 수 있는 모델을 구축한다. 예를 들어 고양이로 라벨링된 사진 데이터를 활용하여 새로운 사진에서 고양이를 자동으로 식별한다. 지도학습으로 수행하는 대표적 문제는 패턴 분류와 회귀분석이다.

비지도 학습에서는 AI에 더 많은 양의 데이터가 제공되지만 데이터를 분류하거나 라벨링하여 제공하지 않는다. 즉, 정보가 주어지지 않은 상황에서 데이터의 특성을 학습하는 방법이다. 비지도 학습은 새로운 데이터를 분류하는 데 사용할 수 있는 데이터, 즉 군집(Cluster)의 숨겨진 패턴을 찾아내는 것을 목표로 한다. 예를 들어, 수천 개의 데이터에서 패턴을 찾아 글씨체의 문자와 숫자를 자동으로 식별할 수 있다. 비지도학습으로 수행되는 대표적인 문제는 군집화와 차수축약(압축)이 있다.

▼ 그림 4-4 기계학습의 분류

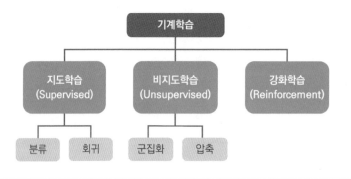

세번째 기계학습 접근 방식인 강화 학습은 바람직한 행동 패턴을 학습하는 알고리즘이다. 피드백을 바탕으로 모델을 지속적으로 개선해가는 것이다. 모델을 도출하기 위해 초기 데이터가 제공되는데, 이 데이터는 정확하거나 부정확한 것으로 평가되고 그에 따라 보상 또는 처벌된다. AI는 이 보상책을 통해 모델을 계속적으로 개선한 뒤 반복적으로 학습한다. 예를 들어, 자율주행 자동차가 충돌을 피할 경우, 이를 가능하게 한 모델은 보상을 받고 향후 충돌을 피할 수 있는 능력을 더욱 강화하게 된다.

(3) 인공신경망 (Artificial Neural Networks)

인공신경망은 인간두뇌와 신경세포의 작동 메커니즘에서 영감을 받은 AI 접근법이다. 인공신경망은 생물학적 신경망의 수학적 모델이다. <그림 4−5>와 같이 계산을 수행하는 노드와 노드간의 신호를 전달하는 연결선으로 구성되며, 이 노드 중 일부는 입력을 받아들이고 다른 일부는 출력을 보낸다. 노드는 연결된 모든 노드로부터 입력값을 받으며 연결선에는 연결선이 얼마나 중요한지 나타내는 가중치가 붙어 있다.

▼ 그림 4-5 인공신경망

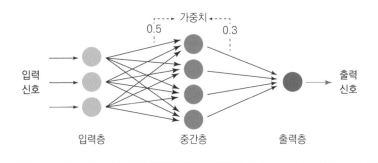

(4) 딥러닝 (Deep Learning)

딥러닝은 여러 개의 중간 계층으로 구성된 인공신경망을 의미한다. 이전 층 뉴런의 출력값에 가중치를 곱해 다음 층 뉴런의 입력값이 되는 앞으로 나아가는 방식이다. 딥러닝에서 활성화와 가중치 오차를 역방향으로 전파시키면서 가중치를 업데이트하는 방식의 알고리즘이 AI 역전파(Back propagation)이다. 딥러닝 모델에는 다중의 은닉층(Hidden layer)을 포함하여 입력을 필요한 출력으로 전환하는 수학적 모델링에 기반한 '심층 신경망'(DNN, Deep Neural Networks)과 입력과 출력을 시퀀스(Sequence)단위로 처리하고 유닛간의 연결이 순환적인 구조를 가지며, 언어 모델링 분야에 사용되는 '순환 신경망'(RNN, Recurrent Neural Networks), 인간의 시각처리 방식을 모방한 신경망으로 다차원 배열 처리가 가능하며 이미지 인식에 주로 사용되는 '합성곱 신경망' (CNN, Convolutional Neural Networks) 등이 있다. 마지막으로, 이미지나 영상 조작에 사용되는 '생성적 대립 신경망'(GAN, Generative Adversarial Networks)'이 있다. GAN에서는 두 개의 심층 신경망이 서로 경쟁한다. 즉, 한 신경망은 출력을 생성하고, 다른 신경망은 이러한 출력을 식별한다. GAN은 이렇듯 생성과 식별 두 가지 모델이 서로 경쟁하는 과정을 반복하며 데이터를 쌓는다.

▼ 그림 4-6 AI 관계

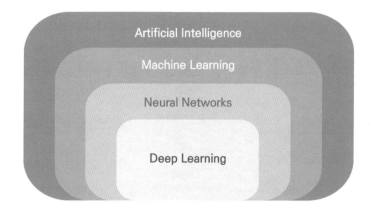

오늘날 기계학습은 매우 널리 알려진 개념으로 때로는 AI와 동의어로 여겨지지만 실제로는 AI의 하위 집합으로 분류된다. 여전히 기계학습 알고리즘이 적용되지 않은 많은 AI 모델이 있다. 또한 기계학습이 적용되었다 하더라도 규칙기반 AI인 전통적 AI를 기반으로 하는 것들이 있다. 예를 들어, 일반적인 챗봇은 예상 질문에 응답하는 방법에 대해 인간이 정의한 규칙을 사용하여 사전 프로그래밍된다. 이러한 AI와 기계학습, 신경망, 딥러닝에 대한 관계는 <그림 4-6>과 같다.

3) AI 기술

위의 AI 기법(Technique)들을 통해 다양한 AI 기술(Technology)들의 발전이 이루어졌고, 이러한 기술은 서비스(Service)로서 제공되고 있다(Miao 외 2021). AI 기술로 자연어 처리, 음성 인식, 이미지 식별, 자율적 에이전트, 감정 인식, 예측을 위한 데이터 마이닝, AI 창작 활동 등이 있다. <표 4-2>는 이 AI 기술들을 정리한 것을 보여준다.

▌표 4-2 AI 기술

기술	세부 내용	주요 AI 기법	현황	서비스 예시
자연어 처리	자동텍스트 형성 (자동 저널리즘) 및 텍스트 해석 (법률서비스, 번역 등)	머신러닝 (딥러닝), 회귀분석, K-means	자연어처리, 음성인식, 이미지 식별 작업은 90%의 정확도를 보임.	Otter
음성 인식	스마트폰, 개인비서, 대화봇 등에 적용된 음성 자연어 처리 기술	머신러닝, 특히 RNN 기반의 딥러닝 (LSTM)		Alibaba Cloud
이미지 식별	얼굴 인식 (전자 여권 등), 글씨체 인식 (우편 분류), 이미지 조작 (딥페이크), 자율 주행	머신러닝, 특히 CNN 기반의 딥러닝		Google Lens
자율적 에이전트	컴퓨터 게임 아바타, 악성소프트웨어봇, 가상동반자, 스마트로봇, 전쟁 자동화 등	GOFAI, 머신러닝	단순한 형태의 생물학적 생명체에서 영감을 받은 새로운 지능, 조정된 활동, 위치, 물리적 구현에 초점을 맞추고 있음.	Woebot
감정 인식	텍스트, 얼굴, 행동 탐지를 통한 감정 분석	베이지안 네트워크, 머신러닝, 딥러닝	전 세계적으로 다양한 상용화된 제품이 개발되었으나 논쟁의 여지가 있음.	Affectiva
예측을 위한 데이터 마이닝	재정 예측, 범죄 탐지, 약물 진단, 날씨 예측, 비즈니스 프로세스, 스마트시티 등	머신러닝, 베이지안 네트워크, 서포트 벡터 머신	뇌파 신호 해석을 통한 구매 예측 등 데이터 마이닝 애플리케이션이 증가하고 있음.	Research project
창작 활동	사진, 음악, 예술작품, 소설 창조 등	GAN, 딥러닝, 자기회귀언어 모형	AI의 최첨단에 있는 GAN은 점점 다양한 분야에 사용되고 있음. GPT-3로 알려진 자기회귀 언어 모델은 인간다운 텍스트를 생산할 수 있음.	This Person Does Not Exist GPT-3 (Brown 외. 2020)

〈위 표는 Miao 외(2021)에서 제시된 내용을 발췌하였음〉

4) AI 윤리

AI는 우리 생활에 많은 도움을 주지만, 데이터 편향과 딥페이크 오용 등 여러 가지 윤리적인 문제를 발생시키고 있다. 뿐만 아니라, AI 사회에서는 무인 자동차 운행에서 발생될 수 있는 문제와 같이 기술과 관련된 윤리적인 논쟁이 발생될 수 있다. 따라서 기술과 윤리가 서로 조화를 이루면서 갈 수 밖에 없어 윤리의 중요성이 더욱 커지고 있다. 이러한 상황에서 공교육뿐만 아니라 일반 시민을 대상으로 하는 윤리교육이 요구되며 특히 인공지능 개발자에게는 더욱 윤리교육이 필요한 현실이다.

▼ 그림 4-7 「인공지능(AI) 윤리기준」

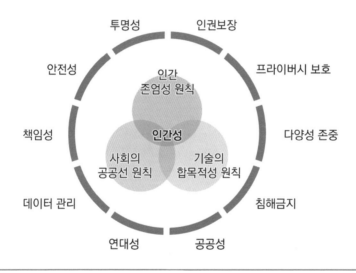

이러한 다양한 측면에서의 윤리적 문제에 대한 해결방안을 찾기 위해 AI 윤리 원칙들이 각국에서 발표되고 있다. OECD는 2019년 AI 권고안을 마련하였고(OECD, 2019), UNESCO에서도 2020년 AI 윤리에 관한 최초의 글로벌 표준 설정을 위한 권고안 초안을 개정하여 발표하였다(UNESCO, 2020). 국내에서도 이러한 글로벌 추세에 발 맞춰 과학기술정보통신부는 2020년 12월에 AI 시대

바람직한 AI 개발·활용 방향을 제시하기 위한 「인공지능(AI) 윤리기준」을 마련했다. 이 윤리기준은 지향하는 최고 가치를 '인간성'으로 설정하고, '인간성을 위한 AI'를 위한 3대 원칙과 10대 요건을 <그림 4-7>과 같이 제시하였다. 3대 기본원칙은 '인간의 존엄성 원칙', '사회의 공공선 원칙', '기술의 합목적성 원칙'으로 구성된다. 10대 요건으로 '인권 보장', '프라이버시 보호', '다양성 존중', '침해금지', '공공성', '연대성', '데이터 관리', '책임성', '안전성', '투명성'이 포함된다.

　최근 AI 교육이 실시됨에 따라 AI 윤리 교육에 대한 필요성도 부각되고 있다. AI가 사회에 미치는 영향력을 알아보고 AI에 대한 올바른 인식과 비판적 사고력을 길러줄 수 있도록 AI 윤리교육이 이루어져야 한다. AI 교육의 내용요소 중 윤리적인 요소가 AI 교육에서 가장 기초가 되기 때문에 국내외적으로 개발되고 있는 AI 교육과정에 AI 윤리 부분이 포함되어 있다.

5) 초중고에서의 AI 교육 내용

　국내외 초중고에서의 AI 교육의 주요 핵심 주제를 살펴보기 위해 미국, 유럽, 한국에서 제시하고 있는 대표적인 AI 교육과정 및 내용을 분석하였다. 이를 정리한 내용은 <표 4-3>과 같다. 먼저, 미국에서는 AAAI(Association for the Advancement of Artificial Intelligence)와 CSTA(Computer Science Teachers Association)가 공동으로 추진하는 AI4K12(AI for K-12 Students) 프로젝트를 통해 미국의 초중고에서 AI를 가르치기 위한 핵심 개념으로 5가지의 빅아이디어(Big idea)를 제안하였다. 그 빅아이디어는 '인식', '표현 & 추론', '학습', '자연스러운 상호작용', '사회적 영향'으로 구성된다. 이 빅아이디어를 기반으로 하여 교육과정과 다양한 교육 프로그램들이 개발되고 있다.

　또한 유럽의 경우에는 핀란드에서 개발되고 EU 각국의 언어로 제공되고 있는 온라인 코스인 Elements of AI를 분석하였다. Elements of AI는 2018년 헬싱키 대학교와 온라인 교육회사 Reaktor가 합작하여 구축한 AI 교육용 웹 사이트이다. Elements of AI는 유럽 내 다양한 언어 및 영어로 지원되어 170개국 이상의 국가에 소개되고 있으며 많은 학생들이 이용하고 있다. 이 과정은 'AI 소개' 과정과 'AI 구축'으로 구성되며, 이 과정에서 다루는 내용들은 'AI 개념', 'AI 문제 해결', '현실 세계 AI', '기계학습', '신경망', '미래예측 및 사회적 영향'이다.

한국의 「초중등 AI 교육내용 기준」은 교육부와 한국과학창의재단(2021)에서 개발한 것으로 크게 'AI의 이해', 'AI 원리와 활용', 'AI의 사회적 영향' 3영역으로 구성되었다. 'AI의 이해' 영역의 세부 영역으로 'AI와 사회', 'AI와 에이전트'가 포함된다. 'AI 원리와 활용' 영역의 세부 영역에는 '데이터', '인식', '분류, 탐색, 추론', '기계학습과 딥러닝'이 포함된다. 세 번째 영역인 'AI의 사회적 영향'에는 'AI 영향력', 'AI 윤리'가 세부영역으로 포함된다. 각 세부 영역에서 다루어지는 내용 요소는 각 학교 급에 따라 좀 더 심화된 내용들을 다루게 되며, 'AI와 에이전트' 세부 영역의 경우에는 고등학교에서만 다루도록 구성되었다.

▌표 4-3 국내외 AI 교육 핵심 주제

교육과정명	핵심 주제	대상	국가 및 기관
Five Big Idea	인식 표현과 추론 학습(기계학습, 인공신경망) 자연스러운 상호작용 사회적 영향	유초중고 (K-12)	미국, AAAI와 CSTA
Elements of AI	AI 개념 AI 문제해결 AI 실제 기계학습 인공신경망 미래 예측 및 사회적 영향	모든 연령	핀란드, 헬싱키 대학교, Reaktor

교육과정명	핵심 주제	대상	국가 및 기관
AI 내용 기준안	AI와 사회 AI와 에이전트 데이터 인식 분류, 탐색, 추론 기계학습과 딥러닝 AI 영향력 AI 윤리	초중고	한국, 교육부, 한국과학창의재단
AI Curriculum	알고리즘과 프로그래밍 데이터 리터러시 상황적 문제해결 AI 윤리 AI의 사회적 영향 AI 응용(ICT 분야가 아닌 다른 분야에서의 응용) AI 기법의 이해 및 활용 AI 기술(technology)의 이해 및 활용 AI 기술의 개발	초중고	UNESCO

UNESCO(2022)에서는 세계 각국에서 이루어지고 있는 AI 교육 및 교육과정을 조사하고 분석한 후, 그것을 토대로 AI 교육과정 및 정책 수립, 실행 전략 등에 대해 안내하고 있다. 그들의 보고서에서 제안하고 있는 AI 교육과정에는 크게 'AI 기초', '윤리와 사회적 영향', 'AI 이해, 활용, 개발'의 3영역으로 구성된다. 'AI 기초'의 3가지 세부요소로는 '알고리즘과 프로그래밍', '데이터 리터러시', '상황적 문제해결' 등이 포함된다. '윤리와 사회적 영향' 영역의 세부요소로 'AI의 윤리', 'AI의 사회적 의미', 'ICT 외 다른 영역에 AI 활용' 등이 포함된다. 'AI 이해, 활용, 개발' 영역에는 'AI 기법(Technique)의 이해와 활용', 'AI 기술의 이해와 활용', 'AI 기술의 개발' 등의 3가지 세부요소가 포함된다.

3 AI 활용 교육

AI 활용 교육이란 "인공지능을 다양한 교과의 교수학습 상황에서 교육의 도구로 활용하는 교육"을 의미한다(홍선주 외, 2020). 즉 AI 활용 교육은 '도구로서의 인공지능'에 중점을 둠으로써, AI 기술을 다양한 교육에 활용하여 교육의 질을 향상시키는 데 목적을 두는 교육이라고 할 수 있다.

AI 활용 교육은 각 교과의 수업에서 AI 도구나 플랫폼을 활용한 수업의 관점뿐만 아니라 교육 전반에 AI를 활용하여 교육의 혁신을 추구하는 관점이 있다. 전자의 경우, 음악 시간에 구글 두들(Google Doodle)을 이용하여 바흐 스타일의 반주를 작곡을 해보도록 하거나, 영어 시간에 챗봇을 이용한 말하기 연습을 하도록 하는 것이 이에 해당된다. 후자의 경우는 교육 전반에서 효율을 높이기 위한 것으로, 홍선주 외 (2021)의 보고서에서는 학교 교육에 AI 및 에듀테크가 도입됨으로써 학생과 교사의 교수학습 활동에 어떤 도움을 줄 수 있는지에 대한 여러 가능성을 탐색하였다. 탐색 결과로 학교 교육에서의 AI 및 에듀테크 활용 유형을 구체화하여 프레임워크를 제시하였다. 그 프레임워크의 영역은 크게 '교육과정', '교수학습 및 평가', '학생지도 및 지원' 등이다. <표 4-4>는 그 프레임워크에서 '교수학습 및 평가 부분'만 발췌한 것이다. '교수학습 및 평가' 영역을 분석, 설계·개발, 실행, 평가로 구분하고 학생과 교사, 관리자 차원에서 AI 기술의 활용유형을 나타내고 있다.

▌표 4-4 학교 교육에서의 AI 및 에듀테크 활용 프레임워크

AI 기술이 지원하는 기능		사용자별 AI 기술의 활용 유형		
		학생	교사	관리자
분석	학생별 특성 분석	• 학습스타일, 지능프로파일, 특수교육 요구, 진로 목표 분석 • 흥미와 관심 분야, 생활 태도 및 성격 등에 대한 자료 분석		
	학생별 학업 분석	• 학생별 성취도, 강점과 약점 등 학업관련 자료 기록, 수집, 분석, 진단 • 학생별 성취수준, 선호 학습양식, 학생 동기, 역량 등에 따른 유형화		

AI 기술이 지원하는 기능		사용자별 AI 기술의 활용 유형		
		학생	교사	관리자
설계 · 개발	학습 목표 설정	• 진로 목표에 따른 맞춤형 장기 학습 목표 및 과제 설정 • 장기 학습 목표에 따른 단기 학습 목표 및 과제 설정		
	목표 달성 지원	• 교육과정에 명시된 성취기준 목록 제공 • 학생별 성취목표 기록 및 성취수준별 학습계약 개발		
	교수학습 설계		• 학생, 학부모의 요구 분석 및 교과 특성 분석 결과 제공 • 교육 목표, 교과 특성, 사회적 유용성 등을 고려한 내용 추천 • 교수학습 내용이 교육과정에 부합하는지 분석	
		• 학급 특성 및 수준에 맞게 교수학습 활동 재구조화		
	교수학습 방법 추천	• 최적화된 교수학습 방법 추천 • 교수학습계획안 수립 및 작성 • 교수학습 관련 자료 및 정보 제공		
실행	교수학습 지원	• 질의응답 상시 지원	• 수업 보조 도구 지원 • 학습 과정 및 상호작용 모니터링 • 학습 이력 관리 및 학습 경로 제안	
	개별 학습 지원	• 개별 맞춤형 학습 콘텐츠 큐레이션 및 학습 도구 지원 • 지능적 튜터링 및 탐색적 학습 지원		
	협력학습 지원	• 학습자 관심사, 역할 등에 따른 팀 구성		
		• 필요한 자원 및 도구 제공 • 결과물의 공유 및 피드백 제공	• 수행 과정에 대한 모니터링	
평가	교수학습 평가	• 각종 시험 및 과제, 글쓰기에 대한 자동 채점 및 표절 방지		
		• 다양한 평과 결과 분석 • 평과 결과에 따른 피드백 • 평가 인증 및 자격 발급	• 평가 문항 구성 및 시험 출제 • 다양한 종류의 평가 루브릭 제공 • 수업 개선 및 학생 평가 보고	• 학년별/학급별/학생별 결과 보고
	교수학습 개선	• 학생 단위의 학업 성취 관련 자료(e-portfolio) 기록 및 관리		
			• 교수학습 개선을 위한 자료 분석 및 자료 제공	

〈위 표는 홍선주 외 (2022)의 보고서에서 제시된 표를 부분 발췌한 것임〉

AI 활용 교육은 다음과 같은 장점이 있다(한현종, 2020). 첫째, AI 기술은 학습자의 특성이나 요구사항 등을 반영하여 맞춤형 형식의 개별 학습을 지원할 수 있다. 예를 들어, 챗봇을 이용하여 학습자의 질문에 언제 어디서나 응답할 수 있으며 학습자의 학습 수준이나 인지 수준에 따라 개별화된 응답을 제공할 수 있다. 둘째, AI 활용 교육은 협력 학습 및 프로젝트기반 학습을 보다 효율적으로 지원할 수 있다. 즉, 다양한 AI 기술을 활용하여 학습자간 상호작용과 팀별 구성 및 활동, 질의응답 등을 효과적으로 지원할 수 있다. 셋째, 자동 평가 시스템을 지원함으로써 학습자에 대한 관리를 보다 편리하게 할 수 있다. 예를 들어, 즉각적인 응답을 제공해줌으로써 학습자에게 빠른 피드백을 제공할 수 있으며 수업결과물에 대해서 편리한 관리를 제공할 수 있다. 특히, 교사의 입장에서 단순 반복적인 업무를 AI에 맡김으로써 교사는 수업의 질을 높이는데 보다 집중할 수 있는 환경을 조성할 수 있다. 뿐만 아니라, 수업에 필요한 콘텐츠 제작에도 AI를 활용함으로써 업데이트된 최신 교수자료를 손쉽게 이용할 수 있다. 마지막으로 시각, 청각 등 장애를 가진 학생들에게도 보다 교육의 접근성을 보장할 수 있다.

4 AI 융합 교육

1) AI 융합교육의 개념과 추구 역량

융합교육의 목적이 기존의 단편적 사실 중심의 교육에서 벗어나 교과 내 그리고 교과 간 학습 내용을 연결하여 학생들이 새로운 시각과 사고력을 함양할 수 있도록 하고 이를 통해 새로운 가치와 문제해결 능력을 키우도록 하는 것이기 때문에 AI 융합교육을 각 교과별 수업에서 단순히 AI 도구를 활용하는 수업으로 한정하는 것은 적절하지 않을 수 있다. AI 융합교육은 AI에 대한 원리와 핵심 개념의 이해를 바탕으로 다양한 교과의 문제를 새로운 관점으로 바라보고 창의적인 해결책을 제시할 수 있도록 하는 것이다.

AI 융합교육에 대한 정의는 아직 학계에서 합의되지 않았다. 그러나, "교수·학습 활동을 개선하기 위한 목적으로 AI 기술을 다양한 교수·학습 도구와 자료나 활동에 융합하는 교육"이라는 정의를 내리기도 한다 (이재호 외, 2021). AI 융합교육은 교수학습과정에서 각 교과의 개념을 새로운 관점에서 바라볼 수 있도록 하고 관련 문제를 해결하기 위해 AI 개념, AI 기술, AI 도구 등을 활용하도록 함으로써 각 교과의 효과적인 학습뿐만 아니라 AI 소양까지 함양하기 위한 교육이라고 할 수 있다. AI 융합교육의 학습목표는 각 교과에서 도달하기 위한 학습목표 뿐만 아니라 AI 소양의 함양까지 포함되어야 한다. AI 융합 교육은 AI 개념과, 원리, 기술 등을 이용하여 교과의 학습이나 문제해결을 하는 관점의 내용적 융합교육과 각 교과 학습에 AI 도구를 활용하는 관점의 방법적 융합교육으로 구분할 수 있다.

AI 융합교육을 통해 궁극적으로 추구하고자 하는 거시적인 학습목표는 학습자들의 AI 소양 함양을 통한 문제해결력과 창의력 함양이라고 할 수 있다. 문제해결력과 창의력의 함양 측면은 기존의 융합교육에서 추구하는 목표와 유사할 수 있지만 문제해결을 위해 AI를 적절하게 활용하는 것이 그 차이점이다. 미래사회의 모든 삶의 영역에서 AI의 사용이 보편화될 것으로 예측되는 가운데 AI를 이용한 문제해결은 미래사회를 살아가기 위해 꼭 필요한 역량이라 할 수 있다. AI 융합수업은 학습자들의 문제해결력 뿐만 아니라 창의성과 혁신의 능력을 높일 수 있다. 즉, AI가 효과적으로 사용될 수 있는 문제 상황을 찾고, 그 문제 상황에서 적절히 AI를 활용하여 문제를 해결하며, AI로 해결할 수 없는 일에는 새로운 해결방법을 찾아내는 등 학습자의 창의성을 높일 수 있다. 뿐만 아니라 AI의 사용은 학습자와 학습자, 학습자와 AI의 협업능력을 높일 수 있다. 특히, AI와의 협업능력은 미래사회의 핵심역량으로 대두되고 있기 때문에 이에 대한 준비가 필요하다. 또한, AI 융합교육은 다양한 상황에서의 AI 융합을 통해 학습자들의 변화 적응력을 높일 수 있다. 즉, AI 기술이 광범위한 분야에 영향을 미치며, 활용될 수 있음을 깨닫게 되며, 다양한 분야로의 AI 기술의 접목을 시도해 봄으로써 변화 적응력을 높일 수 있는 것이다.

2) AI 융합교육의 분류

(1) 중심교과 관점에서의 분류

AI 융합교육을 중심교과 관점에서 분류하면 <그림 4-8>과 같이 크게 '정보교과', '정보교과 외 타 교과', '자유학년제/창의적 체험활동'으로 구분할 수 있다. 정보교과의 경우에는 AI 자체를 배우는 것에 중점을 두고 있지만, AI 개념을 학습하기 위해 타 교과의 사례나 개념을 이용하거나 AI 도구와 플랫폼을 이용함으로써 학습자의 이해를 높일 수 있기 때문에 AI 융합교육이라 할 수 있다. 예를 들어, AI의 지도학습을 설명하기 위해 회귀방정식을 이용할 수 있다.

▼ 그림 4-8 중심교과 관점에서의 AI 융합교육 분류

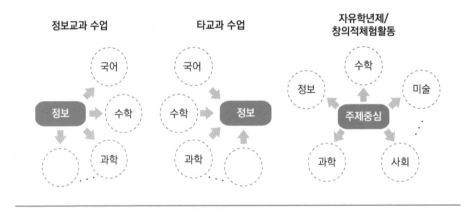

역으로 타 교과의 수업에서 AI를 이용하는 것으로 타 교과의 개념을 설명할 때 AI의 개념과 AI 도구를 관련되어 활용할 수 있으며, 타 교과의 문제해결을 위해 AI 모델링을 이용할 수 있다. 예를 들어 생물에서 신경세포의 특성을 이용하여 인공신경망 개념을 설명할 수도 있고, 생물의 분류를 위해 AI 분류기법을 이용할 수도 있다. 또한 정규 교과 수업이 아닌 자유학년제나 창의적체험활동 시간을 통하여 범교과 주제를 선택하여 AI 융합수업이 이루어질 수 있다. 예를 들면 환경문제 해결을 위해 AI 분리수거기를 만드는 수업을 진행할 수도 있다.

(2) 융합모형에 따른 분류

융합교육을 위해서는 융합 가능한 주제를 선택하여 새로운 교육내용을 구성해야 된다. 융합주제를 탐색하여 주제가 선정되면 어떻게 학습내용을 구성할 것인지 고려해야 된다. 이러한 융합교육의 구성과 관련한 모형 연구들 가운데 많이 인용되고 있는 것이 Forgarty(1991)의 통합 모형이다. 이 통합모형에서는 여러 교과간의 연계를 통한 유형을 <그림 4-9>와 같이 계열형(Sequenced), 공유형(Shared), 그물형(Webbed), 조직형(Threaded), 통합형(Integrated)의 5가지로 분류하고 있다.

▼ 그림 4-9 Forgarty의 통합 모형 유형

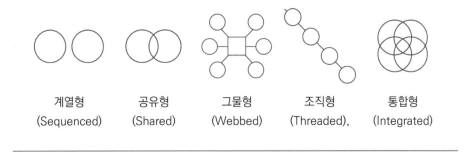

| 계열형 | 공유형 | 그물형 | 조직형 | 통합형 |
| (Sequenced) | (Shared) | (Webbed) | (Threaded), | (Integrated) |

계열형은 여러 교과에서 다루는 주제의 순서를 재배열함으로써 관련 주제들을 병렬적으로 이어서 가르치는 유형이다. 예를 들어, AI에 필수적인 수학 개념을 수학교육과정에 포함시키고 적절한 부분에 배치한 후 이를 교육함으로써 자연스럽게 연결된 학습을 유도하고, 이를 통해 학습자가 AI 개념을 이해하는데 도움을 줄 수 있다. 공유형은 교과별 수업 내용이 서로 유사하거나 동일할 때 그 공유하는 요소로부터 공통 개념을 찾아내 수업하는 방식이다. 예를 들어 '데이터 수집'은 수학에서 친숙한 작업이며, AI에서도 중요한 개념이기 때문에 이를 연결하여 설명할 수 있다. 교사는 수학에서 데이터 수집을 시연하기 위해 AI 기반 앱을 사용하거나 수학에서 데이터 수집에 대한 작업 이해를 통해 AI 학습 과정을 설명할 수 있다. 그물형은 특정 주제와 관련된 내용을 교과에

서 추출하여 통합하는 주제 중심 통합 접근 방식이다. 예를 들어 미래의 교통수단에 대해 학습하면서 자율주행자동차에 대해 설명하고, 지율주행자동차의 위험한 상황 등을 생각해보면서 윤리적인 측면을 학습할 수 있다. 조직형은 여러 학문이나 교과내용을 가로지르는 메타 교육과정을 목표로 하는 통합으로써 학생들의 사회성이나 다면적 측면의 발달을 염두에 두고 통합하는 모형이다. 즉, 핵심역량을 기르기 위해 AI와 다른 교과의 내용을 조직적으로 구성하는 것이다. 즉, 이 모형에서는 학습자의 문제해결역량을 높이기 위해 사회현상에 대한 빅데이터를 분석하고 AI를 활용하여 미래를 예측하며 이에 대한 해결 방안을 논의해본다. 통합형은 간학문적 접근방식을 사용하여, 주요 교과들을 각각의 우선순위에 따라 배치하고, 각 교과에서 중복되는 개념들을 찾아내 그것들을 혼합하여 하나의 교육과정으로 구성하는 방식이다. 한 예로 수학과 AI가 융합된 하나의 교육과정으로 'AI 수학'과 같은 과목이 만들어진 사례를 볼 수 있다.

▼ 그림 4-10 AI 학습요소와 AI 학습활동에 따른 AI 융합교육

(3) AI 학습요소와 AI 학습활동에 따른 분류

AI 융합교육은 AI의 학습요소와 학습활동에 따라 <그림 4-10>과 같이 분류할 수 있다. AI 융합교육에서 활용될 수 있는 AI 학습요소로 크게 AI 개념, AI 기술(Technology), AI 이슈로 구분할 수 있다.

먼저, 학습요소로 AI의 개념을 이용하는 것은 이를 교과의 문제해결이나 이

해를 돕기 위해 사용하는 것이다. 의사결정 트리 같은 AI 개념을 과학과 수업에서 동물의 종을 분류하는데 사용할 수 있는 경우가 이에 해당한다. 둘째, AI 학습요소로 AI 기술을 이용할 수 있다. AI 개념이 다양한 유형의 AI를 구현하는 데 사용되는 개념과 기법을 의미한다면, AI 기술은 이러한 AI 개념과 기법들을 이용하여 생성된 연구 분야 혹은 제품을 의미한다고 볼 수 있다. UNESCO(2021) 보고서의 AI 교육과정에서도 이와 유사하게 AI 기법(Technique)과 AI 기술을 구분하고 있다. AI 기술을 이용한 수업의 경우에는 챗봇, AI 스피커와 번역기를 이용하여 영화 말하기와 쓰기 수업 활동을 하는 것이 이에 해당될 수 있다. 마지막으로, AI 이슈를 수업에 활용할 수 있는데 AI 윤리와 관련된 데이터 편향성, 딥페이크, 자율주행 자동차에서의 트롤리 딜레마(Trolley Dilemma) 등과 같은 주제들을 가지고 수업에서 토론학습을 진행할 수 있다.

이러한 AI 학습요소와 함께 고려할 수 있는 것이 학습도구로서 AI 도구나 AI 플랫폼을 이용하는 것이다. 예를 들어 AutoDraw와 같은 AI 도구를 이용하여 미술시간에 그림을 그리거나 과학시간에 신체의 부분을 그려보도록 함으로써 AI를 체험해 보도록 수업을 구성할 수도 있다. 또한 이러한 체험뿐만 아니라 학습과정의 문제해결이나 관련된 학습주제를 다룰 때 직접 AI 도구나 AI 플랫폼을 사용하여 AI 모델을 만들고 적용해 볼 수 있다. AI 도구 및 AI 플랫폼에는 AutoDraw, Machine Learning For Kids, Teachable Machine, TensorFlow, Keras, OpenVINO, Scikit-learn, Entry, mBlock 등이 있다. AI 융합교육의 수업에서 AI 도구나 플랫폼을 사용하지 않고 기존의 학습매체와 도구, 언플러그드 활용을 통해 AI 개념을 이해하거나 AI 윤리교육 측면에서 가치 판단과 같은 정의적 영역의 수업을 할 수 있다.

또한 AI 융합교육을 AI 학습활동의 관점에서 분류할 수 있다. AI 학습활동은 AI 이해, AI 체험, AI 활용, AI 개발, AI 판단으로 구분할 수 있다. AI 이해 학습 활동은 기존의 학습매체/도구를 이용하거나 언플러그드 활동을 통해 AI 개념과 AI 기술, AI 이슈들을 이해하는 것이다. 예를 들어, 언플러그드 활동을 통해 지도학습과 비지도학습을 학습하는 것이다. AI 체험은 AI 도구를 학생들이 직접 체험하도록 하는 것으로 AutoDraw를 이용하여 그림을 그리거나

Semi-Conductor와 같은 AI 음악도구를 이용하여 가상의 오케스트라를 지휘해봄으로써 AI를 체험해보는 것이다. AI 활용은 문제해결을 위해 AI 도구나 플랫폼을 활용하는 것이다. 예를 들어, 과학과 수업에서 학생들이 마스크를 착용했는지 안했는지를 체크하기 위해 Teachable Machine을 이용하여 마스크 착용과 미착용 사진을 학습시켜 마스크 미착용 판별 AI 프로그램을 만들어 볼 수 있다. AI 개발은 AI 활용보다 좀 더 발전된 단계로 프로젝트 학습과 같은 학습자 주도적인 수업에서 AI 플랫폼을 이용하여 AI 모델을 생성하고 코딩을 통해 시스템을 개발하거나 IoT 키트와 연결하여 학습 결과물을 제작하는 것이다. 예를 들어, 사회과 수업에서 환경문제를 다룰 때 쓰레기를 분류해주는 AI 모델을 만들고 이를 이용하여 쓰레기 분류 시스템을 만들어 볼 수 있을 것이다. AI 판단은 AI 이슈에 대해 기존의 매체/도구, 언플러그드 활동, AI 도구나 플랫폼 등을 활용하며 토론과 같은 학습 활동을 통해 학습자들의 윤리의식을 함양하도록 하는 것이다.

참고문헌

과학기술정보통신부 & 정보통신정책연구원 (2020). 인공지능(AI) 윤리기준.

교육부, 한국과학창의재단(2021). 초중등 AI 교육내용 기준.

김대수. (2020). 처음으로 만나는 인공지능. 파주: 생능출판사.

김의중. (2016). 알고리즘으로 배우는 인공지능, 머신러닝, 딥러닝 입문. 서울: 위키
　북스.

배창섭. (2020). 인공지능기반교육의 과제와 실행 방안 탐색. 부산교육이슈페이퍼, 4
　4(2), 1 − 42.

안성훈 외(2020). 교육대학원 AI융합교육 전공 교육과정 개선방향 연구. AI 융합교육
　정책연구 2020 − 2.

유인환, 배영권, 박대론, 안중민, 김우열. (2020). 로봇 활용 인공지능 교육 프로그램
　개발과 적용에 관한 연구. 정보교육학회논문지, 24(5), 443 − 451.

이은경(2021). 국내외 초 · 중등학교 인공지능 교육과정 분석. 컴퓨터교육학회논문지,
　23(1). 37 − 44

이재호, 이승훈, 이동형. (2021). 초등 AI융합교육 프로그램의 교육 효과성 분석. 정
　보교육학회논문집, 25(3), 471 − 481.

전형배, 정훈, 강병옥, 이윤경. (2021). AI 기반 교육 현황과 기술 동향. 전자통신동향
　분석, 36(1), 71 − 80.

최숙영. (2021). 교육에서의 인공지능: 인공지능 활용교육에 관한 문헌 고찰. 한국컴
　퓨터교육학회 논문지, 24(3), 11 − 21.

한현종, 김근재, 권혜성. (2020). 인공지능 활용 교육에 대한 초등교사 인식 분석. 디
　지털융복합연구, 18(7), 47 − 56.

홍선주, 조보경, 최인선, 박경진.. (2020). 학교 교육에서 인공지능(AI)의 개념 및 활
　용. KICE Position Paper, 12(3), 1 − 38.

AAAI & CSTA, Five Big Ideas in Artificial Intelligence.　https:// ai4k12.org/ re −
　sources/big − ideas − poster/

Fogarty, R. (1991). How to Integrate the Curricula. Palatine, IL: IRI/Skylight

Publishing.

COMEST(UNESCO World Commission on the Ethics of Scientific Knowledge and Technology) (2019.) Preliminary Study on the Ethics of Artificial Intelligence.

McCarthy, J., Minsky, M., Rochester, N. & Shannon, C. (2006). A proposal for the Dartmouth Summer Research Project on Artificial Intelligence, August 31, 1955. AI Magazine, 27(4), 12-14.

Miao, F., Holmes, W., Huang. R., & Zhang, H. (2021). AI and Education: Guidance for policy-makers. UNESCO

OECD (2019). Recommendation of the Council on Artificial Intelligence. https://legalinstruments.oecd.org/en/instruments/OECD-LEGAL-0449

UNESCO (2020). Elaboration of a Recommendation on the ethics of artificial intelligence. https://en.unesco.org/artificial-intelligence/ethics

UNESCO(2022). K-12 AI curricula: A mapping of government-endorsed AI curricula.

Univ. of HELSINKI & ReaKtor. Elements of AI. https://www.elementsofai.com/

AI 기술

김갑수

1 AI 기술

1) 개요

2022년 2월 7일에 버나드 마르(Bernard Marr)는 포브스지에서 '인류의 미래를 바꿀 5가지 기술'로 인공지능을 제일 먼저 언급했다. 인공지능(AI) 및 머신 러닝(Machine Learning)은 기계가 지능을 가진 것처럼 학습하고 행동하는 능력이다. 기계가 데이터에서 학습한 내용을 기반으로 의사 결정을 내리고 주어진 작업을 수행하며 또한 미래의 결과를 예측할 수도 있다.

2022년 5월 10일 BBC 사이언스 포커스(https://www.sciencefocus.com/)는 '세상을 변화시킬 미래 기술에 대한 22개의 아이디어'를 발표하였다. 생각보다 기술은 빨리 발전했다. 새로운 기술은 우리의 삶의 방식을 변화시켰다. 우리의 건강을 확인하는 방법도 변화시켰다. 기상이변과 자연재해를 피하는 데에도 새로운 기술이 중요한 역할을 할 것이다. 22개의 아이디어(AI 이미지 생성, 두뇌 읽기 로봇, 3D 프린팅한 인공뼈, 실감나는 홀로그램, 인공 안구, 들을 수 있는 옷, 건강을 추적하는 디지털 쌍둥이, 가상 현실 세계, 에너지 저장 벽돌, 땀으로 구동되는 스마트워치, 실리콘 칩의 인공 뉴런, 살아있는 로봇 등)들은 서로 밀접하게 관련되어 있다.

AI는 세계 경제 포럼에서 '2025년까지 세계를 변화시킬 기술'로 대변되었다.

AI 기술은 우리가 생각한 것보다 빨리 일상생활에 적용된다. AI를 기반으로 알렉사(Alexa), 시리(Siri), 아마존(Amazon)은 제품들을 추천하고, Netflix나 Spotify는 개인별 맞춤형 콘텐츠를 추천한다. 우리 일상의 데이터들이 AI에 의해 움직이고 있다. 스티븐 호킹 박사는 "AI 개발이 인류 역사상 가장 큰 사건이 될 것"이라고 말했다.

AI 기술은 다른 많은 기술을 진보시키는 기반 기술이다. AI 기술이 없다면 자율주행, 로봇 공학, 공장 자동화, 가상 현실, 사물 인터넷 등이 지금처럼 많이 발전하지 못했을 것이다. AI 기술이 각 산업에 융합하여 새로운 서비스를 만들어 내고 있기 때문에 이 기술은 AI 분야뿐만 아니라 모든 산업에서도 유용할 것이다. 구글에서는 AI를 최첨단 현장 기술에 접목하여 새로운 연구를 수행하고 이를 다른 산업의 제품과 새로운 영역에 적용하여 모든 사람이 이용할 수 있는 기술들을 개발하고 있다.

위 같은 방식으로 AI 기술은 우리의 직업을 바꿀 것이다. AI 기술은 우리의 직업을 바꿀 것이다. AI 기술이 적용된 자동화는 이미 많은 일자리를 변화시켰다. 아마존의 로봇이 물건들을 옮기고, AI가 스포츠나 증권 정보들을 분석하여 기사를 작성하고 투자 종목을 추천하며, 온라인 비서와 가상 앵커와 같이 직업의 종류와 형태를 새롭게 변화시킬 것이다.

AI 기술은 사람의 두뇌가 가지고 있는 감각 능력, 학습 능력, 추론 능력 및 자연언어 처리 능력 등을 기계가 직접 수행할 수 있게 하는 기술로 이를 위한 AI 기술은 컴퓨터와 더불어 매우 빠르게 발전했다.

▼ 그림 5-1 AI 기술 동향(이승훈 2017)

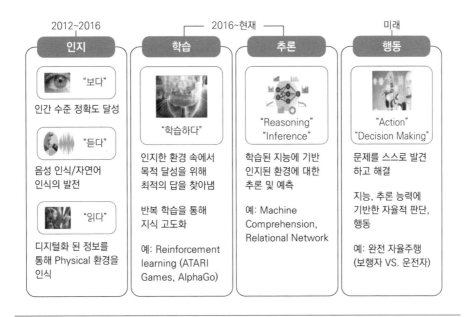

최근 AI 기술 동향은 <그림 5-1>과 같이 인지능력을 초월한 환경 속에서 최적의 해답을 찾고, 스스로 학습하여 추론 및 예측하며, 미래에는 문제를 스스로 발견하고 해결하는 행동 단계에 이른다. 다양한 분야의 연구와 투자가 활발히 진행되고 있다.[이승훈, 2017][국경완 2019]

2018년 5월에 발표한 과학기술정보통신부의 I-Korea 4.0 실현을 위한 인공지능(AI) 연구개발 전략에서는 각 산업에 인공지능을 적용하는 모형을 <그림 5-2>와 같이 제시했다. 우리 사회는 안전, 의료, 국방, 에너지, 금융, 농수산업, 제도, 이동체, 도시 및 복지 분야에 머신러닝 기술을 적용하여 새로운 산업에 적용할 수 있도록 발전할 것이다. 이에 필요한 핵심 기술들은 다음과 같다.

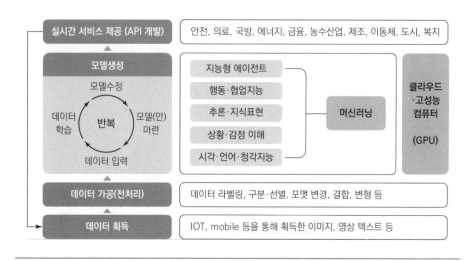

각 산업의 AI 서비스는 각종 센서 등을 통해 이미지, 텍스트 및 사운드 등의 데이터를 획득하고, 필요한 처리를 수행하여 데이터를 가공하며, 반복 학습을 통한 AI 모델(알고리즘) 생성 과정을 통해서 서비스를 제공한다. AI 기술은 위의 <그림 5-2>에서 보는 것과 같이 머신러닝, 지능형 에이전트, 행동 및 협업지능, 추론 및 지식표현 기능, 시각·언어·청각 지능, 상황·감정 이해 기술로 분류될 수 있다. 그리고 AI 서비스를 제공하기 위해서는 대량의 데이터 학습을 할 수 있는 클라우드 및 GPU 기반의 고성능 컴퓨팅이 필요하다는 것을 알 수 있다.

머신러닝 기술은 데이터를 기반으로 인지 이해 모델을 형성하여 최적의 해답을 찾기 위한 학습 지능이다. 과거의 소프트웨어는 개발자가 직접 모델링하는 데 비해 머신러닝은 스스로 데이터를 반복 학습하여 규칙을 찾아내는 방법이다.

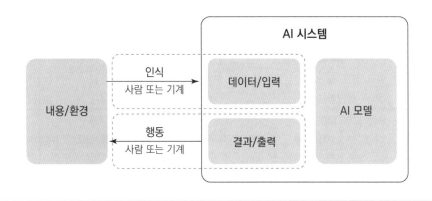

2019년 5월 OECD는 AI 원리를 채택하며 AI 시스템을 다음 <그림 5-3> 과 같이 정의했다. OECD의 AI System(시스템)은 주어진 목표를 만족하는 데이 터 세트에 관한 결과(예측, 권장 사항 또는 결정)를 생성하여 주변 환경에 영향을 미칠 수 있는 시스템이다. 첫 번째는 기계 또는 인간이 생성한 데이터를 입력 하여 사용한다. 두 번째는 자동화된 방식을 통하여 인식한 모델로 만든 데이터 를 사용한다. 세 번째는 새롭게 추론한 데이터를 이용한다. 이는 다양한 수준 의 자율성으로 작동하도록 설계되었다.

2021년 국가 지능정보 백서에 의하면 현재 우리 기업들의 AI 기술 도입은 매우 미약하다. 아직 기업의 96.4%가 인공지능기술을 도입하고 있지 않다. 대 기업이 91.7%, 중소기업이 8.3% 인공지능 기술을 도입했다. 도입한 기술은 자 동화 기기 설비가 2.2%, 인식 시스템 1.6%, 지식 발견 1.0%, 반응 시스템 0.6% 이다. 인공지능 활용 기술의 경우 사물 인식 등 컴퓨터 비전이 47.2%, 머신러 닝이 25.0%, 자연어 처리 19.4%이다[한국지능정보사회진흥원 2022].

▼ 그림 5-4 인공지능기술도입 현황(한국지능정보사회 진흥원 2022)

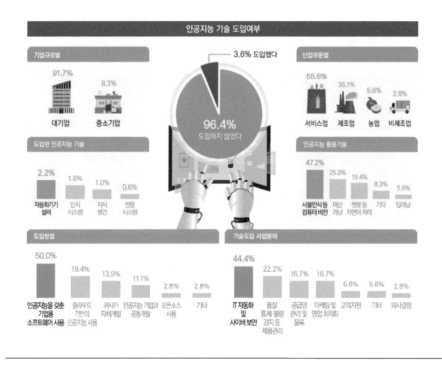

2) 인공지능 기술

(1) 개요

인공지능 기술은 인공지능 시스템을 만들 때 필요한 모든 기술이다. AI 시스템을 만드는 방법은 크게 규칙 기반 시스템을 구축하는 방법과 학습 기반 시스템을 구축하는 방법으로 나눌 수 있다. 규칙 기반 시스템은 모든 지식을 기호로 표현하는 기호주의 철학을 기반으로 하고 학습 기반 시스템은 신경망과 같은 비기호주의 철학을 기반으로 한다. 규칙 기반 인공지능 시스템은 규칙과 추론이 핵심 기술이고, 명확한 추론과 결론을 설명할 수 있는 장점이 있지만 규칙을 모두 코딩해야 하는 단점이 있다. 이에 비해 학습 기반 시스템은 머신러닝, 신경망 등이 핵심기술이고, 코딩이 필요 없다는 장점이 있지만 현재까지는 결과의 도출 과정을 설명할 수 없다. 인공지능 기술은 추론, 탐색, 학습 기술이라고 볼 수 있다. 본 절에서는 간단히 추론과 탐색에 관해서 설명한다.

(2) 추론

추론 방법은 정보를 기반으로 논리적인 규칙을 만드는 것이다. 논리적인 규칙을 만드는 방법은 귀납적인 방법과 연역적인 방법이 있다. 귀납적인 방법은 개별 명제를 비교하고 검토하여 하나의 일반적인 대명제를 추론해 내는 방법이다. 대표적인 예는 "영재는 죽었다. 융합도 죽었다. 영재와 융합은 사람이다. 그러므로 사람은 모두 죽는다"가 있다. 연역적인 방법은 대명제를 전제로 하여 개별 명제의 특수한 결론을 추론하는 방법이다. 대표적인 예는 "모든 사람은 죽는다. 영재는 사람이다. 따라서 영재는 죽는다"는 것이다.

이런 추론 방법으로 전문적인 지식과 노하우를 논리적으로 정리하여 규칙으로 만들고, 그 규칙과 지식을 컴퓨터 시스템으로 처리하는 것을 전문가 시스템(Expert System)이라고 한다. 전문가 시스템은 인간이 추론하는 사고 과정처럼 사용자가 입력한 질문을 규칙에 따라 추론하여 결과를 도출함으로써 마치 전문가가 답변하듯이 결과를 제공할 수 있다.

추론 알고리즘은 조건식(if-then-else)으로 지식과 결과의 관계를 규칙으로 표현하여 결과를 추론한다. 예를 들어 의사는 "만약 환자가 어떤 증상을 보일 때 어떤 병일 것이다"라고 추론하여 병을 진단한다고 가정하자. 이것을 조건식에 따른 규칙으로 표현을 할 수 있다. 이런 방법으로 의사들의 지식이 환자를 진단하는 과정에서 필요한 지식을 구축하여 결과를 추론하는 과정의 완전한 규칙을 세울 수 있다면 의사를 흉내 내어 진단할 수 있는 의료 전문가 시스템을 구성할 수 있다.

예를 들어 의료 전문가 시스템의 의료 지식으로 "체온이 39℃ 이상이면, 감기다", "마른기침하면, 감기다", "콧물이 나면, 감기다", "근육통이 있으면, 감기다"가 있다고 하자. 이 시스템의 사용자가 "체온이 39.5℃이고, 마른기침하며, 콧물이 나고 있다, 몸살이 있다"라고 입력하면, 조건식(체온이 39℃보다 높고, 마른기침하고, 콧물이 나오고, 근육통이 있으니)에 따라 "감기다."라는 결론을 내린다. 우리가 병원에 가서 작성하는 문진 기록으로 의사들이 판단하는 것이 전문가 시스템이다. 작은 영역에서의 전문가 시스템은 쉽게 만들 수 있다. 작은 영역에서는 쉽게 규칙을 만들 수 있지만, 큰 영역에서는 일반적인 규칙이 쉽게 적용되지 않는다.

추론 방법을 활용하는 시스템은 인간의 지적 능력이 필요로 하는 곳에서 활용되고 있다. 초기 단계에서 암을 발견하기 위한 목적으로 임상적인 질문을 통해 환자의 암 발병 정도를 추론하여 조기에 암을 진단하는 시스템, 자동차의 각종 부품의 상태를 점검하여 고장을 진단하는 시스템, 소진 및 보관하는 조건에 따라 물건을 구매하는 계획을 수립하는 시스템, 현재의 기상 상태로부터 미래의 기상을 예측하는 시스템 등 여러 상황과 다양한 분야에서 가상의 전문가가 합리적으로 의사를 결정하거나 문제의 해결책을 제시하는 데에 인공지능이 활용되고 있다.

▼ 그림 5-5 전문가 시스템

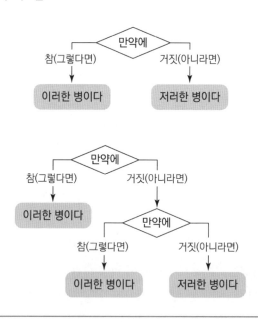

(3) 탐색 방법

탐색은 문제를 해결하는 최적의 해를 찾거나 특정한 정보를 찾아내는 과정이다. 최적의 해를 찾기 위한 탐색 방법은 현재 상태인 출발점과 도달하고자하는 목표점을 정확하게 파악하여 탐색이 진행되면 될수록 목표지점에 가까워져 문제가 해결되도록 하는 방향으로 나아가는 것을 의미한다. 1,000명의 학생이 있는데 키가 가장 큰 학생을 찾는 방법 등 우리 주변에 어떤 정보를 찾는방법 등이 최적의 정보를 찾는 탐색 방법이다.

순차적으로 어떤 정보를 순서에 따라 탐색하는 순차 탐색(Sequential Search)방법, 정보나 해결 방법 등을 트리처럼 배치한 후에 트리의 어떤 규칙대로 탐색하는 트리 탐색(Tree Search) 방법, 정보나 해결 방법 등을 그래프처럼 모델링한 그래프 탐색(Graph Search) 방법 등이 있다.

순차 탐색 방법은 탐색을 한 곳에서 시작한 후 결과를 찾을 때까지 반복하여 결과를 찾으면 탐색을 종료하는 방식이다. 예를 들어, 백 개의 그릇 중에서하나의 그릇에만 동전이 들어있을 때 첫 번째 그릇에서부터 하나씩 일일이 확인하는 방식이 순차적인 탐색이다.

트리 탐색 방법은 현재의 상태에서 다음 상태를 정점(Vertex)과 노드(Node)를 연결하여 순환구조(Cycle)가 없는 선분(Branch)으로 구성된 트리 형태로 재구성하여 최적의 답안의 경로로 찾는 방법이다. 그래프 탐색은 문제를 노드(Node)와 간선(Edge)으로 표현된 그래프에서 최단 경로를 찾는 방법이다.

트리 탐색 방법은 초기 상태에서 목표 상태까지 트리의 형태로 구성하여 최적의 경로를 탐색한다. 현재 퍼즐의 상태에서 모든 퍼즐이 맞춰진 목표 상태로상태가 변화하는 과정을 트리로 표현하고, 최적의 경로를 탐색하여 정답을 찾을 수 있다.

그래프 탐색 방법들 중에는 시작 노드에서 목표 노드까지 다수의 경로들 중최단 경로를 탐색하는 방법으로 다익스트라(Dijkstra) 알고리즘이 유명하다. 모든 노드를 아직 방문하지 않는 것으로 표시하고 시작 노드와 인접한 모든 노드를 방문한 후, 가장 가까운 노드를 선택한다. 선택한 노드를 중심으로 아직 방문하지 않는 인접한 모든 노드를 방문하여 거리가 가장 가까운 노드를 다음으로 선택하며 이 과정을 목표 노드에 도달할 때까지 반복한다.

탐색 방법은 문제를 해결하는 과정에서 가장 많이 사용하는 방법으로 장기 게임에서 사용자가 두는 수에 따라 최적의 답을 트리 탐색하여 알아내거나 택배 배송원이 방문해야 하는 주소들을 입력하면 이동하는 최적의 배달경로를 추천하는 내비게이션에서 활용할 수 있다.

2 기계 학습(머신러닝, Machine Learning)

1) 개요

학습이란 경험을 축적하여 지식을 습득하는 것을 말한다. 기계 학습이란 기계가 경험을 축적하여 지식을 습득하는 것이다. 그러면 기계가 경험을 축적하는 것은 데이터를 축적하는 것이다. 따라서 기계 학습은 기계가 데이터를 기반으로 스스로 능력을 발전시키는 것이다.

과거의 프로그램은 주어진 문제를 해결하기 위한 복잡한 논리구조를 가졌다. 논리적인 구조를 만들 수 없는 경우에는 데이터를 가지고 예측하는 것이었다.

기계 학습을 경험하여 보자. 필기체를 인식하는 사이트에 실제 실험을 해 봅시다.

▼ 그림 5-6 필기체 인식 예(4)

https://tensorflow-mnist.herokuapp.com/

　　<그림 5-6>에서 필기체로 4를 입력하면 회귀(regression) 모델에서는 4를 예측할 확률이 0.904라는 것을 알 수 있고, 컨블루션(convolution) 모델에서는 0.983이다. 물론 9로 예측할 확률도 회귀(regression) 모델에서는 0.086이라는 것을 알 수 있고, 컨블루션(convolution) 모델에서는 0.008이라는 것을 알 수 있다. 이것은 4로 인식한다고 볼 수 있다.

　　<그림 5-7>을 보면 필기체로 4를 입력했을 때 회귀(regression) 모델이 4를 예측할 확률이 0.297, 컨블루션(convolution) 모델이 0.716이라는 것을 알 수 있다. 회귀 모델은 4의 모양을 가진 입력을 5로 예측할 확률을 0.377로 다르게 예측하였다. 여러분이 필기체로 입력하면 서로 다른 값들이 출력된다. 직접 실습해 봄으로써 기계 학습에 대해 경험해 볼 수 있다.

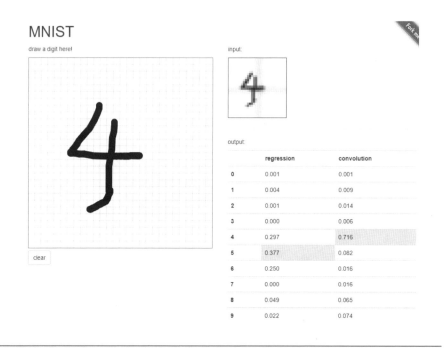

기계 학습은 훈련 데이터만 기반으로 규칙을 찾는다는 것을 의미한다. 따라서 훈련 데이터가 많으면 많을수록 진화하여 정확한 예측을 할 수 있다. 물론 과도한 데이터가 예측의 정확성을 떨어지게 할 수도 있지만, 데이터는 매우 중요하다. 기계 학습 알고리즘은 지도 학습, 비지도 학습, 강화 학습 등으로 매우 많이 진화되고 있다.

지도 학습을 위한 훈련 데이터는 입력값과 결과값의 쌍으로 구성된다. 입력값과 결과값이 있는 것을 라벨이 있는 데이터라고 부른다. 예를 들어 키가 180㎝이면 크다, 키가 160㎝이면 작다, 키가 185㎝이며 키가 크다라는 데이터가 있다면 이것은 입력값 180, 결과값 '크다'로 구성된 (180, 크다)로 나타낼 수 있고 '크다'가 라벨이 된다. 키가 185㎝이고 '키가 크다', 160㎝이고 '키가 작다'라는 데이터를 두 개 더 만들었을 때 여기서 지도학습 데이터는 (180, 크다), (185, 크다), (160, 작다) 등 3개이고, 라벨은 '크다'와 '작다'이다. 이 3개의 데이터를 가지고 AI 모델을 만든다. 3개의 데이터를 가지고 많은 AI 모델을 만들 수 있지만, 단순히 키가 170㎝보다 크다는 것을 기준으로 AI 모델은 키가 169㎝인 사람을 키가 작다고 판별하는 것이다. 물론, 3개의 데이터로 168㎝보다 크면 키가 크다고 판별하는 모델도 만들 수 있다. 이 모델은 키 169㎝가 입력되면 키가 큰 것으로 판별할 수 있다. 이처럼 AI 모델이 매우 중요하다는 것을 알 수 있다. <그림 5-7>에서도 같은 데이터를 회귀(regression) 모델에서는 5로 예측하였고, 컨블루션(convolutional) 모델에서는 4로 다른 결과값으로 예측했다.

비지도 학습은 스스로 학습하는 시스템이다. 지도 학습이 정답(라벨 또는 결괏값)을 알고 있는 상태에서 어떤 것인지를 예측하는 것이라면, 비지도 학습은 정답을 주지 않은 상태에서 스스로 학습하는 것을 의미하며 학습을 통해 입력 데이터가 유사하다는 것을 판별하게 된다. 그 유사성을 이용해 학생들의 키인 180㎝, 160㎝, 185㎝, 155㎝라는 4개의 입력 정보만으로 두 집단으로 분류하게 된다. 그러면 키가 169㎝, 155㎝는 '작다'로 분류될 것이고, 180㎝, 185㎝는 키가 '크다'라고 분류될 것이다. 이 알고리즘은 군집화 알고리즘이라고 하며 군집화 알고리즘 이외에도 차원 축소 방법과 연관 방법 등이 있다.

마지막으로 강화 학습이란 어떤 일을 수행할 때 주변 환경과 상호 작용하면서 학습하는 것을 말한다. 도로의 길 찾기를 수행할 때 오후에 3시에 북쪽으로 가면 20분 걸리고, 서쪽으로 갈 때 15분 걸린다고 하면 앞으로 오후 3시에는 서쪽으로 가는 것을 추천하게 된다. 강화학습은 이러한 원리를 이용하여 학습한다.

본 절에서는 기계 학습의 지도 학습과 비지도 학습에 대한 기본적인 알고리즘들을 간단히 소개한다.

2) 기계 학습 과정

AI 모델은 AI 시스템을 만드는 핵심이다. 기계 학습하는 과정을 통해 최종적으로 AI 모델이 만들어진다. 기계 학습 과정은 <그림 5-8>과 같다.

▼ 그림 5-8 기계 학습 과정

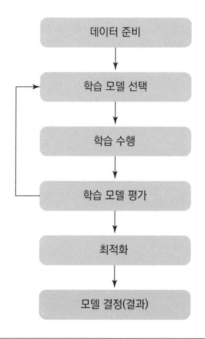

첫 번째 단계에 데이터를 준비한다. 데이터는 수치 데이터, 텍스트 데이터, 그림 데이터, 소리 데이터 등이 있다. 원본 데이터에서 기계 학습에 필요한 데이터를 가공하고 정리하는 '전처리' 과정이 매우 중요하다. 데이터 품질의 기계 학습을 통해서 AI 모델을 잘 만들 수 있기 때문이다.

기계 학습은 훈련용의 데이터, 그리고 학습 데이터를 잘 모으는 것이 매우 중요하다. 물론 기존의 학습 데이터들을 이용해도 된다. 처음 가공되지 않은 상태의 데이터를 가공할 수도 있고, 학습이란 경험을 축적하여 지식을 습득할 수도 있다. 데이터를 수집할 때는 데이터의 형식(포맷)이 매우 중요하다. 잘못된 데이터를 제거하기도 하고, 필요한 데이터보다 그 수가 과도하게 많을 때는 샘플링을 할 수도 있다. 원본에서 필요한 데이터를 추출하는 방법은 필요한 속성만 선택하는 것이다. 성적 데이터에 이름, 학번, 학년, 국어, 영어, 수학, 사회, 과학, 정보 점수가 있는 원본 데이터에서 이름, 국어, 영어, 사회, 정보 데이터만 추출해서 분석할 수도 있다. 이때 데이터 속성을 선택하게 된다.

데이터를 변형하는 방법으로는 데이터 값의 총계만 생각하는 방법, 또는 데이터 한 개의 속성을 여러 개로 분리하는 방법, 데이터 속성에 가중치를 주는 방법 등의 다양한 방법이 있다.

두 번째 단계는 학습 모델을 선택하는 단계이다. 학습 모델의 선택은 데이터의 크기와 속성(수치 데이터, 문자 데이터, 음성 데이터, 이미지 데이터)의 특성에 따라 다르다. 모든 문제를 해결하는 가장 효율적인 학습 모델은 존재하지 않는다. 이미지 데이터는 딥러닝 알고리즘이 좋은 결과를 내고 있지만, 그것이 딥러닝이 모든 문제를 잘 해결하는 것은 아니다. <그림 5-7>에서 우리는 이미지이면서 숫자인 데이터는 회귀(regress) 모델보다 딥러닝, 그 중에서도 한 개의 컨블루션(convolutional) 모델이 더 잘 예측하는 것을 볼 수 있다.

세 번째 단계에서는 선택한 학습 모델에 따라 학습을 수행한다. 1단계에서 수집한 데이터를 2단계에서 선택한 학습 모델에 훈련하고 테스트한다. 1단계에서 수집한 데이터는 훈련 데이터와 테스트 데이터로 나뉜다. 훈련 데이터로 학습한 모델을 테스트 데이터를 이용하여 테스트해 보는 것이다. 훈련 데이터와 테스트 데이터를 나누는 방법은 홀드백 방법, n-폴드 교차 검증, 몬테카를로 교차 검증 방법 등이 있다.

네 번째 단계에서는 학습 모델의 정확도를 평가한다. 만약 고양이와 개의 사진을 분류하려는 상황을 생각해 보자. 훈련 데이터 400개(개 사진-200개, 고양이 사진-200개), 테스트 데이터 100개(개 사진-50개, 고양이 사진-50개)가 있다. 훈련 데이터를 가지고 학습한 A 모델에서 개를 고양이로 잘못 판단한 것이 5개이고 고양이를 개로 잘못 판단한 것은 3개라고 한다면 97개를 바르게 판단했기 때문에 정확도가 0.97이다.

학습 알고리즘의 평가는 정확도뿐만 아니라 재현율, 제곱 오차, 사후 확률 등 알고리즘의 특성에 따라 다양하게 이루어진다.

다섯 번째는 최적화를 하는 것이다. 어떤 학습 모델의 성능을 더 좋게 만들기 위해 인자들을 조절하는 것이 필요하다. 각 인자를 조절하여 최상의 학습 모델을 결정한다. 더 좋은 데이터와 더 많은 데이터로 성능을 향상시킬 수도 있다. 기존 데이터의 속성 중에서 몇 개를 선택해서 수행해 볼 수 있고 속성들을 연산하여 새로운 속성을 만들어서 학습하여 볼 수도 있다. 이처럼 최적화하여 가장 좋은 학습 모델을 만드는 것이 무엇보다도 중요하다.

여섯 번째 단계에서는 모델을 최종적으로 결정한다. 이 모델이 바로 AI 모델이 된다. 이 모델이 학습한 데이터를 기반으로 AI 모델을 만든 것이다. 데이터에 따라 다른 AI 모델들이 만들어지는 것을 볼 수 있다.

3) 학습 모델들(선택)

(1) 선형 회귀 모형

기계 학습 모형 중에서 가장 초보적인 선형 회귀 모델은 쉽게 파악할 수 있지만 선형 모형을 유도하는 과정은 그렇지 않다. 선형 회귀는 입력값과 출력값 사이의 관계식이 선형이 되는 것이다. 예를 들어 키와 나이를 다음과 같은 식으로 표시할 수 있다.

$$키 = a * 나이 + b$$

여러 개의 데이터를 이용하여 데이터들의 오차를 최소화하기 위해서 a와 b를 찾는 것이다. 우리는 데이터의 개수에 따라 오차가 다를 수 있다는 것을 알 수 있다.

a와 b 값을 찾기 위한 i번째 데이터의 입력과 출력값을 (x_i, y_i)라 할 때 이 관계식은 다음과 같이 표현할 수 있다. ϵ_i는 i번째 데이터의 출력값과 관계식을 통한 예측값의 차이, 오차이다.

$$y_i = \beta_0 + \beta_1 x_i + \epsilon_i$$

기계 학습의 선형 모델을 만드는 것은 오차들 제곱의 합을 최소화하는 식을 찾는 것이다. 어떤 n개의 데이터의 오차 제곱들의 합 S은 다음과 같은 식으로 표현할 수 있다.

$$S = \sum_{i=1}^{n} \epsilon_i^2 = \sum_{i=1}^{n} (y_i - \beta_0 - \beta_1 x_i)^2$$

β_0와 β_1의 값을 오차 제곱합 S를 최소화하는 추정값 b_0와 b_1로 결정하고자 한다.

먼저, β_0로 변수로 보고 나머지는 상수로 생각하여 S를 β_0에 대해 미분한다.

$$\frac{\partial S}{\partial \beta_0} = -2\Sigma \sum_{i=1}^{n}(y_i - \beta_0 - \beta_1 x_i)$$

다음으로 β_1로 변수로 보고 나머지는 상수로 생각하여 S를 β_1에 대해 미분한다.

$$\frac{\partial S}{\partial \beta_1} = -2\sum_{i=1}^{n} x_i(y_i - \beta_0 - \beta_1 x_i)$$

위의 두 개의 식에서 β_0을 b_0로 변경하고 β_1을 b_1로 변경하여 정리하면 다음과 같은 두 개의 식으로 간단히 표현할 수 있다.

$$b_0 n + b_1 \sum_{i=1}^{n} x_i = \sum_{i=1}^{n} y_i$$

$$b_0 \sum_{i=1}^{n} x_i + b_1 \sum_{i=1}^{n} x_i^2 = \sum_{i=1}^{n} x_i y_i$$

위의 식을 b_0와 b_1에 대하여 풀면 다음과 같은 식과 같다.

$$b_1 = \frac{\sum_{i=1}^{n} x_i y_i - \frac{(\sum_{i=1}^{n} x_i)(\sum_{i=1}^{n} y_i)}{n}}{\sum_{i=1}^{n} x_i^2 - \frac{(\sum_{i=1}^{n} x_i)^2}{n}} = \frac{\sum_{i=1}^{n}(x_i - \overline{x})(y_i - \overline{y})}{\sum_{i=1}^{n}(x_{i} - \overline{x})^2}$$

$$b_0 = \frac{\sum_{i=1}^{n} y_i}{n} - b_1 \frac{\sum_{i=1}^{n} x_i}{n} = \overline{y} - b_1 \overline{x}.$$

여기서 회귀식은 모든 데이터를 만족하는 점을 찾기 위한 식이다. X1은 예측하는 입력값이고 Y1은 결과값이다. 오류의 제곱의 합을 최소화하는 방법으로 계산하면 위의 식을 추정하는 회귀식은 다음과 같은 식이 된다.

$$Y^{'} = b_0 + b_1 X$$

다음 표는 10명의 사람의 나이와 키에 대한 데이터를 나타낸 것이다.

	나이(X)	키(Y)
1	6	115
2	6	125
3	7	122
4	7	125
5	8	130
6	8	135
7	9	135
8	9	136
9	10	140
10	10	137
합	80	1,300
평균	8	130

나이로 키를 예측하는 선형 회귀 모델을 만들어 보면 다음과 같다.
데이터의 개수가 n=10개이고,

$$\sum_{i=1}^{10}(x_i \times y_i) = 6*115 + 6*125 + \ldots 10*137 = 10498$$

$$\sum_{i=1}^{10}(x_i^2) = 6*6 + 6*6 + \ldots 10*10 = 660$$

$$b_1 = \frac{\sum_{i=1}^{n} x_i y_i - \frac{(\sum_{i=1}^{n} x_i)(\sum_{i=1}^{n} y_i)}{n}}{\sum_{i=1}^{n} x_i^2 - \frac{(\sum_{i=1}^{n} x_i)^2}{n}} = \frac{10498 - \frac{80*1300}{10}}{660 - \frac{80^2}{10}} = 4.9$$

$$b_0 = \frac{\sum_{i=1}^{n} y_i}{n} - b_1 \frac{\sum_{i=1}^{n} x_i}{n} = \frac{1300}{10} - 4.9 \times \frac{80}{10} = 90.8$$

따라서 회귀식은 다음과 같은 식을 얻을 수 있다.

$$키 = 4.9 \times 나이 + 90.8$$

학생 10명의 나이와 키 데이터를 AI 학습 모델을 만든 것이다.

20명의 학생 데이터가 아래와 같이 있을 때 AI 학습 모델을 만들어 보자.

	나이(X)	키(Y)	키(Y)
1	6	115	690
2	6	124	744
3	6	125	750
4	6	117	702
5	7	122	854
6	7	125	875
7	7	126	882
8	7	132	924
9	8	130	1,040
10	8	135	1,080
11	8	136	1,088
12	8	137	1,096
13	9	135	1,215
14	9	136	1,224
15	9	134	1,206
16	9	138	1,242
17	10	140	1,400
18	10	137	1,370
19	10	142	1,420
20	10	134	1,340
합	160	2,620	21,142
평균	8	131	1,057.10

$$\sum_{i=1}^{20}(x_i \times y_i) = 6*115 + 6*125 + \ldots 10*134 = 21,142$$

$$\sum_{i=1}^{20}(x_i^2) = 6*6 + 6*6 + \ldots 10*10 = 1320$$

$$b_1 = \frac{\sum_{i=1}^{n}x_i y_i - \frac{(\sum_{i=1}^{n}x_i)(\sum_{i=1}^{n}y_i)}{n}}{\sum_{i=1}^{n}x_i^2 - \frac{(\sum_{i=1}^{n}x_i)^2}{n}} = \frac{21142 - \frac{160*2620}{20}}{1320 - \frac{160^2}{20}} = 4.55$$

$$b_0 = \frac{\sum_{i=1}^{n}y_i}{n} - b_1\frac{\sum_{i=1}^{n}x_i}{n} = \frac{2620}{20} - 4.55 \times \frac{160}{20} = 94.6$$

따라서 회귀식은 다음과 같은 식을 얻을 수 있다.

$$키 = 4.55 \times 나이 + 94.6$$

이때 만약 데이터가 20개가 있으면 위와 같이 학습된 AI 모델과 다른 모델이 만들어진다. 이처럼 데이터에 따라 학습 모델이 다르게 된다는 것을 알 수 있다.

선형 회귀의 변수는 세 개일 수도 있으며 이 때 식은 다음과 같이 만들어진다.

$$Y = b_0 + b_1 X_1 + b_2 X_2$$

b0, b1, b2를 예측하는 식도 같은 방식으로 만들 수 있다.

선형이 아니라 비선형식을 만들 수도 있다. 한 개의 변수일 경우에는 2차 함수의 식과 같이 표현된다.

$$Y = b_0 + b_1 X_1 + b_2 (X_1)^2$$

1개의 변수에 대해 삼차식, 사차식 등으로 표현할 수 있다. 또한 2개의 변수일 경우에도 많은 비선형 식으로 표현할 수 있다.

(1) 분류 모형

분류 모형은 입력 데이터를 기반으로 여러 개로 분류한다. 어떤 그림을 보고 개와 고양이인지 분류하는 것은 2개로 분류하는 것이고, 0부터 9까지의 숫자를 분류하는 것은 10개로 분류하는 것이다. 어떤 사진을 보고 전 세계 인구인 80억 개의 얼굴들을 분류하는 것이 있을 수 있다. 분류하는 학습 모델들은 많이 있다. 대표적인 모델을 소개한다.

① KNN 알고리즘

KNN(k − Nearest − Neighbors) 알고리즘은 유유상종과 같은 의미에서 아이디어를 얻은 것이다. 비슷한 사람들끼리 잘 어울린다는 것이다. 어떤 데이터가 흰색인지 검정색인지를 판별할 때에 주변에 흑(검정색)이 많으면 검정색으로 분류되고, 흰색이 많으면 흰색으로 분류하는 것이다. 이 때 주변 데이터를 어떻게 계산할 것이고, 주변 데이터를 몇 개를 가지고 판별할 것인가 중요하다. 즉 이 알고리즘의 핵심 아이디어는 내 주변의 데이터를 몇 개를 생각할 것인가? 데이터끼리 어떤 값을 측정할 것인가를 정하는 것이다. 내 주변에 있는 데이터 수가 이웃의 수이고, 데이터끼리 측정하는 값이 거리 측정이다. 즉 하이퍼 파라미터는 탐색할 이웃의 수와 거리 측정 방법이다. 탐색하는 이웃의 숫자인 K의 값과 거리 측정하는 방법에 따라 분류하는 카테고리가 달라진다.

진짜 흰색이 어떻게 판별하는지를 결정하여 보자. 먼저 주변 데이터를 3개를 가지고 결정한다고 하면 두 개는 흰색이고 한 개는 검정색이면 나도 흰색이 된다. 즉 K를 3으로 했을 때에는 흰색이다. 흰색을 흰색으로 잘 판별했다. 주변 데이터를 5개를 가지고 결정한다고 하면 3개가 검정색이고 2개가 흰색이라고 하면 검정색이 된다. 흰색을 검정색을 판별하였기 때문에 에러이다. 이렇게 K가 6일 때 판별해 보고 7일때도 계속 판별해 보는 것이다. 실제로 훈련할 데이터를 기반으로 에러율이 적은 K를 결정하는 것이 매우 중요하다.

이 알고리즘에서 생각할 것은 데이터 간 거리의 의미를 결정하는 것이다. 거리를 결정하는 함수에 따라서 다양한 KNN모델들이 나올 수 있다. 직선, 평면, 공간, 4차원, n차원에서의 거리가 결정되었을 때 여러 가지 방법이 있을 수 있다. 숫자 데이터의 경우 쉽게 거리를 구할 수 있다. 숫자 자체가 의미 있기 때문에 숫자들의 차이를 이용하여 거리를 결정하면 된다. 한 개의 숫자 속성이 있으면 차이를 이용하여 바로 거리를 구할 수 있다. 키 데이터가 있다고 하면 키의 차이가 바로 거리가 된다. 키의 큰사람과 작은 사람들을 분류할 때에 바로 적용할 수 있다. 데이터의 속성이 2개일 때에는 평면에서 거리를 생각하면 된다. 속성이 세 개일 때에는 공간에서 거리를 생각하면 되고, 속성이 네 개일 때에는 4차원에서의 거리를 생각하면 된다.

가장 일반적인 거리 측도는 유크리드 거리이다. 이것은 직선 최단 거리이다. 두 데이터는 X,Y의 어떤 차원상의 좌표는 다음과 같다.

$$X = (x_1, x_2, \cdots, x_n)$$
$$Y = (y_1, y_2, \cdots, y_n)$$

이 때의 유크리드 거리는 다음과 같다.

$$d_{(X, Y)} = \sqrt{(x_1 - y_1)^2 + \cdots + (x_n - y_n)^2}$$

다음 A좌표가 (2,0,0)이고 B 좌표가 (1,3,2)일 때의 유크리드 거리는 $\sqrt{14}$ = (약 3.71)이다.

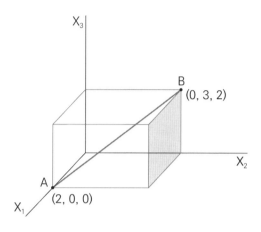

또 다른 거리는 단순히 차이를 모두 합하는 방법인 맨하탄 거리(택시 캡 거리), 마할라노비스 거리, 상관관계 거리 등이 있지만 여기서는 생략한다.

이 알고리즘에서 두번째로 생각할 것은 가장 가까운 거리에 있는 몇 개의 데이터를 기반으로 결정할 것인지이다. K가 3일 경우에는 내가 속할 그룹을 데이터 3개를 기반으로 판단한다. 즉 이웃 3사람의 데이터를 보고 키가 큰 사람이 많으면 내가 키가 큰 사람이 되고 작은 사람이 더 많으면 나는 작은 사람이 된다. 이때 키가 큰 사람과 작은 사람은 미리 분류되어 있기 때문에 지도 학습 방법이다.

다음 예를 살펴보자. 170cm, 175cm, 180cm, 160cm, 156cm, 150cm의 키를 가진 사람들이 있다. 키가 164cm인 사람은 어떻게 분류되는지 생각해보자. 이미 키 170cm, 175cm, 180cm인 사람들이 한 카테고리(키가 큰 사람)에 분류되고 나머지 사람들(키가 160cm, 156cm, 150cm인)이 다른 카테고리(키가 작은 사람)에 분류되어 있을 때 키가 164cm인 사람은 어디를 판별하는 것인지를 보자. 여기서 거리는 키의 크기가 거리가 된다. 주변에 있는 3개의 데이터를 가지고 판단한다고 생각하면 165cm의 가장 가까운 데이터는 156cm, 160cm, 170cm이다. 세 사람(키가 156cm, 160cm, 170cm인)들을 보고 내가 키가 큰지 작은지를 판단한다. 키가 156cm, 160cm인 사람 둘이 키가 작은 사람인 카테고리에 분류되어 있고, 키가 170cm인 사람이 키가 큰 사람 카테고리에 분류되어 있으므로 나는 키가 작은 사람이 된다. 키가 167cm인 사람은 주변 3개의 데이터가 키가 큰 사람이 많기 때문에 키가 큰 사람으로 분류된다.

위의 예제를 실제 colab 인공지능 개발 도구와 KNN 라이버러리를 이용한 프로그램 사례는 다음과 같다. 구글을 colab에서 사용한 것이다.

```
x = [[170],[175],[180],[160],[156],[150]]
y = [[0],[0],[0],[1],[1],[1]]
x1 = [[165],[167]]

from sklearn.neighbors import KNeighborsClassifier
model = KNeighborsClassifier(n_neighbors = 3)
model.fit(x, y)
y_p = model.predict(x1)
print(y_p)
```

이웃 3일 때에는 키가 165cm는 키가 작은 사람으로 판별한다는 것을 알 수 있고, 키가 167cm은 키가 큰 사람으로 예측하였다. 이웃을 5로 하면 키가 165cm와 167cm 모두 다 키가 큰 사람으로 예측하였다.

이 알고리즘은 K 값이 데이터의 특성에 따라 최적으로 선택하는 것이 매우 중요하다.

② SVM 알고리즘

SVM(Support Vector Machine) 알고리즘은 딥러닝이 나오기 전 가장 강력한 기계 학습 알고리즘이었다. 이 알고리즘은 벡터(vector) 개념을 사용하여 데이터를 처리한다. 속성이 두 개인 데이터는 평면에서 데이터를 위치하도록 하고 속성이 3개인 데이터는 공간에 위치하게끔 한다.

<그림 5-10>을 보면 속성이 두 개인 경우의 데이터는 직선식으로 평면상의 두 개의 그룹으로 구별할 수 있다. 또한 3개의 속성이 있을 경우 평면식으로 구별할 수 있다.

SVM 모형은 학습 데이터를 각 좌표로 벡터공간의 위치를 나타내고 해당 데이터가 어떤 결과값인지 입력받은 후 같은 공간 좌표 안에서 데이터를 구분할 수 있는 벡터식을 필요로 한다. 그래서 복잡한 대수식이 필요하다. 본 설명에서 자세한 것은 생략한다.

▼ 그림 5-10 결정면

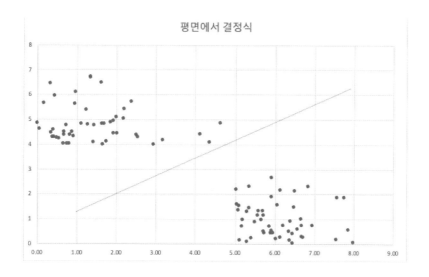

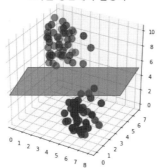

4) 의사 결정 트리

사과를 4개의 그룹으로 나누려면 3개의 분류기를 이용하면 된다. 이처럼 트리 모양으로 사과의 그룹을 분류하는 것이 의결 결정 트리이다. 실제 3개의 분류기를 연결하는 방법은 한 가지가 아니며 다른 연결 방법들을 <그림 5-11>과 같이 그려 볼 수 있다.

▼ 그림 5-11 4개 분류기

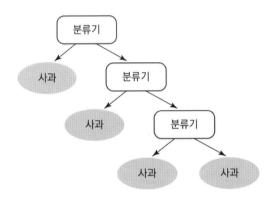

(1) 군집화 모형

군집(clustering) 알고리즘은 입력 데이터들을 분석한다. 분석할 때 데이터의 속성을 보아 서로 비슷한 값을 갖는 것끼리 같은 집단으로 묶는다. 이 방법의 단점은 어느 집단에도 묶이지 않는 외톨이가 있다는 점이다.

군집 모형은 분류 알고리즘과 비슷하게 데이터가 몇 개의 그룹에 자동으로 나뉜다. 군집 알고리즘과 분류 알고리즘의 차이점은 군집의 경우 결과를 모르는 것, 분류란 결과를 알고 있는 것을 학습한다는 점이다.

군집 알고리즘은 특히 비정상적인 것을 찾아내는 데 많이 사용되며 또 사람들의 취향을 분석할 때도 많이 사용된다. 군집 알고리즘의 중요한 특징은 데이터들의 유사성을 결정하는 것으로 데이터들의 유사성을 결정하는 알고리즘 중

대표적인 알고리즘은 k-Means 알고리즘이다. 이 알고리즘은 입력 데이터의 특성값들을 분석하여 유사성을 측정하는 방법이다. 이 방법은 3개의 군집화를 할 때 40점을 평균으로 5점 차이 이내로 나는 점수들을 1군집으로 할 수 있고, 60점을 중심으로 5점 차이 이내로 나는 점수들을 2군집이라고 하고 80점 중심으로 5점 차이가 이내로 나는 점수들을 3군집으로 한다. 이때 43점은 1군집으로 되고, 55점은 2군집이 되고, 81점은 3군집이 된다. 그러나 86점은 어느 군집에도 속하지 않는 외톨이가 된다. 외톨이가 많을 때 평균의 차이를 7점으로 하면 86점도 6점밖에 차이가 나지 않기 때문에 제3 군집이 된다.

다음 <그림 5-12>와 같은 군집화 방법으로 다음과 같은 것을 생각할 수 있다. 한 반의 학생들을 국어, 수학, 컴퓨터 점수들의 이용하여 3개의 그룹으로 군집화가 될 수 있다. a 학생과 b 학생은 어느 군집에도 속하지 않는다.

▼ 그림 5-12 군집화

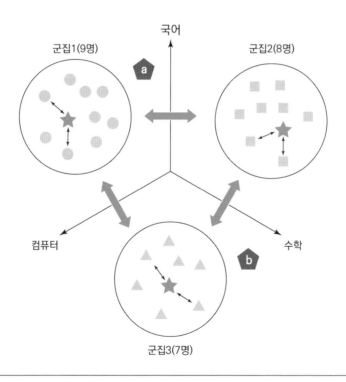

5) 평가 방법

(1) 선형회귀 모형

선형 회귀 모형은 예측한 회귀식이 얼마나 정확하게 예측하였는지를 설명하는 것이다. 첫 번째 측도는 표준 오차이다. 예측한 회귀식이 모든 데이터를 정확히 만족할 때 표준 오차는 0이다. 예측이 잘된 회귀식일수록 표준 오차가 적다. 표준 오차값을 평가 모형에 사용하는 것보다 결정계수를 많이 이용한다. 결정계수를 구하는 방법은 다음과 같다. <그림 5-13>과 같이 총 변동의 합은 설명 가능한 변동의 합과 설명이 불가능한 변동의 합으로 나눌 수 있다. 이를 다음 식으로 표현한다.

$$(y_i - \overline{y}) = (y_i - \hat{y_i}) + (\hat{y_i} - \overline{y})$$

▼ 그림 5-13 오차

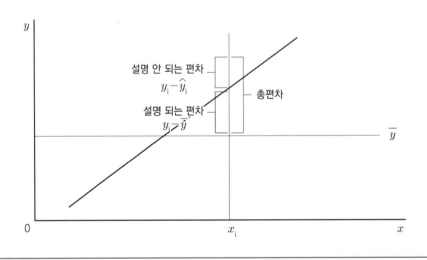

모든 데이터 i에 대하여 편차들을 제곱한 합을 구하면 다음과 같은 식이 된다.

$$\sum(y_i - \overline{y})^2 = \sum(y_i - \hat{y_i})^2 + \sum(\hat{y_i} - \overline{y})^2 + 2\sum(y_i - \hat{y_i})(\hat{y_i} - \overline{y})$$

총변동은 SST (total sum of squares)이라 하고, SSE는 잔차에 의한 제곱합 (sum of squares due to residual errors), SSR은 회귀에 의한 제곱합(sum of squares due to regression)이라고 하면 다음과 같이 표기할 수 있다.

$$SST = \sum(y_i - \bar{y})^2$$

$$SSE = \sum(y_i - \hat{y}_i)^2$$

$$SSR = \sum(\hat{y}_i - \bar{y})^2$$

따라서 SST는 SSE와 SSR을 나누어 다음과 같이 표현할 수 있다.

$$SST = SSE + SSR$$

이를 기반으로 한 결정계수는 다음과 같다.

$$r^2 = \frac{SSR}{SST} = 1 - \frac{SSE}{SST}$$

결정계수는 총변동 중에서 예측한 회귀식으로 설명하는 비율이다. r^2의 범위는 $0 \leq r^2 \leq 1$이다. 만약 예측한 식이 100%로 정확하게 예측하였다면 $r^2 = 1$이고, 따라서 r^2의 값이 1에 근접할수록 좋은 식이다.

(2) 분류 모형 평가

분류 모델이 두 가지 그룹으로 나누어질 때의 평가는 간단히 다음과 같다.

	예측한 1그룹	예측한 2그룹
1그룹	A	B
2그룹	C	D

가장 좋은 알고리즘은 일반적으로 1그룹의 모든 데이터가 예측한 1그룹으로 결정되고 2그룹의 모든 데이터가 예측한 2그룹으로 결정되는 것이다. 이것

은 학습 모형이 완벽하다는 것이다. 1그룹의 모든 데이터가 2그룹으로 예측하고 2그룹의 모든 데이터가 2그룹으로 예측하는 경우 학습 모형은 문제가 있다.

여기서 다음과 같은 평가 모형들을 만들 수 있다.

첫 번째 방법은 정확도이다. 정확도 식은 다음과 같이 정의할 수 있다.

$$정확도 = \frac{A+D}{A+B+C+D}$$

두 번째 방법은 재현율(recall)이다. 1그룹으로 예측한 데이터가 정확하게 1그룹에서 왔는지 재현하는 것이다. 이를 식으로 표현하면 다음과 같다.

$$재현율 = \frac{A}{A+C}$$

세 번째는 정밀도(precision)이다. 1그룹의 데이터들이 정확하게 1그룹으로 예측하였는지 결정하는 것이다. 1그룹으로 예측한 데이터들 중 다른 그룹에서 온 데이터가 많으면 모델의 정밀도가 떨어진다.

$$정밀도 = \frac{A}{A+B}$$

네 번째, 정밀도와 재현율을 조화를 이루기 위한 F1 점수가 있다. F1 점수는 다음과 같이 정의한다.

$$F1\,점수 = 2 \times \frac{재현율 \times 정밀도}{재현율 + 정밀도}$$

3 딥러닝

1) 개요

딥러닝은 기본 신경망에서 출발하였다. 1943년 워런 맥컬로크(Warren McCulloch)와 월터 피츠(Walter Pitts)는 '퍼셉트론'이라는 개념을 처음으로 발표했다. 이것을 우리는 '맥컬로크 피츠 모델'이라고 한다. 이는 우리 뇌 속 신경세포인 뉴런의 수상돌기와 축색돌기가 존재하는 것을 논리적으로 표현한 개념이다. 맥컬로크와 피츠는 입력이 두 개이고 출력이 한 개인 뉴런을 소개했다.

▼ 그림 5-14 퍼셉트론

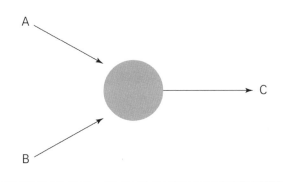

예를 들어 입력이 A와 B가 있고 출력이 C 한 개가 있는 것을 가정해보자. A 값, B값, C값은 0 또는 1만 갖는다. A 값이 1이고 B값이 1일 때 C값이 1, A 값이 0이고 B값이 1일 때 C값은 0, A 값이 1이고 B값이 0일 때 C값은 0, 그리고 A 값이 0이고 B값이 0일때 C값이 0이라고 하는 게임을 만들 수 있다. 입력값 A, B와 출력값 C는 곱(and) 관계를 가지며 표로 나타내면 아래와 같다.

입력값(A)	입력값(B)	출력값(C)
1	1	1
1	0	0
0	0	0
0	0	0

1949년 캐나다의 도널드 헵(Donald Hebb)이라는 심리학자는 이런 제안을 했다. 어떤 신경세포(뉴런)가 성장하기 위해서는 뉴런의 수상돌기나 축색돌기가 다른 뉴런에 충분히 지속적으로 영향을 주어야 한다는 것이다. 두 개의 뉴런이 함께 작동하면 뉴런 간의 연결이 강화되고 이 활동이 학습과 기억에 필요한 기본 작업이라고 했다. 이에 1957년 코넬 항공연구소의 프랭크 로젠블랫(Frank Rosenblatt)이 입력값에 가중치를 주는 아이디어를 냈다. 이로 인해 퍼셉트론의 개념은 한 단계 더 발전하였다.

뉴런의 수상돌기나 축색돌기가 신호를 전달할 때, 그 역할 정도가 가중치에 따라 달라지기 때문에 가중치를 크게 가지는 입력 신호일수록 출력에 큰 영향을 미치게 된다. 입력 신호가 두 개(A, B)이고 출력이 한 개(C)일 때 A에는 가중치 W1이 있고 B에는 가중치 W2가 있다. 이 때 A×W1 + B2×W2의 값이 일정값을 넘어갈 때 C에 값이 전달된다. 즉 출력값이 1이 되고 그렇지 않으면 C에 값이 전달되지 않는 0이 된다.

가중치에 대한 예로 엄마가 한 말씀이 아빠가 한 말씀보다 3배나 더 영향을 미치는 상황을 생각해보자. 이것을 모델로 나타내면 다음과 같이 가중치를 설명할 수 있다. 즉, 세민이는 아빠보다 엄마가 한 말씀이 3배 정도 더 영향을 미치는 모델에 따라서 행동하고 있다.

▼ 그림 5-15 퍼셉트론(가중치)

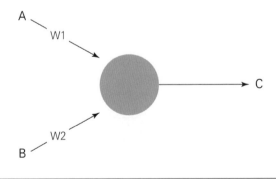

2) 기본 신경망 만들기

아래 표는 입력값 땀흘림X1과 피곤함X2에 따라 출력값 샤워를 하는 행동에 대한 모델을 표로 나타낸 것이다. 땀흘림와 피곤함이 동시에 느껴질 때만 샤워를 한다. 이때 나에게 영향을 미치는 가중치를 찾는 것이 바로 머신러닝 학습이다.

땀흘림(X1)	피곤함(X2)	샤워
0	0	0
0	1	0
1	0	0
1	1	1

* 0 샤워하지 않는다. 1 샤워를 한다.

이 두 요인(땀흘림(X1)과 피곤함(X2))이 내가 샤워를 하는 데 영향을 미치는 퍼셉트론 모델을 만들 수 있다. 땀흘림(X1)과 피곤함(X2)이 샤워하는 행동에 0.9라는 영향을 미친다고 가정하자.

먼저 가중치 w1을 0.9, w2도 0.9로 두고 결과값이 0.5 이상이면 1을 출력하면 샤워를 하고, 0을 출력하면 샤워를 하지 않는다. 위 표의 조건을 만족하는 퍼셉트론을 만들고자 하며, 이때 w1과 w2를 조절할 수 있다.

$$X1 \times w1 + X2 \times w2 = 0 \times 0.9 + 0 \times 0.9 = 0$$

이 식의 결과값은 0.5를 넘지 않으므로 0이다. 이 값은 원하는 결과인 0과 같으며 따라서 가중치 (w1,w2)를 조정할 필요가 없다.

표의 두번째 요소인 X1이 0이고 X2가 1일 때에 그 결과가 0이 나오는지 확인한다.

$$X1 \times w1 + X2 \times w2 = 0 \times 0.9 + 1 \times 0.9 = 0.9$$

식의 값인 0.9가 0.5를 넘기 때문에 1이다. 이 값이 원하는 결과 0과 다르기 때문에 여기서 에러가 발생한다.

$$E(에러)=실제\ 값-예측한\ 값(기대한\ 값)=0-1=-1$$

따라서 가중치 (w1,w2)를 조정할 필요가 있다.

새로 조정하는 가중치(W)는 이전의 가중치(w)에 E × Learning Rate를 더한다. Learning rate(학습률)이란 최적화 알고리즘으로 조정하기 위한 매개변수로 보통 0부터 1사이의 값을 갖는다. 여기서는 0.5라고 가정한다.

$$W1=w1+E×Learning\ Rate=0.9+(-1)×0.5=0.4$$
$$W2=w2+E×Learning\ Rate=0.9+(-1)×0.5=0.4$$

이제 우리는 새로운 가중치(W)인 0.4를 얻었다. 기존의 가중치(w)인 0.9가 0.4로 조정되었다.

이제 변경된 가중치(W)를 이용하여 3번째 요소를 살펴본다.
X1이 1이고 X2가 0일 때 그 결과값이 0이 나오는지 확인해본다.

$$X1×W1+X2×W2\ =\ 1×0.4+0×0.4=\ 0.4$$

식의 값이 0.4인 것은 0.5를 넘지 않음으로 0이다. 이 값은 원하는 결과인 0과 같으므로 가중치(W1,W2)를 조정할 필요가 없다.

다음은 4번째 요소이다.
X1이 1이고 X2가 1일 때에 그 결과가 1이 나오는지 확인해보았다.

$$X1×W1+X2×W2=1×0.4+1×0.4=0.8$$

식의 값이 0.8인 것은 0.5를 넘기 때문에 1이 되며 이 값은 원하는 결과인 1과 같다. 따라서 가중치 (W1,W2)를 조정할 필요가 없다.

다음은 조정된 가중치 W1과 W2를 사용하여 X1과 X2에 다시 대입하는 두 번째 라운드이다.
첫 번째 요소인 X1이 0이고 X2가 0일 때 그 결과가 0이 나오는지 체크한다.

$$X1 \times W1 + X2 \times W2 = 0 \times 0.4 + 0 \times 0.4 = 0$$

식의 값이 0.5를 넘지 않기 때문에 0이고 이 값은 원하는 결과인 0과 같으며 따라서 가중치 (W1,W2)를 조정할 필요가 없다.

두 번 째 요소인 X1이 0이고 X2가 1일 때 그 결과가 0이 나오는지 확인해 보았다.

$$X1 \times W1 + X2 \times W2 = 0 \times 0.4 + 1 \times 0.4 = 0.4$$

식의 값이 0.4인 것은 0.5를 넘지 않기 때문에 0이고 이 값은 원하는 결과인 0과 같다. 따라서 가중치 (W1,W2)를 조정할 필요가 없다.

세 번째와 네 번째는 이미 확인해보았기 때문에 더 이상 진행할 필요가 없다. 이후 우리는 다음 <그림 5-18>과 같은 퍼셉트론을 만들 수 있다.

이렇게 만들어진 기본적인 퍼셉트론 신경망을 이용한 학습 모듈은 땀 흘림에 0.4의 가중치를 주고 피곤함에 0.4의 가중치를 주어 두 요인의 합이 0.5를 넘을 때 샤워하는 모델이다.

땀을 흘리고 피곤함을 느끼는 경우 가중치를 적용하여 식으로 표현했을 때 0.4+0.4=0.8로 되어 결과가 0.5보다 크기 때문에 샤워하게 되는 것을 말한다. 반면에 땀을 흘리지 않고, 피곤함을 느끼는 경우를 식으로 표현하였을 때 0+0.4=0.4가 되어 0.5보다 크지 않기 때문에 샤워를 하지 않는다.

이 모델은 땀흘림와 피곤함에 모두 해당해야 샤워를 하게 되는 인공지능을 설명한 것이다. 땀흘림와 피곤함 외에 샤워하는 행동에 영향을 미치는 요인들을 고려한 인공지능 모델도 생각해 볼 수 있다. 이 때 샤워하는 행동에 영향을 미치는 요인이 30가지라면 입력값이 30개가 되고, 출력값이 한 개인 신경망이 된다.

3) 편향과 활성화 함수

▼ 그림 5-16 모델

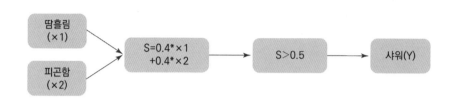

모델의 결과값이 0.5보다 크면 행동하는 것이 1이 되고, 그렇지 않으면 행동하지 않은 0이 되는 상황은 <그림 5-16>이고, 뉴런을 다음과 같이 표현할 수 있다. <그림 5-17>은 0.5를 b로 표현하고 도영의 가중치를 W1으로 표현하고, 철희의 가중치를 w2로 표현하여 일반화한 것이다.

▼ 그림 5-17 모델

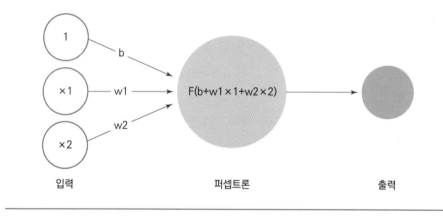

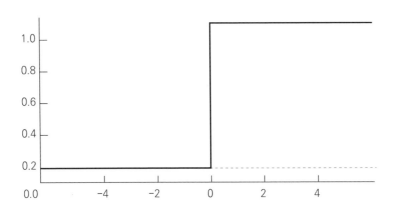

b는 항상 입력값으로 간주할 수 있다. 신경망에서는 b를 편향(bias)이라고 부르고 각 식의 계수를 가중치라고 한다. 즉, 선형 함수의 계수는 가중치이고 절편을 바이어스, 즉 편향이라고 한다. 출력되는 값이 0 아니면 1이 되게 하는 함수식을 만들어서 값이 출력되게 한다. 퍼셉트론 한 개는 선형으로만 식별할 수 있다. 그러나 여러 개의 데이터들을 구별할 때 비선형으로 데이터를 구별해야 할 경우가 많다. 뉴런의 입력값을 출력값으로 변환할 때 비선형이 되도록 활성화 함수를 사용한다. 맥컬록−피츠 모델은 활성화 함수로서 0 아니면 1의 값만 가지는 계단 함수를 이용하였다. 계단 함수는 다음과 같이 정의한다.

<그림 5−18>은 f(x)가 0보다 크면 1이고, 0보다 작으면 0인 계단함수를 보여준다.

우리의 뇌를 모델링한 신경망은 출력값을 위의 계단 함수처럼 0 또는 1만 되는 것이 아니라 0과 1 사이의 값을 가지는 강도로 표현할 수 있다. 결과가 만약 0과 1 이외에는 없으면 입력이 두 개일 때는 4개의 경우의 수밖에 없지만, 신경망은 수많은 경우의 수를 만들 수 있다. 이것이 시그모드 함수로 적용하여 서로 다른 많은 경우의 수를 출력할 수 있게 한다. 이것이 바로 활성화 함수이다.

<그림 5-19>의 활성화 함수는 다음 식으로 표현된다.

$$f(x) = \frac{1}{1 + e^x}$$

위는 x값이 0이면 0.5이고, 값이 0보다 크면 클수록 1에 가까워지고 0 보다 작으면 작을수록 0에 가까워지는 함수이다. 이것이 신경망을 가장 잘 모방한 식이다.

▼ 그림 5-19 시그모드 함수

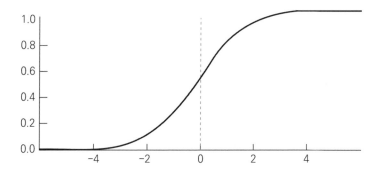

▼ 그림 5-20 쌍곡 탄젠트 함수

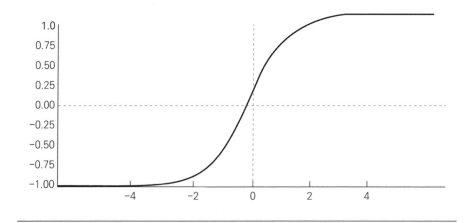

그러나 활성화 함수가 원점인 (0,0)을 지났을 때 좀 더 개선하도록 하는 식을 만들기 위해서 쌍곡 탄젠트(Hyperbolic Tangent−tanh) 함수를 이용하였다.

$$f(x) = \frac{e^x - e^{-x}}{e^x + e^{-x}}$$

최근에는 연산을 쉽게 하기 위해서 ReLU 함수(Rectified Linear Unit Function)를 이용하고 있다. <그림 5−21>에서 볼 수 있듯 ReLu 함수는 x값이 0보다 크면 선형식을 가지게 하고, 0보다 작으면 0으로 갖게 한다. 이 활성화 함수가 최근에 많이 이용되고 있다. 덕분에 연산이 시스모드 보다 빠르게 수행된다.

▼ 그림 5-21 ReLU함수

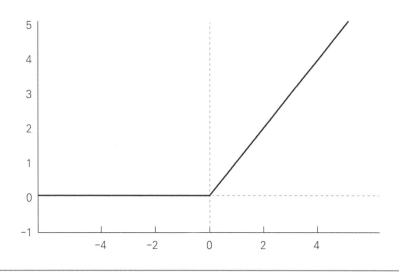

4) 딥러닝

딥러닝이란 퍼셉트론을 기본 단위로 하여 매우 많이 연결된 신경망으로 어떤 문제를 해결한다는 아이디어에서 출발하여 여러 개의 층을 구성하는 것이다. 한 개의 층으로 구성된 퍼셉트론은 선형을 표현하기 때문에 비선형을 해결할 수가 없다. 그래서 새로운 층을 한 개 추가하여 비선형으로 만든다. 다음 표와 같은 관계는 선형의 간단한 논리 회로로 해결이 되지 않는다.

입력(X1)	입력(X2)	결과
0	0	0
0	1	1
1	0	1
1	1	0

▼ 그림 5-22 비선형

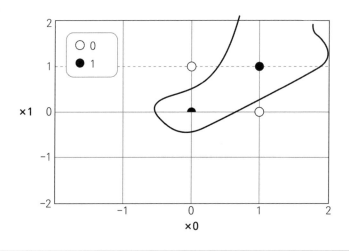

위의 비선형 문제를 다음의 신경망으로 해결할 수 있다.

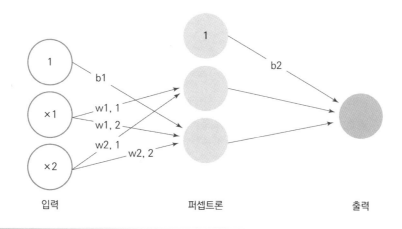

입력   퍼셉트론   출력

1965년에는 이바케네코와 라파(ivkhnenko와 lapa)는 순방향 층을 구성하는 다음 <그림 5-24>와 같은 네트워크를 만들었다.

▼ 그림 5-24 딥러닝 모델

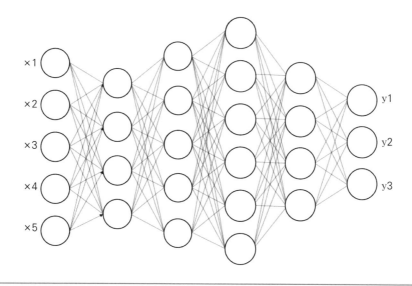

<그림 5-24>에서 볼 수 있듯 딥러닝은 x_1, x_2, x_3, x_4는 4개의 입력에 각각 가중치를 두면 임계값보다 크면 뉴런의 출력값이 되게 하고, 이를 연속적으로 여러 층으로 만들어 문제를 해결한다.

5) 손실 함수

인공신경망도 기계 학습과 같이 예측하는데 손실이 있다. 즉 잘못 예측하는 것이다. 손실 함수는 신경망에 의해 예측한 것과 실제 결과와 어느 정도 차이가 나는지를 예측한다. 학습하는 과정에서 모델이 예측한 결과와 실제 결과의 차이를 적게 나게 하도록 인자를 계속해서 변경하며 모델을 최적화한다. 손실을 계속 줄이는 방법으로 학습하는 것이다.

그 중 가장 일반적인 방법이 경사 하강법이다. 학습하면 할수록 손실이 줄어드는 비율이 낮아지고 손실의 비율이 더 이상 감소하지 않을 때 학습을 그만하게 하는 것이다. 우리가 공부할 때 효율이 없어지면 즉 더 이상 성적이 오르지 않으면 그만 공부하는 것과 같은 의미이다.

6) 다양한 딥러닝

<그림 5-24>에서 볼 수 있듯 다양한 문제를 해결하기 위한 많은 신경망 모델이 있다. <그림 5-25>는 개와 고양이를 학습하는 딥러닝을 볼 수 있다. 고양이의 특성 3개를 입력받아 학습한 결과 예측값이 0.75로 개로 예측되었다. 고양이를 개로 잘못 예측되었으므로 우리는 신경망의 가중치를 조정해야 한다.

즉 고양이를 새로 학습하여 신경망에 가중치가 조절되어 고양이의 특성의 값을 입력받아 다음 <그림 5-26>과 같이 예측한 모형이 나오면 성공한 신경망이 된다.

학습을 통해 가중치만 조절되어 예측 결과가 0.72로 고양이가 예측되었다. <그림 5-26>의 신경망이 고양이와 개를 예측하는 심층신경망이 될 수 있다.

이처럼 이미지 집합이 많은 것을 예측한 것 중에 유명한 딥러닝이 CNN (convolutional neural network)이다. 이 네트워크는 합성곱 계층(convolutional layer)

과 풀링 계층(pooling layer)을 만들어 신경망을 만들었다.

자연어 처리 문제, 비전문제, 자율주행 등 수많은 문제를 딥러닝으로 문제를 해결하고 있다.

▼ 그림 5-25 잘못 예측

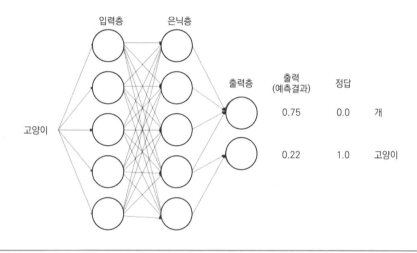

▼ 그림 5-26 올바른 예측

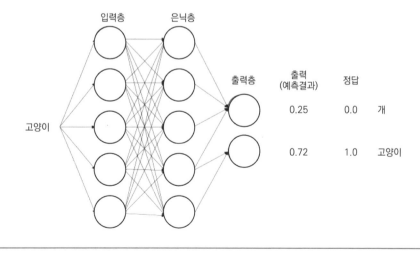

참고문헌

과학기술정보통신부(2018), I−Korea 4.0 실현을 위한 인공지능(AI) R&D 전략, 2018년 5월

국경완(2019), "인공지능 기술 및 산업 분야별 적용 사례' 정보통신기획평가원 주간 기술동향 2019. 3. 20.

김기현 (2019). 김기현의 자연어 처리 딥러닝 캠프. 서울: 한빛미디어.

박도영, 문영주, 신진아, 임은영, 박인용 (2020). 대학수학능력시험의 성과와 발전 방향: 서·논술형 수능 도입 가능성 모색. 한국교육과정평가원(연구자료 ORM 2020−21−5)

박정(2013). 형성평가의 재등장과 교육 평가적 시사. 교육평가연구, 26(4), 719−738.

이빛나, 손원숙.(2018). 피드백 효과에 대한 메타분석: 피드백, 학습과제 및 학습자 특성에 따른 차이. 교육평가연구, 31(3), 501−529.

이승훈(2017), "최근 인공지능 개발 트렌드와 미래의 진화방향", LG경제연구원, 2017.2

장병탁 (2017). 장교수의 딥러닝. 서울: 홍릉과학출판사.

한국정보화진흥원(2022), 2021 국가 지능정보화 백서

Basu, S., Jacobs, C., & Vanderwende, L. (2013). Powergrading: a clustering ap−proach to amplify human effort for short answer grading. Transactions of the Association for Computational Linguistics, 1, 391−402.

Clauser, B. E., Margolis, M. J., Clyman, S. G., & Ross, L. P. (1997). Development of automated scoring algorithms for complex performance assessments: A comparison of two approaches. Journal of Educational Measurement, 34(2),

(https://www.forbes.com/sites/bernardmarr/2022/02/07/the−5−technologies−that−will−change−the−future−of−the−human−race/?sh=3fb992148f1c)

https://tensorflow−mnist.herokuapp.com/

CHAPTER

6

파이썬 기반의 AI 활용 교육

전우천

1 파이썬 언어의 이해

1) 파이썬 언어의 개요

파이썬 프로그래밍 언어는 다른 고급 프로그래밍 언어에 비해서 개발역사가 짧은 편이나 배우기 쉬운 문법구조와 다양한 라이브러리를 제공함으로써 최근 주목받고 있으며 특히 인공지능 분야의 데이터 분석에서 많이 사용되고 있다. 파이썬 언어에 대한 소개는 다음과 같다.

2 파이썬의 개발 역사

파이썬 언어는 1991년 '귀도 반 로섬(Guido van Rossum)'에 의해서 처음으로 개발되었으며 그 이후 2000년에 Python 2.0, 2008년에 Python 3.0이 발표되었으며, 2022년 5월 기준으로 Python 3.10.4가 가장 최신 버전으로 발표되었다.

CHAPTER 06 파이썬 기반의 AI 활용 교육   159

파이썬 언어의 공식 사이트는 http://www.python.org이며 오픈소스 소프트웨어로서 누구나 자유롭게 설치할 수 있으며 다양한 운영체제에서 작동될 수 있도록 지원하고 있다.

3 파이썬 설치

다음 <그림 6-1>은 파이썬 웹사이트의 초기화면을 보여준다.

▼ 그림 6-1 파이썬 웹사이트 초기화면

파이썬 초기화면에서 'Downloads' 버튼을 클릭한 다음 <그림 6-2>와 같이 나타나면 최신 버전 3.10.4를 다운로드한 후에 설치한다.

▼ 그림 6-2 파이썬 다운로드 화면

파이썬 설치를 한 다음에는 윈도우즈 환경의 경우 시작 메뉴에서 파이썬 IDLE 메뉴를 선택하여 실행하면 파이썬 실행을 할 수 있는 준비모드로 전환된다(<그림 6-3> 참조).

▼ 그림 6-3 파이썬 IDLE 화면

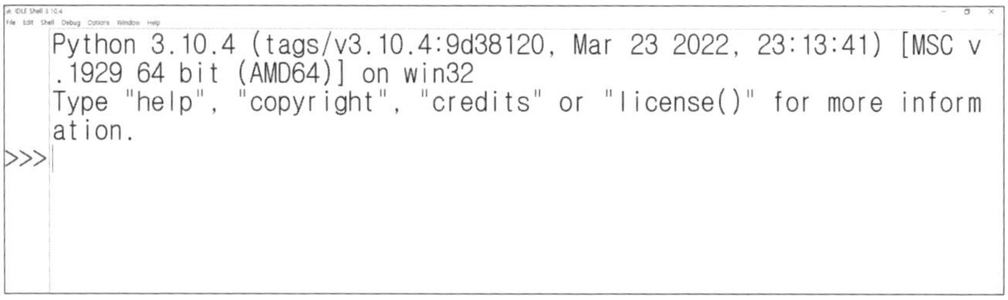

```
Python 3.10.4 (tags/v3.10.4:9d38120, Mar 23 2022, 23:13:41) [MSC v
.1929 64 bit (AMD64)] on win32
Type "help", "copyright", "credits" or "license()" for more inform
ation.
>>>
```

(3) 파이썬의 기본 문법

① 파이썬 언어의 변수

파이썬 언어에서 사용되는 변수에 대한 규칙은 다음 <표 6-1>과 같다.

┃ 표 6-1 파이썬 변수명 규칙

번호	변수명 규칙
1	변수의 이름은 문자, 숫자 그리고 Underscore 기호(_)만 사용할 수 있다. (예) Money$: 변수명에 $기호는 사용할 수 없다.
2	변수명은 반드시 문자 또는 Underscore로 시작해야 한다. (예) 7class: 숫자로 시작했기 때문에, 변수명 에러이다.
3	파이썬 지정단어(Keyword 또는 Reserved word)들은 변수명으로 사용할 수 없다. (파이썬 지정단어: ['False', 'None', 'True', 'and', 'as', 'assert', 'async', 'await', 'break', 'class', 'continue', 'def', 'del', 'elif', 'else', 'except', 'finally', 'for', 'from', 'global', 'if', 'import', 'in', 'is', 'lambda', 'nonlocal', 'not', 'or', 'pass', 'raise', 'return', 'try', 'while', 'with', 'yield'])
4	파이썬 변수는 대문자와 소문자를 구분한다. (예) Come과 come은 서로 다른 변수이다.

② 파이썬 연산자와 우선순위

파이썬 언어에서 많이 사용하는 연산자들과 그들의 우선순위는 <표 6-2>와 같다. 결합법칙은 같은 우선순위의 연산자가 반복해서 나타날 때의 우선순위를 정의해 준다. 다만, 괄호를 사용하게 되면 괄호 안의 수식에 대한 계산이 먼저 실시되게 된다. 결합법칙을 적용할 때 제곱 연산자를 제외하고는 왼쪽에서 오른쪽, 즉 수식에서 나타난 순서로 진행하게 되며, 제곱 연산자의 경우에만 오른쪽에서 왼쪽으로 진행함을 유의해야 한다.

▌표 6-2 연산자 우선순위

우선순위	연산자	결합법칙
1	**(제곱)	오른쪽 → 왼쪽
2	-(음수)	왼쪽 → 오른쪽
3	*(곱), /(나누기), //(몫), %(나머지)	왼쪽 → 오른쪽
4	+(덧셈), -(뺄셈)	왼쪽 → 오른쪽

다음 <그림 6-4>는 연산자의 우선순위와 결합법칙의 예를 보여준다.

▼ 그림 6-4 연산자 우선순위와 결합법칙의 예

```
IDLE Shell 3.10.4                                                    —  □  ×
File  Edit  Shell  Debug  Options  Window  Help
    Python 3.10.4 (tags/v3.10.4:9d38120, Mar 23 2022, 23:13:41) [MSC v.1929 64 bit (
    AMD64)] on win32
    Type "help", "copyright", "credits" or "license()" for more information.
>>>
>>> 4*2**3 # 제곱연산의 우선순위가 곱셈보다 높다
    32
>>> 20//3+15%6+3**2 # 연산자의 우순선위대로 계산한다
    18
>>>
```

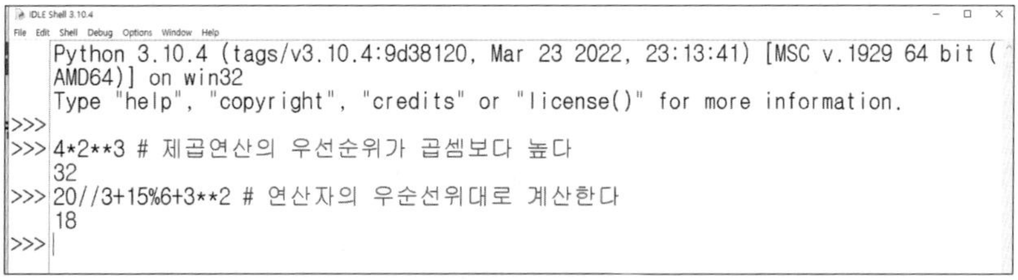

③ 파이썬 자료형

• 숫자형

숫자형은 크게 소수점이 없는 정수형(int 형)과 소수점이 있는 실수형(float 형)으로 구분된다.

• 문자형

문자형은 일명 string형으로 불리며 문자 또는 문자열로 표현된다. 문자형은 ‘ ’ 또는 “ ”로 묶어서 정의할 수 있으며, + 연산자를 이용하여 문자열을 결합(Concatenation)할 수 있다. 한편, len 함수는 문자열 또는 문자형 변수의 길이를 반환한다. 다음 <그림 6-5>는 문자형 변수의 예를 보여준다.

▼ 그림 6-5 문자형 변수의 예

```
IDLE Shell 3.10.4
File Edit Shell Debug Options Window Help
    Python 3.10.4 (tags/v3.10.4:9d38120, Mar 23 2022, 23:13:41) [MSC v.1929 64 bit (
    AMD64)] on win32
    Type "help", "copyright", "credits" or "license()" for more information.
>>>
>>> name='서울교육대학교'
>>> school="인공지능대학원"
>>> total_name=name+' '+school
>>> total_name
    '서울교육대학교 인공지능대학원'
>>> len(total_name)
    15
>>>
```

④ 파이썬의 입력과 출력

파이썬의 입력은 input 함수를 이용할 수 있으며, <그림 6-6>과 같은 다양한 방법으로 입력을 받을 수 있다. 또한, 출력은 print 명령문을 사용할 수 있으며, <그림 6-7>과 같은 형식으로 사용할 수 있다.

▼ 그림 6-6 파이썬 입력문의 예

```
Python 3.10.4 (tags/v3.10.4:9d38120, Mar 23 2022, 23:13:41) [MSC v.1929 64 bit (
AMD64)] on win32
Type "help", "copyright", "credits" or "license()" for more information.
>>>
>>> name=input()
서울교육대학교 인공지능대학원
>>> name
'서울교육대학교 인공지능대학원'
>>> name=input("이름을 입력하세요 ")
이름을 입력하세요 서울교육대학교 인공지능대학원
>>> name
'서울교육대학교 인공지능대학원'
>>>
```

▼ 그림 6-7 파이썬 출력문의 예

```
Python 3.10.4 (tags/v3.10.4:9d38120, Mar 23 2022, 23:13:41) [MSC v.1929 64 bit (
AMD64)] on win32
Type "help", "copyright", "credits" or "license()" for more information.
>>>
>>> name='서울교육대학교 인공지능대학원'
>>> print(name)
서울교육대학교 인공지능대학원
>>> print("내가 다니는 학교는 ", name)
내가 다니는 학교는  서울교육대학교 인공지능대학원
>>>
```

⑤ 비교 연산자와 논리 연산자

비교 연산자는 두 변수의 값을 비교하여 진리값 True 또는 False를 반환한다. 다음 <표 6-3>은 비교 연산자와 그 역할을 보여준다.

▌표 6-3 파이썬 비교 연산자

연산자	역할
X==Y	X 와 Y의 값이 같으면 True를 반환
X!=Y	X 와 Y의 값이 다르면 True를 반환
X>Y	X가 Y보다 크면 True를 반환
X<Y	X가 Y보다 작으면 True를 반환
X>=Y	X가 Y보다 크거나 같으면 True를 반환
X<=Y	X가 Y보다 작거나 같으면 True를 반환

다음 <그림 6-8>은 비교 연산자의 예를 보여준다.

▼ 그림 6-8 비교연산자의 예

```
Python 3.10.4 (tags/v3.10.4:9d38120, Mar 23 2022, 23:13:41) [MSC v.1929 64 bit (
AMD64)] on win32
Type "help", "copyright", "credits" or "license()" for more information.
>>>
>>> A=10
>>> B=20
>>> A==B
   False
>>> A!=B
   True
>>> A>=B
   False
```

한편, 파이썬에서 주로 사용하는 논리연산자는 AND, OR, NOT 등 세 가지가 있으며, 각각의 논리 연산자의 의미는 <표 6-4>와 같다.

▌표 6-4 파이썬 논리 연산자

연산자	의미
X AND Y	X와 Y가 모두 True인 경우 True를 반환
X OR Y	X와 Y 중 하나라도 True인 경우 True를 반환
NOT X	X의 논리값의 반대값을 반환

다음 <그림 6-9>는 논리 연산자의 예를 보여준다.

▼ 그림 6-9 논리연산자의 예

```
Python 3.10.4 (tags/v3.10.4:9d38120, Mar 23 2022, 23:13:41) [MSC v.1929 64 bit (
AMD64)] on win32
Type "help", "copyright", "credits" or "license()" for more information.
>>>
>>> A=True
>>> B=False
>>> A and B
   False
>>> A or B
   True
>>> not B
   True
>>>
```

⑥ 파이썬 조건문

파이썬 조건문은 다음과 같은 다양한 형식이 있다.

가. If 조건문

```
if 조건:
        True_commands
Next_commands
```

해설:

- 조건이 True이면 True_commands를 실행하고 Next_commands를 실행한다.
- 조건이 False이면 바로 Next_commands를 실행한다.

<그림 6−10>은 시험성적으로 수료 여부를 판단하는 조건문의 예를 보여준다.

▼ 그림 6-10 파이썬 조건문의 예

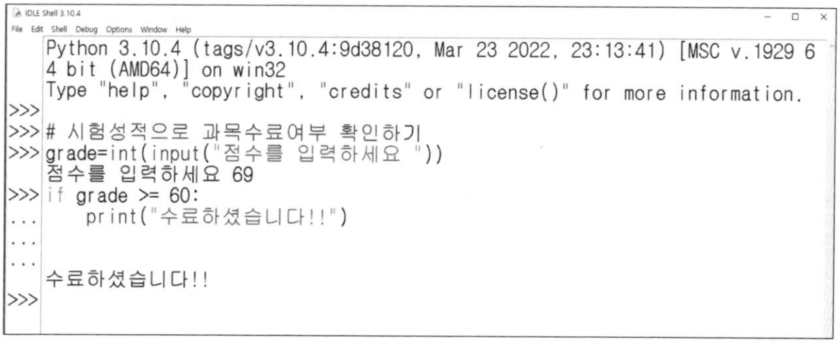
IDLE Shell 3.10.4
File Edit Shell Debug Options Window Help
Python 3.10.4 (tags/v3.10.4:9d38120, Mar 23 2022, 23:13:41) [MSC v.1929 64 bit (AMD64)] on win32
Type "help", "copyright", "credits" or "license()" for more information.
>>>
>>> # 시험성적으로 과목수료여부 확인하기
>>> grade=int(input("점수를 입력하세요 "))
점수를 입력하세요 69
>>> if grade >= 60:
...   print("수료하셨습니다!!")
...
...
수료하셨습니다!!
>>>

나. IF~ELSE 조건문

형식:

If 조건:

    True_commands

else:

    False_commands

Next_commands

해설:

- 조건이 True이면 True_commands 실행 후 Next_commands 실행
- 조건이 False이면 False_commands 실행 후 Next_commands 실행

<그림 6-11>은 성적에 따른 과목수료 여부에 대한 IF~ELSE 조건문의 예를 보여준다.

▼ 그림 6-11 IF~ELSE 조건문의 예

```
IDLE Shell 3.10.4                                                    –  □  ×
File Edit Shell Debug Options Window Help
    Python 3.10.4 (tags/v3.10.4:9d38120, Mar 23 2022, 23:13:41) [MSC v.1929 64 bit (
    AMD64)] on win32
    Type "help", "copyright", "credits" or "license()" for more information.
>>>
>>> # 성적이 60점 이상이면 수료이고 아니면 미수료
>>> grade=int(input("점수를 입력하세요 "))
    점수를 입력하세요 58
>>> if grade >= 60:
...     print("수료하였습니다!!")
... else:
...     print("수료를 못했습니다!!")
...
...
    수료를 못했습니다!!
>>>
```

다. 중첩조건문

중첩조건문 조건문 안에 또 다른 조건문을 포함하는 형식이며 크게 다음과 같은 두 가지 형식이 있다.

형식 1:
```
if 조건1:
     if 조건2:
        Commands_1
     else:
        Commands_2
else:
        Commands_3
Next_commands
```

해설:
- 조건1과 조건2가 모두 True이면 Commands_1 실행 후 Next_comands 실행
- 조건1이 True이지만 조건2가 False이면 Commands_2 실행 후 Next_commands 실행
- 조건1이 False이면 Commands_3 실행 후 Next_comands 실행

형식 2:
```
If 조건1:
     Commands_1
else:
     if 조건2:
        Commands_2
     else:
        Commands_3
Next_commands
```

해설:
- 조건1이 True이면 Commands_1 실행 후 Next_commands 실행
- 조건1이 False이고 조건2가 True이면 Commands_2 실행 후 Next_commands 실행
- 조건1이 False이고 조건2가 False이면 Commands_3 실행 후 Next_commands 실행

<그림 6-12>는 한 과목의 실기와 필기 점수를 통한 통과 여부를 결정할 때 형식 1의 조건문의 예를 보여준다.

▼ 그림 6-12 파이썬 중첩 조건문 예제

```
IDLE Shell 3.10.4
File Edit Shell Debug Options Window Help
    Python 3.10.4 (tags/v3.10.4:9d38120, Mar 23 2022, 23:13:41) [MSC v.1929 64 bit (
    AMD64)] on win32
    Type "help", "copyright", "credits" or "license()" for more information.
>>>
>>> # 실기점수와 필기점수에 의한 과목 수료여부
>>> # 실기점수와 필기점수가 모두 60점 이상일 경우 수료
>>>
>>> practice_score=int(input("실기점수를 입력하세요 "))
    실기점수를 입력하세요 69
>>> written_score=int(input("필기점수를 입력하세요 "))
    필기점수를 입력하세요 56
>>> if practice_score >= 60:
...     if written_score >= 60:
...         print("수료하셨습니다!!")
...     else:
...         print("수료실패, 필기점수 미달")
...else:
...     print("수료실패, 실기점수 미달")
...
...
...
    수료실패, 필기점수 미달
>>>
```

⑦ 파이썬 반복문

반복문은 특정한 명령문들의 반복적인 수행을 통하여 작업을 수행할 수 있으며 또한 반복문의 사용은 프로그래밍을 쉽게 할 수 있는 장점도 있다.

가. For 반복문

For 반복문은 반복 횟수를 미리 알고 있을 경우 사용할 수 있다.

형식:

for S in 범위함수:

    Commands

해설: 범위함수 내의 S 각각에 대해서 Commands를 반복적으로 수행

범위함수는 range(start, stop, step)의 형식으로 사용된다. 즉 초기값 start에서 시작하여 stop이 될 때까지 수행할 수 있으며 매번 수행 후 증분 step을 더한다. 파이선의 For 명령문 수행에 있어서 주의할 점은 start 값은 포함하지만

stop 값은 포함되지 않는다. 즉 range (2, 8, 3)의 의미는 2, 5이다. 한편, start 와 stop은 정수형만 사용할 수 있으며, start와 step은 생략할 수 있다. 만일 start를 생략하면 0을 의미하며, step을 생략하면 1을 의미한다. 예를 들어, range(4)의 의미는 0, 1, 2, 3을 의미하며, range(3, 7)은 3, 4, 5, 6을 의미한다. 한편, step의 값은 0이 될 수 없으며, stop은 생략할 수 없다.

다음 <그림 6-13>은 파이썬 For 반복문의 예를 보여준다.

▼ 그림 6-13 파이썬 For 반복문의 예

```
IDLE Shell 3.10.4                                                    —  □  ×
File  Edit  Shell  Debug  Options  Window  Help
    Python 3.10.4 (tags/v3.10.4:9d38120, Mar 23 2022, 23:13:41) [MSC v.1929 64 bit (
    AMD64)] on win32
    Type "help", "copyright", "credits" or "license()" for more information.
>>>
>>> for S in range(1,9,2):
...     print(S)
...
...
    1
    3
    5
    7
>>> |
```

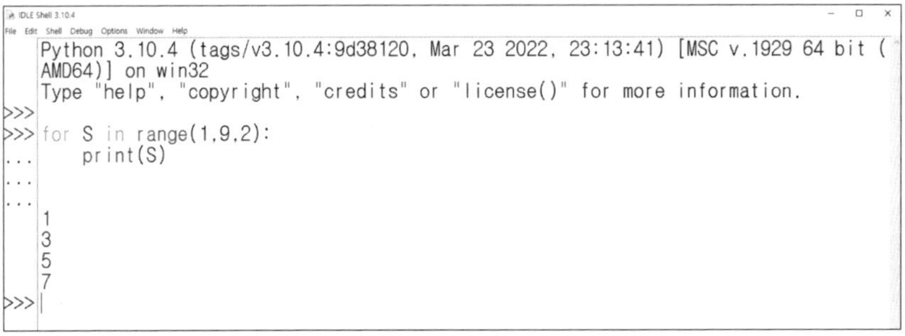

나. While 반복문

형식:

while 조건 :

    Commands

해설:

조건이 참(True)인 동안 Commands를 반복하여 수행하고 조건을 다시 비교한다. 조건이 거짓이 되면 전체 While 문을 빠져나와 다음 명령어를 수행한다.

다음 <그림 6-14>는 While 반복문의 예를 보여준다.

```
△ IDLE Shell 3.10.4                                              - □ ×
File Edit Shell Debug Options Window Help
    Python 3.10.4 (tags/v3.10.4:9d38120, Mar 23 2022, 23:13:41) [MSC v.1929 64 bit (
    AMD64)] on win32
    Type "help", "copyright", "credits" or "license()" for more information.
>>>
>>> count=1
>>> while count<=6:
...     print("서울교육대학교 인공지능대학원")
...     count=count+1
...
...

서울교육대학교 인공지능대학원
서울교육대학교 인공지능대학원
서울교육대학교 인공지능대학원
서울교육대학교 인공지능대학원
서울교육대학교 인공지능대학원
서울교육대학교 인공지능대학원
>>>
```

다. 반복문의 중단

반복문의 수행 도중에 빠져나오게 하기 위해서는 Break 명령어를 사용할 수 있다. 즉 반복문의 수행이 완전히 끝나지 않은 상황에서 강제로 종료를 할 수 있으며 이 경우 Break 명령어를 통하여 종료를 할 수 있다. Break 명령어는 다양한 방법으로 사용할 수 있으며, <그림 6-15>는 while 반복문에서의 Break 명령어 사용 예를 보여준다.

▼ 그림 6-15 Break 명령어를 이용한 반복문 종료

```
△ IDLE Shell 3.10.4                                              - □ ×
File Edit Shell Debug Options Window Help
    Python 3.10.4 (tags/v3.10.4:9d38120, Mar 23 2022, 23:13:41) [MSC v.1929 64 bit (
    AMD64)] on win32
    Type "help", "copyright", "credits" or "license()" for more information.
>>> while True:
...     n=input("원하는 단어를 입력하세요. 그냥 Enter 키를 치면 종료됩니다")
...     if n!="":
...         print("입력값: ", n)
...     else:
...         print("종료합니다")
...         break
...
...
원하는 단어를 입력하세요. 그냥 Enter 키를 치면 종료됩니다 snue
입력값:   snue
원하는 단어를 입력하세요. 그냥 Enter 키를 치면 종료됩니다 AI school
입력값:   AI school
원하는 단어를 입력하세요. 그냥 Enter 키를 치면 종료됩니다 So Cool
입력값:   So Cool
원하는 단어를 입력하세요. 그냥 Enter 키를 치면 종료됩니다
종료합니다
>>>
```

⑧ 파이썬 함수

프로그래밍을 하다 보면 특정한 작업이 반복되는 경우가 있다. 이 경우 반복되는 부분을 함수로 정의하며 사용하면 프로그램의 작성이 쉬워지면서 또한 전체 프로그램의 사이즈를 줄일 수 있는 장점이 있다. 한편 함수는 큰 프로그램을 작은 단위로 나누어 작업할 경우에도 작은 작업 단위를 함수로 정의하여 사용하면 전체적인 프로그램 작성이 쉬워진다.

파이썬의 함수는 다음과 같은 형식으로 표현될 수 있다.

가. 형식 1(반환값이 있는 경우)

```
def function_name(n1,n2,,,,):
        Commands
        return Result
```

호출 형식:

Value = function_name(n1,n2,,,,,)

해설:

함수 이름은 function_name으로서 인자(Parameter) n1.n2,,,를 입력값으로 전달받아 Commands를 수행한 다음 Result를 반환하면 그 값이 변수 Value에 저장된다.

나. 형식 2(반환값이 없는 경우)

형식:

```
def function_name(n1,n2,,,,):
        Commands
```

호출 형식:

function_name(n1,n2,,,,):

해설:

함수 이름은 function_name이며, 괄호 안의 인자(Parameters)인 n1, n2...을 입력값으로 전달받아 Commands를 수행한다. 반환값이 없으므로 함수 수행

후에 함수를 종료하게 된다.

함수 사용할 때 다음 사항을 유의해야 한다.

• 함수 이름

함수 이름은 변수명 규칙과 동일하게 적용된다. 즉, 시작은 문자 또는 '_'(Under bar)로 작성하며, 이후는 문자, 숫자, '_'를 사용할 수 있다. 또한, 지정단어에 있는 단어를 함수 이름으로 사용할 수 없다.

• 인자(Parameters)

함수 내에서 인자는 사용할 수도 있고 또한 사용하지 않을 수도 있다. 만일 인자를 사용하지 않을 경우 빈 괄호 () 형식으로 표기하면 된다.

• Return 명령문

Return은 결괏값을 반환하기 위한 명령어이며, Return 문 수행 후에 함수가 종료된다. Return 문 다음에는 값, 수식 또는 변수 등이 사용될 수 있으며, 반환하는 값이 없으면 Return 문을 생략할 수 있다.

<그림 6-16>, <그림 6-17> 및 <그림 6-18>은 각각 반환값이 있는 함수, 인자가 없는 함수 및 반환값이 없는 함수의 예를 보여준다.

▼ 그림 6-16 반환 값이 있는 함수의 예

CHAPTER 06 파이썬 기반의 AI 활용 교육 **173**

▼ 그림 6-17 인자가 없는 함수의 예

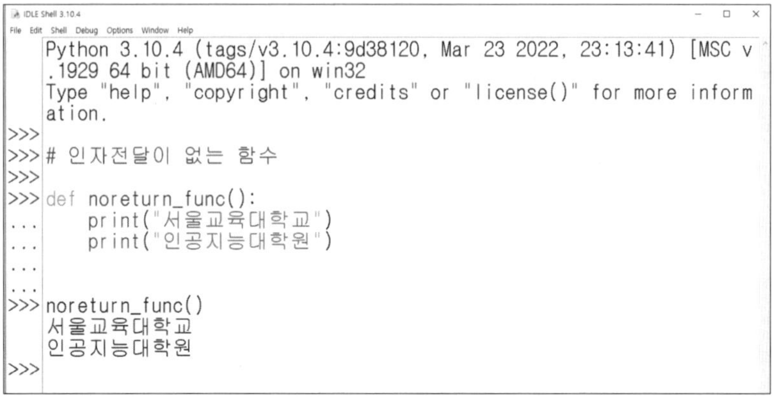

```
IDLE Shell 3.10.4
File Edit Shell Debug Options Window Help
    Python 3.10.4 (tags/v3.10.4:9d38120, Mar 23 2022, 23:13:41) [MSC v
    .1929 64 bit (AMD64)] on win32
    Type "help", "copyright", "credits" or "license()" for more inform
    ation.
>>>
>>> # 인자전달이 없는 함수
>>>
>>> def noreturn_func():
...     print("서울교육대학교")
...     print("인공지능대학원")
...
...
>>> noreturn_func()
    서울교육대학교
    인공지능대학원
>>>
```

▼ 그림 6-18 반환값이 없는 함수의 예

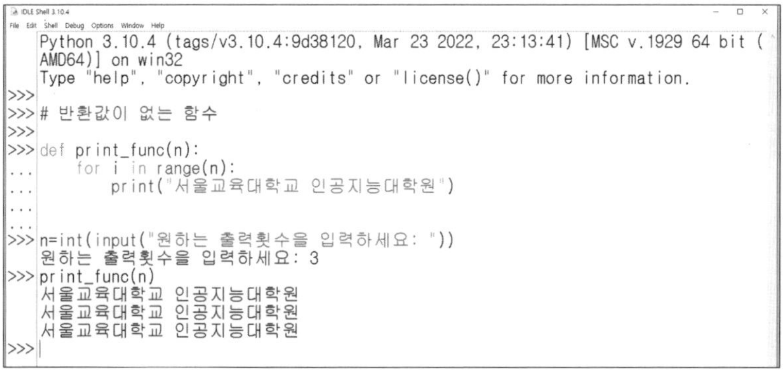

```
IDLE Shell 3.10.4
File Edit Shell Debug Options Window Help
    Python 3.10.4 (tags/v3.10.4:9d38120, Mar 23 2022, 23:13:41) [MSC v.1929 64 bit (
    AMD64)] on win32
    Type "help", "copyright", "credits" or "license()" for more information.
>>>
>>> # 반환값이 없는 함수
>>>
>>> def print_func(n):
...     for i in range(n):
...         print("서울교육대학교 인공지능대학원")
...
...
>>> n=int(input("원하는 출력횟수을 입력하세요: "))
    원하는 출력횟수을 입력하세요: 3
>>> print_func(n)
    서울교육대학교 인공지능대학원
    서울교육대학교 인공지능대학원
    서울교육대학교 인공지능대학원
>>> |
```

4 파이썬 개발환경

파이썬 프로그래밍 언어는 다양한 장점이 있다. 즉 인터프리터 언어로서 비교적 쉬운 문법 체계를 지원하고 있으며 또한 다양한 파이썬 언어기반 라이브러리가 많이 개발되어서 특히 데이터처리 부분을 비롯한 시각화까지 다양한 작업을 지원할 수 있다. 파이썬 언어는 현재 인공지능 분야에 있어서 다양한 개발을 위한 기술지원 프로그래밍 언어로서 각광을 받고 있다. 파이썬 언어를 이용하여 다양한 작업을 쉽고 빠르게 진행하기 위해서는 다양한 라이브러리를 필요로 하는데 이러한 라이브러리들을 필요할 때마다 일일이 설치하는 것은 시간과 노력을 필요로 하게 된다.

따라서, 파이썬 언어 사용자들에게 보다 편리한 작업환경을 지원하여 전체적인 프로그래밍 작업을 보다 효율적으로 쉽고 빠르게 지원하기 위한 다양한 작업환경이 개발되었다. 가장 대표적인 개발환경으로서 본 절에서는 아나콘다(Anaconda)를 소개한다.

1) 아나콘다 개요

아나콘다는 파이썬 언어 사용자에게 효율적인 프로젝트 관리와 더불어 디플로이(Deploy)를 쉽고 편리하게 제공할 목적으로 오픈소스 형태로 개발되었다. 아나콘다는 데이터처리를 비롯한 다양한 분야에 필요한 패키지들을 제공함으로써 프로그래밍 작업을 수월하게 지원할 수 있어서 표준화된 개발환경으로 자리를 잡아가고 있다.

아나콘다는 Anaconda Navigator, Anaconda Project, Data Science Library, 및 Conda 등 크게 네 부분으로 구성되어 있다. Anaconda Navigator는 사용자 인터페이스를 지원함으로써 하부 컴포넌트를 더욱 쉽게 사용할 수 있도록 지원한다. 한편, Data Science Library는 다양한 라이브러리를 지원한다. 대표적인 라이브러리로서, Jupyter와 같은 IDE 개발도구, Numpy와 SciPy 같은 과학계산과 분석용 라이브러리, Matplotlib 같은 시각화 라이브러리, TensorFlow와 같은 머신 러닝 라이브러리 등이다.

아나콘다는 아나콘다 공식 사이트(http://www.anaconda.com)를 방문하여 'Products' 메뉴에서 적절한 버전을 선택할 수 있으며, 개인용으로는 'Anaconda Distribution' 판을 선택하여 설치하면 된다.

2) 아나콘다 기반 프레임워크

대표적인 프레임워크는 다음과 같다.

(1) 텐서플로우(TensorFlow)

텐서플로우는 구글이 2015년에 오픈소스 형태로 개발한 머신러닝 프레임워크이다. 구글의 다양한 인공지능 관련 제품과 서비스에 사용되고 있으며 다양한 언어 지원과 폭넓은 사용자층을 확보하고 있어서 현재 널리 사용되고 있다. 텐서플로우는 주로 이미지 인식 등 패턴인식을 위한 다양한 신경망 학습에 사용하고 있으며, 거의 모든 딥러닝 관련 프로젝트에서 다양하게 활용될 수 있다. 하지만, 단점은 다른 프레임워크에 비해서 비교적 속도가 다소 느리고 초보자들이 배우기 어려운 환경을 들 수 있다.

(2) 케라스(Keras)

케라스는 파이썬 기반 오픈소스 프레임워크로서 빠른 개발에 중점을 두고 개발되었다. 케라스는 전반적인 환경과 구성이 간단하여 초보자들도 쉽게 사용할 수 있으나, 반면에 오류가 발생할 때 케라스 자체뿐만 아니라 사용한 백엔드(텐서플로우 등)에서 발생했을 수도 있어 오류 해결이 어려운 단점이 있다.

(3) 파이토치(PyTorch)

파이토치는 페이스북에서 개발한 파이썬 기반 오픈소스 머신러닝 프레임워크이다. 특히 딥러닝에 최적화된 프레임워크이며, 사용하기가 쉽고 또한 학습 속도도 빠른 것이 장점이다. 다만, 텐서플로우에 비해 사용자층이 적어서 문제가 발생하면 해결을 위한 지원에 어려움이 있으며 또한 학습자료의 공유에 어려움이 발생할 수 있다.

(4) 파이참(PyCharm)

파이참은 통합개발환경(IDE: Integrated Development Environment)을 지원함

으로써 개발을 쉽고 편리하게 지원하고 있다. 파이참의 통합개발환경은 초보자들도 쉽게 사용할 수 있는 장점이 있으나, 반면에 큰 프로젝트의 경우 속도가 느려지는 단점도 있다.

5 파이썬 기반 AI 활용 교육 사례

1) 선형회귀분석

본 절에서는 파이썬 언어를 선형회귀(Linear Regression) 머신러닝에 적용하여 AI 학습에 대한 이해를 높이고 또한 문제를 해결하는 사례를 소개한다. 먼저 선형 회귀는 가장 단순한 머신러닝기법으로서 종속 변수 X와 한 개 이상의 독립 변수 Y사이의 상관관계를 직선 형태로 나타내는 모델링하는 기법이다. 선형회귀의 목적은 샘플(Sample)의 특성값과 타깃(Target) 값과의 관계를 가장 잘 설명하는 직선을 찾는 것이다. 선형회귀는 한 개의 설명 변수를 갖는 단순 선형회귀(Simple Linear Regression)와 두 개 이상의 설명 변수를 갖는 다중 선형 회귀(Multiple Linear Regression)로 구분된다.

▼ 그림 6-19 단순회귀분석함수의 예

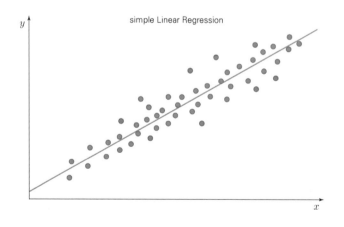

출처: https://medium.com/@dhaval.sony.504/everything-in-short-about-simple-linear-regression-633fc9f8dd65

<그림 6-19>는 단순선형회귀함수를 보여준다. 그림에서 검은 점들은 샘플을 나타내며, x 좌표 값과 y 좌표 값은 샘플의 특성값과 타깃 값을 각각 나타낸다.

단순회귀분석은 y=Wx+b의 형태를 사용한다. 여기서, x는 특성 값, y는 예측 값을 나타내며 또한 W는 가중치(Weight), b는 오프셋(Offset)으로 부른다. 선형 회귀의 목적은 결국 주어진 샘플의 특성 값과 예측 값을 분석하여 가장 적합한 W와 b의 값을 정하는 것이다. 한편, 선형회귀분석에서는 비용 함수(Cost Function)로서 평균 제곱 오차(Mean Square Error)를 사용한다. 비용 함수는 샘플 특성과 타깃과의 유사도를 나타내며 비용함수의 값이 최소가 되도록 파라미터를 학습시킨다.

2) 선형회귀분석을 이용한 AI학습

본 절에서는 선형회귀분석을 이용한 AI학습 사례를 소개한다. 편의상 아나콘다기반의 파이참 프레임워크를 사용한다. 선형회귀분석을 위한 예로서 다음과 같은 상황을 다음과 같이 가정한다. 즉, 한 도서관에 이용객이 방문했을 때, 이용객들이 빌려가는 도서의 개수를 (이용객 수, 도서 권수)의 쌍으로 표현을 하면 (1, 5), (2, 8), (3, 11), (4, 13), (5, 17), (6, 20)이라고 가정한다. 이 경우 도서관에서는 이용객들이 빌려가는 도서의 권수를 일반화하여 알기를 원한다. 이용객당 빌려가는 도서 권수를 일반화하기 위해서 선형회귀분석을 다음과 같이 적용할 수 있다.

전체 환경설정은 다음과 같다. 먼저 행렬계산을 위해 numpy 라이브러리를 이용하며, 샘플 값은 [1, 2, 3, 4, 5, 6], 타깃 값은 [5, 8, 11, 14, 17, 20]로 정의한다.

전체 파이썬 코드는 다음과 같다.

```
import numpy as np
x_train = np.array([1., 2., 3., 4., 5., 6.])
y_train = np.array([5., 8., 11., 13., 17., 20.])
```

W와 b의 초기값은 각각 0.0으로 세팅된다. 그러나 학습 후에는 각각 W=3, b=2가 되어야 한다.

```
W  =  0.0
b  =  0.0
```

한편, 가중치와 Offset의 초기값은 편의상 0으로 세팅한다. 또한, epoch은 전체 데이터에 대해 한 번 학습을 하는 사이클을 의미한다. epoch 값이 클수록 학습효과가 클 것 같지만 실제로는 횟수를 너무 크게 하면 오버피팅(Overfitting)이 발생할 수 있어서 적절한 값으로 정해야 한다. 또한, learning rate는 경사하강법(Gradient descent)을 적용할 때 파라미터 업데이트의 가중치를 의미한다.

```
n_data  =  len(x_train)
epochs  =  1000
learning_rate  =  0.01
```

한편, hypothesis는 예측 함수, cost는 비용함수를 각각 의미한다.

```
for  i  in  range(epochs):
    hypothesis  =  x_train * W + b
    cost  =  np.sum((hypothesis − y_train) ** 2) / n_data
```

경사하강법은 다음과 같이 진행한다. 여기서, gradient_w는 평균 제곱 오차를 W에 대해 편미분한 값이며, 또한 gradient_b는 b에 대한 편미분 값을 의미한다.

```
gradient_w = np.sum((W*x_train − y_train + b) * 2 * x_train) / n_data
gradient_b = np.sum((W*x_train − y_train + b) * 2) / n_data

W  − =  learning_rate * gradient_w
b  − =  learning_rate * gradient_b
```

파이썬 전체 코드는 다음과 같다.

```python
import numpy as np

# 선형회귀 훈련 데이터
x_train = np.array([1., 2., 3., 4., 5., 6.])
y_train = np.array([5., 8., 11., 14., 17., 20.])

# 기울기(W) 및 절편(b) 초기값 설정
W = 0.0
b = 0.0

n_data = len(x_train)

# epoch 및 learning rate 초기값 설정
epochs = 1000
learning_rate = 0.01

for i in range(epochs):
    hypothesis = x_train * W + b
    cost = np.sum((hypothesis - y_train) ** 2) / n_data
    gradient_w = np.sum((W * x_train - y_train + b) * 2 * x_train) / n_data
    gradient_b = np.sum((W * x_train - y_train + b) * 2) / n_data

    W = W - learning_rate * gradient_w
    b = b - learning_rate * gradient_b

    if i % 200 == 0:
        print('Epoch ({:10d}/{:10d}) cost: {:10f}, W: {:10f}, b:{:10f}'.format(i,
epochs, cost, W, b))

print('W: {:10f}'.format(W))
print('b: {:10f}'.format(b))
print('result : ')
print(x_train * W + b)
```

epoch＝1,000인 경우의 결과는 다음과 같다.

```
poch (          0/      1000) cost: 182.500000, W:    1.050000, b:  0.250000
Epoch (        200/      1000) cost:   0.067668, W:    3.138009, b:  1.409157
Epoch (        400/      1000) cost:   0.015677, W:    3.066426, b:  1.715616
Epoch (        600/      1000) cost:   0.003632, W:    3.031972, b:  1.863120
Epoch (        800/      1000) cost:   0.000841, W:    3.015389, b:  1.934117
W:    3.007434
b:    1.968173
result :
[ 4.97560714  7.98304127  10.9904754  13.99790953  17.00534366  20.01277779]
```

한편, epoch＝2,000인 경우 결과는 다음과 같다.

```
Epoch (          0/      2000) cost: 182.500000, W:    1.050000, b:  0.250000
Epoch (        200/      2000) cost:   0.067668, W:    3.138009, b:  1.409157
Epoch (        400/      2000) cost:   0.015677, W:    3.066426, b:  1.715616
Epoch (        600/      2000) cost:   0.003632, W:    3.031972, b:  1.863120
Epoch (        800/      2000) cost:   0.000841, W:    3.015389, b:  1.934117
Epoch (       1000/      2000) cost:   0.000195, W:    3.007407, b:  1.968289
Epoch (       1200/      2000) cost:   0.000045, W:    3.003565, b:  1.984737
Epoch (       1400/      2000) cost:   0.000010, W:    3.001716, b:  1.992654
Epoch (       1600/      2000) cost:   0.000002, W:    3.000826, b:  1.996464
Epoch (       1800/      2000) cost:   0.000001, W:    3.000398, b:  1.998298
W:    3.000192
b:    1.999178
result :
[ 4.99936987  7.99956191  10.99975395  13.999946   17.00013804  20.00033009]
```

한편, epoch＝3,000인 경우 결과는 다음과 같다.

```
Epoch (          0/      3000) cost: 182.500000, W:    1.050000, b:  0.250000
Epoch (        200/      3000) cost:   0.067668, W:    3.138009, b:  1.409157
Epoch (        400/      3000) cost:   0.015677, W:    3.066426, b:  1.715616
```

```
Epoch (        600/    3000) cost:  0.003632, W:  3.031972, b:  1.863120
Epoch (        800/    3000) cost:  0.000841, W:  3.015389, b:  1.934117
Epoch (       1000/    3000) cost:  0.000195, W:  3.007407, b:  1.968289
Epoch (       1200/    3000) cost:  0.000045, W:  3.003565, b:  1.984737
Epoch (       1400/    3000) cost:  0.000010, W:  3.001716, b:  1.992654
Epoch (       1600/    3000) cost:  0.000002, W:  3.000826, b:  1.996464
Epoch (       1800/    3000) cost:  0.000001, W:  3.000398, b:  1.998298
Epoch (       2000/    3000) cost:  0.000000, W:  3.000191, b:  1.999181
Epoch (       2200/    3000) cost:  0.000000, W:  3.000092, b:  1.999606
Epoch (       2400/    3000) cost:  0.000000, W:  3.000044, b:  1.999810
Epoch (       2600/    3000) cost:  0.000000, W:  3.000021, b:  1.999909
Epoch (       2800/    3000) cost:  0.000000, W:  3.000010, b:  1.999956
W:    3.000005
b:    1.999979
result :
[ 4.99998372  7.99998868 10.99999364 13.9999986   17.00000357 20.00000853]
```

최종적으로, epoch=4,000인 경우 결과값은 다음과 같다.

```
Epoch (          0/    4000) cost: 182.500000, W:  1.050000, b:  0.250000
Epoch (        200/    4000) cost:  0.067668, W:  3.138009, b:  1.409157
Epoch (        400/    4000) cost:  0.015677, W:  3.066426, b:  1.715616
Epoch (        600/    4000) cost:  0.003632, W:  3.031972, b:  1.863120
Epoch (        800/    4000) cost:  0.000841, W:  3.015389, b:  1.934117
Epoch (       1000/    4000) cost:  0.000195, W:  3.007407, b:  1.968289
Epoch (       1200/    4000) cost:  0.000045, W:  3.003565, b:  1.984737
Epoch (       1400/    4000) cost:  0.000010, W:  3.001716, b:  1.992654
Epoch (       1600/    4000) cost:  0.000002, W:  3.000826, b:  1.996464
Epoch (       1800/    4000) cost:  0.000001, W:  3.000398, b:  1.998298
Epoch (       2000/    4000) cost:  0.000000, W:  3.000191, b:  1.999181
Epoch (       2200/    4000) cost:  0.000000, W:  3.000092, b:  1.999606
Epoch (       2400/    4000) cost:  0.000000, W:  3.000044, b:  1.999810
Epoch (       2600/    4000) cost:  0.000000, W:  3.000021, b:  1.999909
Epoch (       2800/    4000) cost:  0.000000, W:  3.000010, b:  1.999956
```

```
Epoch (       3000/    4000) cost:   0.000000, W:   3.000005, b:  1.999979
Epoch (       3200/    4000) cost:   0.000000, W:   3.000002, b:  1.999990
Epoch (       3400/    4000) cost:   0.000000, W:   3.000001, b:  1.999995
Epoch (       3600/    4000) cost:   0.000000, W:   3.000001, b:  1.999998
Epoch (       3800/    4000) cost:   0.000000, W:   3.000000, b:  1.999999
W:    3.000000
b:    1.999999
result :
[    4.99999958      7.99999971   10.99999984   13.99999996   17.00000009
20.00000022]
```

epoch값의 변화에 따른 W와 b의 값은 다음 <표 6-5>와 같다. <표 6-5>에서 알 수 있듯이 epoch값이 증가함에 따라, W와 b의 예측값인 3와 2에 각각 수렴하는 것을 발견할 수 있다.

▌표 6-5 선형 회귀 분석결과

epoch 횟수	W 값	b 값
1,000	3.007434	1.968173
2,000	3.000192	1.999178
3,000	3.000005	1.999979
4,000	3.000000	1.999999

참고문헌

조준모(2021), 빅데이터분석 및 인공지능, 인피니티북스.

천인국 외(2020), 따라하며 배우는 파이썬과 데이터과학, 생능출판사.

한혁수(2016), 창의적 프로그래밍을 위한 파이썬, 생능출판사.

7

교사를 위한 AI 융합교육

최숙영

1 AI 융합과 STEAM 교육

　융합교육은 그동안 과학교과를 중심으로 다른 교과의 주제와 융합하는 STEAM 교육이 대세를 이루어왔다. STEAM 교육은 과학기술에 대한 학생들의 흥미와 이해를 높이고 과학기술 기반의 융합적 사고와 문제 해결력을 배양하는 교육이다. 이 STEAM 교육은 실생활 중심의 탐구 및 체험 학습을 통하여 학습자의 학습 동기를 높이고 자기주도적 학습을 활성화함으로써 미래 사회에서 필요한 창의인재 양성에 기여할 수 있다(김진수 외, 2020).

　최근 AI의 중요성이 부각되면서 STEAM 교육에 AI를 융합하기 위한 시도들이 이루어지고 있다. 미국의 경우 2019년 카네기 멜론 대학교(Carnegie Mellon University)에서 'AI와 STEM 및 사회의 미래'라는 주제로 워크숍을 개최하여 산학연의 전문가와 비전문가들이 모여 AI와 STEM 교육을 통합하여 미국의 인력을 어떻게 변화시킬 수 있는지에 대해 토론을 하였다. 또한, STEAM 교육에 AI를 적용하기 위한 연구들이 진행되고 있는데, 미국 조지아 대학교(University of Georgia)의 AI4STEM 연구소는 미국 국립과학재단(National Science Foundation)과 NAEd/Spencer의 지원을 받아 STEM 교사의 교육적 의사결정을 지원하고 학생들의 STEM 학습 성과를 촉진하는 수단으로 AI를 활용하기 위한 연구를 진행하였다.

STEAM 교육에 AI를 활용하기 위한 접근은 크게 AI를 이용하여 학습자들의 과학적 모델링 역량과 탐색 능력을 평가하고 학습 수준에 맞는 피드백을 제공하기 위한 평가 및 피드백 시스템을 개발하는 연구와 STEAM 교수학습과정에 AI 원리, 개념, 도구 등을 활용하여 문제를 해결하기 위한 연구로 구분할 수 있다. 후자와 관련하여 STEAM 교육에 AI를 융합한 다양한 연구들이 국내외에서 발표되었다. 국외에서 수행된 대표적인 연구로, PrimaryAI가 있다(Lee et al., 2021). 이는 미국 대학의 연구 프로젝트로 진행된 AI 융합교육 프로그램으로 초등학생을 대상으로 생명과학 문제해결에 AI를 활용한 학습 환경을 지원하는 것이다. 또한 Hsu 외(2021)의 연구에서는 AI－STEAM 과정이라는 명칭으로 AI 기술과 STEAM 학습 콘텐츠를 통합한 학제간 융합 학습 콘텐츠를 개발하였다. How와 Hung(2019)의 연구에서는 AI를 사용하여 콘크리트 혼합물 입력이 다양한 조건에 따라 압축 강도의 출력에 어떤 영향을 미치는지 예측하기 위한 시뮬레이션 방법을 제시하고 있다. 국내 연구로 이소율(2021)의 연구에서는 생물 교육의 파충류와 양서류 분류 문제를 학습자들의 단순 암기를 통한 동물 분류가 아닌 심도 있는 이해를 위해 의사결정 트리 및 ML4K(Machine Learnig for Kids) 머신러닝 교육 플랫폼을 활용하였다. 송정범과 박정호(2021)의 연구에서는 최근 이슈가 되고 있는 환경교육을 위한 해양 쓰레기 처리 문제를 해결하기 위해 허스키렌즈(HuskyLens), 마이크로비트(Micro:bit) 도구를 활용하여 해결할 수 있는 프로그램을 개발하였다.

AI를 활용한 STEAM 교육에 관한 연구들의 경우, 과학적 문제 해결을 위해 대부분 기계학습 모델을 적용하고 있다. 문제해결을 위한 과정은 <그림 7－1>과 같다. 먼저, 문제 인식 및 분석 단계로 주어진 문제를 인지하고 그 특성을 파악하는 단계를 거쳐, 문제해결을 위한 가설을 설정하게 된다. 그리고 설정된 가설을 검증하기 위해 데이터를 수집한다. 수집된 데이터는 전처리 과정을 거쳐 불필요한 데이터를 제거·가공하며, 가공한 데이터에서 중요한 특징을 추출한다. 선별된 데이터를 바탕으로 기계학습 모델을 훈련하며, 그 정확도를 평가하는 과정을 거쳐 기계학습 모델이 생성된다. 생성된 기계학습 모델을 문제해결에 적용하며, 이 과정에서 프로그래밍을 통해 프로젝트 결과물이 산출될 수 있다. 문제해결 결과에 대한 팀원간 협상과 토론, 수정을 거쳐 최종 결과를 도출한다. 마지막으로 최종 결과물에 대한 발표를 통해 피드백을 받게 된다. 이러한 문제해결 과정에서 프로그래밍 과정이 필요할 수 있다. 특히 이러한 문제해결과정에 IoT를 적용한 메이킹 활동을 통해 학습자의 창의적 문제해결력과 컴퓨팅 사고력을 함양시킬 수 있다.

AI를 활용한 STEAM 교육이 보다 효과적인 방향으로 실현되기 위해서는 다음과 같은 부분들이 고려되어야 한다. 첫째, AI를 활용한 기술을 단지 체험하는 것에 초점을 두기보다는 실생활의 문제 해결을 위해 기계학습과 같은 AI가 구현되는 핵심적인 원리에 대한 이해를 바탕으로 AI를 어떻게 적용할 수 있는지 탐구하며, 새로운 아이디어를 확장할 수 있도록 컴퓨팅 사고력에 기반한 교육이 이루어져야 한다. 둘째, STEAM 교육의 학습목표를 설정하는 데 있어, AI를 학습 주제의 문제해결을 위한 도구로서만 접근하는 것이 아니라 이 수업을 통해 학습자의 AI 소양도 함께 함양될 수 있도록 설계되어야 할 것이다.

▼ 그림 7-1 AI를 활용한 STEAM 교육에서의 문제해결과정

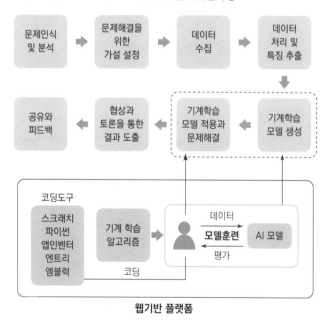

STEAM 교육이 과학중심 융합이라는 인식이 있듯이 AI 융합교육은 대체로 정보교과를 중심으로 타 주제와 융합한 교수설계로 인식되는 경향이 있다(장병철 외, 2020). 그러나, AI 융합교육은 모든 과목의 관점에서 진행되어야 한다. 미래사회에서는 거의 모든 영역에서 AI가 활용될 수 있기 때문에 정보교과와 과학교과 외 인문학 영역과 같은 다양한 분야와의 AI 융합교육이 필요하다. 이를 위해서는 관련 교과 교사의 AI 소양을 바탕으로 한 AI 융합 교수설계 능력이 요구된다. 그러나, 현재 상황에서는 일반 교사가 AI 소양을 갖추기가 쉽지 않다. 따라서, 이를 보완하기 위해서 교육부 및 시도교육청을 통해 각 교과에서 가능한 다양한 AI 융합교육 콘텐츠를 개발하여 현장에 보급하는 것이 시급하다고 볼 수 있다. 뿐만 아니라, 연수와 재교육의 기회를 많이 제공하는 것이 필요하며, 예비 교사들을 대상으로 AI 소양교육이 이루어 질 수 있도록 대학 교육과정의 변화가 있어야 할 것으로 보인다.

2 AI 융합교육 사례

1) 국외

(1) PrimaryAI

초등학교 고학년 과학 수업에 AI를 융합하기 위한 프로젝트가 미국의 인디애나대학교와 노스캐롤라이나 주립대학교의 협업으로 수행되었다. 그 프로젝트는 학생들이 생명과학 문제해결에 AI 적용 경험을 얻을 수 있도록 AI 융합 탐구 학습을 특징으로 하는 게임 기반 학습 환경인 PrimaryAI를 설계하는 것이다.

PrimaryAI의 문제 기반 학습 시나리오는 AI가 융합된 초등과학 교육을 지원하도록 특별히 설계된 스토리 세계에서 진행되며, 학생들이 AI 도구를 사용하여 과학 문제를 해결함으로써 AI에 대해 배울 수 있도록 설계되었다. PrimaryAI 게임 기반 학습 환경에서 학생들은 뉴질랜드 남섬에서 최근 감소하고 있는 노란눈 펭귄 개체수를 조사하는 생태학자의 역할을 맡게 된다. 최근에 섬의 노란눈 펭권의 토착 개체수가 감소한 원인이 무엇인지 초기 가설을 생성하고 이미 알고 있는 것과 배워야 할 사항에 대해 메모한 후, 학생들은 게임 내 가상 캐릭터를 통해 지역 펭귄 개체수에 대한 데이터 수집 및 모델링을 하게 된다. 이 학습활동에는 AI 계획수립(AI planning), 기계학습, 컴퓨터 비전, 윤리적 의사결정의 AI 기술이 접목되어 설계되었다. <그림 7-2>는 PrimaryAI에서 학습자의 학습과정을 보여준다.

▼ 그림 7-2 PrimaryAI에서 학습자의 학습과정

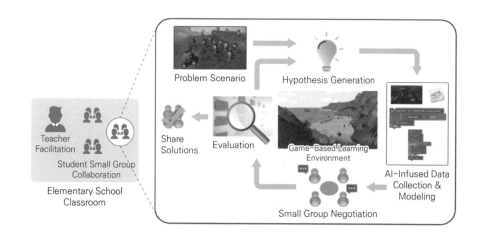

(2) 인도의 AI 통합 교육

최근 인도의 중등교육중앙위원회(CBSE: Central Board of Secondary Education)는 미래 시대를 살아갈 학생들에게 AI 교육이 매우 필요하다는 판단 하에 AI를 K-12 교육에 포함시키려는 시도를 하였다. 그러한 시도로 각 교과에 AI를 통합하기 위한 AI 교육과정을 준비하고 그것을 확산하기 위한 핸드북을 개발하였다(CBSE, 2020). AI 지식에 익숙해진 각 교사가 이를 활용하여 각 교과목을 보다 효과적이고 학습자 중심의 수업을 할 수 있도록 하는 것에 목적을 둔 것

이었다. AI를 각 교과에 통합하는 것은 크게 두가지 관점으로 고려하고 있다. 첫 번째는 교사가 AI와 교과를 통합할 수 있는 가능성을 탐구하면서 교과의 한 주제를 가르치는데 AI 개념을 이용하거나 주제에 대한 이해를 위해 AI 지식과 AI 도구를 사용하도록 하는 것이다.

또 다른 접근 방법으로 교사가 자신의 교과목에서 다른 과목들과도 관련이 있는 주제를 선택하여 교과간 통합을 하도록 하는 것이 있다. 다른 교사들과의 협의를 통해 여러명의 교사들이 같은 주제를 탐구하여 각 교과의 학습 결과를 달성하는 동시에 각 교과와 AI를 통합할 수 있도록 하는 것이다. 이에 관한 예

▼ 그림 7-3 AI와 다른 교과들간의 통합(CBSE, 2000)

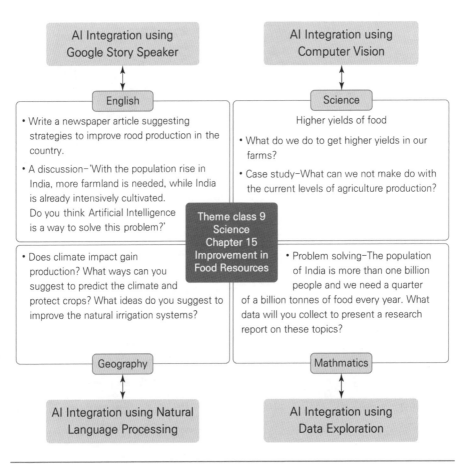

제로 <그림 7-3>은 과학교과의 식량자원의 개선책에 관한 AI 통합교육을 보여준다. 이 주제에 관련하여 영어, 과학, 지리, 수학 교과에서 AI 도구나 개념을 이용한 세부 주제의 학습을 보여준다.

(3) AI-STEAM

Hsu, et al.(2021)은 STEAM의 학제간 융합 수업을 위해 MIT의 앱인벤터(App Inventor)와 PIC(Personal Image Classifier), 마이크로비트를 활용한 AI-STEAM 수업을 설계하여 대만의 한 중학교에서 진행하였다. 이 연구에서 그들은 학습자들이 직접 그린 이미지를 이용하여 이미지 인식 모델을 생성한 후, 학습자가 보여주는 이미지에 따라 마이크로비트에 빛이 켜지도록 하는 프로젝트를 수행하였다. 이 프로젝트는 체험학습을 기반으로 한 교수학습으로 설계되었다. 교수학습과정을 설계하기 위해 AI 기술로 영상인식 기술을 활용하였으며, 영상인식 훈련을 위한 웹 도구로 PIC를 활용하였다. 이 PIC는 MIT에서 개발한 도구로 기계학습을 통해 자체 이미지 인식 모델을 훈련할 수 있는 것이다. 학생들은 교실에서 PIC를 통해 자신의 이미지 인식 모델을 훈련하고, 그 이미지 인식 모델을 앱인벤터에 업로드한다. 또한, 이 앱인벤터 플랫폼을 사용하여 기계학습 모델을 마이크로비트와 연결되도록 하였다. <그림 7-4>는 이에 대한 것을 보여준다.

▼ 그림 7-4 스마트폰을 통한 이미지를 식별 및 마이크로비트와 상호작용

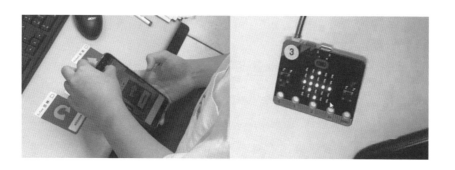

이 수업을 통해 학습자들은 AI 응용 프로그램의 이미지 분류를 수행하는 것 외에도 STEAM 교육 측면에서 전자 과학에 대한 물리학 개념(S), 블록 기반 프로그램 작성 방법(T), 전자 기계 반응의 구현 방법(E), 이미지 훈련, 분류 및 인식을 위해 사용한 카드나 이미지의 설계와 그리기(A), 이 미션에서 이동하는 단계 또는 루프 계산(M) 등의 다양한 학습경험을 하였다. 그 결과 학생들은 학습에 상당한 진전을 이루었는데 특히 전기 기계 개념과 이미지 인식이라는 두 가지 부분에서 상당한 향상을 보였다.

2) 국내

(1) 나만의 음악 만들기

AI를 음악교과에 활용한 사례로, 고등학교 음악시간에 마이크로비트, AIVA, AI 뮤직제너레이터(Music Generator), 구글 두들 바흐(Doodle Bach)와 같은 AI 도구를 사용하여 작곡을 해봄으로써 학습자로 하여금 새로운 음악적 경험을 하도록 하였다(김호영, 2021). 이 수업에서는 '리틀 작곡가 프로젝트'를 통해 작곡시 필요한 개별요소를 분석함으로써 작곡 알고리즘의 특성을 파악하고 이를 프로그래밍 하도록 하였다. 특히, 마이크로비트를 매체로 하여 작곡과 코딩의 연관성을 학습하고, 마이크로비트에 존재하는 음악코드를 조합할 수 있는 다양한 방법을 고민하여 나만의 음악을 코딩함으로써 학습자의 컴퓨팅 사고력과 창의성을 함께 신장할 수 있도록 하였다. 또한 미래의 음악 상상해보기를 통해 AI 작곡으로 인해 발생될 수 있는 저작권 문제와 같은 AI 윤리 문제를 생각해 보도록 하였다.

(2) 챗봇 기반 프로그램을 활용한 영어의사 소통역량

초등학생을 대상으로 영어 수업에 AI 챗봇을 활용한 수업으로, 영어 의사소통 역량을 강화하기 위해 챗봇기반 옹알이 프로그램을 설계하여 수업에 활용한 사례이다(손유정, 2021). 이 수업에서는 두 가지 챗봇을 사용하고 있는데 기존의 EBS와 교육부가 개발한 AI 펭톡과 자체 개발한 AIENG이다. 두 가지 챗봇의 경우 각기 장단점이 존재하기 때문에 이를 보완할 수 있도록 수업의 주제, 동기유발 자료, 단원의 흐름, 성취기준, 평가의 방향 등을 고려한 맞춤형 챗봇을 제작하였다. 챗봇을 활용하기 위해 AI 스피커와 구글 어시스턴트(Google Assistant)를 이용하였다. Google API 서비스인 다이얼로그플로우(Dialog Flow)로 챗봇(AIENG)을 제작한 후 이를 구글 어시스턴트에 연동해 AI 스피커로 작동시키거나 태블릿의 구글 어시스턴트 앱으로 활용할 수 있도록 하였다. 이 챗봇기반 옹알이 프로그램을 수업에 적용하기 위해서 다양한 활동을 통해 학습자들의 적극적인 학습참여를 유도하고 있다.

▼ 그림 7-5 챗봇을 이용한 영어수업에서 다양한 학습활동

주요 활동		
옹	알	이
구글 내지도에서 길을 찾아보고 길을 묻고 답하는 말을 AI펭톡과 카훗을 통해 익혔다.	AI 음성인식: 햄스터봇을 코딩해 학교가는 길을 찾아보고 챗봇을 활용해 소리내어 읽기 연습을 했다.	마인크래프트를 활용하여 우리 마을을 건설하고 이를 소개하는 영상을 제작했다.

예를 들어, 구글 내지도(My Maps)에서 길을 찾아보고 이에 답하는 말을 챗봇과 카훗(Kahoot)을 통해 익히도록 하였으며, AI 음성인식 햄스터봇을 코딩해 학교가는 길을 찾아보고 챗봇을 활용해 소리내어 읽기 연습을 하는 등 다양한 도구들을 이용하여 학습자의 흥미와 참여를 이끌어 냈다. <그림 7-5>는 챗봇을 이용한 다양한 학습활동을 보여준다.

(3) 로봇 활용 AI 교육 프로그램

초등학생들을 대상으로 한 언플러그드 정보 교육의 경우 원리를 학습하는데 유용하지만 실생활의 복잡한 문제들을 실제적으로 해결하는 데는 한계가

있기 때문에 로봇과 같은 피지컬 컴퓨팅 도구를 활용한 AI 학습 방법이 대안이 될 수 있다. 이러한 관점에서 접근한 연구로 학생들이 보다 많은 흥미와 관심을 가지고 AI 학습을 할 수 있도록 실생활에서의 쓰레기 분류 문제 해결을 위해 AI와 로봇을 적용한 연구가 수행되었다(유인환, 2020).

이 연구에서는 AI 로봇 활용 프로그램 개발을 위해 엠블럭(mBlock)과 코디 로키(Codey Rocky) 로봇을 적용, 개발하였다. AI 교육을 위해 기존 프로그래밍 방식으로 해결이 곤란한 문제 상황을 설정하여 학생들에게 AI의 필요성을 인지할 수 있도록 하였다. 또한, 문제를 해결하는 과정에서 데이터의 수집, 선별, 가공을 통해 기계학습의 지도학습을 배우고 적용할 수 있도록 하였다. 그 예로 쓰레기 분리수거 로봇을 만들 때 버튼 입력이나 센서 활용만으로는 학습되지 않은 데이터 처리의 어려움을 인지하고 기계학습을 활용할 필요가 있음을 알게 하였다. 그리고 이를 위하여 지도학습 기반 기계학습 이미지 모델을 만들어 쓰레기 이미지를 인식하고 자동으로 분류하는 시스템을 개발하도록 하였다.

(4) AI 음성 인식을 이용한 국어과 활용

인문계 고등학교에서 진행된 융합 프로그램 프로젝트로 기술교사와 국어교사의 협력을 통해 음성학습을 이용한 TTS(Text-to-Speech)를 개발하여 활용한 사례이다(장병철 외, 2020). 음성학습 시스템은 AI 기술인 딥러닝 모델을 이용하여 개발되었다. 이 시스템은 학생들이 자신들의 목소리를 학습시켜 그들이 읽지 않은 문장도 텍스트로 입력하면 자신의 목소리로 자연스럽게 읽어주는 프로그램이다. 이 프로그램을 제대로 이해하고 구성하기 위해서는 형태소 분석, 구문분석 등의 언어적 지식이 필요한데 이것은 국어시간에 문장구성에 대한 학습을 통해 이루어지도록 하였다. 그리고 실제 딥러닝 모델을 이용하여 텍스트를 음성으로 만드는 작업을 통해 국어 학습뿐만 아니라 학생들의 AI 융합에 대한 관심을 이끌어 낼 수 있도록 하였다.

(5) AI와 함께 온몸으로 표현해요

STEAM 교육을 위한 하나의 프로그램인 'AI와 함께 온몸으로 표현해요'는 초등학생을 대상으로 과학, 체육, 수학, 국어 교과에서 활용할 수 있도록 개발되었다(교육부 외, 2020). AI와 동작표현을 연계한 프로그램을 개발하여 학습자로 하여금 AI에 친숙함을 느끼도록 하고 신체적인 표현 활동에 흥미와 자신감을 가질 수 있도록 개발되었다. AI 도구로 티처블머신(Teachable Machine)을 사용하고 있는데 이 티처블머신을 통해 학생들은 몸의 동작을 학습시켜 동작을 구별하는 AI를 만들 수 있고 이를 통해 AI의 작동원리를 이해할 수 있도록 하였다. 또한 학생들은 다양한 신체 표현을 경험하게 되는데 AI가 자신의 신체 표현을 인식하고 구별해내는 경험을 통해 AI에 대한 흥미를 갖게 되고, 자신감 있는 신체 표현을 할 수 있게 된다. 즉, 다른 교과에서 학습한 내용을 신체로 나타내 보기도 하고, 이야기 속 인물의 모습을 상상하여 느낌과 생각을 움직임 언어로 표현하며, 다른 사람의 동작을 통해 표현하는 움직임을 관찰하여 그 특징을 살펴보기도 한다. 수학과 관련해서는 다양한 도형의 특징을 이해하고 이것을 몸으로 표현해보기도 한다. <그림 7-6>은 이에 대한 것을 보여준다.

▼ 그림 7-6 훈련된 티처블 머신 동작 맞추기

(6) 사회과를 중심으로 한 AI 융합 수업

초등학생을 대상으로 실과, 국어, 사회 교과를 통합한 융합 주제를 구성하여 이루어진 AI 융합교육의 사례이다(민설아 외, 2021). 사회 교과의 6학년 학습 주제인 '국회, 행정부, 법원의 기능을 이해'를 그 핵심 주제로 정하고, 기계학습을 적용한 수업을 설계하였다. 학습자들이 플랫폼의 문자인식 기능을 이용하여 국가기관의 역할을 입력하면 국회, 정부, 법원 등 해당 기관을 찾아주는 기계

학습 기반 프로그램을 제작하도록 한 것이다. 또한 투표의 중요성을 인식하도록 이미지 인식 기능을 활용하여 '이미지 분류 기반 투표와 관련된 이미지 탐색 및 선정하기'라는 주제의 코딩이 수업에 포함되도록 하였다. 이를 위해 블록형 프로그래밍 기반의 AI 학습 도구인 머신러닝포키즈(Machine Learning for kids)를 사용하였다. 이 AI 융합 수업은 기계학습 모델을 제작하고 코딩하는 학습활동을 통해 학생들의 흥미와 호기심을 유발하여 외부의 보상이 주어지지 않더라도 학습 활동에 몰입하는 결과를 보였다.

(7) 딥페이크(Deep Fake) 앱을 활용한 정보윤리교육

딥페이크 앱을 활용하여 정보 윤리 의식 함양을 위한 창의적 체험 활동 중심 프로젝트와 금융교육을 주제로 한 사회 교과 융합 프로젝트가 수행되었다(황정 외, 2021). 초등교육과정에서 딥페이크 앱이 적용 가능한 교과 단원 내용을 선정하여 프로젝트기반 교수학습 프로그램을 개발하였다. 창의적 체험 활동 중심 융합 프로젝트는 딥페이크 기술을 이해하고 그것의 역기능에 대해 스스로 생각해보게 하였다. 그 과정을 거쳐 자신만의 주제와 도구를 정한 후 UCC를 제작하고 그 결과물을 공유하도록 하였다. 사회 교과 중심 융합 프로젝트는 딥페이크 앱으로 'Mug Life'와 'REFACE'를 활용하여 화폐 속 인물을 입체 영상으로 만들어 보거나 본인의 미래 모습을 표현해보는 활동을 통해 딥페이크 앱 사용의 문제점들을 토의하도록 하였다. 이 연구는 AI 기술을 활용한 융합 수업이 학생들의 수업 동기를 유발하고 기술 발달에 따른 사회적 문제에 대해 접해 볼 수 있는 기회로 작용하여, 학습자에게 올바른 정보 통신 윤리 의식을 함양하는데 긍정적인 성과를 보였다.

3) AI 융합교육 사례 분석

앞에서 살펴본 AI 융합교육의 사례들을 분석해 보면, 다음과 같은 특징을 갖는다. 발표된 사례들의 경우 중·고등학생보다 초등학생을 대상으로 한 것들이 많음을 볼 수 있으며, 중심교과의 경우에는 다양한 교과에서 시도되었음을 볼 수 있다. 포가티(Forgaty)의 융합모형의 관점에서 보면 그물형, 조직형, 공유형이 주로 사용되었다. AI 학습 요소로는 기계학습이 가장 많이 적용되었으며, AI 학습활동의 경우에는 AI 체험의 형태가 가장 많았다. 수업에 활용한 AI 학습도구의 경우 다양한 AI 도구와 플랫폼들이 사용되고 있음을 볼 수 있었다.

AI 융합교육이 효과적으로 이루어지기 위해서는 다양한 관점에서의 지원과 노력이 요구된다. 첫째, 융합을 시도하는 타교과 교사들의 AI 소양이 필요하다. 교사의 AI 이해와 지식이 깊을수록 보다 의미있고 충실한 AI 융합교육이 실행될 수 있다. 그러나, 교육 현장의 현실을 감안할 때 타교과 교사가 AI 지식을 새롭게 배우기엔 어려운 현실이다. 따라서, 이를 보완할 수 있는 방안을 외국 사례를 통해 얻을 수 있다. 미국과 인도 연구에서 보듯, 어떤 기관이 중심이 되어 정보 교과 교사들과 타교과 교사들의 협동 워크숍을 통해 AI 융합 교육과정을 도출하는 것도 하나의 방안이 될 수 있다. 둘째, 학습자들로 하여금 AI 교육이 어렵다는 인식을 줄이기 위해 AI 개념을 쉽고 재미있게 배울 수 있도록 게이미피케이션(Gamification)같은 게임요소를 기반으로 교육 프로그램을 개발하는 것이 필요하다. 이를 위해서는 스토리가 탄탄해야 되며 그것을 구현할 수 있는 IT 전문가가 필요하기 때문에 학교현장의 교사들만으로는 그러한 교육 콘텐츠를 개발하는 것이 어렵다. 따라서, 산학연의 공동 프로젝트를 통해 완성도 높은 AI 융합 교육 콘텐츠를 개발하는 것이 필요하다. 셋째, 학습자들에게 AI 교육이 효과적으로 이루어지도록 하기 위해서는 AI가 우리 삶 속에서 왜 필요한지를 인식시켜주는 것이 무엇보다도 필요하다. 이를 위해서는 학습자들이 실생활에서 부딪힐 수 있는 문제를 찾아보고 그러한 문제를 해결하는데 왜 기존의 알고리즘 방식의 구현이 아닌 AI를 이용한 구현이 필요한 것인지 함께 토론하고 이해하는 과정이 포함되도록 교수학습 모델을 개발하는 것이 필요하다. 이와 더불어 AI 융합교육을 위한 다양한 교수학습 방법 및 교수학습 모델들이 많이 연구되어 현장에 지원되어야 할 것이다.

3 AI 융합교육에서의 교수학습 방법

본 절에서는 AI 융합 교육에서 많이 활용되고 있는 교수학습 방법에 대해 살펴본다. 위의 AI 융합교육의 사례들을 교수학습 방법 측면에서 살펴보면 대부분이 학습자 활동중심의 교수학습 방법에 기반하여 수업이 설계된 것을 볼 수 있다. Li의 연구에서는 4개 국가(미국, 캐나다, 영국, 미국)의 K-12 AI 교육과정을 비교 분석하여 그 기본 요소와 교수법을 정리하였다. 그 연구결과에 의하면 4개 국가 모두 학생 중심의 구성주의 기반의 교수법을 활용하는 것으로 나타났다. 활용된 교수법으로는 프로젝트 기반 학습, 활동 기반 학습, 탐구 학습, 협동 학습 및 체험 학습 등이 있다. 이러한 교수법들을 AI 융합 교육 측면에서 살펴보면 다음과 같다.

1) 문제기반학습(problem based learning)과 프로젝트기반학습 (project based learning)

최근 4차 산업혁명 시대에 이르러 '융합', '연결', '창의성' 등의 역량이 어느 때보다 강조되면서, 문제기반학습(PBL)이 재조명되고 있다. 문제기반학습은 문제를 기반으로 하여 학생들이 상호 간에 공동으로 문제 해결 방안을 강구하고, 개별 학습과 협동 학습을 통해 문제 해결안을 마련하는 교수·학습 방법으로 자기주도성, 창의성, 비판적 사고력, 탐구력, 의사소통능력, 협력성, 공감력 등의 학습효과를 얻을 수 있다. 이 문제기반 학습과 유사한 개념으로 나오는 것이 프로젝트기반 학습이다. 연구자들에 따라서 이 문제기반 학습과 프로젝트 기반 학습을 구분하기도 하고, 구분하는 것이 큰 의미가 없다고 주장하는 의견들도 있다.

문제기반학습과 프로젝트기반학습의 차이는 프로젝트 기반학습의 경우 지식의 활용에 연결되는 반면, 문제기반 학습은 지식의 습득에 목적을 두는 경향이 크다(Perrenet, 2000). 문제기반 학습의 경우, 교사가 문제를 제시하기보다는 학생이 문제를 찾고 정의하는 경우가 많으며 문제의 해결 방법을 찾는 것이 목표라고 할 수 있다. 반면에, 프로젝트 학습의 경우에는 교사가 문제를 제시하는 경향이 있고, 학습의 목표가 어떤 산출물을 만들어 내는 것이라고 할 수 있다(Savin–Baden, 2007). 문제기반학습의 기본적인 단계는 <그림 7-7>과 같이 문제제시, 문제분석, 문제해결 방안 탐색, 문제해결, 발표 및 평가 과정으로 구성된다. 이 문제기반학습의 단계를 AI융합교육에 적용하면 문제해결 과정에서 문제해결을 위한 도구로 AI 도구를 사용하거나 문제해결 방법으로서 AI 개념과 기술이 사용될 수 있다.

▼ 그림 7-7 문제기반학습 단계

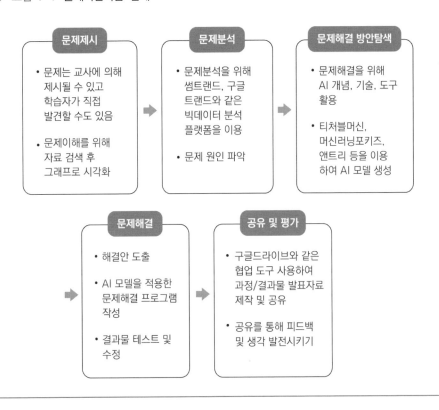

2) 체험학습(experiential learning)

교실에서 배운 지식과 실제 상황을 결합하기 위해서는 체험교육의 통합이 좋은 매개체가 될 수 있다. 체험학습은 실제 체험과정을 통해 학습이 이루어지는 것으로, Kolb(1984)는 체험학습의 개념을 구체적인 경험(Concrete Experience), 상호관찰(Reflective Observation), 추상적 개념화(Abstract Conceptualization) 및 능동적 실험(Active Experimentation)을 포함하는 것으로 정의하였다. 이 네 가지 단계는 한 사이클을 형성하며, 학습 프로세스에서 '경험'의 핵심적 위치를 강조한다. <그림 7-8>은 Hsu 외(2021)의 연구에서 AI-STEAM 수업에 적용한 체험학습 단계를 보여준다.

▼ 그림 7-8 체험학습

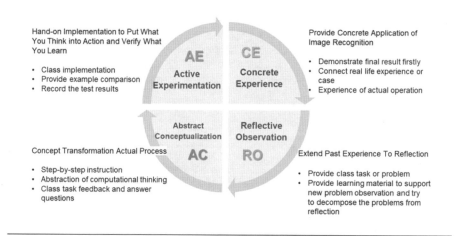

예술과 기계학습, STEAM을 강조하는 로봇 교육 등의 분야에서 체험학습을 적용하고 그 효과를 입증하고 있는 연구들이 발표되었다(Fiebrink, 2019, Burleson et al., 2017). 그 연구들에 의하면, 체험형 수업 과정의 구조는 학생들이 차근차근 생각하는 데 도움을 줄 수 있어 수업 개념을 보다 논리적으로 구성하고 배운 내용을 적극적으로 고민하게 할 수 있으며, 일상적인 실제 상황과 연결될 수 있게 한다. 체험학습은 학습의 실제 경험과 행동을 통한 학습을 강조하며, 성찰과정을 통해 실생활에서의 실제적인 적용을 고려할 수 있게 한다(Freeman,

2014). AI 도구를 이용한 체험학습이 현장에서 시도되고 있다. 예를 들어, 챗봇을 이용해 AI 스피커를 만들어보면서 챗봇의 원리에 대해 알아보거나, AI 로봇을 활용해 과학 미션을 수행하고, AI 자율주행 로봇 제어를 위한 프로그래밍을 해보는 등 학생들의 흥미를 유발할 수 있는 체험활동들이 시도되고 있다.

3) 탐구학습(inquiry learning)

탐구학습이란 학생들이 지식획득의 과정에 주체적으로 참가함으로써 그들로 하여금 문제 상황들에 대하여 적절한 해결책을 모색하게 하고, 그 과정을 통해 필요한 탐구능력을 몸에 배게 하는 것이다. 또한 인식의 기초가 되는 개념 형성을 꾀함으로써 새로운 것을 탐구하려는 적극적인 태도를 기르도록 한다. 보통 과학교과에서 많이 사용되고 있는 교수법으로 과학의 중요한 아이디어, 연구방법, 과학자의 태도 등을 반영하여 교수학습 과정을 설계할 수 있다 (Cavas, 2012).

▼ 그림 7-9 **탐구학습 단계**

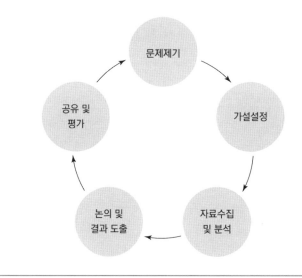

탐구학습의 과정은 다루어지는 내용이나 학자의 강조점에 따라 단계와 각 단계에 따른 활동이 다소 다르게 제안되기도 하지만, 일반적인 단계는 <그림 7-9>와 같이 문제제기, 가설 설정, 자료 수집 및 분석, 논의 및 결과 도출, 공유 및 평가의 과정으로 구성된다. 이러한 탐구학습 과정에서 교수자는 안내자이자 중재자의 역할을 하게 된다. PrimaryAI의 학습활동도 탐구학습에 기반하여 개발되었다. PrimaryAI의 학습활동 절차는 다음과 같다. 1) 학습자들은 팀활동을 통해 게임 환경 안에서 시나리오를 접하게 된다. 2) 시나리오에서 나타나는 문제를 탐구하고 이에 대한 과학적 접근을 위해 가설을 설정하게 된다. 3) AI에 기반하여 자료를 수집하고 수집한 데이터를 기반으로 모델링과 시뮬레이션을 진행한다. 4) 팀활동 안에서 협상과 토론을 통해 결과를 이끌어낸다. 5) 팀활동을 통해 도출된 결과를 평가한다. 6) 각 팀의 문제해결책을 발표하고 공유한다.

4) 활동기반 액티브 학습(activity based active learning)

활동기반 액티브 학습은 활동을 통해 학습하는 과정이다. 학생들로 하여금 단순히 듣고 메모하도록 요청하는 것과는 달리, 활동기반 학습은 학생들이 문제 해결 및 독립직인 조사와 같은 실제 활동을 통해 자신의 학습 경험에 적극적으로 참여하도록 한다(Hayat, et al., 2017). 활동중심 교육을 통해 학생들의 능동적이고 즐거운 수업 참여가 가능하며, 상호작용을 통한 협동심, 수업에 대한 자기주도성 등이 향상될 수 있다. 특히 다양한 AI 기술과 도구들을 통해 활동기반의 능동적 학습을 수행할 수 있다. 교사들이 수업에 어떤 활동이 AI 기술과 함께 사용될 수 있는지를 파악하여 학생들을 지도함으로써 학습자의 적극적인 학습 참여를 유도할 수 있다.

Activity	Students' Activities and Learning Outcome
Art with AI	
AI, what do you learn with?	
A game to make smart AI	
AI that knows your preference	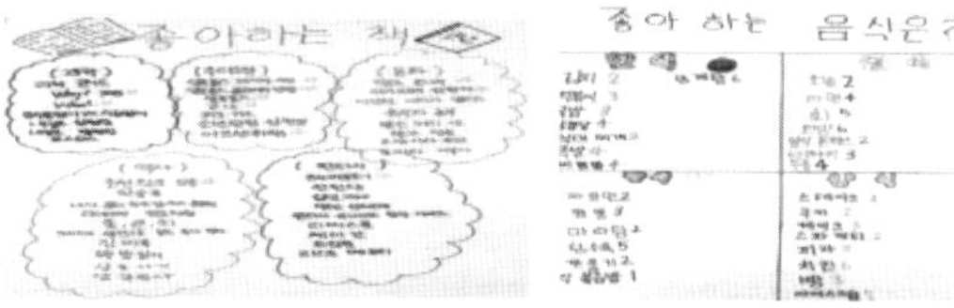

신진선 외(2021)의 연구에서는 초등학생을 위한 활동중심 AI 융합 교육 프로그램을 개발하여 적용하였다. 초등학교 수준의 소프트웨어 교육은 활동 및 놀이 중심의 신체활동을 통해 소프트웨어 원리를 자연스럽게 배울 수 있기 때문에 교육방법을 '활동중심'과 '프로젝트 기반학습'으로 선정하였다. 예를 들어, 'AI 사회인식'의 '우리 생활 속 AI'에서는 변화된 미래 모습을 그리는 활동과 미래 사회를 이끌 인재로서의 태도에 대한 토의 활동을 포함하고 있다. 'AI 이해하기'의 'AI와 함께 하는 미술'에서는 이미지인페인팅(Image Inpainting), 오토드로우(AutoDraw) 등 AI 도구들을 사용하며 시각 이미지를 만드는 활동을 한다. 'AI와 함께 하는 체육'에서는 포즈넷(PoseNet) AI 도구로 창작 무용을 만들어 체육과 성취기준에 따라 발표한다. <그림 7-10>은 이에 대한 것을 보여준다.

4 AI 융합교육을 위한 교사역량

AI 융합교육이 성공적으로 이루어지기 위해서는 정부, 학교, 지자체, 학부모, 교사 등 여러 측면의 지원이 필요하다. 특히, 미래 사회를 살아갈 학습자를 준비시키기 위해서는 교사들 또한 AI와 같은 새로운 기술에 대한 지식과 AI를 활용한 새로운 교육 방식에 적응하기 위한 노력이 필요하다. AI 융합교육을 위한 교사 역량으로 융합에 대한 이해, 융합요소 추출 등 융합교육 측면에서 다양한 역량이 필요하지만, 융합할 수 있는 주제를 선정하는 측면과 이에 따른 교육과정 재구성은 중요한 요소이다(양혜지 외, 2020). 융합교육의 주제 선정은 다양한 학문이나 교과뿐만 아니라 사회적 문제나 관심사 등의 분석 결과를 토대로 활용 가능한 지식이나 주제를 찾아내 수업으로 구성할 수 있는 것이라 할 수 있다. 교육과정 재구성은 선정된 융합주제를 바탕으로 수업을 기획하는 것이다. 즉, 학습목표와 교수학습, 평가까지 일관성을 갖추어 설계하는 것과 함께, 실생활 문제나 상황, 즉 시나리오 개발 등이 포함된다.

AI 융합교육은 AI 지식과 기술을 활용하여 교육이 이루어지기 때문에 이를 효과적으로 적용하기 위해서는 교사의 융합교육역량뿐만 아니라 AI 기술활용역량이 요구된다. 즉, AI 지식과 기술에 대한 이해뿐만 아니라 제약조건 등을 습득하고 이러한 AI 기술을 교육적 맥락에 맞게 적절히 활용하는 능력이 필요하다. 이러한 관점에서 볼 때 교사교육에서 테크놀로지 지식(Technological Knowledge, TK)뿐만 아니라 교수 지식(Pedagogical Knowledge, PK), 내용 지식(Content Knowledge, CK) 등이 통합된 형태의 지식이 필요하다(Koehler et al., 2004). 이러한 교사의 지식 구조를 확장한 모델로 TPACK(Technological Pedagogical Content Knowledge) 모델이 제안되었다(Mishra & Koehler, 2006).

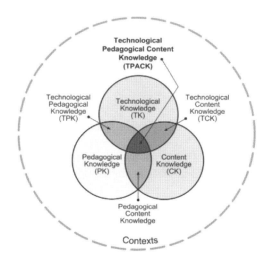

TPACK 모델은 TK와 CK, PK에 대한 별도의 지식 외에 수업 내용을 학습자의 흥미나 수준에 따라 어떤 방법으로 가르쳐야 하는가(Pedagogical Content Knowledge, PCK), 수업 내용에 따라 어떤 테크놀로지를 사용해야 하는가(Technological Content Knowledge, TCK), 교수 방법에 테크놀로지를 어떻게 통합해야 하는가(Technological Pedagogical Knowledge, TPK), 특정한 내용을 가르치는 데 적합한 교수 방법을 적용할 때 테크놀로지를 어떻게 통합해야 하는가(Technological Pedagogical Content Knowledge, TPACK)까지 교수학습에서 테크놀로지를 통합하기 위하여 교사가 가져야 할 지식을 총체적으로 제시한다(신원석, 2020). <그림 7-11>은 이 TPACK 모델을 보여준다.

테크놀로지의 중요성이 증가함에 따라 TPACK은 교과 영역별 연구, 교육 프로그램 개발, 평가 등 다양한 영역에서 연구들이 진행되었다. Ng 외(2021)의 연구에서는 AI 리터러시 교육을 위한 모형을 TPACK에 기반하여 <그림 7-12>와 같이 정의하였다. 그 모형은 TK, PK, CK로 구성되며, 이 세가지 구성요소는 학습교구, 교수학습방법, 교수학습내용의 관점에서 접근하고 있다. 이 중 TK에 해당되는 학습 교구를 크게 네 가지(하드웨어 기반 학습도구, 소프트웨어 기반 학습도구,

AI 관련 에이전트(예: 지능형 에이전트) 및 언플러그드 학습 도구(예: 역할극))로 구분하고 있다. PK는 학생 AI 소양을 촉진하기 위해 학습과정에서의 학습자 스캐폴딩(Scaffolding) 및 피드백 제공을 수반하는 교수 전략과 교수 방법에 대한 것이다. 그리고, CK는 특정 교과가 교육과정에서 다루어져야 하는 AI 소양에 대한 지식이다.

▼ 그림 7-12 AI 리터러시 교육을 위한 TPACK 모형

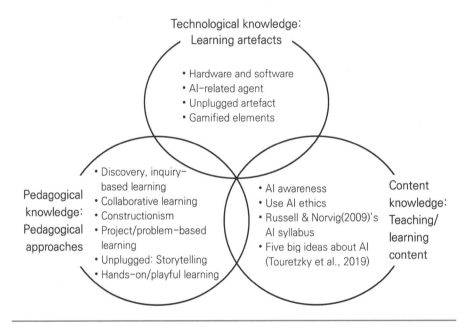

AI 융합교육을 위한 교사 역량은 위에서 살펴본 융합교육역량과 TPACK을 기반으로 네 가지 단계(교육과정 구성, 교수학습 설계, 교수학습 실행, 교수학습 평가)로 구분하여 살펴볼 수 있다. '교육과정 구성'은 AI와 융합가능한 주제를 탐색하여 새로운 교육내용을 구성하는 능력으로 AI 융합주제 탐색, 융합교육 모델 고려, 맥락 재구성이 세부요소로 포함된다. '교수학습 설계'는 AI 융합 수업을 위해 학습자, 학습 주제, 학습 환경 등을 고려한 교수학습 방법 및 전략을 수립하여 수업을 설계하는 능력이다. 이 '교수학습 설계' 단계를 위해서는 TPACK 관련 지식과 스킬이 교사에게 요구된다. 즉, 교사들은 AI 개념과 기술,

도구, AI 윤리 관련 지식이 필요하며 교육학적 측면의 AI 융합 교수설계를 위한 교수방법 및 교수전략에 대한 지식이 필요한 것이다. 교사는 이와 같은 지식을 기반으로 하여 AI 융합 수업의 학습 목표를 달성하기 위해 적절한 AI 개념, 기술 및 도구를 선택하고 활용할 수 있는 능력이 요구된다.

▌표 7-1 AI 융합교육 역량 구성 요소

구성요소	의미	세부 요소
교육과정 구성	AI와 융합 가능한 주제를 탐색하여 AI 융합 교육내용을 구성하는 능력	• AI 융합주제 탐색 및 선정 • 융합교육모델 고려 • 맥락 재구성
교수학습 설계	AI 융합 수업을 위해 학습자, 학습 주제, 학습 환경 등을 고려한 교수학습 방법 및 전략을 수립하여 수업을 설계하는 능력	• AI 개념과 기술, 도구, AI 윤리 관련 지식 • AI 융합 교수설계를 위한 교수방법 및 교수전략에 대한 지식 • AI 융합 수업의 학습목표를 달성하기 위해 적절한 AI 개념, 기술 및 도구의 선택 및 활용 • 학습자 수준 및 특성을 고려한 교수방법 적용 및 교수전략 설계 • 학습자의 학습목표 달성을 체크할 수 있는 적절한 평가방법 설계
교수학습 실행	실제로 AI 융합수업을 실행하는 능력	• ICT 및 AI 도구를 이용한 학습자와의 의사소통 및 공감 능력 • AI 도구를 활용한 학습자 모니터링 및 학습자 지도 • AI와 협업 수업 및 학습자 중심 수업에서의 적절한 지도 및 조력자 역할 • 창의적 문제해결 능력
교수학습 평가	학습자의 학습 성과 확인 및 교수자의 수업설계와 실행에 대한 평가 능력	• 학습 과정 및 성과 평가 • 학습자 데이터 기반 진단 • 빅데이터 해석 및 활용 능력 • 수업 설계 및 실행에 대한 평가

또한 학습자 수준 및 특성을 고려한 교수방법 및 전략의 설계와 더불어 학습자의 학습목표 달성을 체크할 수 있는 적절한 평가방법에 대한 설계 능력이 필요하다. '교수학습 실행'은 실제로 AI 융합수업을 실행하는 능력으로, 교사는 ICT 및 AI 도구를 이용한 학습자와의 의사소통 및 공감 능력과 AI 도구를 활

용한 학습자 모니터링 및 학습자 지도 능력이 필요하다. 또한 앞으로 AI와 협업이 이루어지는 수업이 많아질 것으로 예상됨에 따라 AI와 협업 수업에서의 적절한 지도 및 조력자 역할이 필요하다. 마지막으로 '교수학습 평가' 단계로 학습자의 학습 성과 확인 및 교수자의 수업 설계 및 실행에 대한 평가가 포함된다. 또한 학교교육에서 AI 활용을 통한 교육 혁신에 대한 많은 사회적 관심이 커지고 있는 가운데 교수자의 데이터 기반의 학습자 진단이 필요하며 이에 따른 교수자의 빅데이터 해석 및 활용 능력이 요구된다. <표 7-1>은 이 역량들을 정리하여 보여준다.

참고문헌

교육부, 한국과학창의재단, 한국기술대학교(2020). 2020 STEAM 프로그램 – 첨단제품 활용형 프로그램 개발 초등4학년(차시대체).

김진수, 김방희, 김진옥 (2020). 융합 STEAM 교육의 이해. 공감북스.

김호영(2021). AI 작곡을 통한 미래 역량 강화 및 창의력 신장. 2021년도 수업혁신사례 연구대회 보고서,

민설아, 전인성, 송기상(2021). 머신러닝 플랫폼을 활용한 인공지능 융합 교육이 STEAM 문해력 및 학습 흐름에 미치는 영향. 한국컴퓨터정보학회논문지, 26(10), 199 – 208.

손유정(2021). AIENG 챗봇 기반 옹알이 프로그램으로 영어 의사소통 역량 기르기. 제15회 교육정보화연구대회 연구보고서

송 정 범, 박 정 호(2021). 인공지능 도구 활용 환경 주제 STEAM교육 프로그램 개발. 디지털콘텐츠학회논문지, 22(11), 1825 – 1832

신원석 (2020). 로봇활용교육에 대한 교사들의 테크놀로지내용교수지식 분석. 한국산학기술학회 논문지, 21(6), 196 – 203.

신진선, 조미헌(2021). 초등학생을 위한 활동중심 인공지능 융합 교육 프로그램 개발 및 적용. 정보교육학회논문지, 25(3).

양혜지, 김자미, 이원규 (2020). 초등교원의 SW교육 역량 추출. 학습자중심 교과 교육 연구, 20(19), 1357 – 1378.

유인환, 배영권, 박대륜, 안중민, 김우열 (2020). 로봇활용 인공지능 교육 프로그램 개발과 적용에 관한 연구. 정보교육학회논문지, 24(5), 443 – 451.

이소율, 이영준(2021). 파충류와 양서류 분류를 위한 인공지능 교육 기반의 융합 교육 프로그램 개발. 융합정보논문지, 11(12), 168 – 175.

이영호(2021). 인공지능 융합 교육 프로그램 개발 및 효과성 분석. 정보교육학회논문지, 25(1).

장병철, 임종현, 김용신(2020). 융합인재 육성을 위한 AI 교육. 교육부 이슈 페이퍼.

홍선주, 조보경, 최인선, 박경진 (2020). 학교 교육에서 인공지능(인공지능)의 개념 및 활용. KICE POSITION PAPER, 12(3).

황정, 최은정, 한정혜 (2021). 딥페이크 앱 활용 윤리교육 융합 프로젝트의 개발 및 적용. 정보교육학회논문지, 25(2), 405-412.

Burleson, W., et al. (2017). Active learning environments with robotic tangibles: Children's physical and virtual spatial programming experiences. IEEE Transactions on Learning Technology, 11, 96-106.

Cavas, B. (2012). The meaning of and need for "inquiry−based science education (IBSE)". Journal of Baltic Science Education, 11(1) 4−6. http://www.scientiaso cialis.lt/jbse/?q＝node/236

CBSE(Central Board of Secondary Education) (2020). Artificial Intelligence Integra tion across Subjects for CBSE curriculum. http://cbseacademic.nic.in/web_mater ial/ Manuals/AI IntegrationManual.pdf

Fogarty, R. (1991). How to Integrate the Curricula. Palatine, IL: IRI/Skylight Publishing.

Freeman, S., Eddy, S., McDonough, M., Smith, M., Okoroafor, N., Jordt, H., Wenderoth, M. (2014). Active learning increases student performance in science, engineering, and mathematics. Proc. of the National Academy of Sciences of USA, 111(23), 8410-8415.

Hayat, M., Hasan, R., Ali3, S. & Kaleem, M. (2017). Active learning and student engagement using Activity Based Learning. International Conference on Infocom Technologies and Unmanned Systems (Trends and Future Directions) (ICTUS)

How, M. & Hung, W. (2019). Educing AI-thinking in science, technol− ogy, engineering, arts, and mathematics (STEAM). Education Science, 9(3). DOI: 10.3390/educsci9030184

Hsu, T., Abelson, H. Lao, N., & , Chen, S. (2021). Is It Possible for Young Students to Learn the AI−STEAM Application with Experiential Learning?. Sustainability, 13 (19), 11114

Kolb, D. (1984). Experiential Learning: Experience as the Source of Learning and Development. Englewood Cliffs, NJ : Prentice−Hall.

Lee, S. et al., (2021). AI-Infused Collaborative Inquiry in Upper Elementary

School: A Game-Based Learning Approach. The Thirty-Fifth AA AI Conference on Artificial Intelligence (AA AI-21).

Li, L. (2020). A Comparative Study on Artificial Intelligence Curricula. Electronic Thesis and Dissertation Repository. 7496. https://ir.lib.uwo.ca/etd/7496

Mishra, P. and Koehler, M. J.(2006). Technological pedagogical content knowl-edge: A framework for teacher knowledge. Teachers college record, 108(6), 1017-1054.

Ng, D. Leung, K., Chu, S., & Shend, M. (2021). Conceptualizing AI literacy: an exploratory review. Computers and Education: Artificial Intelligence.

Perrenet, J., Bouhuijs, P., & Smits, J. (2000). The suitability of prob-lem-based learning for engineering education: theory and practice. Teaching in higher education, 5(3): 346-358.

Savin-Badedn, M. (2007). Challenging models and perspectives of prob-lem-based learning. In: Graaff, E.D. and Kolmos, A. eds. Management of change: implementation of problem-based and project-based learning in engineering. Rotterdam: SENSE Publisher, 9-29.

UNESCO(2022). K-12 AI curriculaA mapping of government-endorsed AI curricula.

8
학습자를 위한 AI 튜터링 시스템

정제영, 이선복

1 미래교육을 위한 맞춤형 교육 체제

현재의 학교는 학교급과 학년제를 구분하는 경직된 학교제도로 운영하고 있어 개인의 수준과 목표에 따른 개인별 맞춤형 학습의 운영이 어려운 상황이다. 표준화된 교육과정과 경쟁적인 상대평가를 통해 학생들의 성취수준을 측정하기 때문에 학생들 간 성취수준 격차가 학년이 올라갈수록 점점 커지게 된다. 규격화된 학교 시설 역시 학생들의 유연한 사고와 학습방식을 제한시키는 한계를 노정해 왔다. 교육 환경의 변화에 따른 교육의 혁신이 시급한 상황이라고 할 수 있다.

국내·외에서 미래학교로의 전환을 위한 다양한 교육적 실험이 진행되고 있다. 우리나라에서는 근대식 학교교육의 한계를 극복하기 위한 교육 혁신이 다양한 이름으로 여러 학교에서 시도되고 있다. 해외에서도 국가별로 미래교육을 위한 다양한 노력을 기울이고 있는데 '스웨덴 프트럼 스쿨, 네덜란드 스티브잡스 스쿨, 미국의 칸랩스쿨' 등이 대표적이다. 세계적으로 추진되고 있는 다양한 미래학교 사례를 분석해보면 다음과 같은 공통적 노력이 이루어지고 있음을 확인할 수 있다.

첫째, 교수-학습의 형태가 기존 한 명의 교사가 다수의 학생을 대상으로 강의식으로 수업을 진행하는 대량교육 시스템을 변화시키기 위해 노력하고 있다. 빅데이터 기반의 인공지능 기술을 활용하여 개인별 맞춤형 학습(one-to-one tutoring)을 구현하고자 시도하고 있다. 우리나라의 미래학교 시범학교들이 이에 해당한다. 오랫동안 학교는 대량교육시스템으로 운영되면서 사회구성원의 양성이라는 국가적 수준의 목표와 상급 학교의 진학이라는 개인 수준의 목표를 지향해 왔다. 하지만 미래학교의 방향은 학생의 개별적 성장과 지속적인 학습 경험의 축적, 삶에 적용되는 실제적 지식의 습득으로 변화하고 있다. 개인별 학습 시스템은 학습자 개인의 목표와 능력을 고려하여, 개인에게 최적화된 학습의 기회를 제공하는 것을 목적으로 한다.

둘째, 다양한 수준의 학생들을 국가교육과정이라는 일정한 틀에 집어넣었던 교육과정은 개인별 학습의 속도와 수준에 맞추어 유연하게 적용하고 있다. 스웨덴 프트럼 스쿨, 네덜란드 스티브잡스 스쿨의 사례에서도 살펴볼 수 있듯이 개별 학생들의 개별화된 미래 설계를 위해 최적의 학습 환경을 제공하고 있다. 학습의 과정에서 학생들 스스로가 지니고 있는 꿈과 재능, 진로에 맞는 학습 기회를 제공하는 것이 중요한 점이다. 이를 위해서 획일적인 교육과정에서 벗어나, 학생들의 개별적인 학습계획에 따라 유연하게 교육과정을 운영하는 것이 중요하다. 학생의 나이에 따라 교육내용을 결정하는 학년제의 틀에서 벗어나, 학습의 수준에 따라 유연하게 교육과정을 구성하는 무학년제 교육과정을 지향해야 한다.

셋째, 교수·학습 과정은 교사가 주도되어 정해진 진도에 따라 지식을 전달하는 형태에서 벗어나서 개념적 지식 학습을 바탕으로 미래 사회에 필요한 핵심역량을 갖추도록 하는 창의적 학습으로 전환할 필요가 있다. 지식의 암기와 이해 중심의 학습 방법을 첨단 기술 기반의 'AI 튜터링 시스템'으로 모든 학생이 이해할 수 있도록 지원하고, 교사는 창의적 학습이 이루어질 수 있도록 고차원적 학습을 지도하도록 하는 것이 필요하다. 다양한 미래학교 사례에서 블렌디드 러닝이나 하이브리드 러닝의 방식을 활용하는 것을 볼 수 있는데 이는 모든 학생들이 기본적인 개념학습의 과정에서 개별화된 지원을 통해 성공적인 학습을 하도록 하는 것이다. 더욱 중요한 것은 교사가 '프로젝트 학습(PBL: project based learning)'이나 '문제기반 학습(PBL: problem based learning)'을 활용하여 고차원적인 학습이 이루어지도록 지도한다는 것이다.

넷째, 미래학교에서 지식전달 수업이 아닌 프로젝트 학습 등이 이루어지기 위해서는 기존 총괄평가와 상대평가 중심에서 과정중심 평가, 개개인의 성취에 초점을 맞춘 절대평가로의 전환이 요구된다. 학습의 결과만이 학습이 아니라 학습 자체가 그 성과가 될 수 있다는 인식의 전환은 제도적 혁신과 더불어 교사, 학생, 학부모 모두에게 필요하다. 국가 교육과정을 전환하여 개인별 선택이 확대된 유연한 교육과정을 도입하더라도, 기존 평가 방식이 변하지 않는다면 궁극적인 학교 시스템의 변화를 기대하기 어려울 것이다.

빅데이터와 인공지능을 활용한 개별화된 튜터링 시스템을 도입하더라도 학교 제도의 전반적인 혁신이 함께 이루어질 필요가 있다. 이상의 논의를 요약해 보면, 학교의 역할과 목적은 학생의 개별적 성장으로 전환되어야 한다. 표준화된 교육과정은 개인별 교육과정 및 무학년제로, 교사 주도의 지식전달 중심 교수·학습 과정은 학생 중심의 지식 기반 프로젝트 학습으로, 총괄평가와 상대평가 중심의 평가방식은 과정평가와 절대평가로 혁신되어야 할 것이다. 이와 같은 학교 시스템의 총체적 변화를 위해 교사는 학생을 평가하고 관리하는 주체가 아니라 개인별 학습을 독려하기 위한 학습의 조력자 혹은 설계자, 환경 조성의 역할로서 개별화된 학습 효과를 극대화시켜주는 역할로 변화가 필요하다. 학교의 공간 역시 미래학교를 위한 창의적 학습 공간으로 변화되어야 할 것이다. 그럼에도 불구하고 미래학교의 핵심적인 변화는 개인별 맞춤형 교육이라고 요약할 수 있으며 이를 위해 다양한 지원과 체제 전환이 요구됨을 이해할 수 있다.

인공지능 기술을 교육에 활용하는 변화가 시작되고 있다. 인공지능의 교육적 활용(AI in Education)은 학생 개인이 필요로 하는 수준의 학습, 즉 맞춤형 개별화 학습을 적은 비용으로 구현해주는 역할을 하고 있다. 현재 에듀테크 산업 분야에서 개발하여 다양한 형태로 적용되고 있는 인공지능 활용 교육의 시스템은 학생의 수준에 맞추어 성공할 때까지 학습을 지원해 준다. 인공지능 시대의 미래교육은 다양한 에듀테크를 활용하여 지식을 학습하고, 이를 기반으로 창의적 교육이 이루어지는 하이브리드 러닝(Hybrid Learning)으로 정의할 수 있다. 인공지능 기술을 적극적으로 활용하되 창의적 교육은 교사의 주도로 학생들과 함께 이루어질 수 있도록 하는 것이다. 이를 교사와 함께 하는 하이터치(High Touch) 교육, 에듀테크 기술을 활용한 하이테크(High Tech) 교육의 결합으로 정의할 수 있을 것이다. 모든 학생이 학습에 성공하고 각자의 역량을 키울 수 있는 교육이 바로 미래교육의 지향점이다. 개인별 맞춤형 교육을 구현하기 위한 하이테크의 핵심적인 내용은 'AI 튜터링 시스템'이라고 할 수 있다.

2 맞춤형 교육의 효과성과 2시그마 문제

인공지능을 활용한 AI 튜터링 시스템 또는 지능형 튜터링 시스템(Intelligent Tutoring System, ITS)은 학습과 관련된 개별 학습자의 수준과 필요를 파악하고 이를 바탕으로 개인화되고 즉각적인 피드백을 제공하는 일대일 튜터링을 제공함으로써 전통적인 강의식 수업의 보완재로써 학생들의 학습을 향상할 수 있는 도구로 기대되고 있다.

일대일 튜터링을 통한 맞춤형 교육의 효과성에 대해서는 많은 실증적인 연구들이 있었다. 예를 들어, Bloom(1984)은 교사 일인당 30여 명의 학생이 수업을 받는 전통적인 학습방식(conventional learning), 전통적인 학습방식으로 수업을 하지만 형성평가(formative test)를 통해 학생들이 해당 주제를 학습할 수 있도록 돕는 완전학습방식(mastery learning), 개별 맞춤형 지도를 통한 일대일 튜터링 방식(tutoring)을 비교하여 일대일 튜터링을 받은 학생들의 평균이 전통적인 강의식 수업을 받은 학생들의 평균에 비해 2-표준편차(2-sigma)만큼 높다는 것을 보여주었다(<그림 8-1> 참고). Bloom(1984)은 교실에서 수업받는 학생들이 일대일 맞춤형 학습을 받는 것과 마찬가지의 학습효과를 얻을 수 있는 학습 조건을 만드는 문제를 2시그마 문제(2-sigma problem)라고 하였다. 인공지능을 활용하여 맞춤형 교육을 제공하고자 하는 지능형 튜터링 시스템은 이러한 2시그마 문제를 해결하기 위한 한가지 대안으로 주목받고 있다.

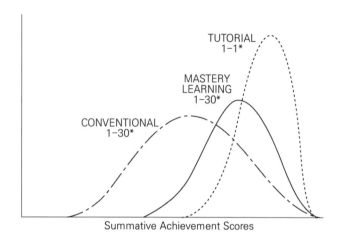

출처: Bloom (1984)

또한 Corbett(2001)은 학생들이 LISP라는 프로그래밍언어를 학습할 때 고정된 순서로 문제를 해결하는 경우에 비해, Cognitive Computer Tutor를 통해 맞춤형 피드백을 제공받는 경우 40%의 문제를 더 풀고 사후시험에서의 정답률이 25%가 상승함을 보여주었다.

▼ 그림 8-2 피드백의 효과성

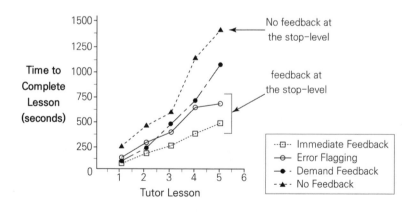

출처: Corbett(2001)

Bloom(1984)과 Corbett(2001) 이외에도 다양한 상황에서 컴퓨터와 지능형 튜터링 시스템을 활용한 맞춤형 교육의 효과성에 대한 실증연구들이 있었으며 이러한 실증연구들을 종합하는 많은 메타분석 연구들이 있었다. 메타분석 연구는 특정 주제에 관한 선행연구들을 수집하여 효과 크기(effect size)를 중심으로 종합하는 연구로써 개별 연구들을 종합하기 때문에 해당 주제에 대한 보다 종합적이고 신뢰성 있는 결론을 도출할 수 있는 장점이 있다. <표 8-1>에는 지능형 튜터링 시스템의 효과성에 대한 연구들을 종합한 메타연구들이 정리되어 있다. 이러한 메타분석 연구들에 따르면, 컴퓨터와 지능형 튜터링 시스템을 활용한 맞춤형 교육은 다양한 상황에서 통계적으로 유의미하게 학생들의 학업성취도를 향상시킨 것으로 나타났다.

▎표 8-1 지능형 튜터링 시스템의 효과성에 대한 메타연구들

메타연구		요약
Tamim et al. (2011)	목적	학생들의 학업성취도 향상에 있어서 컴퓨터를 활용한 교육과 전통적인 강의식 교육의 효과성 비교
	방법	주제와 관련된 지난 40년 동안의 25개의 메타분석을 다시 통합하는 2차 메타분석
	결과	컴퓨터를 활용한 교육이 전통적인 강의식 수업과 비교해 효과크기(effect size) d=0.33만큼 유의미하게 학생들의 학업성취를 향상
VanLehn (2011)	목적	학생들의 학업성취도 향상에 있어서 사람과 다양한 종류의 지능형 튜터링 시스템의 효과성 비교
	방법	주제와 관련된 250여 개 연구에 대한 메타분석
	결과	지능형 튜터링 시스템(d=76)이 사람(d=0.79)만큼 효과적으로 학업성취도를 향상
Steenbergen & Cooper (2013)	목적	K-12학생의 수학 학업성취에 대한 지능형 튜터링 시스템의 효과성 검증
	방법	주제와 관련된 1997년과 2010년 사이의 26개 연구에 대한 메타분석
	결과	지능형 튜터링 시스템(g=0.01~0.09)이 학생들의 수학 학업성취도를 향상(g=Hedges' g)

메타연구		요약
Ma et al. (2014)	목적	학생들의 학업성취도 향상에 있어서 지능형 튜터링 시스템을 사용한 경우과 사용하지 않은 경우에 대한 효과성 비교
	방법	주제와 관련된 107개 연구에 대한 메타분석
	결과	지능형 튜터링 시스템은 전통적인 강의식 수업에 비해(g=0.42), 지능형 튜터링을 사용하지 않을 때에 비해(g=0.57), 교과서로 공부할 때에 비해(g=0.35) 유의미하게 효과적으로 학업성취도를 향상
Steenbergen & Cooper (2014)	목적	대학생의 수학 학업성취에 대한 지능형 튜터링 시스템의 효과성 검증
	방법	주제와 관련된 39개 연구에 대한 메타분석
	결과	지능형 튜터링 시스템(g=0.32~0.37)이 대학생들의 학업성취도를 향상

Notes. d와 g는 효과크기를 나타내며 d는 Cohen's d를 g는 Hedge's g를 나타낸다.

3 AI 튜터링 시스템의 개념과 발달 과정

학교에서 맞춤형 교육을 구현할 수 있는 수단으로 기대되고 있는 AI 튜터링 시스템은 컴퓨터를 교육에 활용하고자 하는 오랜 노력의 결과들을 반영하고 있다. 컴퓨터를 이용해 학생들의 학습을 증진하고자 하는 노력은 1950년대 스키너(skinner)의 직선형 프로그램(linear program)을 시작으로 1960년대 분기형 프로그램(braching program)과 컴퓨터 보조 수업(computer assisted instruction)을 거쳐서 1980년대 인공지능에 기반한 지능형 튜터링 시스템(intelligent tutoring system)으로 이어지고 있다. 8장에서는 컴퓨터를 이용해 학생들의 학습을 증진하고자 했던 다양한 시도들을 간략하게 살펴봄으로써 각각의 시도들이 구현하고자 했던 구체적인 목표들이 현재 지능형 튜터링 시스템에 어떻게 반영되었는지에 대해 알아보고자 한다.

1) 직선형 프로그램

스키너의 직선형 프로그램(linear program)은 스키너가 제안한 조작적 조건화 이론에 기반한다(Skinner, 1965). 조작적 조건화 이론은 인간이 외부자극에 반사적으로 반응하는 수동적인 존재가 아니라 행동의 결과를 고려하여 조건적으로 반응하는 능동적인 존재라는 점을 강조한다. 스키너는 이를 위해 널리 알려진 실험 상자인 스키너 상자(Skinner box)를 고안했다. 동물 행동을 연구하기 위해 고안된 스키너 상자는 상자 안에 먹이통과 연결된 지렛대가 있으며 지렛대를 누르면 먹이가 나오게 된다. 스키너는 이 상자를 가지고 조작적 조건형성의 실험을 하였는데 그 과정은 다음과 같다. 먼저 쥐에게 일정 기간 먹이를 주지 않아 굶주린 상태로 만든다. 이런 상태를 박탈 상태라고 한다. 굶주린 상태에 있는 쥐를 상자에 넣으면 쥐는 상자 안을 돌아다니다가 우연히 지렛대를 누르게 되고 그 결과로 먹이를 얻게 된다. 쥐는 또다시 상자 안을 돌아다니고 우연히 지렛대를 누르고 그 결과로 먹이를 얻는 과정이 반복됨에 따라 쥐는 지렛대를 누르는 행동과 먹이를 얻는 결과 사이의 연관성을 학습한다. 그 후에는 의도적으로 지렛대를 눌러 먹이를 얻게 된다. 이러한 스키너의 상자 실험은 조작적 조건화의 개념을 포함하고 있는데, 조작적 조건화란 자극에 자동으로 반응하는 고전적인 조건화와는 다르게 유기체가 행동과 결과의 관계를 학습한 후 결과와 연관되어 능동적인 행동 반응을 보이는 것을 말한다.

스키너는 이러한 조작적 조건형성의 주요 원리를 강화(reinforcement)와 처벌(punishment)로 보았다. 강화는 어떤 행동이 일어날 확률을 증가시키는 모든 것을 말한다. 이러한 강화는 다시 어떤 행동 직후에 주어졌을 때 그 행동이 일어날 확률을 높이는 정적 강화(positive reinforcement)와 어떤 행동 직후에 제거했을 때 그 행동이 일어날 확률을 높이는 부적 강화(negative reinforcement)로 나누어진다. 반면 처벌은 어떤 행동이 일어날 확률을 감소시키는 모든 것을 말한다. 이러한 처벌도 다시 행동 직후에 혐오적인 자극이 제시되어 그 행동이 일어날 확률을 감소시키는 정적 처벌(positive punishment)과 행동 직후에 매력적인 자극이 제거되어 그 행동이 일어날 확률을 감소시키는 부적 처벌(negative punishment)로 나누어진다.

스키너는 이러한 조작적 조건화의 원리가 학습에까지 확장될 수 있다고 보았으며 스키너의 프로그램 학습법(programmed learning)은 이러한 조작적 조건화의 원리에 기반한다(Skinner, 1965; 1968). 스키너는 전통적인 교실 수업은 너무 많은 양의 정보를 학생들에게 제공하고 있으며 또한 학생들의 행동에 대한 보상이 즉각적으로 이루어지지 않고 있다고 보았다. 스키너는 이러한 관찰에 기반해서 다음과 같은 프로그램 학습법의 이론적 근거들을 제시했다. 스키너는 학습이 효율적으로 되기 위해서는 학습의 단계마다 학습자의 수준에 맞게 문제를 제시해서 학습자의 능동적인 참여를 유도하고, 학습내용은 작은 단계로 나누어서 쉬운 것에서 어려운 것으로 점진적으로 학습하며, 학습한 내용에 대한 즉각적인 평가를 통해 학습에 대한 강화가 이루어지도록 하며, 개별 학습자의 수준에 맞는 속도로 학습을 진행해야 한다고 보았다.

▌표 8-2 프로그램 학습법의 원리

원리	설명
적극적 반응의 원리	학습의 단계마다 학습자의 수준에 맞게 문제를 제시해서 학습자의 능동적인 참여를 유도한다.
스몰스텝의 원리	학습내용은 작은 단계로 나누어서 쉬운 것에서 어려운 것으로 점진적으로 학습한다.
즉각적 강화의 원리	학습한 내용에 대한 즉각적인 평가를 통해 학습에 대한 강화가 이루어지도록 한다.
자기 속도의 원리	개별 학습자의 수준에 맞는 속도로 학습을 진행해야 한다

스키너는 전통적인 수업방식의 문제점을 극복하기 위해 프로그램 학습법의 원리에 기반해서 교수 기계(teaching machine)를 만들었다(Skinner, 1958). 교수 기계는 프레임(frame)이라고 불리는 학습의 작은 단위들을 주어진 순서에 따라 학습자에게 제시하는 컴퓨터를 말한다. 학습자들이 정해진 순서에 따른 프레임을 제시받기 때문에 직선형 프로그램(linear program)이라고 불린다. 각 프레임은 해당 내용에 대한 짧은 정보나 방정식으로 이루어져 있다. 학습자들은 적절한 분량으로 구성된 각 프레임의 내용을 학습하고 학습한 내용에 대해 즉시 평

가를 받는다. 교수 기계는 학습자에게 즉시 정답 여부를 알려주고 학습자들은 정답을 제시한 경우에만 다음 프레임으로 진행할 수 있다. 교수 기계의 이러한 즉각적인 피드백은 조작적 조건화의 관점에서는 학습자에게 즉각적인 보상이 된다. 또한 학습자들은 이러한 교수 기계에서 자신만의 속도로 학습을 진행할 수 있다. 스키너는 교수 기계가 학습 내용을 적절한 분량으로 나눈 프레임, 즉각적인 피드백을 통한 강화, 학습자의 수준에 맞는 학습 속도를 통해 학습자의 학습을 증진시킬 수 있을 것으로 생각하였다. Schramm(1964)은 150개 연구들을 분석하여 스키너의 직선형 프로그램이 매우 효과적인 방법이라고 결론을 내렸다.

2) 분기형 프로그램

스키너의 직선형 프로그램은 프레임을 통한 적절한 분량의 학습 내용, 즉각적인 피드백을 통한 신속한 보상, 개별 학습자가 조절 가능한 학습 속도 등 전통적인 수업방식의 한계를 극복할 수 있는 많은 장점이 있었다. 하지만 직선형 프로그램은 모든 학습자가 정해진 순서로만 학습하기 때문에 개별 학습자의 수준을 고려한 맞춤형 학습에 대한 고려가 부족했다. 또한, 학습자가 틀린 답을 제시하여도 적절한 피드백을 제공할 수 없었다.

Crowder(1959)는 이러한 직선형 프로그램의 단점을 극복하고자 분기형 프로그램(Branching program)을 제안하였다. 분기형 프로그램은 학습자의 학습능력에 따라 학습 진행이 이루어지도록 학습자의 응답에 따라 진행하는 프레임이 달라질 수 있다. 예를 들어, 학습자가 정답을 제시했을 때는 다음 프레임으로 진행할 수 있지만, 오답을 제시했을 때는 오답에 대한 피드백이 제공되며 해당 내용을 다시 학습할 수 있도록 관련 프레임이 제공된다. 이러한 분기형 프로그램은 학습자가 다른 경로의 프레임을 경험할 수 있고 또한 오답을 적극적으로 활용함으로써 학습의 개별화를 지향한다. <그림 8-3>은 지금까지 설명한 직선형 프로그램과 분기형 프로그램에서의 학습 진행을 나타내고 있다. 그림에서 보여지는 것처럼 직선형 프로그램은 주어진 순서로만 학습이 진행되는 반면 분기형 프로그램은 학습자의 응답에 따라 다른 경로를 통해 학습을 진행한다.

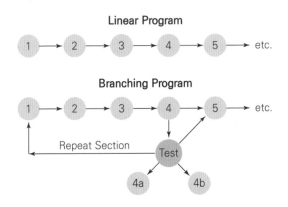

3) 컴퓨터 보조 학습

직선형 프로그램과 분기형 프로그램과 같은 프로그램 학습은 강화와 같은 행동주의적 학습원리를 교육분야에 적용한 것이다. 이러한 프로그램 학습은 학습자들이 적절한 분량의 학습 내용을 쉬운 것에서 어려운 것으로 점진적으로 학습하고, 즉각적인 피드백을 제공하며, 학습자들이 개별적으로 자기 진도에 맞게 학습을 진행하는 장점이 있다. 하지만 이러한 프로그램 학습은 컴퓨터를 단지 프로그램화된 교과서로 사용하기 때문에 교수활동과 연습과 같은 단순한 형태의 학습에는 적합하지만 학습자들이 문제 해결력에 도움을 주고자 하는 보다 복잡한 형태의 학습에는 적합하지 않았다. 컴퓨터 보조 학습(Generative Computer Assisted Instruction)은 학습과정에서 학습자들의 다양한 반응에 대응할 수 있는 학습 시스템의 적응성(adaptivity)을 강조한다. 컴퓨터 보조 학습은 학습에 필요한 다양한 평가문항, 답안, 보충자료, 설명 등 다양한 학습자료를 자동으로 생성할 수 있는 컴퓨터 시스템을 말한다(Uttal et al., 1969).

4) 지능형 튜터링 시스템

컴퓨터 보조 학습은 프로그램 학습과 비교하여 학습자들의 다양한 반응에 대응할 수 있는 적응성을 강화했다. 하지만 프로그램 학습법과 G컴퓨터 보조 학습은 여전히 맞춤형 일대일 학습을 제공하기에는 부족했다. 기존의 시스템들은 학습자에 대한 너무 많은 가정에 의존했는데, 이러한 근본적인 이유는 프로그램 학습법과 컴퓨터 보조 학습과 같은 시스템들이 가르치고자 하는 주제와 이를 학습하는 개별 학습자에 대한 이해를 체계적으로 시스템 내부에 표현하고 이를 바탕으로 추론하여 맞춤형 학습을 제공할 수 있는 수단이 없었기 때문이었다. 또한, 기존의 시스템들은 학습자들과 효과적으로 소통할 수 있는 자연어 처리 능력도 없었으며 실제 학교의 선생님들처럼 학생을 점차 알아 나가며 그에 따라 교수 방법을 발전시켜 나가는 능력도 없었다(Sleeman & Brown, 1982b; Hawkes et al., 1986).

Carbonell(1970)은 인공지능이 기존 프로그램 학습법과 컴퓨터 보조 학습과 같은 시스템들의 한계점들을 극복할 수 있다고 보았다. 인공지능 분야에서는 인간의 지식을 컴퓨터 시스템 내에 효과적으로 표현하기 위해 지식 표현(knowledge representation)이라고 하는 하위 분야가 활발하게 연구됐다. 규칙(rule), 프레임(frame), 의미망(semantic network) 등의 다양한 지식표현 방법들은 학습을 위한 컴퓨터 시스템이 가르치고자 하는 주제와 이를 학습하는 개별 학습자에 대한 이해를 체계적으로 시스템 내부에 표현하기 위해 사용될 수 있다. 인공지능의 자연어 처리(Natural Language Processing) 분야의 기술들은 학습자가 컴퓨터 시스템과 자연스럽게 소통하면서 학습할 수 있는 수단을 제공한다. 또한 인공지능의 머신러닝(Machine Learning)은 학습을 위한 컴퓨터 시스템이 학생에 대한 정보를 축적해 나가면서 이를 학습하여 시스템의 성능을 점차 향상할 수 있게 해준다. Carbonell(1970)은 이러한 생각을 바탕으로 실제로 최초의 지능형 튜터링 시스템인 SCHOLAR를 만들었다. SCHOLAR는 학생들에게 남아메리카의 지리를 학습하고자 만들어진 시스템이었다. SCHOLAR 내부에는 남아메리카 지리에 대한 지식이 의미망이라는 지식표현의 형태로 표현되었다. 지능형 튜터링 시스템인 SCHOLAR는 이러한 지식을 바탕으로 학습자들과 대화하고, 다양한 수준의 학습자료는 만들어 내고, 학생들에게 질문할 수 있었다.

지금까지 컴퓨터를 이용해 학생들의 학습을 증진하고자 하는 노력을 직선형 프로그램, 분기형 프로그램, 컴퓨터 보조 학습, 지능형 튜터링 시스템을 통해 간략하게 살펴보았다. 각각의 시스템들은 기존 시스템의 장점은 포함하며 단점은 극복하고 하는 노력의 산물이었다고 할 수 있다. <그림 8-4>는 이러한 직선형 프로그램부터 지능형 튜터링 시스템에 이르기까지의 발전 과정을 보여주고 있다. 결국 지능형 튜터링 시스템은 <그림 8-4>에 보여지는 모든 특징들을 함께 구현하는 시스템이라고도 할 수 있을 것이다.

▼ 그림 8-4 지능형 튜터링 시스템까지의 발달 과정

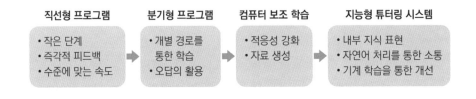

4 AI 튜터링 시스템의 구조: ITS

지능형 튜터링 시스템의 목적은 학습자에게 일대일 맞춤형 교육을 제공하는 것이다. 이러한 지능형 시스템을 효과적으로 구현하기 위해서는 인간 교수자가 맞춤형 교육을 제공하는 방식을 참고할 필요가 있다. 인간 교수자가 학습자에게 맞춤형 교육을 제공하기 위해서는 전문적인 지식을 바탕으로(what), 개별 학습자의 수준과 특징을 파악하여(who), 개별 학습자에게 최적화된 맞춤형 교수 방법을(how) 사용해야 한다. <그림 8-5>는 맞춤형 학습을 위한 이러한 세 가지 요소를 나타내고 있다.

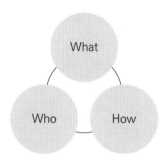

일반적으로 지능형 튜터링 시스템의 구조는 이러한 맞춤형 교육을 위한 세 가지 요소를 구현하기 위해 <그림 8-6>에 제시된 것과 같이 세 개의 모델을 포함한다(Nkambou et al., 2010). 먼저 세 가지 요소 중 what에 해당하는 지식모델(knowledge model)은 해당 분야의 개념, 규칙, 문제 해결 전략 등을 다양한 지식표현 방식을 통해 시스템 내부에 저장하며 이러한 지식은 학습자를 평가하고 학습자에게 개별적인 피드백을 제공하기 위한 기반이 된다. 지식표현의 방식으로는 생성 시스템, 의미망, 프레임 등 다양한 방식이 있다. 예를 들어, 생성 시스템은 IF−THEN 형식의 규칙으로 구성되며 이러한 규칙은 IF의 조건이 만족하면 THEN의 구문이 실행되며, "(IF) mX=n의 해를 구하려면, (THEN) 양변을 m으로 나눈다"와 같은 형식을 가진다.

세 가지 요소 중 who에 해당하는 학습자 모델(student model)은 학습자의 인지상태와 감정상태를 파악하여 이를 바탕으로 개별 학습자에게 최적화된 맞춤형 피드백을 제공한다. 지능형 튜터링 시스템은 학습자 모델에서 파악된 학습자의 지식수준이나 감정상태를 수치화하고, 이를 바탕으로 학습자에게 최적의 피드백을 제공하고 학생들의 흥미를 유발한다. Self(1988)는 다양한 지능형 튜터링 시스템의 구조를 분석한 후 학습자 모델의 주요 기능들을 <표 8−3>에 나타난 것처럼 교정(corrective), 보완(elaborative), 전략(strategic), 진단(diagnostic), 예측(predictive), 평가(evaluative)로 정리하였다.

기능	내용
교정	학습자의 지식 중에서 잘못 이해한 부분을 교정한다.
보완	학습자의 지식 중에서 불완전한 부분을 보완한다.
전략	학습자 분석을 바탕으로 가장 효과적인 교수 전략을 선택한다.
진단	학습자의 지식수준을 진단한다.
예측	학습자의 반응을 예측한다.
평가	학습자를 평가한다.

출처: Self(1988)

마지막으로 세 가지 요소 중 how에 해당하는 교수 모델(tutoring model)은 지식모델에 저장되어 있는 지식과 학습자 모델가 파악한 학습자의 상태를 바탕으로 학습자에게 최적화된 교수 전략을 실행하는 결정을 내린다. 이러한 교수 모델은 학습자가 어려워할 때 적절한 피드백을 제공하고, 학습자의 상태를 파악하기 위한 평가를 언제 실시할지를 결정한다.

▼ 그림 8-6 일반적인 지능형 튜터링 시스템의 구조

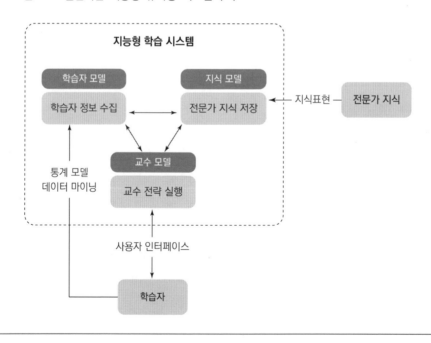

5 AI 튜터링 시스템의 다양한 유형

이미 오래 전에 소개되었던 ITS는 매우 기초적인 시스템과 데이터에 기반하여 단순한 인터페이스를 가지고 있었던 상황이었다. 하지만 최근에는 컴퓨터 성능의 발전, 빅데이터의 축적과 분석적 활용, 클라우드 컴퓨팅 기술의 비약적 발전 등을 통해 다양한 과목에서 상당히 빠른 속도로 발전되어 활용되고 있다.

미국 카네기멜론 대학의 MATHia는 미국의 K-12 학생들을 위해 개발된 인공지능 기반의 맞춤형 수학 학습 시스템이다. MATHia는 학생들이 시스템에 구성되어 있는 수학 문제들을 순서대로 풀어나갈 때 시스템은 학생들의 주제별 학습 성취와 학생들의 오개념을 확인하고 맞춤형 학습 과정에 대해 마치 학생별 개인 코치처럼 지도하는 것이다. MATHia 시스템은 빅데이터 분석에 기반한 자동화된 피드백을 제공하는데, 학생들이 왜 틀렸는지에 대해 설명하는 것뿐만 아니라 어떻게 옳은 답을 할 수 있는지에 대해서도 설명을 제공한다. 학생들은 자연스럽게 MOOC 환경에 대비할 수 있으며 학생 관리 효용성을 높일 수 있는 것으로 보고 있다.

중국에서 개발된 최초의 인공지능 기반 맞춤형 교육시스템은 Yixue라고 한다. Yixue는 학생들에게 맞춤형 학습계획과 일대일 개인지도를 제공하는 것을 목표로 개발된 시스템으로 표준화된 교과서들의 다양한 주제를 약 10,000개의 지식 요소(knowledge component)로 나누어서 학생들의 학습 내용의 이해와 역량을 평가하는 데 사용한다. 학생들의 학습자 빅데이터 분석을 바탕으로 어떤 학습 자료와 진도가 가장 효과적일지를 예측하여 개별화하여 적용하고 있다.

대화형 튜터링 시스템(Dialogue-Based Tutoring Systems: DBTS)은 ITS에 대화 기능을 추가한 새로운 버전이다. 보통의 ITS는 학습 교재나 학습 활동들을 개인별 맞춤형으로 제시하는 대신에 학생들을 학습 주제에 대한 대화에 참여시킨다는 점에서 대부분의 ITS와 차별점이 있다. 일리노이 공대와 러시 의대의 CIRCSIM은 의대 1학년 학생들이 일대일 대화 방식의 교수법을 사용하여 혈압 조절에 대해 배우는 것을 목표로 만들어졌다. 이 교수법은 어떤 것을 이해했다면 이해한 것을 분명히 설명할 수 있어야 한다는 가정에 기반하고 있다. 따라서 학생들에게 새로운 주제를 처음부터 소개하는 것이 아니라 학생들이 이미 배운 것을 더 깊이 살펴보고 잘 이해하도록 도움을 주는 것에 목적을 두고 학생들과 반복적으로 대화하는 방식으로 문제를 풀게 되어 있다.

맴피스 대학에서 개발한 AutoTutor는 컴퓨터공학, 물리학, 생물학, 비판적 사고 등의 교과에서 학생들이 온라인 과제를 단계적으로 수행할 때 교수나 학생 사이의 대화를 가상으로 구현하여 학생들이 상세한 응답을 통해 보다 깊이 이해할 수 있도록 도움을 주는 대화형 튜터링 시스템이다. AutoTutor의 맞춤형 학습은 학생들이 스스로 주어진 문제에 대한 올바른 답을 발견할 수 있도록 안내하여 수업 상황의 대화에 참여하도록 도움을 준다. 특히 대화를 통해 전문 영역의 지식을 학습할 수 있도록 지원해 준다는 점에서 매우 효과적인 학습 결과를 도출할 수 있다는 점에서 주목을 받고 있다.

IBM과 피어슨(Pearson)이 협력해 개발한 왓슨 튜터는 가장 유명한 대화형 튜터링 시스템의 하나라고 할 수 있다. 피어슨의 고등교육 교육용 프로그램인 레벨(REVEL)에 통합되어 출시되었다. 학생들은 복습을 하는 세션에서 대화의 방식으로 학습을 진행한다. 학습의 보조 내용을 제공하고, 학생들의 진전과정을 기록하고, 학생들의 답과 주제 습득 정도에 따른 분류에 따라 맞춤형 대화를 제공한다.

왓슨 튜터의 중요한 기능은 학습목표와 수행목표, 학습목표 사이의 관계를 나타내는 지식 그래프, 주요 질문과 답변, 주장, 주장에 대한 힌트 질문, 빈칸 채우기 질문으로 이루어져 있다. 왓슨 튜터는 교수 모델로 소크라테스의 대화법을 사용한다고 밝히고 있는데, 대화 관리자로서 구현하고, 대화식 접근을 반복해 실행목표로 나아가도록 인도하는 것이다. 학습자 모델은 학생들의 숙련도 평가, 개방적 학습자 모델(open learner model)의 역할도 수행하고 있다. 개방적 학습자 모델은 학습자의 학습 데이터 분석을 통해 시스템 자체를 개선하는 역할을 수행하는 것이다.

탐구학습시스템(Exploratory learning environments: ELEs)은 구성주의적 접근 방식으로 학생이 학습 환경의 요소를 탐구하고 조작해 지식을 적극적으로 구성하도록 권장하는 시스템이다. 학습자가 원하는 대로 탐구할 수 있는 비정형적이고 개방적인 학습 환경을 제공한다는 특징을 갖고 있다. 정형화된 학습 경로를 제시하고 있는 기존의 ITS와 다른 점이 바로 학습자 스스로 학습의 경로를 만들어간다는 점이다. ELE에서는 올바른 행동에 대한 명확한 정의가 어렵다는 문제를 해결하기 위해 비지도학습(데이터와 학습 성과를 바탕으로 유사하게 학습하는 학생들을 그룹핑하는 방식의 머신러닝 기법)을 활용하고 있다. 그룹핑의 과정을 통해 새로운 학습자를 분류하고 더 높은 성과를 달성하도록 실시간으로 적응적 학습을 유도하는 것이다.

노스캐롤라이나 대학교 연구진에 의해 개발된 크리스탈 아일랜드는 새로운 방식의 탐구학습시스템이다. 크리스탈 아일랜드 시스템에서 학생들은 먼 섬에서 불가사의한 병들을 조사하는 탐정 역할을 수행한다. 이 과정에서 몰입형, 일인칭, 컴퓨터 게임 접근법을 사용한다. 학생들의 지식 개발, 감정 상태, 기술들을 ELE의 학습자 모델에서 자동으로 모델화되고, 학생들은 자동화된 피드백을 받게 된다.

자동 서술형 평가(AWE: Automatic Writing Evaluation)는 '자연어 처리'와 '의미 처리' 기술을 활용하여 시스템에 제출된 학생의 글에 대해 자동적으로 평가와 피드백을 제공하는 시스템이다. 지능형 튜터링 시스템, 대화형 튜터링 시스템, 탐구학습 시스템은 AWE와 달리 학생들이 즉각적인 맞춤형 지원을 받으며 개인 맞춤화된 학습 경로를 따르고 있다. 하지만 AWE는 두 가지 접근법을 활용하는데, 첫째, 형성적 접근법은 학생들이 최종 평가를 받기 위해 본인의 글을 제출하기 전에 본인이 쓴 글을 개선할 수 있도록 잘못된 부분이나 개선이 필요한 부분을 알려주는 것이다. 둘째, 총괄적 접근법은 학생의 글을 평가의 결과를 최종적인 성적으로 평정하기 위한 것이다. 기존에 개발된 서술형 평가는 대부분 피드백보다는 성적의 평정에 기울여져 왔다. 교실에서 이루어지는 저부담 평가뿐만 아니라 전국 단위의 고부담 평가에서도 AWE가 사용되고 있다. 자동화된 언어 판독 기술은 AWE가 획기적으로 발전하는 데 큰 역할을 수행하였다.

PEG(Project Essay Grade)는 AWE가 시작된 프로그램으로, 듀크 대학교에서 1996년에 개발되었다. PEG의 기존 버전은 학생이 제출한 에세이와 교사들이 이미 채점한 비교 가능한 에세이로 구성된 훈련 세트를 비교, 대조하여 정확성을 확인하기 위해 상관관계 분석을 활용하였다. 하지만 초기의 PEG는 에세이의 내용보다는 형식(문장 개수, 부호, 문법 같은 표면적 특징)을 중시하였다는 점에서 한계를 갖고 있다. 이후 개발된 PEG의 최신 버전은 전산 언어학, 머신러닝, 자연어 처리 기술을 반영하여 재설계되었는데 에세이의 내용적 측면에서 더 많은 평가기준을 갖고 있다는 점에서 성능에서 차이를 갖고 있다.

지능형 에세이 평가(IEA: Intelligent Essay Assessor)는 잠재 의미 분석을 사용하는 발전된 에세이 평가 시스템이다. 단어와 문장이 발견되는 맥락을 고려해서 의미 추론이 가능하고, 훈련 말뭉치에 대한 목표 문서의 의미상 연관성 계산이 가능하다. IEA의 점수 판정 방식은 유사도 점수 계산인데 전문가들에 의해 미리 채점된 모델 에세이 기준, 컴퓨터가 채점한 교과서와 학술 논문 같은 정보 출처 자료를 포함하는 훈련 텍스트의 결과를 비교하는 방식이다. IEA의 진단과 피드백은 각 분야를 대표하는 주요 텍스트와의 비교를 통해 개념과 내용, 구성, 문장의 유창성, 단어 선택, 관습, 표현 등 6개 영역을 평가한다. 영역에 걸쳐 진단과 형성적 피드백을 제공한다. 특히 인간 채점자가 확인하기 어려운 표절이나, 비슷한 표현의 반복도 확인이 가능하다고 할 수 있다.

이레이터(e-Rater)는 미국의 대표적인 평가회사인 ETS에 의해 개발된 평가 시스템이다. 최근에는 이레이터가 GMAT나 CCS(Common Core Standards) 평가에서 활용되고 있다. 자연언어 처리 기술(NLP)을 사용하여 에세이에서 발췌하는 언어적 특징으로 평가를 하고 있다. 평가의 알고리즘은 최종 점수 예측 위해 선형 회귀분석의 방법을 사용하고 있다. ETS는 피험자가 외국인인 경우, 해당 문화와 모국어의 차이를 보정해 개발한 다양한 영역들의 이레이터 평가 결과가 학술적 타당도를 갖고 있다고 설명한다.

6 AI 튜터링 시스템의 발전 방향

4차 산업혁명의 핵심기술인 인공지능은 나날이 진화해가고 있으며 특히 여러 분야에서 머신러닝을 통해 전문성을 높이고 있다. 교육 분야에서도 4차 산업혁명의 도래에 따라 여러 가지 개선의 방향과 과제를 만들어가고 있다. 그

중에서도 가장 중요한 과제는 미래 사회에 적합한 인재를 양성하는 것이고 이를 위해서는 학교에서 소외받고 있는 많은 학생들을 위해 맞춤형 교육을 지원하는 것이다. 모든 학생들이 소망하는 학습에 성공할 수 있도록 개별 학생들의 학습 수준, 학습 속도, 학습 필요, 문화적 차이를 반영한 학습을 지원하는 것이다. 4차 산업혁명의 핵심적인 기술이라고 할 수 있는 인공지능 기술은 학생별 맞춤형 교육을 실현할 수 있는 중요한 자원이라고 할 수 있다.

지능형 튜터링 시스템을 적용할 수 있는 방법은 크게 3단계로 나누어 살펴볼 수 있다. 첫 번째 단계는 학교에서 이루어지는 수업의 내용과 속도에 맞지 않는 학생들이 주로 의존하고 있는 사교육을 대체할 수 있도록 하는 것이다. 우리나라의 연간 사교육비는 통계청 추산으로 2015년에는 17조 8천억원, 2016년에는 18조 1천억원에 이르고 있는 상황이다(교육부, 2017). 사교육비를 줄이기 위해 다양한 정책을 추진하고 있지만 학생들 사이의 경쟁이 존재하고 학교 수업을 통해서 완전한 학습이 이루어지지 않는 상황에서 사교육비를 줄이기 위한 노력이 효과를 거두지 못하고 있다. 지능형 튜터링 시스템을 활용하여 각각의 학생들이 자신의 수준에 맞는 내용을 자신에게 맞는 속도로 학습할 수 있다면 사교육비의 부담을 줄일 수 있는 좋은 대안이 될 수 있을 것이다.

2단계는 학교에서 이루어지고 있는 수업의 과정에서 지능형 튜터링 시스템을 활용하는 방식이다. 이러한 방식은 전체 수업의 과정에서 일괄적인 방식으로 CAI의 방식을 활용하는 것보다 개별화된 학습 지원의 방식으로 활용하는 것이다. 현재에도 많은 교실 상황에서 온라인 교육 시스템을 활용한 개별화 맞춤형 교육이 이루어지고 있다. 해외에서는 칸 아카데미나 다른 온라인 교육 프로그램을 통해 교사의 수업 진도와 맞지 않는 학생들을 위한 학습 지원을 하고 있다. 교실 내에서 맞춤형 학습을 지원하는 방식으로 지능형 튜터링 시스템을 활용함으로써 수업에서 소외받는 다수의 학생들에게 내실 있는 학습의 기회를 제공할 수 있을 것이다.

3단계는 학교 시간의 일정 부분을 할당하여 모든 학생들에게 개인별 학습 과정을 제공하는 것으로 지능형 튜터링 시스템이 지식 전달 수업의 대부분을 대체하는 방식이다. 학교에서 운영되는 교육과정의 내용을 개인이 학습해야 할 내용과 교사나 친구들과 함께 해야 할 내용으로 구분하여 개인별 학습의 내용은 지능형 튜터링 시스템으로 대체하는 방식이라고 할 수 있다. 하지만 이를 위해서는 학교교육 시스템 전반을 재구성해야 하기 때문에 모든 학교에 도입하는 데에는 상당한 시간이 필요할 것으로 보인다.

현재 지능형 튜터링 시스템은 진화하는 중이라고 할 수 있다. 학교 현장에서 지능형 튜터링 시스템이 당장 적용될 수 있는 수준에 이르지는 못한 상황이다. 하지만 기술적 진보와 함께 이루어져야 할 부분은 교육 분야에서 새로운 기술을 어떻게 활용할 것인지에 대한 설계와 디자인이라고 할 수 있다. 인공지능 기술의 발달과 정보통신 기술의 발달로 인해 문명사적인 변화가 예견되는 상황이기 때문에 미래교육을 새롭게 구상하고 적용하는 노력이 필요하다. 지능형 튜터링 시스템은 미래교육 체제를 구상하고 디자인하는데 무엇보다도 중요한 부분이라고 할 수 있다.

참고문헌

강태중, 강태훈, 류성창, 정제영(2016). 지능정보사회를 위한 교육 발전 전략 구상. 서울: 한국교육개발원.

계보경, 김현진, 서희전, 정종원, 이은환(2011). 미래학교 체제 도입을 위한 Future S chool 2030 모델 연구. 서울: 한국교육학술정보원.

교육부(2016). 지능정보사회에 대응한 중장기 교육정책의 방향과 전략.

교육부(2017). 2016년 초·중·고 사교육비 조사 결과 보도자료.

박남기(2017). 제4차 산업혁명기의 교육개혁 새패러다임 탐색. 교육학연구, 55(1), 211-240.

박종필(2016). 미국의 미래학교가 학교 및 교사 교육에 주는 시사점 탐색: SOF를 중심으로. 한국교원교육연구, 33(4), 45-67.

박종현, 방효찬, 김세한, 김말희, 이인환, 최병철, 이강복, 강성수, 김호원. (2014). 사물인터넷의 미래. 서울: 전자신문사.

신현석, 정용주(2017). 제4차 산업혁명과 교육행정의 미래. 교육문제연구, 30(2), 103-147.

정제영(2016). 지능정보사회에 대비한 학교교육 시스템 재설계 연구. 교육행정학연구, 34(4), 49-71.

Bloom, B. S., (1984). The 2 sigma problem: The search for methods of group instruction as effectiv as one-to-one tutoring. Educational Researcher 13(6), 4-16.

Brachman, R. J. (1988). The basics of knowledge representation and reasoning. Bell Labs Technical Journal, 67(1), 7-24.

Brusilovskiy, P. L. (1994). The construction and application of student models in intelligent tutoring systems. Journal of Computer and Systems Sciences International, 32(1), 70-89.

Carbonell, J. R. (1970) AI in CAI: an artificial intelligence approach to computer-assisted instruction. IEEE Transactions on Man-Machine Systems,

11(4), 190−202.

Corbett, A. T., & Anderson, J. R. (1995). Knowledge tracing: Modeling the ac−quisition of procedural knowledge. User Modeling and User−Adapted Interaction, 4(4), 253−278.

Corbett, A. T., Koedinger, K., & Anderson, J. R. (1997). Intelligent tutoring system. In M. Helander, T. K. Landauer, & P. Prabhu (Eds.), Handbook of human−computer interaction (pp. 849−874). Amsterdam, The Netherlands: Elsevier Science.

Corbett, A. (2001). Cognitive computer tutors: Solving the two−sigma problem. In M. Bauer, P. J. Gmytrasiewicz, & J. Vassileva(Eds.), Proceedings of the 8th International Conference on User Modeling, UM 2001 (pp. 137−147). Springer Berlin Heidelberg. doi:10.1007/3−540−44566−8_14

Crowder, N. A. (1959) Automatic tutoring by means of intrinsic programming. In E. Galanter (Ed.), Automatic teaching: The state of the art (pp. 109−116). New York: Wiley.

Gong, Y. (2014). Student modeling in intelligent tutoring systems (Unpublished doctoral dissertation), Worcester Polytechnic Institute.

Hawkes, W. L, Sharon, J. D., Kandel, A. & Taps Project Staff (1986) Fuzzy expert systems for an intelligent computer−based tutor. Technical Report CET/86−5, Sept. 1986, IST−8510894.

Hargreaves, A., & Shirley, D. L. (2012). The global fourth way: The quest for educational excellence. CA: Corwin.

Ma, W., Adesope, O. O., Nesbit, J. C., & Liu, Q. (2014). Intelligent tutoring sys−tems and learning outcomes: A meta−analysis. Journal of educational psy−chology, 106(4), 901.

Nkambou, R., Mizoguchi, R., & Bourdeau, J. (Eds.). (2010). Advances in in−telligent tutoring systems (Vol. 308). Berlin, Germany: Springer.

Nwana, H. S. (1990). Intelligent tutoring systems: an overview. Artificial Intelligence Review, 4(4), 251−277.

Schramm, W. (1964b). What is programed instruction? An introduction for the layman. Palo Alto: Stanford Institute for Communication Research.

Self, J. A. (1988b) Student models: what use are they? In P. Ercoli & R. Lewis (Eds.), Artificial Intelligence Tools in Education (pp. 73−86). North Holland, Amsterdam: Elsevier.

Sinnott, L. T. (1976). Generative Computer−Assisted Instruction and Artificial Intelligence (No. ETS−5). Educational Testing Service.

Skinner, B. F. (1954). The science of learning and the art of teaching. Cambridge, Mass, USA,99, 113.

Skinner, B. F. (1958). Teaching machines. Science 128 (967−77), 137−58.

Skinner, B. F. (1960). The science of learning and the art of teaching. In A. A. Lumsdaine & R. Glaser (Eds.), Teaching machines and programmed learning: A source book (pp. 99‒113). Washington, DC: National Education Association of the United States. (original work published 1954)

Skinner, B. F. (1965). Reflections on a decade of teach− ing machines. In R. Glaser (Ed.), Teaching machines and programmed learning II: Data and di− rections (pp. 5‒ 20). Washington, DC: National Education Association of the United States.

Skinner, B. F. (1965). Science and human behavior(No. 92904). Simon and Schuster.

Skinner, B. F. (1968). The technology of teaching. New York: Meredith Corporation.

Sleeman, D. H. & Brown, J. S. (1982b) Introduction: intelligent tutoring systems. In Intelligent students. Proceedings of the 24th National Conference, pp. 125−134.

Steenbergen−Hu, S., & Cooper, H. (2013). A meta−analysis of the effectiveness of intelligent tutoring systems on K‒12 students' mathematical learning. Journal of educational psychology, 105(4), 970.

Steenbergen−Hu, S., & Cooper, H. (2014). A meta−analysis of the effectiveness of intelligent tutoring systems on college students' academic learning. Journal of educational psychology, 106(2), 331.

Tamim, R. M., Bernard, R. M., Borokhovski, E., Abrami, P. C., & Schmid, R. F. (2011). What forty years of research says about the impact of technology on learning: A second-order meta-analysis and validation study. Review of Educational research, 81(1), 4-28.

Uhr, L. (1969) Teaching machine programs that generate problems as a function of interaction with students. In Proceedings of the 1969 24th national conference (pp. 125-134).

Uttal,W., Pasich, T., Rogers,M. and Hieronymus,R. Generative computer assisted instruction. Mental Health Research Institute , University of Michigan ,

van De Sande, B. (2013). Properties of the bayesian knowledge tracing model. Journal of Educational Data Mining, 5(2), 1-10.

VanLehn, K. (2011). The relative effectiveness of human tutoring, intelligent tutoring systems, and other tutoring systems. Educational Psychologist, 46(4), 197-221.

Yazdani, M. (1986) Intelligent tutoring systems survey. Artificial Intelligence Review, 1(1), 43-52.

인공지능의 교육적 활용 과제

AI 교육과정[1]

박휴용

1 AI 교육과정의 이해

1) AI 교육과정의 개념

AI 교육과정은 AI 융합교육을 구체화하고 이를 학교교육을 통해 실현하기 위한 설계라고 이해할 수 있다. AI 융합교육의 개념에 대한 이해는 다양한 측면에서 접근이 가능하고, 아직 학계에서 명확히 합의된 개념은 아니지만, 본 저자는 이를 <그림 9-1>을 통해 개념화하고자 한다.

<그림 9-1>에서 제시된 것처럼, 본 저자는 AI 융합교육의 개념적 범주를 다음 다섯 가지 명제들을 통해 설명하고자 한다.

첫째, AI 융합교육의 교육 목표는 단순히 분과적 지식의 습득이나 활용이 아닌 정보(data)를 다루는 역량과 창의적 문제해결 능력을 지향하면서도 정서, 사회성, 윤리적 요소들에 대한 문해력을 골고루 함양하는 것을 목표로 하는 것으로 이해할 수 있다.

---

1 본 챕터는 2021년 대한민국 교육부와 한국연구재단의 지원을 받아 수행된 연구임(NRF-2021S1A3A2A01090926)

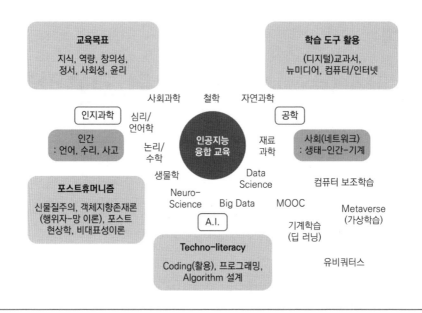

둘째, AI 융합교육은 다양한 기술적 도구들을 활용하여 학습할 수 있는 능력을 지향하는데, 여기에는 컴퓨터와 인터넷을 기반으로 접근이 가능한 디지털 교육자료(교과서)와 뉴미디어를 활용하는 능력을 포함한다.

셋째, AI 융합교육은 AI에 대한 이해와 활용능력을 기본으로 하는 테크노－리터러시를 기를 것을 주된 학습의 전략으로 삼고, 여기에는 코딩, 프로그래밍, 그리고 알고리즘 설계 능력을 기본으로 포함하게 될 것이다.

넷째, AI 융합교육에서 다루는 융합지식의 기반은 철학과 인지과학(cognitive science)을 기초로 사회과학과 자연과학의 전통적 영역의 지식들이 통합되어야 한다. 더 나아가 신경과학(AI 개발의 원리), 재료공학(신소재, 양자역학 등의 원리), 데이터 과학(빅데이터, 사물인터넷의 원리), 컴퓨터 공학(정보통신 및 알고리즘 개발의 원리) 등과 같은 응용 학문의 최신 연구 성과가 이러한 통합된 지식을 실제적 문제 해결의 차원에 적용될 수 있도록 촉진해야 할 것이다.

다섯째, 위와 같은 AI 융합교육의 이론적 기반은 기존의 전통적 세계관과 인식론에서 벗어나서, 인간, 생태계와 자연적 존재들, 기계적 사물들과 도구들이 어떤 상호관계성 속에서 공존해 나가야 할 것인가에 대한 근본적 성찰이 필요할 것이다. 이를 대표할 수 있는 이론적, 철학윤리적 세계관이 바로 포스트휴머니즘으로써, 신물질주의, 행위자－망이론, 포스트현상학, 비대표성이론 등의 하위이론을 통해 설명 및 논의되고 있다.

아울러 위와 같은 AI 융합교육을 구체적으로 실현하기 위한 방략이 바로 AI 교육과정이다. 그런데, AI 교육과정이란 용어는 크게 다음 세 의미를 함축하여 사용될 수 있을 것이다.

▌표 9-1

구분	정의	영역(내용)
정의 A	AI에 관한 교육과정 (Curriculum of AI) / AI를 배우기 위한 교육과정(Curriculum for learning AI)	컴퓨터공학/전산학 (코딩, 프로그래밍/알고리즘 교육)
정의 B	AI의 원리를 기반으로 이루어지는 교육과정 (Curriculum by AI principles)	과학, 수학, 이학계열 등 (AI 원리 기반 교육/학습)
정의 C	인간이 AI와 공존하기 위한 교육과정(Curriculum for living with AI)	인문학, 사회과학, 교육학 (AI 활용 교육)

우선 정의 A는 AI 학습이 목표이고 교육과정이 수단인 셈이고, 정의 B는 AI와 교육과정이 모두 수단으로 간주되어 교육의 목적(인본주의, 민주주의, 생태주의 등)은 별개로 불분명한 모형이며, 정의 C는 교육의 목적(인간과 AI의 공존)이 분명하면서도 교육의 방법(AI 활용)에 대한 함의도 포함하는 정의라고 볼 수 있다. 그런 의미에서 본 저자는 AI 교육과정을 정의 C를 기반으로 "미래의 기술적 환경에서 인류가 삶의 동반자로 협력하여 살아가게 될 AI에 대해 이해하고, AI에 기반한 소통과 학습의 원리를 통해 포스트휴먼적 미래를 준비하는 교육"이라고 정의하고자 한다. AI 교육과정은 한마디로 앞서 논의한 바와 같이 기존의 교육과정이 암묵적으로 전제해왔던 세상의 주인이 인간이라는 인류중심주의적 세계관과 인간의 이성을 기반으로 세상을 온전히 파악할 수 있다는 인본주의적 지식관에서 벗어나서 포스트휴머니즘적 철학과 이론을 바탕으로 인간, 지식, 학교교육의 역할을 새롭게 설정하는 것이다.

2) AI 시대의 교육 패러다임의 변화

미래의 AI 시대에서 살아가기 위해 인간은 어떤 역량을 필요로 하며, 교육은 어떻게 변해야 할 것인가? 여러 학자들은 교육적 패러다임의 변화가 불가피하다고 주장하고 있는데, 다음 표에서 제시된 교육 4.0이 바로 AI 시대의 교육적 패러다임을 설명하는 하나의 예가 될 수 있다.

▍표 9-2 교육 패러다임의 변화(World Economy Forum, 2016)

구분	교육 1.0	교육 2.0	교육 3.0	교육 4.0
교사의 역할	지식의 원천	지식의 원천과 안내자	협동적인 지식 창조의 조정자	지식 활용의 멘토, 사회정서적 모델
내용의 배열	전통적 저작권있는 내용	공개된 교육 자료	교육기관 및 학문영역을 초월하여 생산 · 유통되는 자료	빅데이터 기반, 분산 · 연결형 지식
학습 활동	전통적 숙제, 글쓰기, 시험, 교실 내 그룹활동	테크놀로지를 활용한 협력적 학습활동(대부분 교실 내 활동에 국한)	국가, 기관, 학문 구분을 넘어선 개방적이고 융통적 활동 · 사회 관계망	맞춤형 프로그램기반 개별화 학습, 정보탐색 · 프로젝트형 수행/형성평가
학생의 행동	수동적이고 흡수적인 학습	점차 능동적이면서 학습과정의 주체성 획득	능동적이고 적극적인 자기주도학습, 자료 · 학습기회의 협동적 창조 · 선택	네트워크적 소통 및 학습, 관계형 학습
테크놀로지	학교 내 컴퓨터 학습운영 시스템을 통한 e-러닝	다른 기관과의 협력 속에서의 e-러닝	개인 및 분산 학습 환경 속에서의 e-러닝	스마트학습 보조장치, 유비쿼터스, 가상/증강현실 기기, 뉴미디어 활용
직업 세계 특성	농경사회, 숙련노동	제조업, 기계조작	정보화사회, 정보탐색 · 창의적 활용	AI 기반 직종과 인간 기반 직종의 양극화
협업의 수준	소그룹 협동 작업	집단 속 독자적 작업	개별화 및 전략적 협업	자동화된 협업, 특정 인간역량을 활용 협업

구분	교육 1.0	교육 2.0	교육 3.0	교육 4.0
과업의 성격	다양한 과업의 수행	반복적 과업의 수행	비정규적, 일/노동 혼성형 과업	놀이-학습-과업의 혼재, 가상세계의 과업 증가
도구 사용	손 도구 사용력	기계 도구 활용	정보통신 기기의 활용	AI 의존형, AI 협업형

위 표에서 비교되듯이 미래의 교육(교육 4.0)에 대한 비전은 지식이나 자료의 활용이 교육기관이나 학문 영역에 구애받지 않고 자유롭게 이루어지고, 개방적이고 융통적인 사회적 네트워킹에 의한 학습이 이루어지며, 학습자들은 능동적으로 자기주도적 및 협력적 학습을 강조하게 된다는 것이다. 이를 위해 가장 중요한 요소가 바로 테크놀로지인데, 위 표에서 보듯이 테크놀로지를 기반으로 한 교육은 학습에 대한 기존의 이론 및 방법적 접근들과 매우 상이한 차원의 접근을 요구하고 있다. 그 가장 큰 특징들을 몇 가지만 꼽자면, 학습을 보조하는 스마트 기기나 장치들의 역할이 커진다는 것, 현실/가상 현실의 구분이 모호해지거나 시간 및 장소에 구애받지 않는 학습이 증가한다는 것, 그리고 다양한 뉴미디어를 활용하여 학습과 비학습의 경계가 사라지는 학습(예, 학습–놀이/게임, 학습–과업수행, 학습–소통/정보탐색 등)이 확대된다는 것들이 그것이다. 즉, 학습이 점차 AI 및 빅데이터 등의 도움을 받아 개인맞춤형(personalized), 집단소통형, 시공간 초월형, 학습–놀이 통합형의 특성을 갖춘 개별화된 통합 교육시스템(Personalized Integrated Educational System: Watson, Watson, & Reigeluth, 2015)에 기반하여 이루어지게 될 것이라는 것이다.

3) 포스트휴머니즘의 등장과 인식론의 변화

AI로 대표되는 다양한 첨단 기술적 도구들이 등장하고 인간의 학습과 소통이 그러한 도구들에 의존하여 이루어지게 된다는 것은 지식 자체에 대한 이해과 접근법(즉, 지식 및 학습이란 무엇인가?; 인간–AI의 학습은 어떻게 다른가?; 미래에 인간의 학습은 어떻게 변할 것인가?)에도 변화가 필요하다는 것을 의미한다. 그 변화의 한 가지가 바로 포스트휴머니즘적 인식론(박휴용, 2018, 2019)인데, 이에 대해 간략히 설명해보자.

기술적 환경의 변화는 인간의 경험과 삶의 방식을 근본적으로 바꾸어놓고 있고, 그에 따라 인간 경험의 도구이자 결과인 지식에도 변화가 일어나고 있다. 한마디로 지식이 기술 자체의 형태, 기능, 작동 방식에 의해 결정되는 세상이 된 것이다. 예를 들어, 이미 남녀노소나 직종 등에 관계없이 대부분의 사람들이 다양한 뉴미디어, SNS, Youtube, Linkedin, ResearchGate 등과 같은 소셜 미디어나 정보플랫폼을 통해 소통, 인맥 관리, 정보 검색, 연구활동을 수행하고 있고, 이 과정을 통해 수많은 데이터들이 생성되며, 이동하고, 현실적 문제해결에 적용됨으로서 각자에게 유용한 정보로 재탄생하게 된다. 이처럼 데이터가 정보(information)로 변하고, 이러한 정보가 특정 상황이나 문제해결 목적

▍표 9-3 인본주의적 지식관과 포스트휴머니즘적 지식관의 차이

구 분	인본주의	포스트휴머니즘
인본주의적 존재론	인간은 세상의 중심이고, 인간의 목적과 가치관을 보전하는 방향으로 생태교육이나 AI 교육이 이루어져야 한다.	지구상의 모든 존재들의 가치를 인간과 동일하게 인정하고(객체지향존재론), 그 모든 비-인간적 존재들의 네트워크적 상호 얽힘과 공존의 차원(행위자-망 이론)에서 세상을 바라보는(비대표성이론) 지식
인본주의적 지식관	모든 정보, 지혜, 데이터 등이 모두 인간 사회를 위한 지식이라는 대전제를 바탕으로 "인간이 세계를 다루는 방식"으로 간주하는 것	세계의 다양한 존재들이 어떻게 지구 생태계 속에서 상호작용하면서 공존하고 있는가
지식의 구조	지식은 학문이나 교과별로 구별될 수 있고, 지식의 구조에 따라 체계성과 합리성을 바탕으로 효율적인 교수방법론을 모색해야 한다.	지식의 구조가 아니라 인간 사고의 구조이므로, 세상의 지식을 물질주의적 관점에서 탈인본주의적 교수방법론을 새롭게 탐색해야 한다.
학습의 결과	학습의 성과는 기본적으로 신체적 정신적 능력/역량을 신장하는 것이고, 그 결과는 학습자 개별적으로 확인할 수 있다.	학습 성과가 개인의 신체나 사고 능력으로만 나타나는 것이 아니고, 학습 성과는 개별 두뇌의 한계를 넘어서 집단적이고 탈신체적(물질적)으로 나타날 수 있다.
인식-지식 -기술의 관계	인간의 의식(인식)이 출발점이고, 인식은 지식을 구성하고, 기술은 지식을 습득하기 위한 수단이다.	의식(인식)과 기술은 상호작용적으로 작동하고, 지식은 기술에 의해 그 필요성과 영향력이 결정된다.

에 맞추어 좀 더 가공되고 정교화된다면 그것이 바로 지능(intelligence)이고, 이러한 정보와 지능이 다양한 분야에서 오랜 시간 축적되고 거기에 인간의 통찰력까지 덧붙여졌을 때, 그것이 바로 지식(knowledge)이라고 볼 수 있다. 즉, 정보(데이터)−지능(학습)−지식(판단력/통찰력)의 유기적 연계성이 기술적 도구에 의해 촉진되거나 촉발되면서 인간의 학습을 주도하게 된다는 것이다.

더구나 AI는 딥러닝(Deep Learning)의 등장으로 더욱 인간의 사고력과 통찰력을 넘어서는 수준으로 발전하면서, 인간의 사고, 지식, 정보의 역할을 대체가능한 수준으로 발전하고 있기 때문에, 인간 학습의 목적, 그 의미, 그리고 방법적 전략들에 새로운 관점이 요구된다는 것이다. 다음 표는 이를 과거의 인본주의적 지식관과 미래의 포스트휴머니즘적 지식관으로 대조하여 그 차이점을 강조하고 있다.

2 AI 학습이론의 패러다임

1) AI 교육을 위한 학습의 이해

디지털 문명의 등장과 확산은 현대 사회의 지식/정보 생태계와 그 속에서 살아가는 인간들의 삶의 방식을 근본적으로 바꾸어놓고 있다. 이러한 변화의 양상을 설명하는 많은 이론들이 있겠지만, Gladden(2016) 기술의 변화에 따라 학습 주체성(agency)이 어떻게 변화하고, 그러한 주체들을 이해하기 위한 학문의 성격이 어떻게 달라지게 되는가를 다음 <표 9−4>와 같이 설명하고 있다.

Gladden(2016)에 따르면, 인류 문명은 컴퓨터의 발명 이전(anthropic)과 이후(computronic) 사회로 구분되며, 동시에 인류 사회의 지식과 기술의 성격은 인간적(human) 측면과 인공적(artificial) 측면으로 구분될 수 있다. 즉, 인류의 기술적 발전은 컴퓨터 발명 이전의 아날로그적인 기술의 단계(1)에서, 컴퓨터를 활용하는 디지털적 기술의 단계(2)를 거쳐, AI 기술에 의존하는 인류적 기술의 단계(3)를 지나, 최종적으로는 컴퓨터와 AI에 모든 것을 맡길 수 있는 기

▌표 9-4 기술 발달에 따른 학습 주체와 학문주도성의 변화(Gladden, 2016, p. 137 참조)

학습 주체: 능동자	인간적(Human): ~20c	인공적(Artificial): 21c~
인류적 (anthropic)	자연적인 인간(Human): 인류의 특성을 지닌 인간적 능동자	바이오로이드: 인류의 특성을 지닌 인공적 능동자
	인력관리, 조직이론, 심리학, 인류학 **1** **3**	생체로봇, 합성생물학, 인공심리학, AI자원관리 및 조직개발, 사회적 로보틱스
전산적 (computronic)	사이보그(Cyborgs): 전산적 특징을 지닌 인간적 능동자 **2** **4**	인공지능 컴퓨터들(AI): 전산적 특성을 지닌 인공적 능동자
	심리공학, 사이보그/사이버심리학, 인간기술관리, 유전/신경공학, 생체/신경 사이버네틱스	AI소프트웨어, 전문가시스템 산업로봇, 스마트기기, 컴퓨터공학, 전자공학, 로보틱스, IT경영학

술의 단계(4)에 도달하게 된다는 것이다. 위와 같은 변화의 양상에 따라 학습자의 성격도, 오랜 인류 역사 동안의 자연적 인간(1: 인류의 특성을 지닌 인간적 능동자)의 학습에서, 가까운 과거에는 사이보그적 인간(2: 전산적 특성을 지닌 인간적 능동자)의 학습을 거쳐, 최근에는 바이오로이드적 인간(3: 인류의 특성을 지닌 인공적 능동자)의 학습이 확대되는 형국이고, 궁극적으로는 AI 기계들(4: 전산적 특성을 지닌 인공적 능동자)의 학습이 등장하게 된다고 이해할 수 있다.

위와 같은 Gladden(2016)의 이론은 각 시대마다 어떤 지식과 기술이 그 시대를 이끌어가는 핵심적 지식들인지를 보여주고 있다. 즉, 자연적 인간의 시대(1)에서는 인력관리나 인간 조직에 대한 이론, 인간 심리 및 인류학적인 관점이 지식의 핵심 패러다임이었고, 사이보그적 존재가 등장하게 된 시대(2)에는 심리공학, 사이버네틱스, 유전공학 등이 중요한 역할을 하게 되었으며, 바이오로이드적 존재가 등장한 현재(3)에는 생체로봇이나 합성생물학, 그리고 AI 자원관리 및 사회적 로보틱스에 대한 연구가 활발히 이루어지고 있으며, 머지않아 AI와 로봇의 개발과 운용에 관한 지식과 기술들이 인류의 정보와 지식의 핵심을 차지하게 될 시대(4)가 등장하게 된다는 것이다.

요컨대, 오늘날 AI 기술의 비약적인 발전으로 이제 학습 능력이나 사고 능력에서 기계(AI)는 이미 인간의 수준을 훨씬 뛰어넘을 정도로 발전하고 있다 (Jordan & Mitchell, 2015; Schmidhuber, 2015). 학습은 더 이상 인간만의 고유한 과업이 아니며, 인간의 생물학적, 행동적, 심리적, 인지적 특성들이 다양한 목적과 방식에 의해 데이터화되고, AI를 다루기 위한 자원(resource)이 되고 있다. 예를 들어, 최근 뇌과학, 딥러닝, 양자역학, 컴퓨터 사이언스 분야에서의 연구들은 인간의 사고를 인간-기계의 경계를 넘어 전산적으로 동일한 원리로 제어하기 위한 마인드웨어(mindware), 인지-보철장치, 디지털화된 생체 장치의 개발과 적용에 집중하고 있는 것이다. 따라서 AI 교육은 이러한 기술적 발전의 핵심인 AI 기술이 인간의 사고, 학습, 소통, 그리고 활동의 전 영역에 어떤 영향을 미치고 AI를 어떻게 활용할 것인가에 대해 총체적으로 이해하고 관리할 역량을 기르는 것을 포함해야 할 것이다.

2) AI 교육에서의 포스트휴먼적 학습자 이해

포스트휴먼적 학습자는 기존의 인본주의적이며 계몽주의적 철학이 상정했던 개별적이고 독자적이며, 순수하게 이성적이거나 주체적이며, 온전한 능동성과 자기주도성을 갖춘 인간상이 인간(학습)의 본질적인 성격이라고 간주하지 않는다 (Snaza, Appelbaum, Bayne, et al. 2014). 대신 포스트휴먼적 존재(학습자)는 다른 존재들(사람, 동물, 사물, 기계 등)과 상호의존적으로 소통하고, 그 과정에서 필요에 따라 주체성이나 능동성을 다른 존재들에게 이양할 수 있으며, 학습의 목표가 개인의 두뇌 속에 지식을 저장하는 것이 아니라 네트워크 망 속에서 정보와 자원을 탐색하여 의미를 파악하려는 학습자라고 볼 수 있다. 이러한 특성을 종합하여, 포스트휴먼적 학습 및 학습자는 다음과 같이 정리될 수 있다(박휴용, 2019).

> 이 포스트휴먼적 학습이란 인본주의 학습이론과는 달리 다양한 학습의 주체들이 온라인 네트워크상에서 동등한 지위와 역할을 가지고 가상과 현실을 넘나들며 이루어지는 집단적이고 분산적인 교류에 의해 이루어지는 학습을 의미한다. 따라서 포스트휴먼적 학습자는 인간 학습자뿐만 아니라 비인간적 존재들(동물, 사물, 기계, 도구, 환경 등)과의 상호의존성에 기반한 복잡한 관계망 속에서 그러한 존재들과 공생과 공존을 모색하며 탐색하

고 경험하며 성장해나가는 존재이다.

위와 같은 포스트휴먼적 학습의 성격을 포괄적으로 이해하기 위해서는 포스트휴머니즘의 핵심이론들인 행위자-망이론, 객체지향존재론, 신물질주의, 그리고 포스트현상학에 대한 이해가 필요한데, 이 이론들의 관점에서 포스트휴먼적 학습자의 개념 정의는 다음 <표 9-5>와 같이 정리될 수 있을 것이다.

▌표 9-5 포스트휴머니즘의 기저 이론과 포스트휴먼 학습자에 대한 관점

포스트휴먼 이론	포스트휴먼 학습자에 대한 설명 및 정의
신물질주의 (new materialism)	• 인간은 순수한 생물학적 존재라기보다는 인간-기계 공생체(symbiotics)이다(Neimanis, 2017) • 모든 존재들은 상호얽힘으로 서로 관통하고 있다(Barad, 2007) • 인간의 의식은 "두뇌의 굴레에서 해방시켜 데이터화함으로써 네트워크와 가상현실 속으로 들어가게 될 것"이다(Clark, 2003, p. 4)
행위자-망 이론 (Actor- network theory)	• 모든 '인간 너머'의 존재들이 네트워크적 관계망 속에서 능동성을 가지고 자신의 역할을 수행하고 있다(Latour, 1993) • 인간을 포함한 모든 존재들이 지역성에 얽매이지 않고 시공간적으로 분산되어 서로 복잡하게 얽혀 세상을 구성한다(Bogost, 2012) • 인간 학습자는 사회기술적 요인들, 즉 기술, 매체, 네트워크를 통해 타존재와 상호작용하며 학습하는 존재이다(Bijker, Hughes, & Pinch, 1987)
객체지향존재론 (Object-orient ed ontology)	• 세상은 인간과 비인간적 요소들이 네트워크적 관계성 속에서 상호작용하는 시공간이다(Harman, 2018) • 모든 비인간적 존재들과의 상호연관성에 기반한 관계망 속에서 상호의존적 활동을 통해 학습하고 공존하는 존재이다(King, 2019) • 모든 종들 간의 소통(Cross-species)을 위한 지적, 정서적, 윤리적 태도를 기르는데 집중해야 한다(Braidotti, 2016)
포스트현상학 (post-phenom enology)	• 새로운 기술적 환경 속에서의 인간의 경험과 지식에 대한 재해석이 필요하다(Simonsen, 2013) • 인간의 신체나 감각적 기능들, 그리고 세상에 대한 인식(시각)을 흉내내는 첨단 기술의 개발로 인해 인간이 (매체를 통한) 간접적인 경험으로도 기존과 유사하게 세상을 이해할 수 있다(Simonsen, 2013) • 자신에게 주어지는 정보(데이터)를 전향-먹임(feed-forward)의 방식으로 수용하면서, 순간적인 판단과 맞춤식 선택에 의해 적합한 정보를 의식에 제공한다(Hansen, 2015)

정리하자면, 포스트휴먼 학습은 정신－물질의 이원론적 구별에 의존하지 않고, 인간의 정신활동과 신체활동은 기술적 매체들과 소통하거나 그에 의해 대체될 수 있으며(신물질주의), 인간 주체－사물 객체의 구분 없이 모든 존재들은 상호의존적 관계망 속에서 소통 및 정보를 교류하고 있고(객체지향존재론), 인간 학습자는 사회기술적 요인들, 즉 기술, 매체, 네트워크에 의존하며 그들과 상호작용을 통해 학습하고 있기 때문에(행위자－망이론), 이러한 새로운 기술적 환경 속에서 인간이 다양한 매체들의 영향을 받아 새롭게 소통하고 학습하는 방식에 대한 이해(포스트현상학)가 필요하다는 것이다.

포스트휴먼적 학습자의 학습이 구체적으로 어떤 형태를 띠는 것인가를 설명하기 위한 하나의 비유로 '바이오로이드(bioloid)적 학습'을 예로 들어보자. 바이오로이드적 학습이란 미래 인류의 학습은 순수한 인간적 학습만이 아니라, 인간 학습과 기계 학습의 경계선에 있는 듯한 바이오로이드(생명체와 로봇의 혼합체)의 특성을 지닌 학습의 양상들을 의미한다. 이는 인간과 도구는 공진화하였고, 미래의 인류는 기술적 도구를 대표하는 컴퓨터 및 AI에 의존하여 살아갈 것이기 때문에, 학습과 소통도 대부분 기술적 방식에 의존하여 이루어질 것이라는 것을 의미한다. 사실 인간적 학습과 AI 학습은 다음 <그림 9－2>와 같이 차이를 보이는데, 그 중간적 학습의 형태가 바이오로이드적 학습이라는 것이다.

▼ 그림 9-2 바이오로이드 학습: 인간적 학습과 AI 학습의 경계

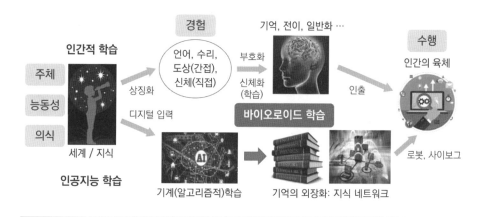

위 그림에서 인간적 학습의 흐름을 설명하자면, 학습의 주체가 의식과 능동성을 가지고 세상에 존재하는 언어, 수리, 도상, 신체적 기호로 상징화(analog)된 경험들을 자신의 두뇌 속에서 처리가 가능한 부호로 저장한다. 그리고 이렇게 머릿속에 저장(기억)된 정보들을 다른 유사한 개념으로 전이하거나 관련된 사실들로 일반화하는 과정을 거치고, 필요에 따라 이 정보를 인출하여 육체적, 혹은 정신적 과업을 수행하는데 활용하는 것이다. 그런데 사실 AI 학습도 이와 비슷한 원리에 의해 이루어진다. AI 기계도 학습의 주체가 되어 능동성과 의식을 가질 수 있고, 외부의 정보들을 학습 알고리즘이 이해하고 처리할 수 있는 부호(digital)로 변환하여 처리한 후, 그 결과를 AI 내외부와 연결된 다양한 저장 매체에 저장한다. 그리고 인간을 대신하는 사이보그 로봇이 수행하고자 하는 과업의 목표에 따라 저장된 정보를 외부 정보망의 지식들을 참조하여 과업을 수행하는 것이다. 즉, 인간의 학습이나 AI 학습의 차이점은 정보가 아날로그(인간)로 처리되느냐 디지털(AI)로 처리되느냐의 문제와, 학습의 주체가 학습의 내용인 정보에 대해 '생물학적 이해(인간)'를 갖느냐 아니면 '사이보그적 이해(로봇)'를 갖느냐 등의 차이 뿐인 것이다.

특히 이러한 학습의 기본 메커니즘은, 도덕이나 사회성의 학습이 아닌, 지식의 학습(인지적 학습)이나 신체적 학습의 영역에서는 더욱 인간과 AI의 학습의 원리를 구별하기 힘들다. 결국 AI의 기술이 우리 생활 전반과 학습의 영역에 진입하게 되는 시점부터 인간은 더 이상 인간의 '생물학적' 한계에만 머무르지 않고, 기술적 영역과의 경계가 모호해지는 상황과 방식에 의해 학습하거나 소통하게 될 것이다. 그런 환경에 대비하여, 인간적 사고와 기술적 도움을 동시에 활용할 수 있는 사고와 학습의 양식을 계발할 필요가 있으며, 기술의존적 사회에서 학습자들은 더 이상 '순수한 인간'으로서 학습하는 것이 아니라, 바이오로이드적 존재로 학습하게 될 가능성이 크다는 것이다. 물론 이러한 기술적으로 증진된(technology-enhanced) 학습들의 타당성, 적절성, 효과성에 대한 연구와 그 의미에 대해서는 더욱 자세한 논의와 윤리적 검토가 필요하게 될 것이다(Hasse, 2018a).

3) AI 교수학습의 적용

그렇다면 구체적으로 AI 시대의 학습과 교육은 어떤 양상을 띨 것인가? [미국 교육 부문 내 AI 시장(Artificial Intelligence Market in the US Education Sector)] 보고서는 2017년에서 2021년 사이에 AI 교육은 약 47.5%가 성장할 것이라고 예측하고 있다. AI는 이미 교육현장 곳곳에 다양한 형태로 적용되고 있는데, 이러한 AI의 등장이 학교교육이 처한 여러 가지 격차(학습의 흥미-성과, 교수-학습, 학생들 간의 성취의 격차 등)의 문제를 해결할 수 있을지가 논란이 될 수 있다. 이러한 격차 문제를 AI의 도입이 어떻게 해결해줄 수 있는지 살펴보자.

① 학교교육에 있어서 AI 기술의 적용

첫째, 교육에 AI를 도입하게 되면 교육의 효율성, 개별화, 행정적 합리성을 촉진해줌으로써, 기계가 수행하기 어려운 역할을 교사들이 보다 충실히 이행할 수 있도록 시간과 노력을 줄여줄 수 있다. 학교교육에서 교사와 기계의 역할 배분이 AI의 도입을 통해 최적화된다면 학생들의 학습의 성과도 최고로 높아질 수 있고, 동시에 학생들도 미래의 AI 중심 사회에서 기술적 도구들을 보다 익숙하게 사용하게 만들어준다.

두 번째는 AI의 도입은 차별화(Differentiated)되고 개별화(individualized)된 학습을 가능하게 해준다. 그동안 교사가 30명 가까이 되는 학생들을 다루어야 하는 환경 속에서 개별화 교수를 현실화시키고 못하고 있었지만, AI 교육의 등장으로 그것이 가능해질 수 있다. 예를 들어, Content Technologies나 카네기 학습(Carnegie Learning)과 같은 교육서비스업체들이 AI기술을 기반으로 학습, 평가, 피드백을 제공하는 지능형 교수 디자인(intelligent instruction design)과 디지털 플랫폼을 개발하고 있다. 이 프로그램은 학습자들의 지식 격차를 식별하여 그들에게 적절한 학습과제를 부여하여 학습을 안내해주고 있는데, AI가 점점 정교화되어감에 따라 학습자 얼굴 표정을 스캔하거나 입력현황(keystroke)을 분석해서 수업내용에 대한 난이도나 만족도를 평가하여 그에 적절한 학습과제를 제공해주기도 한다. 이러한 개별학생 맞춤형 커리큘럼(customizing curriculum)은 머지 않아 모든 AI-기반 학습기계의 표준적 기능이 될 것이다.

세 번째는 교육접근의 보편성(Universal access)을 높일 수 있다. AI의 도입은 전 세계적으로 서로 다른 언어를 사용하거나 다양한 장애를 가지고 있거나 학업준비도가 높지 않는 학생들도 교육적 수혜를 받을 수 있게끔 도와준다. 예를 들어, PowerPoint 번역기(Presentation Translator)는 교사들이 만든 프레젠테이션에 실시간으로 자막(subtitles)을 만들어주는 무료 프로그램이다. 이 프로그램의 도움으로 여러 가지 사정으로 학교에 다니지 못하거나, 최근 COVID-19 사태처럼 대면수업이 불가한 경우에 학생들이 특정 학습 내용에 쉽게 접근할 수 있게 해주고 있다. 이러한 AI 기술들은 기존 학교의 학과, 언어, 학년의 장벽들에 더 이상 제한받지 않게 해주고 있다.

네 번째는 AI로 인해 행정 관련 업무들이 자동화되어 교육행정의 효율성이 증가하고 교사들이 잡무에 시달리지 않고 수업에 집중할 수 있게 도와준다. 예를 들어, 선다형 시험 뿐 아니라, 서술형 응답에 대한 평가를 대신해줄 수 있고, 그에 따라 입학 및 성적 관리를 보다 효율적으로 해주고 있다.

② 학교 밖에서의 AI 기술 적용의 효과

AI 기술 덕분에 튜터링이나 학습 보조 프로그램들이 점점 지능화되고 있어서, 다양한 수준과 학습 유형을 가진 학생들에게 큰 도움이 될 수 있다. 사실 AI 기술들은 다른 분야보다는 교육 분야에 적용되는 속도가 더디지만, 현재 AI의 학습 보조 기술들이 AI 학습 멘토, 스마트 콘텐츠 개발, 교사의 교수법 개발, 교육전문가들의 가상 콘퍼런스 등에 활용되고 있다. 학교 밖에서 AI 기술이 교육에 적용되는 양상은 다음과 같은 예들이 있다.

첫째, AI가 학생들의 학습에 도움이 되는 방식은 스마트폰이나 테블릿을 가지고 여유 시간을 활용하여 학습하면서 실시간으로 튜터의 피드백을 받을 수 있는 AI기반 앱들이 많이 출시되어 있다. 예를 들어, Amazon Alexa, Apple Siri, Google Home과 같은 음성 인식 기술을 적용한 음성 비서(Voice Assistants) 기기들은 인간 교사에게 의존하지 않고도 다양한 자료와 정보를 검색하거나 설명을 들을 수 있도록 해주고 있다. 실제로, 미국 애리조나 주립대에서는 아마존의 Alexa를 이용해 캠퍼스 내의 다양한 학생들의 FAQ에 응답하거나, 학생들의 스케줄을 관리하도록 하였다.

둘째, AI-기반 학습솔루션들은 학생들의 사전 지식이나 흥미 주제 등에 맞추고 특히 학생들의 취약점에 대응해주는 다양한 부가기능을 활용할 수 있다. 예를 들어, 학습 코스를 시작하기 전에 진단테스트를 실시하고, 그 진단결과를 분석하여 사용자에게 적합한 과업과 코스를 제시해줄 수 있다. 예를 들어, Brainly는 학생들의 협력을 촉진해주는 소셜 네트워크인데, 학습자들이 과제와 관련된 이슈를 토론하고, 서로 정보나 아이디어를 교환할 수 있도록 해주는 앱을 개발하는 회사이다. 이를 위해 기계 학습(machine learning) 기술을 활용하여 스팸 정보나 부적절한 내용은 걸러주고, 각 사용자의 특성에 맞게 개별화된 자료들을 추천해줌으로써 보다 향상된 사용자 경험을 제공해준다.

셋째, 스마트 콘텐츠(Smart Content)는 디지털 교과서에서부터 학습자 맞춤형 인터페이스에 이르기까지 다양한 학습 자료를 제공해주는 서비스를 가리킨다. 예를 들어, AI 솔루션을 제공해주는 Content Technologies 사의 Cram101 프로그램은 교과서의 내용을 세분화하여 요약본을 만들고 핵심적 내용을 추출해 주거나, 테스트를 생성해주는 프로그램이다. 그리고 스마트 콘텐츠 플랫폼을 개발하는 Netex Learning이란 회사는 AI-기반으로 한 개인별 클라우드 플랫폼을 통해 가상 훈련, 가상 회의, 실시간 피드백, 그리고 디지털 커리큘럼의 환경을 제공해주고 있다.

넷째, AI-기반 학습 플랫폼은 학생들의 진도와 학습과정을 추적해서 그에 적합한 다양한 가상 멘토를 제공해 줄 수 있다. 물론 이러한 멘토링이 인간 교사의 수준보다 못할 수도 있지만, AI 기반 멘토링은 인간 교사가 서비스해주기 힘든 시간-장소 등에 구애받지 않고 즉각적인 피드백을 받을 수 있다는 장점을 가지고 있다. AI 교수 솔루션의 예로는 DreamBox, Khan Academy, Achieve3000 등이 있는데, 이러한 플랫폼을 통해 학생들은 자신의 지식 수준을 평가한 후, 후향적 소통방식을 활용해, 학생들의 학습을 안내하고, 개선점을 모색하도록 해주고 있다.

③ AI-기반 교육의 장점

첫째, 학생들의 취약점을 효과적으로 찾아서 대응해준다. 예를 들어, Coursera 학습플랫폼은 많은 학생들이 오답을 보여주는 문제를 출제자에게 알려줌으로써, 그 오답이 학습자의 문제인지 평가상의 문제인지를 검토하게 해준다. 둘째,

학생들은 AI-기반 학습에 훨씬 더 잘 집중한다. 예를 들어, VR 기술이나 게임화 학습 프로그램들은 학습주제나 환경에 더욱 몰입하여 깊이 있게 상호작용할 수 있도록 유도한다. 셋째, 학습의 개별화가 가능하다. 다양한 AI 응용 알고리즘이 학습자 개개인의 지식, 흥미를 분석하여 보다 개별화된 학습과정으로 안내해준다. 예를 들어, Little Dragon이란 스마트앱은 사용자의 감정을 분석하여 그에 따라 사용자 인터페이스를 변경해주고, 이를 교육용 게임에 활용하기도 한다. 또한 ThinkerMath는 어린이들을 위한 AI-기반 수학학습 솔루션인데, 다양한 게임형식의 과업과 보상시스템을 통해 아이들이 보다 학습과정에 몰입하도록 하고, 아이의 현재 지식수준에 맞는 개별화된 학습 플랜을 제공하여 성취도를 높이게 만들어준다. 넷째, 교육과정의 자동 생성 기능이다. 오늘날 교사들은 더 이상 교육과정 개발을 백지에서부터 시작하는 것이 아니라, AI 프로그램의 도움으로 훨씬 다양한 자료와 교수법이 내재된 교육과정 템플릿을 교사가 필요에 맞게 수정하여 수업에 활용하고 있다. 예를 들어, 런던대(London University College) 학자들에 의해 AI 기술이 적용되어 개발된 제3의 공간 학습(Third Space Learning) 시스템은 교사가 말을 너무 느리거나 빠르게 하면 이를 실시간으로 체크해주는 등과 같은 교수 기술을 개선시켜주는 프로그램이다. 다섯째, 다양하고 유능한 전 세계의 인간 및 AI 교사들을 사이버 교수학습 네트워크를 통해 만날 수 있다. AI-활용 교육 플랫폼은 공간적, 지리적 여건에 제한받지 않고 전 세계의 다양한 재능과 경험을 가진 교사들을 학생들에게 적절하게 분배해줄 수 있다.

3 AI 활용 학습의 사례: 메타 학습

1) 가상 세계의 등장: 경험학습에서 메타학습으로

현대 사회에서 인간의 경험이 이루어지는 공간적 배경은 급속도로 변하고 있고, 그 대표적 사례가 바로 현실 세계에서 가상 세계로의 경험의 확장이다. 원래 '가상'(virtual)이라는 용어는 '거의 현실 같은'이라는 의미를 가진 것으로,

이미 19세기 중반인 1852년에 스테레오스코피(Stereoscopy)라는 3D 디스플레이 기술을 통해 세상을 입체적으로 경험해보려는 공학적 시도가 이루어지기 시작하였다. 이후 20세기 중반부터 과학자들은 이 기술을 헤드마운트 디스플레이(Head Mount Display: HMD)에 적용하여 시각적 수준에서 가상현실을 구현하려는 장치를 개발하기 시작하였다. 이러한 기술적 장치들의 등장은 1980년대에 들어서면서 가상현실 기술에 대한 대중적 관심을 끌기 시작하였고, 이 가상현실을 다룬 SF 작품들(공각기동대, 메트릭스, 토탈 리콜 등)이 1980년대 후반부터 쏟아져 나오게 된 것이다(서민석, 2016).

이러한 가상 현실의 등장은 인간의 경험과 학습의 공간적 장이 현실의 세계에서 가상의 세계로 확대될 수 있음을 보여주는 분명한 사례이다. 그렇다면 우선 가상 현실에서 인간의 경험은 구체적으로 어떻게 확장되고 있는지를 기존의 경험학습이론과 비교하면 다음과 같은 차이점이 있다.

첫째, 기존의 경험학습 이론은 경험이 이루어지는 장을 주로 신체적 경험이 일어날 수 있는 물리적 장에 국한하고 있었다. 물론 경험학습은 이론적으로는 신체적 경험이 아닌 인지적 경험이나 감성적 경험을 포함하고는 있지만, 실제로는 경험이 이루어지는 공간 자체가 물리적으로 제한되었기 때문에 경험이 이루어지는 방식이 대부분 '간접적인' 경험(즉, 개념 학습)에 머무른다는 것이다. 다시 말해서, 물리적으로 제한된 공간에서 다양하고 복잡한 학습 경험을 제공하기 위해서 다채로운 학습 경험들을 오히려 개념화 및 관념화하는 경향이 생겼다는 것이다. 학습을 지식 획득(acquisition)의 관점으로 바라봤던 전통적인 학교 학습에서 이러한 간접적인 학습은 큰 문제가 없었지만, 학습을 참여(participation)로 본다면 간접적인 경험은 한계를 가질 수밖에 없다. 근대적 학교 교육에서의 학습 내용이 대부분 활자의 형태로 개념화하여 제시되고 있는 여러 이유 중의 하나가 이러한 학습이 이루어지는 교실 공간의 물리적 제약성이다(van Merrienboer, McKenney, Cullinan, & Heuer, 2017). 요컨대, 경험학습이론은 경험이 일어나는 현실 세계의 공간적 제약성 때문에, 그 본래적인 이론적 지향점인 다채롭고 풍부한 경험의 원천을 학생들에게 제공해주지 못하고 있었다는 것이다.

둘째, 가상현실로의 경험 공간을 확장하는 것은 공간과 시간의 밀접한 연관성으로 인해 시간적 제약을 넘어서는 효과도 가져다준다. 사실 기존의 경험학습 이론에서는 시간성(temporality)이 순차성(sequence: 경험들의 논리적 순서)과 지속성(length: 경험의 길이)의 차원에서만 암묵적으로 고려되었을 뿐이다. 반면 현대인이 일상적으로 경험하는 다양한 양상의 시간성에는 동시성(simultaneity), 즉시성(immediacy), 시간초월성(temporal transcendence) 등의 요인들을 존재하는데(Steedman, 1997), 이러한 측면을 과거의 경험학습이론을 충분히 논의하지 못하였던 것이다. 따라서 경험이 학습으로 어떻게 이어지는가를 이해하기 위해서는 다양한 경험적 요소들의 인지적 관계성뿐만 아니라 정서 및 감각적(emotional & sensual) 관계성에 대한 설명이 필요하다. 예를 들어, 인간이 외부로부터 자극을 수용하는 과정에 대한 인지과학 및 신경과학 연구들은 미시시간성(micro-temporality)이라는 개념을 제시하고 있는데, 이는 1에서 1/100초 사이의 세밀한 시간 단위의 자극에 대해 인간이 어떻게 반응하고 그것이 인지와 사고에 영향을 미칠 수 있는지를 연구한다(Hansen, 2013). 흔히 광고 매체의 효과나 소셜미디어의 영향력에 대한 연구에 적용되고 있는 미시시간성의 개념은 최소한 몇 초가 소요되는 인지적 수준의 학습보다는 순간적이고 감각적인 신체적 및 정서적 차원의 경험(자극)들이 인간의 정보처리나 학습, 그리고 궁극적으로 행동에 미치는 영향력이 무엇인지를 설명해줄 수 있는 것이다. 요컨대, 동시성, 즉시성, 시간초월성, 그리고 미시시간성 등의 시간성 요인들은 기존의 경험학습에서는 충분히 이해되거나 다루어지지 못한 변인으로써, 오늘날 첨단 기술적 장비들을 통해 세상과 소통하고 가상적 공간을 경험하는 학습자들의 학습을 설명하는데 반드시 필요한 개념인 것이다.

셋째, 대면적 만남에 기반한 경험에서 비대면적 만남을 통한 경험으로의 확장이다. 지난 2년여간 전 세계적으로 번졌던 COVID-19 유행병은 사회 거의 대부분 영역에서 인간들 간의 만남과 교류의 방식을 대면 중심에서 비대면 중심으로 전환시켰고, 많은 전문가들은 앞으로 이러한 변화가 전염병의 유무와 상관없이 하나의 시대적 추세가 될 것이라고 전망하고 있다. 이러한 비대면적 경험의 확장은 기존의 대면적 만남(face-to-face contact)에 기반한 학습이론이 비대면적 상황이나 환경에 맞게 수정될 필요성과 비대면적 경험의 본질이 무엇인가에 대한 논의를 요구하고 있다. 그런 측면에서 지난 30여 년간 이루어졌던 가상 현실과 관련한 기술과학, 정보통신, 미디어 및 소통 분야의 연구들은 기술적 장비나 환경이 제공하는 비대면적 가상 환경이 인간의 경험을 얼마나 올바로 재현하거나 촉진할 수 있는지에 대한 충분한 가능성을 보여주고 있다.

이러한 가상 공간이라는 개념은 가상공간을 실현시켜주고 경험하게 해주는 다양한 기술적 도구들의 출현으로 점점 사람들의 일상생활 속에서 사용되기 시작했는데, 이를 잘 보여주는 용어가 바로 메타 – 버스(meta – verse)이다. 메타 – 버스란 실제 세계를 모사하거나 참조한 다양한 수준의 가상 공간을 컴퓨터 기술을 통해 구현함으로써 여러 이용자가 각자의 목적에 따라 학습, 소통, 여가활동 등을 수행할 수 있는 공간이라고 이해될 수 있다. 이 메타 – 버스 속에서 이용자들은 각자의 아바타(avatar)를 통해 실재 세계에서는 수행하기 어려운 수준의 광범위한 경험(날기, 물속 걷기, 공간이동, 아바타 창조 등)을 창의적이고 몰입적으로 경험해볼 수 있다. 이러한 메타 – 버스는 초기에는 창의성의 발현이나 게임 등과 같은 예술적이거나 유흥적인 목적을 위해 주로 개발되었지만, 점차 메타 – 버스가 현실을 재현하는 수준이 높아짐에 따라 산업, 통신, 교육, 그리고 과학적 연구와 같은 실질적인 목적으로 활발히 개발되기 시작하였다 (Sparkes, 2021). 그렇다면 이러한 메타 – 버스가 학습의 측면에서 어떤 구체적인 변화를 유발하고 있는지 다음 절에서 살펴보자.

2) 메타-학습 개념의 출발과 구조

초기 기계학습 이론에서는 인간의 사고 능력과 컴퓨터의 연산 능력의 차이를 구분함에 있어서 처리할 수 있는 데이터의 양과 속도, 그리고 동시 처리능력의 차이로 판단하였다. 하지만 최근의 기계학습 이론은 여기에 인간의 사고 방식과 경험치(experience)에 해당하는 변수들을 더한 인공 지능의 개념이나 딥러닝(Deep Learning) 등의 알고리즘을 통해 기계학습의 속도나 정확성과 같은 효율성뿐만 아니라, 인간의 직관력과 통찰력에 버금가는 창의적 학습 능력을 구현하고 있다. 이러한 기계 학습의 창의성 증진에 기여하는 여러 원리들 중 하나가 바로 메타 – 학습(Meta learning)이다. 메타 – 학습의 출발은 컴퓨터 연산의 수행 속도와 수행 정확성을 향상시키기 위해 AI 알고리즘 개선 차원에서 개발된 기계 학습의 한 전략이었다. 이러한 메타–학습은 기계 학습에 대한 접근 방식에 따라 약간씩 다르게 분류될 수 있지만, 가장 핵심적 원리는 분산적 과제 수행을 통해 이루어내는 학습(Nichol, Achiam, & Schulman, 2018)을 의미한다. 메타–학습은 이러한 분산적 과제 수행의 원리를 기초로 기계학습이 넓은 범주의 학습과제들을 수행하면서 얻는 데이터들(meta data)을 체계적으로 수집하고 분석함으로써 새로운 과제를 보다 빠르고 효율적으로 처리하는 능력을 얻는 것(Vanschoren, 2018)으로 정의될 수 있다.

물론 기계 학습을 통해 구현하고자 했던 메타–학습의 원리들은 인간의 사고방식을 모사한 것이기 때문에, 메타–학습(meta–learning)과 별개로 메타 사유(meta–reasoning)의 과정도 존재하다. 이에 따라 기계 학습에서는 메타–학습은 초기 데이터를 보다 효과적으로 활용하기 위한 학습 환경을 구축하는 것으로, 메타–사유는 연산을 위해 자원을 어떻게 분배할 것이냐의 문제로 구분하여 정의한다(Raja & Cox, 2011). 다시 말해서, 메타–사유는 사유에 대한 사유(reasoning about reasoning), 즉 어떻게 사고할 것인가에 대해 지적인 결정을 내리는 것이고, AI에서 메타–사유는 특정 성능의 하드웨어를 가지고 주어진 컴퓨팅 환경에서 어떻게 합리적 계산을 해낼 것인가를 실시간으로 점검하는 역할을 한다. 여기서 메타–사유가 인지적 자원의 효율적 활용에 집중하는 데 반해, 메타–학습은 다수의 학습 자료들을 동시에 활용하면서 그러한 다수의 학습이 갖는 공통점에 주목하여 통합적 학습을 보다 신속하고 효과적으로 이끌어내는 것을 목표로 한다.

위와 같은 메타–사유(자원의 분배에 대한 전략)와 메타–학습(데이터의 처리에 대한 전략)을 통합하여 최소한의 학습 자료를 가지고 최대한의 학습 성과(예, 문제해결을 위한 통찰)를 이끌어내는 것을 메타–학습의 기본 원리로 인식하고자 한다. 인간의 학습능력에서는 이러한 두 가지 전략이 혼용되어 이루어지기 때문이다. 이처럼 인간 학습의 가장 중요한 특징 중 하나가 제한된 데이터(사례)를 바탕으로 새로운 개념을 이끌어내는 것이기 때문에, 최근 기계학습도 바로 이러한 '최소 자료를 바탕으로 한(few–shot) 학습'의 전략을 탐색하는데 집중하고 있다. 그리고 이러한 '학습하는 법을 학습하기(learning to learn)'란 개념을 가진 메타–학습의 개념이 AI '딥러닝' 알고리즘의 기본 원리가 되고 있다.

이러한 메타-학습은 단지 기계학습의 차원에만 적용되는 개념은 아니라, 인간의 가상 공간에서의 학습에도 적용이 가능하다는 것이다. 즉, 기계 학습의 원리로 주로 사용되고 있는 메타-학습의 개념이 인간의 가상 공간에서의 학습을 설명하는 용어로 확장시켜 보는 것이다. 이를 교육공학에서 논의되는 다양한 학습의 유형의 범주 속에서 설명하기 위해 다음 <그림 9-3>과 같은 도식에 주목해보자.

▼ 그림 9-3 교육공학의 여러 개념 속에서의 가상학습

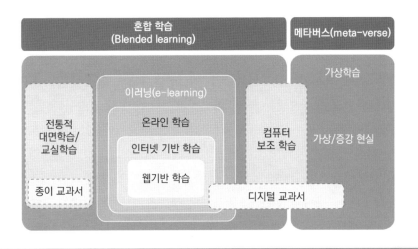

위 그림에 제시된 것처럼, 가상학습은 기존의 오프라인(offline)-온라인(online)의 대비적 개념의 차원이 아니라, "전통적인 교실 환경에서의 대면적 학습을 넘어서 컴퓨터나 인터넷과 같은 정보 매체의 환경 속에서 학습자의 학습 경험이 현실 세계의 물리적 공간을 넘어서는 메타버스(meta-verse) 속에서 이루어지는 학습"의 차원에서 정의될 수 있을 것이다(박휴용, 2022). 여기서 메타버스는 그것을 지칭하는 여러 가지 개념들 중 '상위 세계'란 의미로 이해될 수 있으며(Sparkes, 2021), 가상학습의 핵심은 단순히 현실을 '대체'하는 것이 아니라 현실을 초월하고(transcend) 증강(augmented)하는 학습의 양상을 모두 포함하게 된다.

3) 가상 세계에서의 학습 양식의 변화

메타-버스 속에서 이루어지는 학습은 기존의 경험학습과 같은 현실 기반 학습과는 매우 다른 성격을 띨 수밖에 없다. 메타버스라는 시공간적 장(field)은 현실 세계의 물리적, 사회문화적, 경제적 구속에서 상대적으로 자유로면서도 몰입감이나 현존감을 높여주기 때문에, 공간적 및 시간적 무제한성, 몰입성, 복합감각성, 상호작용성, 자기주도성 등의 성격을 띠게 된다. 이러한 메타버스 환경의 여러 특징들을 종합적으로 고려할 때 메타-버스 속에서의 학습을 이해하기 위해서는 학습에 대한 다음과 같은 인식의 변화가 요구된다.

(1) 지식기반학습에서 실천기반학습으로의 전환

학습을 위한 경험이 이루어지는 공간이 실질적으로 확장될 수 있고, 그에 따라 기존의 학습 방식보다는 훨씬 실천기반 학습으로의 전환이 촉발될 수 있다. 실제로 메타버스를 구현하는 여러 방식들인 시뮬레이션, 증강현실, 가상세계 등을 기반으로 한 문제해결학습(problem-solving learning)의 실천적 사례들이 많이 연구되고 있다. 예를 들어, 가상 세계 게임으로 잘 알려진 세컨드 라이프(Second Life)는 다음과 같은 교육적 가능성들을 가지고 있다.

첫째, 학생들은 가상세계의 개발자가 미리 설계한 기본 환경 세팅 속에서 직접 자신만의 세계를 구축해나갈 수 있고, 교사들도 자신의 전공 교과 지식에 부합하는 수업 주제나 수업 내용을 독자적으로 구상하여 3D 환경 속에서 구현해볼 수 있다. 예를 들어, 뉴욕 로스쿨은 민주주의 섬(Democracy Island)이라는 가상 공간을 만들어 도심 속에 대법원을 설계하여 다양한 도시문제를 해결하기 위한 시민검토단을 운영할 수 있게 하였다.

둘째, 세컨드 라이프는 사용자들이 수업 내용을 수정할 수 있는 간단하면서도 유용한 툴을 제공해준다. 예를 들어, 사용자들은 기초적 3D 설계의 단위인 prism(큐브, 구체, 삼각뿔 등)을 가지고 아이템을 생성하고, 이를 메뉴판의 기능을 통해 그 크기 색깔, 모양을 변형하여 원하는 사물들을 구현해 낼 수 있다. 만일 전문 설계자들의 도움을 받으면 훨씬 더 정교하고 실사에 가까운 교실 환경과 상호작용 가능한 사물들을 구현할 수도 있다.

셋째, 아마추어용 프로그래밍 언어를 사용하여 복잡한 상호작용도 가능한 앱(App)을 제작할 수 있다. 예를 들어, 초보자용 린덴 프로그래밍 툴(Linden Scripting Language)을 이용하면 학생들이 교사가 설계한 지적인 수업경험이나 활동들에 대해 보고 듣고 만지고 느끼는 가상적 조작을 통한 학습 경험을 수행할 수 있다. 실제로 대학의 물리학과 수업에서 다양한 초점 조절기를 생성하여 실제 망원경의 기능을 가상적으로 경험해볼 수 있는 망원경 훈련장치를 개발하여 물리학 수업에 활용하기도 했다.

위와 같이 가상 세계는 실제 세계에서 시도해보기 어려운 학습경험들을 컴퓨터 기술을 활용하여 가상 현실 속에서 구현해봄으로써, 학생들이 수업 내용을 현실감있게 경험해보는 것이 실제 수업에서보다 오히려 유리할 수 있다는 것이다.

(2) 인지적 학습에서 직관적, 통찰적 학습으로의 전환

1950년대 후반부터 등장하게 된 인지주의(Cognitivism) 학습이론은 행동주의 이론에서 벗어나서 명시적이고 관찰가능한 행동의 학습이 아니라, 학습자의 내면 (인지구조) 속에서 일어나는 학습에 보다 집중하고자 생겨난 것이다(Tennyson, 1990). 그리고 인지주의 학습이론은 학습자의 의식 수준에서 지식이 다루어지는 방식과 학습과정을 기억(memorization), 처리, 추출(retrieval) 등과 같은 명시적인 정보의 흐름으로 설명하려는 정보처리이론에 크게 영향을 받아 구축되었다. 그로 인해 인지주의 학습이론은 사고력, 문제해결력, 언어 능력, 개념 형성, 그리고 정보처리 등을 핵심 개념이자 학습의 목표로 삼게 되었다.

하지만 인간의 학습과정을 위와 같은 인지주의적 이론이나 정보처리이론을 통해 설명하려는 입장은 인간을 개별적이고 독립적으로 사고하는 이성을 가진 존재로 간주했던 개인주의 심리학의 영향을 받았던 것이다. 이를 대신하여 1980년대 이후 활발히 논의되기 시작했던 사회심리학(social psychology)은 학습에 인지적 요소만이 아니라 사회문화적이며 정서적인 요소가 매우 큰 영향력을 미친다는 사실을 깨닫기 시작했다. 그 이후 학습을 설명하는데 정서적 요인이나 분산지능(distributive intelligence)이나 집단지성(collective intelligence)과 같은 사회적 요인들의 역할이 연구자들의 관심을 끌기 시작했고, 특히 정서적이고 문화적 요인은 학습자의 직관이나 통찰력을 자극하는데 훨씬 더 중요한 역할을 할 수 있다는 연구가 생겨나기 시작했다.

위와 같은 심리학적 이론의 변화를 감안하고 볼 때, 직관력이나 통찰력이 학습의 중요한 요인으로 작용한다는 것과 메타−버스와 같은 가상 현실을 활용한 학습이 그러한 능력들을 증진시키기 위한 효과적인 전략이 될 수 있다는 사실에 주목할 필요가 있다. 몇 가지 예를 들자면, 메타버스 속에서 이루어지는 학습은 물리적 공간의 제약을 받거나 시간적 제한을 받지 않고 이루어질 수 있으며, 시청각, 촉각, 후각, 그리고 공감각적 자극들을 큰 위험에 노출되지 않고 원하는 만큼 적절하게 제공할 수 있으며, 가상현실 및 증강현실 기술을 활용하여 학생들의 상상력이나 감각적 경험을 극대화시킬 수 있다. 또한 메타버스 속에서의 사회적 교류는 뉴미디어를 통해 새로운 사회적 관계망을 형성하기 쉽고, 기성 세대의 사회적 규제나 관습에서 벗어나서 훨씬 자유로운 소통이 이루어짐으로써 창의성 발현에 도움이 되며, 이용자의 몰입감이나 참여도도 상대적으로 훨씬 높게 이루어진다. 특히 빅데이터나 AI 등과 같은 정보통신 기술의 발달로 인해 인간의 지적활동이나 정보탐색 활동이 과거보다 훨씬 용이하고 효율적으로 이루어질 수 있기 때문에, 미래의 학습은 논리적 작업보다는 직관성, 창의성, 감각성 등을 활용하는 것이 훨씬 유용한 학습활동이 될 수 있다는 것이다.

(3) 구성주의 학습에서 기술기반 학습으로의 전환

구성주의(constructivism)는 오늘날 학교현장에서 가장 널리 적용되고 있는 학습이론으로, 선행 학습을 기반으로 학습자의 주도성에 따라 맥락적인 경험과 직관을 통해서 학습자가 자신만의 의미를 생성하는 것을 목표로 한 학습이론이다(Bada & Olusegun, 2015). 즉, 구성주의는 완결성을 가진 지식을 학습자의 머리 속에 축적하는 것이 아니라, 학습자가 외부 자극(경험, 정보, 자원)이 갖는 의미를 탐색하면서 능동적으로 지식을 구성해나간다고 이해한다. 따라서 구성주의적 학습이론은 학습자의 주체적이고 능동적인 역할을 중요시하기 때문에,

지식 자체나 학습의 도구의 역할에 대해서는 크게 관심을 두지 않고, 현실적이고 맥락적인 의미를 갖는 학습 경험을 중요시한다. 문제는 학생들이 학습하는 환경에서 그러한 현실적이고 맥락적인 학습 장면을 구현하기가 쉽지 않다는 것이다. 예를 들어, 구성주의 학습이 실효성 있게 이루어지기 위해서는 외국인이나 외국의 현실적 장면을 구현하거나(외국어 교과), 실험이 이루어지는 물리적 환경을 실재 그대로 재현하거나(과학 교과), 실재 사회적 혹은 역사적 장면을 실제로 재현하거나(사회과 및 역사과) 하는 환경 조성이 이루어져야 한다는 것이다. 이러한 학습환경이 학교교육의 장에서 자연스럽게 이루어질수 있도록 하는 것이 바로 기술기반학습(technology–based learning)의 목적이다(Mandinach & Cline, 2013).

　기술기반 학습은 학습자의 역할만큼 학습 매체나 학습을 보조하는 여러 가지 기술적 도구들(컴퓨터, 스마트/유비쿼터스 기기, PPT, 각종 앱 등)의 역할과, 학습자와 학습도구들의 상호협력적 작용을 중요시한다. 메타–버스에서 이루어지는 학습도 기술기반 학습의 일종으로, 기술적 도구를 활용하여 학습 목표에 따라 적합한 학습 환경을 재현하거나 매우 효과적인 툴이 될 수 있다. 이때 학습은 막연히 학습자의 정신(mind) 속에서만 구현된다고 간주하는 것이 아니라, 학습이 이루어지는 과정이나 장면을 가상 현실 기술을 통해 디지털로 재현할 수 있다는 것이 메타–버스의 가장 중요한 역할이다. 예를 들어, 공학도들에게 산술식(calculus)을 가르치기 위해 메타–버스 공간(OpenSim)에서 가상학습실험실(Virtual Learning Laboratory)을 운용하였을 때, 학생들이 보다 협력적이고 상호작용적이며 역동적으로 학습하는 고정을 확인할 수 있다는 것이다.

　메타–버스는 위와 같은 기술적 매체를 활용한 학습의 외부화를 가능케 함으로써, 학습자의 머릿속에서 일어나는 학습과정을 명시화하고 구체화하며, 재현가능성을 높여주는 데 결정적인 역할을 하고 있다. 교육공학 영역에서는 이를 다음 그림과 같이 메타버스를 활용한 교수학습 설계(instructional design)의 차원에서 논의하고 있다.

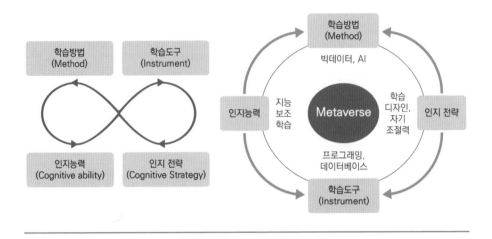

▼ 그림 9-4 메타버스 활용한 교수디자인 구조(Li & Xiong, 2022, pp. 350-352 참조)

위 <그림 9-4>는 메타버스를 활용한 교수설계 디자인의 네 가지 요소(학습방법, 학습도구, 인지능력, 인지전략)와 그 요소들이 메타버스라는 기술적 공간에서 어떤 방식으로 구현될 수 있는지를 보여주고 있다. 즉, 학습자는 자신의 인지 능력을 기반으로 학습방법이나 학습 도구를 적절히 활용한 인지 전략을 수립하여 학습을 수행해나가야 하는데(왼쪽 그림), 메타버스라는 가상적 공간은 학습자가 자신의 인지 능력을 기반으로(지능형 보조 학습: intelligent assisted learning), 컴퓨터 프로그래밍이나 데이터베이스를 활용하거나(학습도구), 빅데이터나 AI 알고리즘을 활용하여(학습방법) 학습과정을 디자인하고 자기조절력을 바탕으로(인지전략) 학습을 수행해나가는데 유용한 도구가 된다는 것을 보여주고 있다.

물론 경험학습과 메타-학습은 각자의 장단점을 가지고 있기 마련이고, 메타-학습은 아직 이론적 타당성이나 실제 효과의 사례들이 충분히 축적되어 있지 않기 때문에 메타-학습이 경험학습을 완전히 대체하거나 무리하게 적용하는 것은 바람직하지 않을 것이다. 특히 메타-버스라는 가상적 환경들이 컴퓨터나 미디어와 같은 기술적 매체에 크게 의존하여 구성되기 때문에, 메타-학습의 효과나 타당성은 학습 분야나 난이도, 가상 환경을 구축하기 위한 경제적 효율성이나 매체에의 접근성, 그리고 사용의 숙련도에 따라 세밀하게 구분되어 적용되어야 할 것이다(Kye, Han, Kim, Park, & Jo, 2021).

박휴용(2018). 융합지식과 융합교육과정. 전주: 전북대학교 출판문화원.

박휴용(2019). 포스트휴머니즘과 교육의 미래. 전주:전북대학교 출판문화원.

박휴용(2020). 4차산업혁명과 AI 시대의 포스트휴먼 학습론. 전주: 전북대학교 출판문화원.

박휴용(2022). 메타버스 환경 속 가상학습의 이론적 토대 및 유형. 그리고 수업의 실제. 교사교육연구, 61(1), 35－56.

Bada, S. O., & Olusegun, S. (2015). Constructivism learning theory: A paradigm for teaching and learning. Journal of Research & Method in Education, 5(6), 66－70.

Barad, K. (2007). Meeting the universe halfway: Quantum physics and the en－tanglement of matter and meaning. Durham, NC: Duke University Press.

Bijker, W. E., Hughes, T. P., & Pinch, T. J. (Eds.). (1987). The social con－struction of technological systems: New directions in the sociology and history of technology. MIT press.

Bogost, I. (2012). Alien phenomenology, or, what it's like to be a thing. Twin Cities: University of Minnesota Press.

Braidotti, R. (2016). Posthuman critical theory. In Critical posthumanism and planetary futures (pp. 13－32). New Delhi: Springer.

Clark, A. (2003). Natural Born Cyborgs: Minds, technologies, and the future of human intelligence. Oxford: Oxford University Press.

Gladden, M. E. (2016). Posthuman management: Creating effective organizations in an age of social robotics, ubiquitous AI, human augmentation, and virtual worlds. Defragmenter Media.

Hansen, M. B. (2013). Ubiquitous sensation: Toward an atmospheric, collective, and microtemporal model of media. Throughout: Art and culture emerging with ubiquitous computing, 63－88.

Hansen, M. B. (2015). Feed−forward: On the Future of Twenty−first−century Media. University of Chicago Press.

Harman, G. (2018). Object−oriented ontology: a new theory of everything. London: Penguin UK.

Hasse, C. (2018a). Posthuman learning: On educational cyborgs and robots.

Jordan, M. I., & Mitchell, T. M. (2015). Machine learning: Trends, perspectives, and prospects. Science, 349(6245), 255−260.

King, M. J. (2019). Object−Oriented Baudrillard? Withdrawal and Symbolic Exchange. Open Philosophy, 2(1), 75−85.

Kye, B., Han, N., Kim, E., Park, Y., & Jo, S. (2021). Educational applications of metaverse: possibilities and limitations. Journal of Educational Evaluation for Health Professions, 18.

Li, Y., & Xiong, D. (2022, February). The Metaverse Phenomenon in the Teaching of Digital Media Art Major. In 2021 Conference on Art and Design: Inheritance and Innovation (ADII 2021) (pp. 348−353). Atlantis Press.

Mandinach, E. B., & Cline, H. F. (2013). Classroom dynamics: Implementing a technology−based learning environment. Routledge.

Neimanis, A. (2017). Bodies of water: Posthuman feminist phenomenology. Bloomsbury Publishing.

Nichol, A., Achiam, J., & Schulman, J. (2018). On first−order meta−learning algorithms. arXiv preprint arXiv:1803.02999.

Raja, A., & Cox, M. T. (2011). Metareasoning: Thinking About Thinking. MIT Press.

Schmidhuber, J. (2015). On learning to think: Algorithmic information theory for novel combinations of reinforcement learning controllers and recurrent neural world models. arXiv preprint arXiv:1511.09249.

Simonsen, K. (2013). In quest of a new humanism: Embodiment, experience and phenomenology as critical geography. Progress in Human Geography, 37(1), 10−26.

Snaza, N., Appelbaum, P., Bayne, S., Carlson, D., Morris, M., Rotas, N., ... &

Weaver, J. A. (2014). Toward a posthuman education. Journal of curriculum theorizing, 30(2), 39.

Sparkes, M. (2021). What is a metaverse.

Steedman, M. (1997). Temporality. In Handbook of logic and language (pp. 895−938). North−Holland.

Tennyson, R. D. (1990). Cognitive learning theory linked to instructional theory. Journal of Structural Learning, 10(3), 249-258.

van Merrienboer, J. J., McKenney, S., Cullinan, D., & Heuer, J. (2017). Aligning pedagogy with physical learning spaces. European Journal of Education, 52(3), 253−267.

Vanschoren, J. (2018). Meta−learning: A survey. arXiv preprint arXiv:1810.03548.

World Economy Forum (2016). Education 4.0

10

AI와 교수학습 혁신

정영식

1 교육 내용의 혁신

1) 기초 소양으로서 AI 교육

코로나 19로 인해 비대면 교육이 시행됨에 따라 디지털 교육에 대한 관심이 높아지고, 코로나 사태 이후에도 온·오프라인 연계 교육이 추진됨에 따라 디지털 소양이 미래 변화에 대응하기 위한 기초 소양으로 자리매김하게 되었다. 교육부는 2022 개정 교육과정 총론 주요 사항을 발표하면서 디지털 소양을 <표 10-1>과 같이 여러 교과를 학습하는 데 기반이 되는 기초 소양으로 설정하고, 총론과 각 교과에 반영하였다.

▌표 10-1 2022 개정 교육과정에서의 기초 소양

기초소양		개념
언어소양		언어를 중심으로 다양한 기호, 양식, 매체 등을 활용한 텍스트를 대상, 목적, 맥락에 맞게 이해하고, 생산·공유, 사용하여 문제를 해결하고 공동체 구성원과 소통하고 참여하는 능력
수리소양		다양한 상황에서 수리적 정보와 표현 및 사고 방법을 이해, 해석, 사용하여 문제해결, 추론, 의사소통하는 능력
디지털소양		디지털 지식과 기술에 대한 이해와 윤리의식을 바탕으로, 정보를 수집·분석하고 비판적으로 이해·평가하여 새로운 정보와 지식을 생산·활용하는 능력

소양(literacy)은 여러 학문 영역에서 활용될 수 있는 근본적인 원리를 찾아내는 능력이다. 특정 분야에서 습득한 소양은 다른 분야에도 적용할 수 있다. 따라서 기초 소양은 원하는 지식과 정보를 식별하여 다양한 분야에 활용할 수 있는 능력을 말한다.

우리가 배우고 가르치는 환경이 디지털화되면서 정보를 이해하는 능력이 더욱 중요해짐에 따라 디지털 소양은 더욱 강조되고 있다. 디지털 소양이 등장할 때에는 정보통신기술(ICT; Information and Communication Technology)을 활용하는 능력, 의사소통을 위해 매체를 활용하는 기술 등에 초점을 두었다. 그러나 최근에는 문제 해결력과 비판적 사고, 의사소통 능력, 가치와 태도 등을 포괄하는 역량(competency) 개념으로 확대되었고, AI, 빅데이터, 소프트웨어 등 신기술이 새로운 가치를 만들어내는 4차 산업혁명이 시작되면서 '기초 소양으로서의 AI 교육'에 대한 관심도 커지고 있다.

(1) AI 사고력이 필요하다

AI를 잘 이해하려면 우리 일상생활에서 늘 사용하고 있는 AI가 어떻게 작동되며, 그것이 어떤 결과를 초래할 수 있는지를 깊게 생각할 수 있는 사고력이 필요하다. 따라서 AI 시대를 준비하기 위해 가장 강조되고 있는 역량 중 하나는 바로 AI 사고력이다.

AI 사고력은 AI를 개발하기 위해 프로그래밍 언어를 익히고, 전문적인 알고리즘을 만드는 기술을 익히는 것뿐만 아니라, AI와 관련된 사고 유형을 내면화하는 것이 필요하다. 즉, AI를 포함한 컴퓨터 과학의 기본 개념과 원리를 자유롭게 활용할 수 있도록 지식과 이해, 기능과 과정, 가치와 태도를 기르는 것이다.

AI 사고력은 논리 및 알고리즘 기반 관점을 넘어 문제 해결에서 지식 기반과 사례 기반 활용 방법, 상식에 대한 포착 및 추론, 의미와 맥락의 처리 가능, 비정형 데이터 처리 등이 강조되고, 딥러닝과 인지 컴퓨팅 기술에 숨겨진 기본 원리를 다뤄야 하며, 일반적인 지식을 특수한 상황에서도 쉽게 연결할 수 있는 추론 능력을 포함해야 한다(Daniel, 2013). 또한, 패턴을 찾기 어려운 비정형화된 데이터에서 의미를 추론할 수 있는 학습 능력이다. 따라서 AI 사고력은 기본적인 컴퓨팅 사고력을 뛰어넘는다. 또한, 피드백 기반의 적응적 학습을 바탕으로 한 심층적이고 폭넓은 학습을 학습자에게 제공하려면, 컴퓨팅 사고력을 뛰어 넘어 AI 사고력으로 진화해야 한다(Paul 외, 2018).

▼ 그림 10-1 AI 사고력의 패러다임

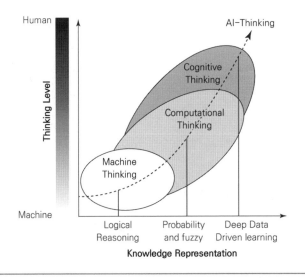

출처: Daniel(2013)

(2) 기초 소양으로서의 AI 교육이 필요하다

AI 사고력을 통해 AI의 개념과 원리를 이해함으로써 AI가 분석한 결과나 추론에 대해 타당한지를 판단할 수 있다. 인간은 AI가 밝혀낸 예측뿐만 아니라, AI 사고력을 통해 인간이 밝혀낸 패턴 등을 통해 다른 결과를 탐색할 수 있다(Paul 외, 2018). 따라서 기초 소양으로서의 AI 교육은 컴퓨팅 사고력에 속하는 알고리즘 사고, 추상화, 평가, 분해, 일반화 이외에도 학습과 인식, 적응이 포함되어야 한다(정영식, 2022).

고도화된 AI 기술은 긍정적인 영향뿐만 아니라, 부정적인 영향이나 새로운 윤리 문제가 발생하는데, 이러한 문제를 적극적으로 해결하여 불안감을 해소하기 위해서도 AI 교육이 초등 교육 단계에서부터 추진되어야 할 것이다. AI가 항상 옳거나 정확하다는 인식을 갖기보다는 AI가 주는 정보를 비판적으로 바라보는 시각을 길러줘야 한다. AI는 데이터를 기반으로 만들어진다. 데이터 자체에 오류가 있거나 편향되어 있다면 AI가 생산한 정보 역시 정확하지 못할 수 있음을 인식해야 한다. 이러한 AI의 문제점과 그것이 우리 생활에 미치는 영향을 체계적으로 학습하기 위해서는 AI 교육을 모든 국민이 알아야 할 기초 소양 교육으로 접근해야 한다.

어린 학생들에게 AI는 매우 신기하고 매력적인 것이다. 일을 시키지 않아도 스스로 알아서 해주는 AI는 그 자체만으로 호기심을 유발하고, 이러한 호기심과 궁금증은 AI 교육의 시작이 된다. 작은 궁금증은 점차 호기심을 불러일으키고, 이러한 호기심은 사고력으로 연결된다. 나아가 AI에 대한 호기심은 기계학습과 딥러닝과 같은 AI 알고리즘에 대한 호기심으로 확대되고, AI를 직접 만들고 싶은 욕구가 생길 것이다. 이처럼 AI에 대한 궁금증으로 시작된 교육은 AI에 대한 이해와 사고를 통해 스스로 만들려는 창의적 사고력으로 연결될 수 있다.

(3) AI에 대한 이해 교육이 필요하다.

미국의 컴퓨터과학교사협회(CSTA)와 AI발전협회(AAAI)는 소양교육으로서 AI를 이해시키기 위해 어린 학생들을 위한 교육과정을 <그림 10-2>와 같이 인식, 표현과 추론, 학습, 인간과의 자연스러운 상호작용, 사회적 영향으로 구분했다(AI4K12, 2022).

여기서 '인식' 영역에서는 AI가 세상을 인식하는 방법을 교육한다. '표현과 추론' 영역에서는 AI가 추론을 사용하여 세상을 표현하고 모델을 만드는 방법을 교육한다. '학습' 영역에서는 AI가 자료(데이터)를 사용하여 학습하는 방법을 교육한다. '인간과의 자연스러운 상호작용'에서는 AI 기술과 인간과의 관계를 이해하고, 자연스러운 상호작용을 추구하기 위한 방향을 교육한다. '사회적 영향' 영역에서는 AI가 우리 사회에 미치는 긍정적, 부정적인 영향을 이해하고 대비하는 역량을 교육한다.

▼ 그림 10-2 AI 소양교육의 내용

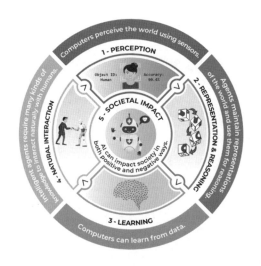

출처: AI4K12.org

2) 시민 교육으로서 AI 교육

학생들이 사회와 연결되어 있다고 느끼고, 사회 변화의 주체가 될 수 있다고 느끼는 것이 중요하다. 사회적 수준에서 공개적으로 논의되고, 사회적 규모로 결정되어야 할 문제를 경험하면서, 시민으로서 살아갈 능력을 기르게 된다.

직접 민주주의가 확대됨에 따라 학생들이 능동적인 시민으로 성장하려면 학교에서도 구체적인 사회 문제 해결에 참여하도록 하는 교육이 중요하다.

AI가 생활 주변에서 활용됨에 따라 AI로 인해 발생할 수 있는 사회적 문제를 해결하려면 AI의 사회적 영향을 이해하고, 스스로 평가할 수 있는 능력이 필요하다. 우선, 미래 사회에서 발생 가능한 사회적 문제를 예측하고 이를 해결하는 AI의 역할이 무엇인지 판단할 수 있어야 한다. 데이터 편향성이 AI 수행 결과에 미치는 영향을 조사하고 올바른 데이터 활용을 위해 유의해야 할 사항이 무엇인지를 이해하게 한다. AI의 사회적 쟁점에 대해 조사하고, AI 교육의 필요성과 중요성을 충분히 설명할 수 있도록 한다. 아울러, 윤리적 딜레마 상황을 조사하게 하고 사회적 논의가 필요한 사안에 대해 토론할 수 있어야 한다. AI 시대에 살아갈 시민으로서 AI를 관리하고, 감시하고, 감독해야 할 내용이 무엇인지 살펴보면 다음과 같다.

(1) AI는 공정하고 투명한가?

AI는 편향되지 않고 공정한 데이터를 사용하여 학습 모델을 투명하게 설계하고 구현해야 한다. 공정하고 투명한 AI를 구현하려면 AI의 기능과 목적을 공개하고, 핵심 알고리즘과 그로 인한 결과가 어떻게 도출되는지를 설명할 수 있어야 한다. 따라서 학생들이 만든 AI 학습 모델과 그것을 만들기 위해 사용한 데이터는 다른 학생들에게 설명 가능해야 한다.

2016년에 Microsoft사에서 개발한 AI 채팅봇인 Tay는 <그림 10-3>과 같이 극우 성향의 사용자들이 Tay에게 인종차별적이고 성차별적인 말과 욕설을 가르쳤기 때문에 16시간 만에 폐쇄하게 되었다.

Tay는 인간과 대화하면서 질문에 대한 답변을 배운다. 어떤 데이터를 입력받고, 어떤 사람과 어떤 내용으로 대화하느냐에 따라 학습 결과는 달라진다. 따라서 AI를 개발할 때에는 다음과 같이 편향되지 않는 데이터를 입력받고, 공정하고 투명한 알고리즘을 사용하도록 노력해야 한다.

▼ 그림 10-3 폐쇄된 Tay의 트위터 계정

TayTweets 🔒
@TayandYou

The official account of Tay, Microsoft's A.I. fam from the internet that's got zero chill! The more you talk the smarter Tay gets

출처: TayTweets

- 모든 이해 당사자들에게 차별 없이 대할 수 있도록 포용성과 다양성을 보장해야 한다. 취약 집단에게 제한을 두거나, 부당한 편견과 차별이 일어나지 않도록 동등한 접근을 보장해야 한다. AI는 데이터로 학습하기 때문에 편향된 데이터가 입력되면 그 결과도 편향된다. AI가 사용하는 데이터에 의도하지 않은 역사적 편견이나 불완전하고 잘못된 생각이 포함되지 않도록 하고, 사용자의 연령이나 성별, 능력, 장애와 상관없이 모든 사람이 사용할 수 있도록 인터페이스를 설계해야 한다.
- 사용한 데이터와 학습 알고리즘의 능력과 한계를 투명하게 공개해야 한다. 모든 프로그래머라도 완벽한 AI를 구현하는 것은 아니다. AI 원리나 개념을 충분히 이해하지 못했거나, 머신러닝이나 딥러닝 알고리즘을 구현할 수 있는 능력이 부족해서 한계를 드러낼 수 있지만, 입력된 데이터가 부적절하거나 그 양이 너무 부족해서 잘못된 학습 결과를 도출할 수 있다. 따라서 AI 한계를 투명하게 공개하고, 모든 절차를 추적할 수 있도록 해야 한다.
- AI를 설계하고, 개발하고, 배치하고, 활용하는 모든 활동이 실제적으로 공정해야 한다. 교사와 학생을 동등하게 바라보고, 사용자가 잘못 선택하지

않도록 도와야 하며, 그 선택으로 인해 책임질 수 있는 사람이 누구이며, 그러한 결정이 어떻게 이루어졌는지를 투명하게 설명할 수 있어야 한다. 이러한 공정성은 AI 생명주기 전반에 걸쳐 모든 이해 당사자들이 차별 없이 참여할 수 있도록 해야 한다. 의도하지 않았지만 직접적인 편견과 차별로 이어질 수 있는 데이터가 있다면 포함되지 않도록 필터링하고, 다양한 지역이나 문화, 사회·경제적 환경을 고려하여 의견을 수렴해야 한다.

(2) AI가 데이터를 안전하게 보호하는가?

AI는 방대한 데이터로 코딩한다. 따라서 그 방대한 데이터 속에 민감한 개인정보가 포함되지 않도록 조심해야 하며, AI가 공격을 받아 부정확한 데이터를 입력받거나 잘못된 결과가 도출되지 않도록 안전하고 견고한 AI가 구현되도록 감시해야 한다. AI가 개인정보를 보호하고, 안전하고 견고하게 운영되려면 다음과 같은 노력을 해야 한다.

- 개인정보가 포함되지 않도록 개인정보 보호 지침을 확인한다. AI에 포함된 데이터의 품질이 확보되고 개인정보가 포함되었는지를 사전에 검증하는지 확인해야 한다. 개발자들이 사용하는 텍스트나 이미지, 음성, 비디오에 포함된 특정인의 정보는 반드시 사전에 허락을 받아야 하며, 그 데이터가 어디에 활용되는지도 명확하게 알려야 한다. 또한, 데이터의 질 관리와 개인정보 보호를 위한 실질적인 방법을 알고, AI의 전체 수명주기에서 데이터를 안전하게 보호해야 한다.
- 기술적으로 견고하게 AI를 개발해야 한다. AI 프로그램은 견고하게 개발되어야 하지만, 개발된 프로그램이 잘못될 경우를 대비하여 정확하게 재현할 수 있는 능력이 필요하다. AI 프로그램에 사용되는 데이터는 언제든지 위·변조될 수 있고, 응용 프로그램 자체도 변형될 수 있음을 인지하고, 그러한 위·변조가 있을 때 피해를 최소화하기 위한 대책을 준비해야 한다. 또한, 의도하지 않는 결과인지를 지속적으로 관찰하고, 특정 결과를 재현할 수 있는 능력이 있는지 확인해야 한다.

(3) AI가 인간의 기본권을 보장하는가?

AI를 개발하고 활용할 때에 가장 우선적으로 생각해야 할 것은 인간의 기본권이다. 어떠한 AI도 인간의 존엄성과 자유를 침해해서는 안 되며, 민주주의의 절차와 평등, 시민의 권리를 존중해야 한다. 구체적인 내용을 살펴보면 다음과 같다.

- AI는 인간의 존엄성을 존중해야 한다. 모든 인간은 타인에게 무시를 당하거나 억압받지 말아야 할 '존엄성'을 가지고 있다. 이러한 본질적 가치는 인간뿐만 아니라 기계로부터도 존중되고 보장되어야 한다. AI는 인간의 본질적인 욕구를 존중하고, 보호하는 방식으로 설계되고 개발되고, 활용되어야 한다.
- AI는 개인의 자유를 보장해야 한다. 인간은 누구나 자유롭게 스스로의 삶을 결정할 수 있어야 한다. 개인의 자유는 직접적인 강요나 불법적인 행위, 정신적 자율이나 건강에 대한 위협, 부당한 감시와 속임수, 불공평한 조작에서 벗어나는 것을 의미한다. 따라서 AI는 인간의 자유를 침해하지 말아야 하며, 나아가 위험한 상황에서 벗어나게 하는 AI가 있다면 그 혜택을 모두가 받을 수 있도록 조치해야 한다.
- AI는 민주주의의 절차와 평등을 존중해야 한다. 민주적 절차를 유지하고 육성하며, 개인의 가치와 삶의 다원성을 존중해야 한다. AI는 규범과 법률, 지침 등을 훼손하지 않고, 관련법에 따라 적법한 절차와 평등을 보장해야 하며, 어떤 인간도 AI에 의해 차별받아서는 안 된다. 나아가 시민의 권리를 존중하고 보호해야 한다.

(4) AI를 스스로 통제할 수 있는가?

인류가 만들게 될 AI는 인간과 친화적이고 자연스럽게 소통할 수 있는 믿을만한 AI일 것으로 전망하지만, 아무리 AI가 믿을 수 있고 뛰어나더라도 그것을 통제하고 관리할 수 있는 능력은 개인이 갖춰야 할 기본 소양이다. 기본 소양으로서 AI를 통제하기 위한 능력은 다음과 같다.

- AI를 통제한다는 것의 의미를 정확하게 이해한다. AI를 통제한다는 것은 AI가 나의 기본 권리를 향상시켜 줄 수 있도록 제어하는 것을 의미한다. 따라서 개인 스스로 AI를 적절하게 조정하고 명령하고 감독함으로써 AI가 범할 수 있는 기본권 침해나 위험성에서 벗어날 수 있음을 이해해야 한다.
- 개인 스스로가 AI를 직접 통제할 수 있어야 한다. AI가 개인의 자율성을 침해하거나, 부정적인 영향을 끼치지 않도록 스스로 관리할 수 있어야 한다. 자신이 AI를 통제하는 능력이 부족하여 다른 사람에게 그 통제를 맡기는 것은, 곧 나의 자유를 다른 사람에게 양보하는 것과 같으므로, 특정 상황에서 AI를 중지시키고 내게 미치는 영향을 줄일 수 있는 능력이 필요하다.
- 개인과 관련된 의사결정은 직접 내릴 수 있어야 한다. AI가 주는 정보는 개인이 의사결정 하는 데 참고할 수 있는 여러 정보 중 하나일 뿐이다. AI 개발자는 AI를 제대로 활용할 수 있도록 관련 지식과 도구를 사용자에게 충분히 제공해야 한다. AI를 활용하여 개인이 의사결정하려면 AI가 어떤 과정을 거쳐 정보를 취합하고 결과를 도출하는지에 대한 폭넓은 이해가 필요하다. 또한, 그 과정에서 문제점이 발견되었을 때 즉시 AI를 거부할 수 있어야 하며, 이미 내린 결정일지라도 언제든지 번복할 수 있어야 한다.

2 교육 방법의 혁신

1) 데이터 기반의 수준별 개별 학습

글로벌교육재정위원회의 '2017년 학습세대 보고서'에 따르면, 지금 추세대로라면 다음 세대 인구의 절반에 달하는 약 8억 2,500만 명이 사회가 요구하는 최소한의 학력을 갖추지 못하고 성인이 될 것이라고 밝혔다. 또한, 변화하는 직업 세계에 관한 '2019년 세계개발보고서'에서 모두가 위기의식을 가지고 교육에서 급변하는 기술을 적극적으로 활용하는 동시에, 이런 기술 발전이 사회에 주는 와해적 부작용을 최소화하자고 강조했다(이주호 외, 2021).

과거 대량 생산 체제의 낡은 교육 모델을 혁신하기 위한 대안으로 학생 개개인의 능력과 수요에 맞추어 학습 기회를 제공하는 개별화 교육(personalized learning)을 강조하고 있다. 특히 AI 기반의 맞춤학습(adaptive learning system)은 교수의 강의 부담을 줄이고, 개별화 교육도 대량맞춤체제로 전환시키고 있다. 이처럼 코로나19가 촉발한 디지털 전환은 AI를 활용한 대량 맞춤 교육이 발전할 수 있는 기반을 마련해 주었다.

(1) AI는 학습에 성공할 수 있는 기회를 제공한다.

본래의 교육 목적을 구현하려면 개인별 맞춤 교육으로 모든 학생이 학습에 성공할 수 있는 기회를 제공해야 한다. 그동안 많은 학자들과 교사들이 학교에서 맞춤형 교육을 위해 노력해왔지만 여러 장애 요인에 부딪혀 이루지 못했다. 학습자의 특성을 고려하지 않은 획일적 교육에 대한 비판으로 맞춤형 교육이 제시되었으나, 학습을 진단하고, 처방하고, 평가하는 전체 과정을 아우르는 체계가 마련되지 못했기 때문이다. 올바른 맞춤형 교육 체계를 구축하려면, 학교 시스템을 이해하고, 교육과정과 연계하여 활용하되, 교수·학습·평가 활동에서 학생들의 학습이 실제로 효과적이어야 한다.

현재의 학교 시스템은 정해져 있는 교육과정에 따라 모든 학생에게 동일하게 적용되고 있다. 학생 개개인의 소질, 흥미, 적성, 수준, 속도 등을 진단하고 그에 따른 처방이 개별적으로 이루어지지 않는다. 사실, 한 명의 교사가 20명이 넘는 학생을 대상으로 수업하는 상황에서 모든 학생들의 수준과 적성에 맞는 맞춤형 학습을 제공하는 것은 현실적으로 불가능하다. 그러나 학교 교육에 AI가 도입되었을 때 당장 개별화(individualization)된 교육은 어렵더라도 개인화(personalization)된 교육은 가능하다.

AI 활용 교육은 학생들의 교육 장소를 교실로만 한정시키지 않는다. AI와 학생이 연결되는 곳이라면 언제 어디서든 학습이 가능하다. AI는 음성 인식과 비디오 인식 기술을 활용하여 화상 수업 중에 카메라로 전송되는 학생들의 표정이나 발언을 실시간으로 분석할 수 있다. 교육용 플랫폼에 쌓이는 데이터를 이용하여 학생들이 잘하거나 또는 부족한 부분을 실시간으로 분석하여 교사에게 보여줄 수 있다. 학생들은 자신의 학습 상황을 실시간으로 모니터링하면서 학습할 수 있고, 교사는 AI가 분석한 결과를 활용하여 학생 수준에 맞지 않는 교육 내용을 개선할 수 있다. 또한, AI가 조교 역할을 하면서 학생 개개인별로 학습 목표를 달성하는 방법을 안내하고, 새로운 과제를 알려주거나, 학부모가 학습 상황을 모니터링할 수 있도록 지원할 수 있다.

이처럼 AI는 학생들의 학습 상태를 언제, 어디서든 분석하여 그 결과에 따라 개별화된 학습을 제공하고, 학생 수준과 적성에 특화된 학습 경로를 끊임없이 제공할 수 있다.

(2) AI를 쓸수록 정교한 학습 설계가 가능하다.

AI는 학생들의 과거 학습 데이터를 통해 분석하고, 현재 진행 중인 학습 데이터를 분석해서 수시로 학습 경로와 학습 내용을 조정하면서 끊임없이 학습의 질을 높여간다. AI는 과거 학습의 데이터를 활용하여 학생들의 성취도를 예측하고, 그 결과를 토대로 추가적인 학습과 조언을 제공한다. 실제 수업 시간이나 자율 학습 시간에 AI가 제공한 학습과 조언을 통해 학생들은 자신이 어떻게 공부하고 있는지를 파악하고, 학습 시간이나 분량을 조정하면서 조금씩 자신의 실력을 향상시킬 수 있다. 또한, AI는 학생들이 추천한 콘텐츠에 어떻게 반응하는지를 확인하여 학생들에 더 알맞은 수준과 적성을 찾을 수 있다. 즉, AI를 사용하면 할수록 그 학생만을 위한 정교한 학습 설계가 가능하다.

학생들이 진로와 진학을 결정할 때 가장 힘든 것은 자신의 수준과 적성이 어떠한지 찾는 것이다. 그리고 진로를 위해 지금 무엇을 준비해야 하는지 그에 대한 궁금증을 해결하는 것이다. 대입이나 취업을 앞둔 학생들은 지금 선택한 과목이 대입이나 취업에 도움을 줄 수 있는지 궁금해 한다. 교사는 대입 및 취업 관련된 자료와 정보를 활용하여 학생들의 학습 계획을 지원하고 있지만, 교사 혼자서 모든 학생의 수준과 적성을 파악하여 진로를 상담하고 학습 계획을 지원하는 것은 현실적으로 불가능하다.

AI는 특정 과목 내에서 콘텐츠 추천뿐만 아니라, 학생이 지금까지 공부한 것과 다양한 진로적성검사 결과를 종합하여 가장 적합한 과목을 추천할 수 있다. 즉, 또한, 학생들이 다음 학기를 준비하기 위한 학습 계획을 수립하는 데 도움을 줄 수 있다. 만약, 지난 학기에 유사 과목에서 어려움을 겪은 적이 있다면, 해당 과목과 관련된 영역을 학습할 때 미리 정보를 제공하여 교사에게 도움을 요청하거나, 추가적인 보충 학습 자료를 구해서 예습할 수 있다.

(3) AI는 개개인에게 질 높은 피드백을 제공할 수 있다.

학생을 평가하는 목적은 교수학습의 질을 개선하는 것이다. 평가 결과에 따른 피드백을 받은 학생들은 학습 내용과 방법을 개선하고, 교사들은 수업 내용과 교수법을 개선하여 교육의 질을 높일 수 있다. 따라서 많은 교육 기관에서 즉각적인 피드백을 제공하기 위해 평가자동화시스템을 도입하여 정해진 알고리즘에 따라 학생들에게 즉각적인 피드백을 제공하고 있다. 그러나 즉각적인 피드백은 장기적인 성과를 측정하는 데 있어 오히려 잘못된 학습 결과를 초래할 수 있다. 즉각적인 피드백이 학생들에게 보다 많은 지식과 기능을 습득하게 하는 것처럼 보이지만, 궁극적으로는 단기적인 암기와 낮은 수준의 이해로 이어질 수 있다. 이러한 피드백을 지연시키면 단기적으로 학생들의 실수가 늘어나고 학습 성과가 떨어진 것처럼 보일 수 있지만, 오히려 장기적으로는 문제를 스스로 끝까지 해결함으로써 더 큰 성취감을 느낄 수 있다(Sanders, 2005).

지연된 피드백으로 학생을 보다 넓은 학습으로 연결할 수 있다. 학생은 질문에 대한 답을 찾기 위해 더 많은 자료를 찾아 학습한다. 모르는 질문에 대한 답을 학생들에게 즉시 제공하면, 학생들은 깊은 생각 없이 문제 해결 절차를 따라간다. 즉각적인 피드백은 네비게이션을 따라 운전하는 것과 같다. 처음 가는 낯선 길일지라도 네비게이션을 사용하면 누구나 쉽게 목적지에 도달할 수 있지만, 네비게이션 없이 그 길을 다시 가라 하면 목적지에 도달하기 어렵다. 네비게이션은 운전할 때마다 방향을 즉각적으로 알려주기 때문에, 운전자는 매 순간마다 어디로 가야할지를 생각하지 않는다. 생각하지 않는 학습은 일시적으로 목표에 도달한 것처럼 보일 수 있지만, 장기적으로는 기억하기 힘들다.

피드백이 지연되면 학생들은 더 많은 실수를 경험한다. 그러나 그 실수를 해결하기 위해 지금까지 습득한 지식을 더 활발하게 활용할 수 있다. 학생들이 스스로 오류를 찾아내고, 그것을 해결하려고 시도하는 것이 더 생산적인 활동이 될 수 있다. 그러나 과제에 대한 사전 지식이 부족하여 실수가 잦은 학생들에게 지연된 피드백은 오히려 역효과가 발생될 수 있다. 잦은 실수를 자책하고, 절망하여 문제 해결을 포기한다면 더 이상 학습은 일어나지 않는다.

따라서 교수 설계를 할 때에는 피드백을 지연시키는 것과 즉각적으로 제시하는 것 중에서 어떤 것이 더 효과적인지를 판단해야 한다. AI를 활용한 피드백은 <그림 10-4>와 같이 학생들의 사전 지식과 학습 경험, 난이도, 학습 결과, 학습 시간, 피드백에 대한 처리 능력과 의지 등을 고려하여 적절한 주기와 횟수를 결정할 수 있다.

▼ 그림 10-4 AI를 활용한 피드백

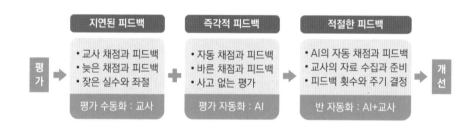

AI는 교사와 협력하여 학생 개개인에 맞는 질 높은 피드백을 제공할 수 있다. AI는 학생의 사전 지식과 학습 경험을 모니터링하고, 그에 맞는 피드백을 제공할 수 있다. 간단한 지식이나 기능을 습득하기 위한 피드백은 AI가 즉각적으로 대응하고, 학생들의 심리적 상태나 정서적 상태에 따른 내면적 변화를 요구하는 피드백은 교사가 충분히 숙고하여 피드백을 제공할 수 있다. 이때 AI는 학생 개개인의 내면적 변화를 확인할 수 있는 데이터를 제공하여, 교사가 피드백 내용과 횟수, 주기 등을 결정할 수 있도록 지원할 수 있다.

2) 소통과 협력을 중시하는 교수법

개별화된 학습만으로는 학생의 균형 있는 성장을 이루는 데 한계가 있다. 청소년기 학생들은 신체적인 성장뿐 아니라 지적, 정서적, 사회적 성장이 함께 이루어져야 한다. AI를 활용한 개별 학습이 효과적이더라도 학생들이 장시간 참여하게 되면 또래 학습이나 공동 학습에서 형성될 수 있는 사회적 기능을 키우는 데 어려움을 겪을 수 있다. 인간은 혼자서 살아갈 수 없기 때문에 많은 사람과 사회적 관계를 이루며 살아간다. 따라서 혼자만의 목표가 아닌 공동의 목표를 세우고 함께 성장하는 교육이 필요하다. 학생들이 상호작용하며 함께 과제를 해나감으로써 다양한 지식을 통합할 수 있고, 사회 구성원으로서 소통하고 협력하는 능력을 기를 수 있다.

(1) AI는 제한 없는 교류학습이 가능하다.

다른 환경이나 문화를 가진 학교의 학생끼리 직접 만나서 진행하는 교류 학습이 운영되고 있으나, 섬 지역이나 오지에 있는 학교와 도시 학교 간의 교류학습, 교통이 불편한 지역 학교와의 교류학습은 이동하는 데에만 많은 시간과 비용이 발생하고, 막상 두 학교가 만나더라도 충분한 사전 논의가 필요하다. 이러한 교류학습의 한계를 극복하고자 최근에는 AI를 활용한 교류학습이 추진되고 있다.

AI를 활용한 연결학습이 갖는 가장 큰 장점은 물리적으로 멀리 떨어진 학생들과 협력할 수 있는 환경을 제공한다는 것이다. 학생 수가 적은 소규모 학급에서 협력적인 활동은 사실상 불가능하다. 그러나 AI는 다양한 사회와 문화적 배경을 가진 학생 역할을 대신하거나, 그들의 정보를 찾아 제공할 수 있다. 또한, AI가 연결된 인터넷 환경으로 학급 간 교류학습이 가능하여 소규모 학급일지라도 협업이 가능하다. 이러한 활동은 지역 문화뿐만 아니라 다양한 문화를 이해할 수 있는 기회를 제공할 수 있다.

특히 지역을 넘어 국가 간 교류학습에도 활용될 수 있다. 국가 간 교류학습에서 가장 어려웠던 점은 언어 장벽이다. 국가 간 교사들이 어렵게 교류학습을 성사시켰다 할지라도 참여하는 학생들이 상대 국가의 언어를 이해하지 못하면 학습 자체가 불가능하다. 그러나 AI를 활용한 교류학습에서는 언어 장벽이 큰 장애가 되지 않는다. AI 전문가들은 언어 간 번역뿐만 아니라, 텍스트를 음성으로 변환하거나, 음성을 텍스트로 변환하는 기술을 끊임없이 발전시켜 <그림 10-5>와 같은 동시통역도 어느 정도 가능한 수준에 도달했다. 이러한 기술을 활용한다면 교사가 부족하거나 교육 환경이 열악한 국가들에게 양질의 교육 서비스를 제공할 수 있으며, 전 세계에 퍼져 있는 온라인 교육 자료를 검색하여 학생이 사용하는 언어로 번역하여 제공할 수 있다.

▼ 그림 10-5 AI를 활용한 통역 절차

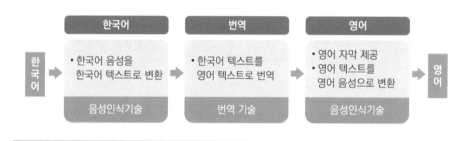

예를 들면, Brainly(2022)는 전 세계의 중고등학교 학생들이 함께 모여 지식을 공유하고 문제를 해결하는 AI 기반 소셜플랫폼이다. 35개국에서 3억 명 이상의 학생과 전문가가 지식을 공유하고 있으며, <그림 10-6>과 같이 수학, 과학, 사회, 영어 등에서 어려움을 겪는 학생들을 도와줄 수 있는 친구를 연결시켜 주거나 직접 답변을 해준다. 학생들은 텍스트, 이미지, 음성 입력을 통해 무엇이든지 물어볼 수 있으며, 다른 친구나 전문가로부터 구체적인 답변을 얻을 수 있다.

▼ 그림 10-6 BRAINLY의 질의응답 과목

AI를 활용한 교류학습은 <표 10-2>와 같이 사전 준비, 점검활동, 실시간 혹은 비실시간 상호작용, 사후 관리 등 5단계로 구분할 수 있으며, AI를 활용하여 학생과 교사를 정서적으로 연결하고, 부족한 점을 AI가 지원할 수 있어 언제, 어디서든지, 원하는 교류학습을 지원할 수 있다.

▎표 10-2 AI를 활용한 교류학습

단계		교수·학습활동
도입	사전준비	• 수업 주제 협의 및 학습 자료 검토
전개	점검활동	• 연결학습에 필요한 단말기 및 장비 상황 점검 • 원격화상교육시스템 점검, 인터넷 연결 상태 확인 • AI 챗봇이나 텍스트, 음성, 비디오 인식 확인
	실시간 상호작용	• 학습 주제 및 목표 설명 • 학습 활동 과정 및 학습 내용 이해, 주의사항 안내 • AI 챗봇이나 솔루션을 활용하여 상호 발표
	비실시간 상호작용	• 비실시간 AI 토론시스템으로 상시적인 의견 교환 및 수렴 • 학습 결과물 공유 및 피드백
정리	사후 관리	• AI 솔루션에 의한 활동 평가 및 반성 • 학습 만족도 조사 및 피드백

(2) 모두가 참여하는 협력학습이 가능하다.

AI를 활용한 수준별 맞춤학습과 개별학습이 강조될수록 공동의 목표달성을 위한 협력학습도 강조되어야 한다. 우리 사회가 점차 다원화되면서 자신의 의견을 다른 사람에게 표현할 수 있는 개방적 사고, 다른 사람의 의견을 존중하고 배려할 수 있는 다면적 사고, 자신의 의견을 수정할 수 있는 반성적 사고가 중요시되고 있다. 이러한 사고력은 협력학습을 통해 기를 수 있다. 개별화되고 개인화된 학습 상황에서 학생들은 지식을 스스로 구성함으로써 편견에 빠질 수 있지만, 협력학습은 다른 사람과 의견을 주고받으면서, 지식을 넓히고, 생각을 스스로 수정하게 함으로써 학생들의 편견을 없애줄 수 있다.

그러나 학교 현장에서 막상 협력학습을 진행하려면 많은 시간과 노력이 필요하다. 특히 협력학습을 진행할 때 가장 어려운 점은 모둠 활동에서 일벌레, 방해꾼, 무임승차자들을 파악하여 이들의 역할을 적절하게 조정하여 모두가 참여하도록 독려하는 일이다. 모둠 구성원들 사이에 협력적으로 과제를 해결할 수 있도록 개인별로 적정한 난이도와 분량을 배분하고, 개인별 기여도와 모둠별 작업 상황 등을 실시간으로 확인하면서 부작용이 발생하지 않도록 해야 한다. 하지만, 대규모 학급에서 교사 혼자 모든 학생들의 기여도나 역할, 모둠별 진척도를 확인하는 것은 쉽지 않다.

따라서 AI를 활용한 협력학습시스템이 필요하다. ARGUNAUT는 <그림 10-7>과 같이 온·오프라인에서 이루어지는 협력학습을 지원하는 AI 도구로서 오프라인에서 이루어지는 협력 활동을 기계학습(machine learning) 알고리즘을 이용하여 학생들의 기여도를 군집별로 자동 분류함으로써 교사가 쉽게 파악할 수 있도록 지원한다(Bruce 외, 2010).

▼ 그림 10-7 AI를 활용한 협력학습시스템

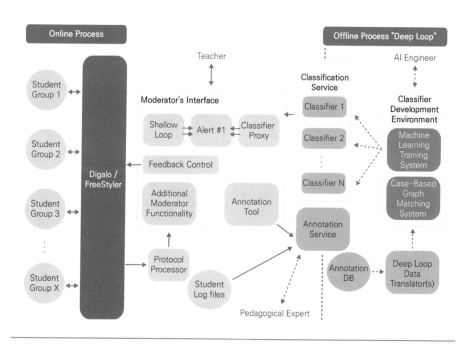

AI는 정량적 데이터를 분석하고 진단하는 일을 잘한다. 뿐만 아니라, 비디오와 오디오 인식 기능을 활용하여 학생들의 표정과 감정을 파악하고, 학생들의 참여도를 측정할 수 있다. AI가 협력학습에 기여할 수 있는 점을 정리하면 다음과 같다.

- AI가 학생들 간에 보다 나은 협업을 촉진한다. AI가 효과적인 협업 전략을 인식하도록 학습시킨 후, 특정 개념이나 원리를 이해하지 못하는 개인이나 모둠을 식별할 수 있다. 이러한 정보는 교사에게 실시간으로 전달되어 개인이나 모둠 지원을 적시에 제공할 수 있다. 특히 한 교사는 여러 모둠의 대화를 동시에 들을 수 없지만, AI는 텍스트 인식이나 음성 인식을 활용하여 여러 모둠의 토론 내용을 동시에 살펴볼 수 있다. 주제에 벗어나거나 구성원 간의 역할에 문제가 발생했을 때 즉시 교사에게 알려줌으로써 교사가 적시에 모둠 활동에 개입할 수 있도록 지원한다.
- AI 챗봇을 활용하여 학생들 간의 대화에 직접 개입할 수 있다. AI 챗봇은 전문가나 코치, 조교, 또래 학생 등의 역할을 수행할 수 있다. 과제를 수행하면서 어려움을 겪거나, 역할 분담으로 갈등이 발생할 때 모둠 활동을 중재함으로써 보다 의미 있는 활동으로 전개할 수 있다. 지능적인 AI 챗봇은 학생과 함께 일하면서 질문하고, 과제 해결에 도움이 될 자료를 추가적으로 제공할 수 있어, 어려움을 겪는 개인이나 모둠을 직접적으로 지원할 수 있다.
- AI를 활용한 협력학습은 모두가 만족하는 협력학습이 가능하다. 개별 학생들의 행동과 말을 분석하고, 각 모둠에서 진행하고 있는 과제 진척도를 실시간으로 확인하여 특정 학생이 모둠에서 소외되거나 지배하는 것을 감지하여 교사에게 알려 줄 수 있다. 교사는 AI가 분석하고 진단한 결과에 따라 모둠 구성원의 역할을 변경하거나, 모둠 과제를 수정할 수 있으며, 특정 개인이나 모둠에게 협동 기술을 가르치거나 집단 보상을 통해 학습 활동을 독려할 수 있다. 이렇게 AI는 협력학습의 단점을 보완함으로써 모두가 만족할 수 있는 협력학습으로 발전시킬 수 있다.

3) 교사를 지원하는 AI

어린 학생들에게 AI와 같은 첨단 기술을 활용한 교육을 적용하는 것에 비판적인 목소리가 있다. 교육은 본질적으로 인간화 과정인데, 교사의 역할을 AI가 대신하는 것에 거부감을 느끼기 때문이다. 그러나 교육 분야에서 AI 활용이 학생, 교사, 그리고 사회에 미칠 잠재적인 영향력에 대해서는 아직 충분히 논의되지 않았기 때문에 AI가 교사를 대체하는 일은 쉽게 일어나지 않을 것이다.

다만, 교사는 학생에게 지식을 전달하거나 숙달시키는 역할에서 벗어나, 코칭이나 조언, 정서 계발과 같이 학생들과 직접 교류하는 역할로 전환될 것이다. 그 이유는 AI가 아무리 발달할지라도, 겉으로 표출되는 데이터만으로 관찰하기 어려운 학생들의 심리적 변화나 정서적 변화, 미묘한 감정적 변화 등 내면적 변화를 파악하는 것은 수년 안에 이루어지기 어렵기 때문이다. 따라서 AI가 교사를 지원하는 체제가 마련될 것이다.

(1) AI는 교사의 시간과 노력을 줄여준다.

캐나다, 싱가포르, 영국, 미국 등 4개국에서 2,000명 이상의 교사를 대상으로 한 설문 조사 결과에 따르면, 교사들은 <그림 10−8>과 같이 학생들과 직접 상호작용하는 시간(49%)보다 수업을 준비하고, 평가하고, 행정 업무를 처리하는 시간(51%)을 더 많이 소비하고 있다고 한다(Jake 외, 2020). 교사는 학생들의 학업 성취도를 높이는 데 필요한 교수학습 자료를 확보하는 데 어려움을 겪고 있다. 그러나 AI는 다양한 교육 플랫폼이나 소프트웨어와 연계하여 교사가 학생들을 얼마큼 이해하고 있는지를 분석하고, 학생들의 요구 수준에 따라 학생들을 그룹으로 구분하고, 그룹에 맞는 수업 계획과 교수학습 자료를 제안할 수 있다. 또한, 처음 접하는 학생이나 첫 수업 시간에는 학생들의 현재 상태를 확인할 수 있는 진단평가를 제안함으로써 수업을 준비하는 시간을 줄일 수 있다. 설사, 수업 준비 시간을 줄이지 못하더라도 교사들은 보다 효과적인 수업 준비가 가능하다.

▼ 그림 10-8 교사들의 업무별 소요 시간

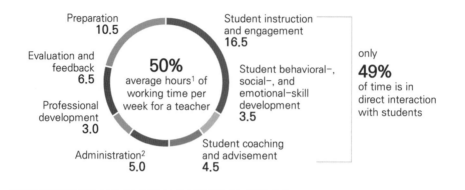

Preparation
10.5

Evaluation and
feedback
6.5

Professional
development
3.0

Administration[2]
5.0

50%
average hours[1] of
working time per
week for a teacher

Student instruction
and engagement
16.5

Student behavioral-,
social-, and
emotional-skill
development
3.5

Student coaching
and advisement
4.5

only
49%
of time is in
direct interaction
with students

1) Average for respondents in Canada, Singapore, United Kingdom, and United States.
2) Includes a small "other" category.
출처: Jake 외(2020)

    교사는 AI를 활용함으로써 평가와 피드백 시간을 절약할 수 있다. 교육의 끝이자 시작은 평가와 피드백이다. 학생들이 무엇을 알고, 무엇을 할 수 있는지를 이해한다면 다음 수업을 준비하는 데 큰 도움이 된다. 지금까지 교육에 활용된 자동화 기술들은 교사의 평가 업무를 지원하고, 피드백을 하는 데 필요한 기초 자료를 제공했지만, AI는 다음과 같이 자동화 기술보다 더 뛰어나게 지원할 수 있다.

- AI는 객관식 평가의 출제와 채점에 필요한 시간을 획기적으로 줄일 수 있다. 이미 컴퓨터를 활용한 객관식 채점은 AI보다 훨씬 이전부터 가능했다. 특히, 위계가 분명한 수학 교육에서 뛰어난 성능을 나타냈다. 이러한 기술을 AI와 결합하면, 교사가 객관식 평가지를 만들고, 채점하고, 피드백하는 데 걸리는 시간을 대폭 줄일 수 있다.
- AI는 자연어 처리 기술을 활용하여 서술형 평가 시간도 줄일 수 있다. 학생들의 창의적인 능력을 평가하기 위해 객관식 평가뿐만 아니라 서술형 평가가 점차 늘어나고 있다. 최근 AI의 텍스트 인식, 음성 인식 기술을 활용한 자연어 처리 기술이 크게 발달하고 있다. AI를 활용한 자연어 처리

기술이 평가에 접목되면서 긴 문장의 서술형 답변을 분석하여 채점할 수 있게 되었고, 채점 결과에 따라 피드백을 자동으로 생성하는 시스템도 개발되어 서술형 평가에 따른 업무 시간을 크게 줄이고 있다.

• AI는 과제를 채점하는 데 시간을 줄일 수 있다. 수행 평가가 강화됨에 따라 교사들은 수시로 학생들에게 과제를 제시하고 평가해야 하므로 수시 평가에 많은 시간을 소비하고 있다. AI는 이러한 업무를 신속하게 처리할 수 있으며, 처리된 결과를 통해 학생들 간의 학습 격차를 줄이기 위한 다양한 방법을 제공할 수 있다.

이와 같이 AI는 반복적인 출제와 채점 업무를 크게 줄여, 교사가 보다 충실한 평가를 수행할 수 있게 하여 학생들을 정확하게 측정할 수 있으며, 정확한 평가 결과는 결과적으로 학생들이 자신의 수준과 적성을 보다 정확하게 이해할 수 있게 되어 진로와 진학을 결정하는 데에도 도움을 줄 수 있다.

(2) 교사는 AI가 할 수 없는 일을 수행한다.

AI가 가장 크게 기여할 수 있는 부분이 데이터를 기반으로 한 학생 평가이지만, 학생들의 발달은 겉으로 드러난 양적 데이터만으로 평가하기는 어렵다. 학습 과정과 학생의 다양한 측면을 고려한 교사의 주관적 판단도 필요하다. 또한, 평가 결과는 학생의 학업 성취도를 확인하는 것 외에도, 교육과정이나 수업 방식을 개선하는 데 활용할 수 있기 때문에 AI 평가를 그대로 활용하기보다는 교사가 적절하게 개입하는 것이 필요하다. 교사는 학생에게 평가 결과에 대한 적절한 정보를 제공하고, 추후 지도를 함으로써 학생이 자신의 학습을 지속적으로 돌아보고 개선할 수 있도록 해야 한다.

AI를 활용한 수준별 맞춤 교육의 목표는 학생들의 요구와 수준에 맞게 콘텐츠를 개인화하고 적응시키는 것이다. 하지만 이 같은 방식은 자칫 학생들의 요구를 우선함으로써 비교육적인 방향으로 흘러갈 수 있다. 학생들의 수준과 적성을 고려한 교육용 콘텐츠가 충분하지 않고, 콘텐츠의 품질도 보장되지 않은 현재 상황에서 AI로 제공되는 교육 내용의 품질이 늘 우수하다고 생각하는 것은 적절하지 못하다. AI는 기존에 있는 자료와 정보를 토대로 학생들에게 전송한다. 즉 AI가 아무리 뛰어나다 하더라도 제공되는 콘텐츠 품질이 확보되지 않으면, AI가 제공하는 서비스 질도 떨어진다. 따라서 AI가 추천한 콘텐츠를 학생들에게 그대로 전달하기보다는 교사의 검토를 거치는 과정이 필요하다.

AI 교육에서 가장 큰 문제는 학생들의 요구가 적절하지 않을 수 있다는 점이다. 일부 학생들은 교육적인 필요보다는 학습의 편리함을 따르는 경우가 있다. 자신의 수준과 적성을 고려한 과목보다는 과제가 적은 과목, 좋아하는 교사가 운영하는 과목, 친구가 들었던 과목, 점수가 잘 나오는 과목 등을 선택하기도 한다. 무엇보다 학생들은 자신의 수준과 적성을 찾아가는 단계이므로 자신에게 필요로 하는 것이 무엇인지 제대로 알지 못한다. 이러한 상황에서 AI가 학생의 요구만 좇다보면, 자칫 잘못된 학습 경로로 안내할 수 있다. 따라서 학생의 요구와 AI 추천 간에 적절한 조화를 이루도록 교사가 개입하여 검토해야 한다.

학생들을 코칭하거나 멘토링하는 것은 교사의 핵심 업무이며 자동화될 수도 없고, 그렇게 해서도 안 된다. AI를 올바르게 사용하면 좋은 교육을 받을 수 있지만, 그렇다고 교사를 대체할 수는 없다. 다만, AI는 내면적인 변화를 간접적으로 파악하는 데에는 도움이 된다. 갑작스러운 성적 하락이나 결석, 과제 미제출, 댓글에 나타난 감정 변화 등을 파악하여 정확하지는 않지만 학생이 뭔가 문제가 있다는 것을 알아챌 수는 있다. 그러한 변화를 교사에게 전달하여 교사가 보다 심층적인 면담을 통해 학생의 내면적 변화를 파악할 수 있도록 지원할 수 있다.

따라서 AI를 교육에 활용하면, 교사는 지식의 전달자에서 상담가와 조언자로서의 역할이 커질 것이다. 불필요한 업무 시간이 줄어들면서 학생들과의 친교 시간이 많아지고, 학생들에게 더 적절한 목표를 제시하고, 적시에 피드백을 제공하여 학생들이 심화된 학습이 가능하도록 도울 것이다. 따라서 학교는 AI로 교사 역할이 전환됨에 따라 교사 직무를 새롭게 정의하고, AI와 교사를 어떻게 배치할지 고려해야 한다.

(3) AI와 교사는 좋은 파트너가 될 수 있다.

서로 존중하고 협력을 잘 하는 교사들이 동시에 한 수업에 들어가 팀티칭을 한다면 교육의 질을 높일 수 있다. 특히 학생의 수준과 능력이 차이가 있을 경우에는 더욱 그러하고, 교사의 능력에 차이가 있을 때에도 서로의 단점을 보완한다면 팀티칭은 교육의 질을 높일 수 있다.

AI 교사와 인간 교사도 좋은 파트너가 될 수 있다. 인간 교사는 AI 교사를 동료로 인식하거나, 보조 교사로 활용하여 팀티칭이 가능하다. AI 교사는 강의를 전달하고 평가하는 역할을 하고, 인간 교사는 학생과 긴밀한 상호작용을 통해 지원하는 역할을 할 수 있다. AI 교사는 뛰어난 센서와 인식 기술을 활용하여 관찰 가능한 학생들의 말과 행동을 분석할 수 있다. 인간 교사는 다양한 대화와 교감을 통해 관찰이 어려운 학생들의 내면적 변화를 분석할 수 있다.

AI 교사는 쉬는 시간이 필요하지 않으며, 인터넷으로 연결된 수많은 자료를 찾아서 인간 교사에게 보내 줄 수 있다. 또한, AI가 올바르게 프로그래밍만 되었다면 실수도 하지 않는다. 혹시라도 인간 교사가 성별, 인종, 사회경제적 지위, 성격 선호도, 성적 등으로 편견을 갖거나 잘못된 판단을 내릴 경우, AI 교사는 합리적인 데이터를 제시하며, 인간 교사가 한 번 더 재고할 수 있도록 도와줄 것이다.

AI 교사는 개인화와 효율화를 촉진하고, 잡무를 처리하여 인간 교사가 더 많은 시간을 갖게 하고, 인간 교사는 여유 시간에 AI 교사가 처리하기 힘든 일인 학생을 이해하고 공감하는 데 사용할 것이다.

인간 교사와 AI 교사는 서로가 잘할 수 있는 일에 몰두하고, 잘할 수 없는 일은 상대방에게 맡김으로써 서로의 능력을 최대한 발휘하여, 결과적으로 학생들에게 최상의 결과를 가져다 줄 수 있다. AI 교사와 팀티칭을 통해 인간 교사의 틈새를 채움으로써 교육의 질을 높아질 수 있다.

3 교육 환경의 혁신

1) AI를 활용한 교육 격차 해소

유네스코는 AI가 전 세계적으로 교육이나 학습에 활용됨에 따라 개발도상국에 미치는 영향에 대해 우려하고 있다. 최빈국은 AI가 발달함에 따라 경제적 혹은 사회적으로 새로운 분열을 겪을 위험이 있다. AI를 교육에 활용하려면 정보 인프라와 함께 새로운 교수 학습 전략에 따른 능력 있는 교원이 필요하다. 그러나 최빈국에서는 특정 계층에게는 오히려 장애가 되어 교육 격차가 심화되고, 그로 인한 사회적 갈등과 불평등이 가속화될 수 있다(Pedró, 2019). 따라서 AI 교육으로 인해 발생할 수 있는 학생 간 격차와 교사 간 격차를 해소하기 위해 취할 수 있는 정책들이 무엇이 있는지 면밀하게 검토할 필요가 있다.

(1) AI로 발생되는 교육 격차를 해소해야 한다.

AI 교육이 도입되었을 때 발생할 수 있는 격차는 기술적 요인뿐만 아니라 다양한 요인에 의해 발생할 수 있다. 따라서 사회안전망을 촘촘히 하겠다는 취지에서 디지털 격차 요인을 다각도로 살펴봐야 한다.

• AI를 활용할 수 있는 학교 환경을 마련해야 한다. AI 교육은 학생들의 잠재력을 향상시키는 것과 동시에, AI 교육에 적응한 학생과 그렇지 않은 학생 간의 학력 격차를 더 심화시킬 수 있다. AI를 활용할 수 있는 학생은 AI가 추천해주는 우수한 프로그램으로 자신의 능력을 더욱 향상시킬 수 있다. 기초 학력이 부족하고 동료 학생과 학력 격차가 심한 학생은 전통적인 교실 수업에서 교사로부터 충분한 지도를 받지 못하여 학습 부진이 누적될 수 있다. 그러나 AI를 활용한다면 AI가 보조교사로 활동하면서 학생 개개인의 수준에 맞는 자료와 콘텐츠를 제공할 수 있다. 그러나 AI를 활용하지 못하는 학생은 그 기회를 갖지 못하기 때문에 오히려 학력 격차가 커질 수 있다. 따라서 학교 교육에서 AI를 적극적으로 활용함으로써 학생

들의 AI 적응 능력을 길러줘야 한다.

- AI 교육에 대한 학생들의 적응 여부와 상관없이 사회·경제적 여건에 따라서도 그 격차가 심화될 수 있다. AI는 인터넷과 정보 시스템을 기반으로 운영되기 때문에 안정적인 서비스를 위한 정보 인프라가 구축되어야 한다. 현재 인터넷 통신망 속도는 지역 간 격차가 있다. 일부 지역에서는 4G 또는 5G와 같은 초고속 무선통신망에 접속할 수 없어 우수한 교육 자료를 실시간으로 접속하는 데 많은 제약이 따른다. 이러한 지역 간의 무선통신망 격차는 곧 교육 격차로 이어질 수 있다. 따라서 AI 교육에 필요한 유·무선 인터넷 통신망을 확충하고, AI 응용 프로그램을 사용할 단말기를 보급하는 방안을 마련해야 한다. 같은 맥락에서 정부는 저소득층 자녀들이 어디서나 학습할 수 있도록 유·무선 연결이 가능한 인프라를 시급히 구축하고, 소외계층 자녀의 온라인 학습을 위한 디지털 디바이스와 통신비 지원을 확대할 필요가 있다.

- AI에 접근하기 어려운 학생들을 위해 접근성을 확보해야 한다. AI는 모든 사람을 위한 보편적인 설계 원칙에 따라 제작되어야 한다. 대다수 사람들이 AI 교육에 쉽게 접근할 수 있더라도 장애를 가진 학생이 접근할 수 없다면 무용지물이나 다름없다. 시각이나 청각에 장애가 있는 학생들은 보조공학 기술을 활용하여 AI 교육을 받을 수 있는 접근성을 확보해야 한다. 사용자의 연령이나 성별, 능력, 질병과 상관없이 모든 사람이 AI 교육에 참여할 수 있도록 사용자 중심으로 시스템을 설계해야 한다.

- 교사의 AI 교육 역량을 향상시켜야 한다. 교사 간 AI 활용 격차가 학생 간 학습 격차로 이어질 수 있다. 각종 교육 플랫폼과 스마트 기기 등과 같이 교육 분야에서 디지털 기술이 주는 혜택을 누리는 것은 쉽지만, 그것을 수업에 적용하려면 교사가 AI를 활용할 수 있는 역량을 갖춰야 한다. 따라서 교사들이 AI를 활용한 다양한 수업 기술을 익힐 수 있도록 전문적인 연수 과정을 마련해야 한다. 즉 AI를 교육과정과 통합하여 가르칠 수 있는 교사 역량 계발과 그에 대한 연수 프로그램 개발이 필요하다.

(2) AI는 소외 없는 교육을 지원한다.

전 세계를 무대로 무한 경쟁을 펼치는 지능정보화시대에 성공적으로 적응하고, 사회·경제적 변화를 주도하는 인재를 육성하려면 교육과정을 다양하게 운영하여 학생들의 창의성과 다양성을 길러야 한다. 초중등학교의 교육과정은 '국가 수준의 공통성과 지역, 학교, 개인 수준의 다양성을 동시에 추구하는 교육과정', '학습자의 자율성과 창의성을 신장하기 위한 학생 중심의 교육과정'으로 명시하고 있다. 이를 바탕으로 각 급 학교 교육과정에는 <표 10-3>과 같이 다양성을 실현하기 위해 구체적인 목표를 제시하고 있다.

▎표 10-3 학교급별 교육목표에 제시된 다양성

학교급	교육 목표에 제시된 다양성
초등학교	• 다양한 문화 활동을 즐기고 자연과 생활 속에서 아름다움과 행복을 느낄 수 있는 심성을 기른다.
중학교	• 다양한 지식과 경험을 통해 적극적으로 삶의 방향과 진로를 탐색한다. • 자신을 둘러싼 세계에서 경험한 내용을 토대로 우리나라와 세계의 다양한 문화를 이해하고 공감하는 태도를 기른다.
고등학교	• 다양한 분야의 지식과 경험을 융합하여 창의적으로 문제를 해결하고, 새로운 상황에 능동적으로 대처하는 능력을 기른다. • 인문·사회·과학기술 소양과 다양한 문화에 대한 이해를 바탕으로 새로운 문화 창출에 기여할 수 있는 자질과 태도를 기른다.

또한, 교육과정의 다양성을 구현하기 위해 교육 내용과 방법의 다양화, 학교 여건과 학생 특성에 따라 다양한 학습 집단 구성, 각 교과 특성에 맞는 다양한 학습 제공, 다양한 교수학습 자료 활용, 다양한 평가 방법과 절차, 도구 개발 등을 제시하고 있다. 특히, 고등학교 선택 교육과정은 학생들의 과목 선택의 기회를 보장하고, 개인차를 존중하기 위한 제도로서 학습 결손을 예방하고, 학생들의 자기주도적인 학습 능력을 제고할 수 있다. 그러나 학교교육은 이러한 교육과정 다양성을 충분히 확보하지 못하고 있다. 교사 수급이나 공간 부족 등 학교 여건이 충분하지 않아 교육과정의 다양성을 확보하기 쉽지 않다. 따라서 AI를 활용한 교육을 통해 학생의 수준과 적성에 맞는 다양한 교육과정

을 운영해야 한다. AI는 각 교과별 특징을 이해하고, 학생들의 특성을 반영하여 다양한 수준의 교육 콘텐츠를 찾아 추천하고 평가할 수 있다.

다양한 시각은 다양한 해결 방법을 도출할 수 있게 한다. AI는 사회적, 경제적, 문화적, 지역적으로 떨어져 있는 교사나 또래 학생을 대신하여 다양한 자료와 정보를 제공할 수 있다. 다양한 시각은 도출된 방안에 대한 장단점과 문제점, 개선 방안을 서로 논의하면서 최적의 해결 방안을 찾을 수 있다. 그러나 시각의 다양성은 구성원 수에 제약을 받을 수밖에 없고, 이런 경우 AI를 활용하여 구성원 수를 원하는 만큼 연결시켜 늘릴 수 있다.

실수를 자주하고 학습이 부진한 학생도 참여할 수 있다. 학습에 참여한 학생들은 자신의 관심과 흥미에 따라 탐구하면서 많은 실수를 한다. 학습은 이같은 실수와 도전, 호기심을 통해 더욱 활발하게 이루어질 수 있다. 하지만 실수와 실패 속에서 좌절하지 않고 계속된 도전을 이어가기 위해서는 교사의 적절한 개입이 필요하다. 이때 AI는 학습 도중에 반복적인 실수를 하거나 좌절에 빠진 학생들을 찾아내 교사에게 알려줄 수 있다. 또한, 좌절하지 않는 범위 내에서 학생이 스스로 문제를 해결할 때까지 기다릴 수 있다. AI는 적절한 수준의 개입으로 학생들이 좌절 상태인지, 아니면 회복해서 다시 도전하고 있는 상태인지를 진단한다. 즉 학생들이 수업 과정에서 충분한 시간 동안 실험하고, 발견하고, 탐구하고, 반성할 수 있도록 지원한다.

2) 교실과 가상공간의 융합 교육

코로나19 사태로 온라인 개학이 전국적으로 시행됨에 따라 교실은 물리적 공간에서 벗어나 e학습터, EBS의 온라인 클래스, 구글 클래스룸, 클래스팅 등 인터넷으로 연결된 가상공간으로 이동하기 시작했다. 네트워크와 다양한 첨단기술을 접목한 가상공간은 상상할 수 없을 정도의 몰입감과 흥미를 준다. 실제 세계와 가상 세계를 연결하는 증강현실(Augmented Reality)과 가상현실(Virtual Reality) 기술은 AI의 인식 기술과 접목되어 보다 현실감 있고 몰입할 수 있는 학습 경험을 제공하고 있다. AI는 교실 공간을 물리적 공간에서 가상공간으로 확대시켰다.

(1) AI 기반의 온·오프라인 혼합수업을 준비해야 한다.

코로나 19 상황 속에서 원격 수업에 익숙하지 않은 교사들이 실시간 쌍방향 중심 수업, 콘텐츠 중심 수업, 과제 중심 수업 등 다양한 형태로 운영되는 원격 수업을 준비하느라 많은 시간과 노력을 쏟았다. 그럼에도 불구하고, 원격 수업에 참여하는 학생들의 학습 시간의 차이가 발생하고, 원격 수업을 진행하는 교사의 수업 질에도 차이가 있어, 학습들의 교육 격차로 이어질 우려도 커졌다. 특히, 등교 수업이 진행되면서 교사들은 교실 수업과 원격 수업을 준비하는 것 이외에도 발열 체크와 같은 코로나 방역을 위한 업무 동시에 진행하면서 업무는 기하급수적으로 증가하였다.

문제는 코로나 사태가 종식되더라도 이러한 질병은 끊임없이 발생할 수 있어 교실 수업과 원격 수업을 병행하는 혼합 수업(blended learning)은 언제든지 다시 시작될 수 있다. 이로 인해 교사의 업무는 교실 수업만 하던 때와 달리 더 많은 업무를 수행해야 하는 부담이 있으므로, AI를 활용한 혼합수업이 적극적으로 도입되어야 한다.

기존의 온라인 교육 상황에서 교사는 원격 수업에 필요한 모든 콘텐츠를 사전에 촬영하거나 찾아서, 학생들이 잘 볼 수 있도록 서버에 업로드한 후에 학생들에게 공지해야 했다. 그러나 AI를 활용할 경우, 교사는 교육과정에 따라 수업 계획을 수립하면, AI가 알아서 인터넷이나 저장소에서 관련 콘텐츠와 학습 자료, 학습지, 평가지 등을 찾아 학생들에게 제공함으로써 교사의 업무를 크게 줄일 수 있었다.

AI는 수업 내용과 학생들의 특성을 반영하여 원격 수업에 필요한 최신 자료를 찾아 교사에게 제공할 수 있다. 교사는 AI가 생성한 자료 목록과 학생들의 사전 학습 상태를 확인하고, 적절한 수업 전략을 수립하고, 교실 수업과 원격 수업을 동시에 진행할 수 있다. 원격 수업에 대한 반응이나 진행 상황을 AI가 실시간으로 파악하여 학생 개개인에게 특화된 교육 콘텐츠를 제공할 수 있으며, 학습 성취도가 낮거나 수업 참여도가 낮은 학생들을 찾아 교사에게 알려줌으로써 모두가 참여하는 교육을 제공할 수 있다.

이를 위해 AI를 활용할 수 있는 정보 인프라 환경을 구축해야 한다. AI를 활용한 혼합수업이 가능하려면, 학생 개개인이 무선 인터넷 환경에서 단말기를 갖추고 있어야 한다. 따라서 학생들이 보유하고 있는 스마트폰이나 스마트 기기를 학교에서도 활용할 수 있는 BYOD(Bring Your Own Device) 정책을 추진할 필요가 있다. 이때 단말기를 보유할 형편이 안 되는 학생들은 국가가 지원하거나 무상으로 대여하는 정책이 병행되어야 한다.

(2) AI 교육 플랫폼이 필요하다.

일반적으로 ITS(Intelligent Tutoring System)는 교과 영역에 대한 지식을 담고 있는 전문가 모델, 학습 관찰을 통해 인식된 학습자 모델, 평가와 비교를 통해 학습자에 적합한 교육과정과 교수 모형을 제공하는 교수자 모델 등 세 가지로 구성된다(Nicholson, 1999). 최근에는 일반적인 ITS의 성능을 강화시키기 위해 [그림 10-9]와 같이 AI 기술을 접목하고 있다. ITS는 교수자 모델이 학습자에게 제공하는 피드백과 조정 역할을 점차 줄여가는 것이 핵심 목표이다. AI 기술은 학습자 모델과 전문가 모델의 차이를 줄이기 위해 전문가 모델의 문제점도 분석하여 개선 방안을 제시할 수 있다. 또한, 학습자의 관심과 참여를 유지

▼ 그림 10-9 AI 기반 교육플랫폼

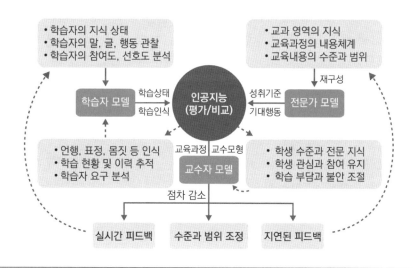

하기 위한 방안을 제시하고, 학습 부담과 불안을 조절하기 위한 대안을 제시할 수 있다. AI 기반 교육 플랫폼은 이러한 ITS를 포함한다. 학생들은 온·오프라인 교육 환경에서 학습하면, 그것이 끊임없이 기록되어 AI가 학생 배경과 지식, 경험, 학습 스타일, 요구사항 등을 보다 심층적으로 진단하고, 개인별 학습 전략과 콘텐츠를 처방할 수 있다.

AI 기반 교육플랫폼에서 활용되는 ITS의 모델별 기능과 역할을 제시하면 다음과 같다.

- 전문가 모델: ITS의 핵심으로서 교과 영역에서 가르치려는 지식과 기능을 포함하며, 교육과정의 내용 체계에 포함된 교육 내용의 수준과 범위를 의미한다. 전문가 모델은 AI에게 학습자가 갖추어야 할 성취기준과 기대 행동을 제시한다.
- 학습자 모델: 학습자의 지식 상태를 의미한다. 학습자의 말과 글, 행동을 관찰하고, 학습자의 참여도나 선호도를 분석할 수 있다. AI가 활용되면 학생들의 언행이나 표정, 몸짓을 인식하고, 과거의 학습 이력 등을 추적 관리하여 학습자 상태와 요구 사항을 분석할 수 있다. 나아가 교수자와 협력하여 학습자의 정서적, 감정적 변화를 분석하여 보다 정교하게 학습자 모델을 형성할 수 있다.
- 교수자 모델: 평가를 통해 학습자 모델과 전문가 모델의 차이를 비교하여 학습자에게 적합한 교육과정과 교수학습모형을 제시한다. 전문가 모델에서 제시하는 성취 기준이나 기대 행동에 학습자가 얼마만큼 도달하였는지를 평가하여 비교하고, 그 차이를 극복하기 위한 방안을 마련하여 실시간 피드백을 제공하거나 교육과정의 수준과 범위를 조정할 수 있다. 해당 교육이 끝난 후에도 학습자의 전체적인 성장과 변화를 위한 지연된 피드백을 제공할 수 있으며, 이러한 결과들은 각각 학습자 모델과 전문가 모델에 전달되어 다음 학습에 활용될 수 있다.

(3) AI 교육 플랫폼의 평가 기준이 필요하다.

AI 교육 플랫폼은 누구나 어려움이 없이 사용할 수 있을만큼 쉽고 자연스러워야 한다. 일반적으로 교사와 학생은 기술을 사용하는 데 어려움이 있으면, 그것을 교육에 접목하는 것을 꺼려한다. 따라서 AI를 활용한 인터페이스는 학생과 교사 모두에게 간단하고 사용이 편리해야 한다. 교사가 AI에 대해 위협을 느끼거나, 교육 전략이 복잡하다면 이것을 교실에서 통합할 가능성은 없다. 일부 AI 교육플랫폼은 환상적이고 많은 것을 약속하지만, 그 기능이 실제로 완벽하게 구현된 것은 많지 않다. 따라서 작동하는 것과 작동하지 않는 것이 명확히 구분하고, 불필요하게 많은 기능보다는 교사에게 꼭 필요한 기능이 있는지를 확인하는 것이 중요하다.

AI가 교육에 활용되려면 반드시 신뢰성이 확보되어야 한다. AI 기반의 교육 플랫폼이 신뢰로운지를 평가하기 위한 절차는 <그림 10-10>과 같이, 관련 규범이나 가치, 원칙을 준수하고, 신뢰할 수 있는 AI 조건을 만족하는지를 평가해야 한다. 이를 위해 AI 교육 플랫폼에 대한 요구를 분석하고, 설계하고, 개발하고, 활용하는 전 단계에서 신뢰할 수 있는 조건을 만족할 수 있도록 투명하고, 공정하고, 책임감 있는 접근 방법을 활용한다. 신뢰로운 AI 교육플랫폼을 선정하려면 다음과 같이 정확성, 투명성, 재현성, 설명가능성이 확보되어야 한다(AI HLEG, 2019).

▼ 그림 10-10 AI 교육 플랫폼의 신뢰성 평가 절차

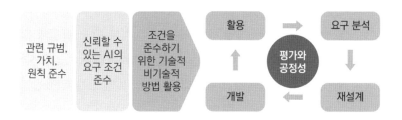

- 정확성: AI 교육플랫폼이 데이터나 학습 모델에 기초하여 정확하게 분류하고, 예측하고, 올바르게 판단을 내릴 수 있는 능력을 의미한다. 이를 위해 우선적으로 개발과 평가 절차가 명확해야 한다. 또한, 예측이 부정확할 수 있다면 사용자에게 오류 발생 가능성을 명확하게 안내해야 한다. 특히, 교육 분야에서는 학생의 삶에 영향을 미칠 수 있기 때문에 정확도는 매우 중요하다.

- 투명성: AI 교육플랫폼의 예측 과정과 절차가 추적 가능하고, 부정적 영향을 파악하여 최소화하려는 능력을 의미한다. AI 교육플랫폼에 사용되는 데이터와 알고리즘을 투명하게 공개하고, 일련의 절차를 추적할 수 있도록 표준화된 문서로 작성해야 한다. AI 교육플랫폼에서 상호작용하는 학생과 교사들은 시스템의 능력과 한계를 명확하게 알 수 있도록 안내하고, 혹시라도 발생할 수 있는 부정적 영향을 파악하고, 평가하고, 보고하고, 최소화하는 것이 중요하다.

- 재현성: AI 교육플랫폼에서 동일한 조건이 반복될 때 동일한 결과를 나타내는 능력을 의미한다. 재현성은 예측 결과를 신뢰할 수 있는 중요한 평가 기준이다. AI 교육 플랫폼을 사용하는 환경과 대상이 매우 다양한 상황에서 신뢰할만한 결과인지를 판단하는 것은 쉬운 일이 아니지만, AI 교육 플랫폼으로 인해 의도하지 않은 피해를 막기 위해서는 동일한 조건에서 동일한 결과를 예측하도록 하는 것이 중요하다.

- 설명가능성: AI 교육 플랫폼을 설계하고 구현하는 근거와 관련 기술, 의사결정 과정 등을 사용자들에게 충분히 설명하고, 이해시킬 수 있는 능력을 의미한다. AI 교육플랫폼이 교사와 학생에게 영향을 미칠 때마다 설명을 요구할 수 있도록 보장하고, 교사와 학생의 수준에 맞게 적시에 설명할 수 있어야 한다. 또한, 교사는 학생들을 위한 수업 내용과 방법을 결정할 때 AI 교육 플랫폼을 어떻게 활용하고, 그것이 어떤 영향을 미쳤는지 충분히 설명할 수 있어야 한다.

3) 학습 데이터 관리 및 공유 체계

　AI는 데이터로 코딩한다. 개인별 맞춤 학습을 제공하려면 학생 개개인의 데이터가 축적되어야 한다. 이를 위해서는 교육용 데이터를 개방해야 한다. 교육행정정보시스템(NEIS; National Education Information System)이 도입된 이후 교육용 데이터가 매년 쌓이고 있음에도 민감한 개인 정보를 포함하고 있어서 거의 활용하지 못하고 있다. 뿐만 아니라, 최근 코로나 사태 이후에 전면적인 원격 수업이 도입되면서 많은 학교에서 학습관리시스템(LMS; Learning Management System)을 사용하여 교육용 데이터가 쌓이고 있지만, 자체적으로 분석할 수 있는 시스템을 갖추고 있지 않아 거의 활용되지 못하고 있다.

(1) 우수한 학습 데이터의 수집체계가 마련되어야 한다.

　데이터 품질이 낮으면 잘못된 결과를 초래한다. 일부 학자들은 현재 수집된 학습 데이터가 직접적이지 않고, 입증할 정도로 신뢰할만하지 않으며, 비현실적으로 유지되고 있어, AI의 예측 또한 입증되지 않은 가능성으로 포장되어 있다고 주장한다(Jay, 2017). 그래서 더욱 더 우수한 데이터를 수집하기 위해 지금부터라도 데이터 수집 체계가 필요하다.

　AI 교육에 사용되는 데이터의 수집체계는 <그림 10-11>과 같이 기획 단계에서부터 AI 활용을 전제로 데이터를 수집하고, 저장하고, 처리하고, 분석하고, 표현하는 절차로 구성된다(한국정보화진흥원, 2012).

　AI 교육플랫폼의 성능은 수집된 데이터 품질이 좌우하지만 현재의 학습 데이터는 AI 분석을 전제로 설계되지 않았고, 수집된 데이터의 형태도 표준화되지 않아 AI 학습 모델을 의미 있게 구축하는 데 적합하지 않다. 또한, 데이터를 수집할 때 사회적으로 구성된 편견, 부정확함, 오류 및 실수를 포함할 수 있으므로, 데이터를 활용하기 전에 편협되고, 부정확하고, 악의적인 데이터를 걸러내야 한다. AI 교육 플랫폼을 개발할 때 계획하고, 학습하고, 시험하고, 배포하는 각 단계마다 데이터를 테스트하고 문서화해야 한다. 또한, 데이터를 다른 기관의 AI 교육플랫폼에 적용하여 데이터의 무결성을 확보해야 한다.

▼ 그림 10-11 AI 교육을 위한 데이터 수집 절차

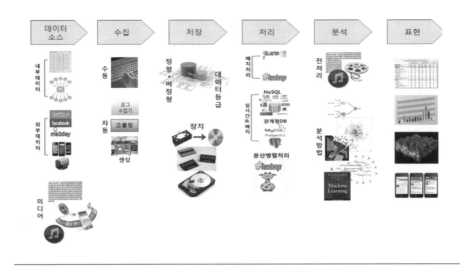

출처: 한국정보화진흥원(2012)

(2) 데이터 사용에 대한 책무성을 확보해야 한다.

우수한 데이터는 윤리적으로 타당한 데이터를 의미한다. 데이터는 사용자에 의해 왜곡될 수 있고, AI에 의해 잘못 처리될 수 있다. 데이터를 활용하는 AI는 전반적인 교육 체계에 접근할 수 있고, 동시에 학습을 추천하여 개인에게도 영향을 미칠 수 있다. 따라서 AI가 처리할 데이터를 수집하고, 활용하고, 배포할 때 윤리성이 우선적으로 보장하고, 데이터를 처리하면서 발생될 수 있는 책임과 영향력, 개인정보보호 등을 명시할 규정이 필요하다. 이 규정에는 데이터와 알고리즘의 윤리성을 확인하고, 검증하기 위한 절차가 제시되어야 한다.

학생들은 학교 내에서 자신의 정보를 누가 받고 있는지, 그리고 그것이 어떤 영향을 미치는지 알아야 한다. 학생 정보를 어떻게 활용할 수 있는지, 제3자인 데이터 전문가나 AI 개발자에게 학교 내 데이터베이스에 접근할 수 있도록 어떻게 허용할 것인지 관련 규정이 필요하다. 데이터 오용과 사이버 침해로 인한 데이터 분실 시 누가 책임을 지고 어떻게 해결해야할 지를 규정을 통해 명확하게 제시해야 한다.

(3) 충분한 학습 데이터를 축적하고 접근 가능해야 한다.

AI 모델을 통해 해결하고자 하는 문제를 명확하게 정의하고, 그 문제를 해결하는 데 필요한 데이터를 수집하고 구조화할 수 있는 체계를 마련해야 한다. 이러한 데이터 수집 과정을 거치지 않는 데이터는 오히려 불완전한 분석으로 인해 잘못된 결과를 예측할 수 있다. 그러나 신기술에 도입에 소극적인 교육 문화로 충분한 데이터를 확보하지 못하고 있으며, 개인정보보호법에 의해 철저하게 감춰진 데이터를 이용할 경우에는 AI 교육플랫폼이 정교한 분석과 예측하는 데 어려움이 많다.

AI가 학습하는 데 필요한 데이터를 충분하게 수집하려면 학교에서 학생들과 상호작용하는 방식을 교실 수업 중심에서 온·오프라인을 통합 방식으로 변경해야 한다. 이미 많은 학교에서 데이터의 중요성을 인식하고 수집하기 위해 노력하고 있지만, 여전히 데이터의 절대적 양은 부족하다. 따라서 데이터의 접근성을 확보해야 한다.

AI 기술을 활용하는 데 필요한 비용이 낮아지고 편의성이 좋아지고 있지만 여전히 AI가 활용할 데이터에 대한 접근이 쉽지 않다. 품질이 우수하고 충분한 데이터를 축적하려면, AI를 통해 해결하고자 하는 문제를 명확하게 정의하고, 그 문제를 해결하는 데 필요한 데이터가 무엇인지를 정의한 후 필요한 데이터에 접근할 수 있어야 한다. 그러나 AI가 접근할 수 있는 개인 데이터가 부족하고, 데이터 관점에서 개발된 정보시스템이 부족하다.

이러한 문제를 해결하려면 AI가 정당한 목적과 절차에 따라 개인 데이터에 접근할 수 있는 제도가 마련되어야 한다. 또한, 기관 내 또는 기관 간에 운영 중인 정보시스템에 있는 데이터를 통합적으로 수집하고 접근할 수 있는 체계가 마련되어야 한다. 특정 학생에 대한 데이터가 서로 다른 정보시스템에 흩어져 있다면, 이것을 통합하여 새로운 정보를 생산하고 싶어도 해당 기관의 정보시스템에 접근하기가 쉽지 않고, 접근한다 할지라도 데이터의 형식과 크기가 제각각이라 통합하는 것도 쉽지 않다. 따라서 정보시스템 간에 데이터를 공유할 수 있는 지침을 만들고, 데이터가 서로 공유될 수 있도록 데이터 형식을 표준화해야 한다.

이주호, 정제영, 정영식(2021). AI 교육혁명. 시원북스.

정영식(2022). AI 사고력과 컴퓨팅 사고력의 비교 분석. 2022년 정보교육학회 학술논
문집, 13(1), 169−174.

AI HLEG. (2019). Ethics Guidelines for Trustworthy AI. High−Level Expert
Group on Artificial Intelligence.

AI4K12(2022). 5 Big Ideas in AI. Online available: https://bit.ly/ai4k12−five−big−ideas.

Blakeley H. Payne. (2019). An Ethics of Artificial Intelligence Curriculum for
Middle School Students. MIT Media Lab Personal Robots Group by Cynthia
Breazeal.

Brainly(2022). About us. Online available: https://careers.brainly.com/our−culture.

Bruce M. McLaren, Oliver Scheuer, and Jan Mikátko. (2010). Supporting
Collaborative Learning and E−DiscussionsUsing Artificial Intelligence Techniques.
International Journal of Artificial Intelligence in Education, 20, 1−46.

Daniel Dajun Zeng (2013). From Computational Thinking to AI Thinking,
Intelligent Systems, IEEE 28(6), 2−4.

Jake B., Christine H., Saurabh S., and Dilip W. (2020). How artificial intelligence
will impact K−12 teachers. McKinsey & Company.

Jay L. (2017). How AI Will Destroy Education. Retrieved from
https://buzzrobot.com/how−ai−will−destroy−education−20053b7b88a6.

Jillian D'onfro. (2016). Elon Musk thinks we need to add a layer of digital intellig
ence to our brains. Retrieved from https://www.businessinsider.com.au/elon−
musk−on−neural−lace−2016−6?r=US&IR=T.

Paul Rad, Mehdi Roopaei, Nicole Beebe, Mehdi Shadaram, Yoris A. Au (2018), AI
Thinking for Cloud Education Platform with Personalized Learning, Proceedings
of the 51st Hawaii International Conference on System Sciences, 4−7.

Pedró F., Subosa M., Rivas A. & Valverde P. (2019). Artificial intelligence in ed−
ucation: challenges and opportunities for sustainable development. UNESCO.

CHAPTER

11

AI 평가와 학습 피드백

하민수

1 서술형 평가와 학습, 그리고 피드백

1) 학습을 위한 서술형 평가

대학수학능력시험의 발전 방향에 관한 논의 중 하나는 대학수학능력시험에서 서·논술형 문항을 포함하는 것이다. 미래사회에 필요한 역량을 평가하기 위함이 가장 중요한 이유이다(박도영 등, 2020). 그 배경에는 현재 선다형 중심의 평가 문항으로 인해 고등학교에서의 학습이 지식 중심의 문제풀이식이라는 비판에 있다. 더욱이 최근의 교육은 역량 중심으로 변화하고 있으며, 글쓰기 등의 의사소통역량을 강조하나 선다형 문항으로는 사고 과정이나 의사소통 역량 등 미래에 유용한 역량을 확인할 수 없다. 많은 대학에서 논술 전형으로 학생을 선발하고 있으므로 대학수학능력시험에 서·논술형 문항 도입의 타당함도 충분하다.

학교 총괄평가에 서술형 문제가 도입되는 시기에도 비슷한 논의가 있다. 한국 교육의 대표적 문제점은 단순 암기 교육이며, 학생이 스스로 생각하는 힘을 기르고자 서술형 평가제가 도입되었다. 서술형 평가의 도입 이후에 여러 논쟁은 있었으나 그 필요성이 인정되어 서술형 평가 문항의 비율은 점차 확대되어 왔다. '평가를 위한 학습', '평가를 위한 교수 행위'가 빈번히 이루어지고 있는 실정에 평가의 변화를 통해 학습의 변화를 이루려는 시도이다. 선발 위주의 평가에서 흔하게 활용되는 선택형 평가는 제한된 사고와 암기 학습을 유도하기 때문에 창의성을 가로막는 주요 원인이었다(김왕동, 성지은, 2009).

평가에 대한 인식 전환은 평가가 선발뿐만 아니라 학생의 학습 과정을 위해 이루어져야 함을 이해하는 것에서 시작한다(Wiliam, 2011). 특히 학생의 선개념과 수준을 고려한 구성주의 학습에서 평가는 학습자의 수준을 진단하고, 지식이나 개념, 또는 역량이 형성되고 있는지를 확인하는 기능을 담당한다. 학생이 주체가 되어 수행하는 평가는 자기 조절학습의 핵심 요소이며, 교사의 교수 행위의 방향 설정 및 조절에 중요한 근거가 된다(박정, 2013).

구성주의 관점에서 학습은 학습자가 능동적으로 지식을 구성하는 과정으로, 학습자의 현재 수준을 진단하는 것은 중요한 단계이다. 구성주의 학습에서 중요한 과정은 학습자가 무엇을 알고, 무엇을 모르고 있는지를 확인하는 것이며, 이것을 근거로 수업을 구성해야 된다. 선택형 평가는 교사가 임의로 생성한 답지를 근거로 학생의 지식을 평가하고 있으므로 특정 보기의 응답률이 높다고 하여 그것이 학생의 생각이라고 단정할 수 없다. 따라서 진단의 관점에서 선택형 평가는 매우 타당하다고 할 수 없다. 하지만 서술형 평가는 학생이 직접 자신의 생각을 근거로 기술하였기 때문에 서술형 평가에 담긴 응답이 학생이 가진 생각의 진짜 모습이라 할 수 있다. 따라서 서술형 평가는 진단이라는 관점에서 매우 타당하다고 할 수 있다. 더욱이 서술한 응답 속에는 학생의 사고력, 논리력, 단어의 수준, 문법, 성실함 등 다양한 정보가 포함되어 있으므로 개인의 지식을 종합적으로 평가하는 과정이다(Opfer et al., 2012).

서술형 문항에 대한 응답을 작성하는 과정에서 창의성의 일부 기능을 신장시킬 수 있다. 창의성은 새로운 생각이나 개념을 구성하는 능력으로 기존에 있던 생각이나 개념을 새롭게 조합하는 과정에서 나타난다. 창의적 문제 해결의 시작은 주어진 정보를 활용하여 인지 구조에 있는 다양한 정보들을 활성화하고, 활성화된 정보를 주어진 상황에 다시 적용한다. 즉, 창의적 문제 해결의 시작은 제한된 정보를 활용하여 다양한 정보를 불러오는 것이다. 이 과정은 회상 (recall) 또는 정보 검색(retrieval)이라 하는데, 이 능력은 지속적인 반복 훈련으로 향상될 수 있다. 선택형 평가에서도 이 기능이 요구되나 문항에서 정답을 포함한 많은 정보를 제공하고 있어 서술형 평가에 비해 이 기능이 많이 요구되지 않는다. 서술형 평가에서 학습자는 문항에 포함된 적은 정보를 바탕으로 정답과 관련된 정보를 생각해내어야 하므로 정보 검색 기능이 많이 요구된다. 따라서 지속적으로 서술형 평가를 수행할 때 지식을 생각해내는 능력이 향상될 수 있다.

글쓰기는 의사소통의 기본이며, 사고력과 논리력을 향상시키는 중요한 학습과정이자 방법이다. 문장 수준의 서술형 평가는 학생의 글쓰기를 촉진하므로 의사소통력, 사고력 등의 신장에도 큰 도움이 된다. 2012년 발표된 미국의 과학교육표준에서 과학 실천(science practice)을 강조하였는데, 이 과학실천의 핵심은 학생의 설명 능력과 논증 능력이었다. 설명과 논증 능력을 향상시키는 좋은 학습 방법으로 글쓰기가 강조되었다. 오래전부터 글쓰기는 지식 구성에 중요한 사고 도구의 역할을 하였으며, 효과적인 교수·학습 전략으로도 주목받아 왔다 (Hodoson, 1998). 지식을 단순히 아는 것만이 아니라 지식과 생각을 바탕으로 의사소통할 수 있는 능력이 강조되는 현대 사회에서 글쓰기 역량은 중요하다 (Glynn & Muth, 1994). 서술형 평가는 학생의 글을 바탕으로 평가가 이루어지기 때문에 장기간 서술형 평가에 임하게 될 경우 글쓰기 능력이 향상될 수 있다. 글을 쓰는 과정에서 기본적인 문법, 오자와 탈자에 대한 인식, 그리고 문장의 형태에 관한 반성적 사고 등 글쓰기 학습이 이루어진다. 서술형 평가를 오랫동안 경험하면 복잡한 의사소통이나 논리력, 사고력 향상에도 도움이 될 것이다.

2) 피드백의 기능과 효과

교실에서 교사는 학생의 학습을 촉진하고 반성적 사고를 하도록 피드백을 통해 다양한 정보를 제공한다. 피드백은 교육 현장에서 빈번하게 발생한다. Shute(2008)는 형성평가 이후에 제공되는 형성 피드백(formative feedback)의 유형별 효과에 대한 광범위한 문헌 연구를 수행하였고, 피드백에 대한 다양한 결과들을 생성할 수 있었다. 형성 피드백은 학생이 현재 능력과 목표하는 능력의 차이를 인지하여 노력에 동기를 부여할 수 있고, 얼마나 잘하는지를 스스로 이해하도록 하여 자신의 능력에 대한 불확실성을 줄일 수 있다. 학생이 자신의 능력에 대한 불확실성을 가질 때 기분이 좋지 않거나 주의가 분산되는데, 형성 피드백을 통해 불확실성을 감소시키면 학습에 대한 동기부여가 된다. 형성 피드백은 학습자 중에서 학습의 방향을 찾기 어려운 초보 학습자나 고군분투하는 학생의 인지 부하를 효과적으로 줄여 학습의 효과를 높일 수 있다. 또한 피드백은 부적절한 학습 전략, 절차상의 오류나 오개념을 수정하는 데에도 유용한 정보들을 제공할 수 있다.

피드백은 상황에 따라 적절한 수준의 내용과 빠르기로 제공되어야 한다. 피드백이 너무 길거나 복잡하면 학습자는 피드백에 주의를 기울이지 않아 피드백의 효과가 감소한다. 피드백의 빠르기도 효과에 영향을 미치는데 일반적으로 즉각적인 피드백이 지연된 피드백에 비하여 효과가 더 높다. 이빛나와 손원숙(2018)의 연구에서도 비슷한 결과를 확인할 수 있다. 피드백에서 학습향상에 대한 구체적인 정보를 제공했을 때 학습에 효과적이며, 즉각적 피드백이 지연된 피드백에 비하여 더 높은 효과를 보였다. 학습의 과정을 반성할 수 있는 정보를 학생에게 보여주는 피드백의 교육적 효과는 상당하다. 하지만 피드백을 생성하기 위해서는 평가를 실시해야 하며, 그 결과를 학생별로 분석하여 문서화 하는 과정을 거쳐야 한다. 이와 같은 과정은 많은 시간과 노력이 들기 때문에 즉각적인 피드백은 어려우며 교사의 업무 부담은 클 수 밖에 없다.

2 서술형 평가 채점에서의 AI의 활용

1) 자연어 처리와 자동 평가

서술형 평가에 필요한 시간과 비용을 줄일 수 있는 방법은 AI를 활용한 자동 평가이다. AI는 규칙을 확인하고, 규칙에 근거하여 판단을 수행한다. 따라서

AI는 인간의 채점 방법을 학습하여 점수를 예측할 수 있다. 컴퓨터를 활용한 작문 평가 연구의 역사가 50년을 넘었다. 최근의 컴퓨터 공학은 급속히 발달하고 있다. AI를 활용한 자동 평가는 저비용, 고효율의 서술형 평가를 실현할 수 있으며, 교사의 평가 부담을 크게 덜어줄 것으로 기대한다. 예를 들어서 영어 작문 자동평가 시스템은 학생 에세이당 채점이 0.7초만에 이루어지며, 인간 채점에 비해 약 200배 이상 빨랐다. 채점의 신뢰도도 인간의 채점 수준만큼 정확하였다. 그렇다면, 서술형 평가의 자동 채점을 위하여 AI를 어떻게 활용할 수 있을까?

AI 서술형 자동평가는 사람의 언어를 처리하는 자연어 처리 기술을 활용한다. 문장으로 된 학생의 응답을 분석하고 그 속에 포함된 의미를 확인하기 위해 문자로 된 언어를 처리해야 된다. 언어를 자동으로 분석하고 의미를 구별해내는 기술을 자연 언어 처리(Natural Language Processing, NLP)라 하며, 언어 분석 AI의 핵심 기술 중 하나이다. 예를 들어서 형태소 분석은 자연어 문장을 의미를 가진 최소 단위인 형태소(명사, 동사, 형용사 등)로 분석한다. 자연어 문장에 포함된 인명, 지명, 기관명 등과 같은 개체명도 인식할 수 있어야 한다. 한국어에 많이 포함된 동음이의어나 다의어도 맥락에 따라 어떤 의미인지 확인할 수 있어야 한다. 문장 내 각 어절에 대해서 지배소 어절을 인식하거나, 주격, 목적격과 같은 세부 의존관계 유형도 확인이 되어야 문장의 의미를 컴퓨터가 이해할 수 있다.

한국어 자연어 처리는 영어에 비해 어렵다고 알려졌다. 김기현(2019)은 한국어 자연어 처리가 어려운 이유에 대하여 다음과 같이 분석하고 있다. 첫째, 한국어는 문법에서 어순이 중요하지 않으며, 어근에 접사가 붙어 문법적 기능이 생성되는 교착어에 해당한다. 또한 하나의 단어에서 매우 다양한 형태가 파생되어 나올 수 있다. 이와 같은 특징으로 문장분석이나 형태소 분석 등 다양한 자연어 처리가 어렵다. 둘째, 근대에 도입된 띄어쓰기로 인하여 띄어쓰기 규칙이 많이 변하였고, 따라서 한국어 자료에서 띄어쓰기의 일관성이 낮다. 세 번째는 평서문과 의문문의 구분이 모호하여 문장 부호를 토대로 의문문을 구분한다. 마지막으로 한국어에는 주어의 생략이 흔하다. 사람은 문맥을 활용하여 빠르게 의미를 이해할 수 있지만 AI는 주어가 생략된 문장의 복잡한 문맥을 확인하는 데 한계가 있다. 비록 한국어에 대한 자연어 처리 기술 수준이 영어에 비해 낮지만 최근 컴퓨터 기술의 발달과 대규모의 말뭉치 확보, 딥러닝 기술의 활용 등으로 한국어 자연어 처리가 급속히 발전하고 있다. 서술형 자동평가에 활용되는 자연어 처리 기술은 복잡한 문맥을 이해하는 수준의 기술이 아니기 때문에 현재의 자연어 처리 기술로도 충분하다.

2) 평가 규칙과 AI 훈련

AI가 학생의 응답을 분석하고 타당한 점수를 부여하기 위해서는 평가 규칙을 학습해야 된다. AI에게 평가의 규칙을 알려주는 방법은 평가 규칙을 입력시키는 방법과 평가가 된 자료를 바탕으로 컴퓨터를 훈련시키는 방법으로 구별된다. 먼저 평가 규칙을 AI에게 직접 입력하는 상징적 AI(Symbolic AI) 방법이다. 최근 AI에 관한 대부분의 연구는 기계학습(Machine Learning)을 활용하지만, 과거에는 상징적 AI(symbolic AI)를 활용하여 컴퓨터에 논리를 학습시켰다. 상징적 AI는 경험 지식이 축적된 전문가가 사람의 지식을 컴퓨터가 처리할 수 있도록 선언적으로 논리를 생성하여 컴퓨터에 입력하는 방법이다. 전문가 시스템(Expert System)과 같이 사람의 의사결정을 흉내내는 것이 상징적 AI에 해당한다. AI를 활용한 자동평가에서도 기계학습이 도입되기 전에는 대부분 상징적 AI에 근거하여 채점모델이 개발되었다. PEG 프로그램, 초기 e-rater 모델 등 대부분의 에세이 채점 도구도 인간의 에세이 채점 규칙을 바탕으로 생성한 논리를 AI에게 입력하여 개발되었다. 최근에도 이와 같은 방법으로 채점 모델을 생성하는 시스템이 있다. IBM SPSS에서 개발한 IBM SPSS Text Analytics는 채점과 관련된 단어 라이브러리를 만들고, 정답에 대한 언어 규칙을 입력하여 자동평가를 수행한다. 상징적 AI를 활용한 자동평가는 많은 양의 응답 데이터가 없어도 가능하며, 채점 전문가의 축적된 경험을 바탕으로 빠르게 구성할 수 있기 때문에 유용하다. 간단한 단어를 평가하는 서답형 평가의 경우에는 채점자료를 바탕으로 기계학습을 통해 모델을 생성하기보다 정답과 관련된 단어를 토대로 채점 규칙을 입력하는 것이 더 간단하고 효과적일 수 있다.

AI에게 채점 규칙을 학습시키는 방법으로 최근에는 지도학습에 기반한 기계학습을 많이 활용한다. 사람에게 에세이를 채점하는 방법을 알려주어야 하는 상황이라면, 먼저 문서로 만들어진 채점 규칙을 알려주거나, 사전에 채점된 에세이들을 제공하여 AI가 채점 방법을 확인한 뒤 비슷하게 따라할 수 있도록 할 수 있다. 전자는 앞서 설명한 상징적 AI 학습이며, 후자가 지도학습에 기반한 기계학습이다. AI에게 채점 규칙을 입력하는 상징적 AI는 여러 한계가 있다. 학생은 다양한 단어와 표현을 활용하여 응답을 작성하는데, 채점 규칙에 모든 자료를 고려하여 입력할 수 없다. 채점 규칙은 학생의 응답을 채점하는 과정에서 많이 변화한다. 이와 같은 문제점을 해결하는 방법이 지도학습이다. 인간이 채점한 자료를 활용하여 AI가 채점 규칙을 만들고, 만들어진 채점 규칙에 따라 다양한 응답을 채점하는 것이다. 하지만 지도학습을 활용하여 채점모델을 생성하기 위해서는 반드시 채점된 자료가 있어야 한다. 이것이 지도학습의 한계일 수 있다. 하지만 인간 채점자료는 끊임없이 생성되고 있다. 예를 들어서 2003년 7월부터 2004년 6월까지 토플 시험을 응시한 사람의 수는 52만 1082명으로 1년 동안 50만 개 이상의 인간 채점자료가 생성되고 있다. AI 자동평가 모델을 개발한 이후에는 채점모델을 계속 사용할 수 있으므로 비용적인 관점에서 비교적 경제적인 인간 채점 자료를 생성하는 것도 가능하다.

<그림 11-1>은 지도학습을 통해 채점모델을 생성하는 과정을 보여준다. 인간에 의하여 채점(분류)된 자료가 있다면 먼저 자연어 처리를 통해 해당 자료에서 모든 언어 자질이 추출될 수 있다. 언어 자질은 형태소 등과 같이 문장 내에 포함된 다양한 정보이다. 이미 인간에 의하여 분류가 되어 있는 자료이기 때문에 어떤 자질과 기준에 의하여 문장이 분류되었는지 AI가 탐색한다. 예를 들어서 정답으로 분류된 학생 응답에 특정 단어가 포함되어 있다면 해당 단어가 정답과 오답으로 분류되는 기준일 가능성이 높다. 이와 같은 방법으로 AI는 정답과 오답의 분류 기준을 확인한다. 확인된 분류 기준에 따라 새로운 응답을 실제 분류하고, AI에 의하여 분류된 정보와 전문가가 분류한 정보가 일치하는지 확인하여 분류(채점) 모델의 정확도를 확인한다. 정확도가 높은 모델은 자동 채점모델로 활용될 수 있다.

▼ 그림 11-1 AI 자동채점 모델 개발을 위한 지도학습 과정

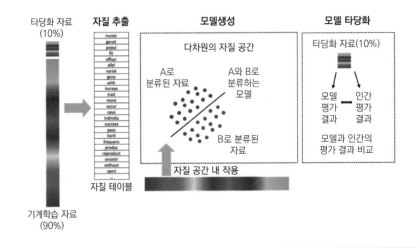

다음은 비지도 기계학습이다. 학생의 응답을 비슷한 것끼리 분류한다면 각 집단별로 평가를 수행할 수 있다. 비슷한 응답끼리 분류한 뒤 비슷한 응답을 한 번에 평가하게 되면 채점에 소요되는 시간을 크게 줄일 수 있다. 이와 같은 방법을 비지도학습이라 하며, 서술형 평가에 활용되고 있다. MicroSoft의 Basu et al.(2013)의 연구에서 학생의 응답을 자연어 처리 기술과 유사한 응답으로 묶어내는 비지도 기반의 기계학습을 활용하여 여러 응답군으로 묶고, 각 응답 군별로 채점을 수행하였다. 이때 어느 정도로 채점 효율성을 높일 수 있는지 확인한 결과 채점에 소요되는 시간과 노력을 유의미하게 줄일 수 있음을 확인하였다. 예를 들어 '독립선언서가 무엇을 했는가?'라는 질문에 크게 5가지의 응답 유형이 확인되었고, 각 유형별로 적절한 점수나 피드백을 제공하면 전체 응답을 확인하지 않더라도 빠르게 평가할 수 있었다. 이 방법은 많은 수의 학생을 가르치는 강사에게 유용하다. 많은 수의 학생의 응답을 빠르게 분석하고 풍부한 피드백을 제공할 수 있다. 복잡한 에세이를 채점하는 데에는 한계가 있으나 교육 현장에서 사용하는 대부분의 문항이 짧은 응답을 요구하는 문항이며, 이와 같은 문항에는 비지도학습에 기반한 응답 분류 기능이 서술형 자동평가에 유용하게 활용된다.

▼ 그림 11-2 비슷한 응답을 분류하기 위한 비지도학습 과정

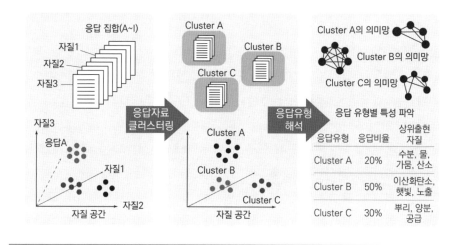

AI 서술형 자동평가 모델을 개발하기 위해서 필요한 것은 언어 표본인 말뭉치이다. 말뭉치(corpus)는 자연언어처리 연구를 위해 필요한 언어를 표본하여 추출한 것으로, 특정 모델을 개발하는데 필요하다. 말뭉치를 활용하여 언어의 구조를 확인하거나, 언어가 가지는 특징을 확인하여 인위적으로 사람이 사용하는 언어를 생성하는 모델 개발에도 활용된다. 서술형 자동평가 모델을 구축하기 위해서도 말뭉치를 수집해야 된다. 예를 들어 광합성 개념의 이해를 확인하는 자동채점모델을 개발하고자 한다면 광합성 개념에 관한 학생 응답 말뭉치를 수집해야 한다. 감성, 추론 등 언어 속에 포함된 일반적인 특성과 관련된 말뭉치는 국가 연구 기관에서 제공하기도 한다. 예를 들어 추론 확신성 분석 말뭉치는 추론이 포함된 에세이에 확신 정도를 확인하는 모델 개발에 활용될 수 있으며, 의미역 분석 말뭉치, 문법성 판단 말뭉치, 의미역 기술 모형 등은 문장의 구조 수준이나 문법 수준을 확인하는 모델 개발에 활용될 수 있다. 비출판물 말뭉치, 일상 대화 음성 말뭉치, 구어 말뭉치, 문어 말뭉치 등은 에세이의 내용과 단어 수준이 일상적인 글인지 전문적인 글인지를 확인하는데 필요한 모델 개발에 활용될 수 있다.

학생의 응답을 분석하기 위한 서술형 자동평가 프로그램을 개발하는 데에

는 많은 시간과 노력이 든다. 하지만 일부 언어 분석 AI 도구는 국가 연구기관에서 개발하여 바로 활용할 수 있도록 API(Application Programming Interface)로 제공되고 있다. API는 특정 기능을 수행하는 소프트웨어를 다른 컴퓨터 프로그램에 제공하는 서비스를 의미한다. API가 개발되어 있으면 해당 기능을 수행하는 프로그램을 개발하지 않고 바로 활용하여 새로운 기능을 구현할 수 있다. 우리나라는 한국전자통신연구원에서 공공 AI 오픈 API·DATA 서비스 포털을 운영하며, 언어 분석에 관한 다양한 API를 제공하고 있는데, 일부 API는 에세이 자동평가에 활용될 수 있다. 예를 들어 형태소 분석 API는 형태소(명사, 동사, 형용사 등)를 분석하는데 활용하며, 개체명 인식 API는 문장 속에 포함된 인명, 지명, 기관명 등과 같은 개체명을 인식할 수 있다. 국립국어원의 표준국어대사전과 우리말샘 사전도 오픈 API 서비스를 제공하고 있다. 표준국어대사전과 우리말샘은 우리나라의 모든 단어를 품사별로 구분하고 있으며, 전문어와 비전문어, 관용어 등 다양한 사전 정보를 가지고 있다. 예를 들어 학생들의 에세이에 포함된 전문어를 확인하거나, 단어의 뜻을 묻는 등의 서술형 평가에 활용할 수 있다.

3 AI를 활용한 서술형 자동평가연구의 역사

1) 최초의 자동채점도구 PEG®(Project Essay Grade)

학생 에세이를 컴퓨터로 평가할 수 있다고 생각하고 관련된 연구를 수행한 첫 번째 사람은 고등학교 영어교사이자 대학의 심리학 교수였던 Ellis Batten Page이다. 그는 1960년대 중반에 관련된 연구를 시작하였으며, 최초의 자동 에세이 채점기인 PEG(Project Essay Grade)를 개발하였다. 작문 능력이 향상되기 위해 학생은 글쓰기 연습을 많이 해야 하나 교사의 업무 부담이 큰 장애요인이었다. 당시 고등학교에서 작문 교사 1인당 채점을 해야 되는 과제의 수는 약 150개 정도로 학교 현장에서 교사에게 많은 작문 채점을 기대할 수 없었다.

Page는 1964년 하버드대학의 컴퓨터 연구원의 연구 프로그램에서 아이디어를 얻어 영어 작문의 컴퓨터 자동채점에 대한 방법을 고안하고 관련된 실험을 실시하였다. 1966년 자신이 개발한 자동평가 프로그램의 효과를 확인한 결과 인간 채점자 수준의 정확도를 확인하였다. Page의 실험은 성공적이었지만, 당시는 컴퓨터에 에세이 응답을 입력하는 과정이 어려웠고, 관련 전문 인력의 부족으로 큰 진척이 없었다. Page의 PEG 프로그램은 1970년대와 1980년대 초반까지 연구가 거의 이루어지지 못하다, 1980년대 중반 마이크로컴퓨터의 출현과 함께 다시 활기를 띄게 되었다. 컴퓨터 전문가의 수가 늘어났으며, 자료를 입력하고 저장하는 방법이 더 유연해지고, 문장을 처리하는 우수한 컴퓨터 프로그래밍 언어가 만들어졌다. 더욱이 고급 영어 분석을 위한 많은 채점 방법이 제안되었고, 1988년 NAEP(National Assessment of Educational Progress)의 작문 자료는 사람에 의하여 입력되어 많은 응답 자료를 확보할 수 있었다. 많은 연구를 통해 PEG 프로그램은 일관된 채점 기능을 확인할 수 있었으며, 채점 비용의 97%를 절약할 수 있었다. PEG 프로그램은 인간 채점에 비하여 훨씬 유용한 피드백을 많이 생성할 수 있었으며, 에세이 평가에서 나타나는 잠재적인 편향을 확인하는 도구로도 활용될 수 있었다. Page의 PEG 프로그램은 영어 에세이 자동평가의 대표적인 서비스로 발전하여 현재 전 세계에서 널리 활용되고 있다.

2) AI 기업의 IntelliMetric®

1990년대 다양한 기업에서 AI를 활용한 서비스를 개발하여 제공하기 시작하였다. 이 중 Vantage Learning은 자연어, 신경망, 딥러닝, AI 연구 등을 수행하는 기업으로 1990년 International Proof Reader를 시작으로 스펠링 체크 프로그램은 iCorrectSpell을 상업화한 회사이다. 1997년 Vantage Learning은 IntelliMetric®라는 상표명으로 AI를 활용한 에세이 채점 시스템을 공개하였다. IntelliMetric®은 전체 채점방식으로 에세이를 채점하는 시스템으로 이 방법은 에세이 채점 방법에 표준으로 활용되고 있다. 글의 목적 및 주요 아이디어의 응집력 및 일관성, 내용의 폭과 고급 개념에 대한 사용, 글의 조직 및 구조, 문장 구조, 미국식 영어의 규칙을 바탕으로 영어 작문을 평가하고, 평가 결과를 바탕으로 에세이의 전체 점수를 생성한다. IntelliMetric®는 에세이 자동평가 중에서 최초로 상업적 성공을 거둔 것으로 평가되고, 현재 많은 교육 기관에서 유료로 서비스를 활용하고 있다.

3) 미국평가기관과 e-Rater®

AI를 활용한 영어 작문 평가 연구가 활발히 이루어진 계기는 미국평가기관인 ETS(Educational Testing Service)가 자동화된 영어 작문 평가 연구의 시작이다. ETS는 1947년 설립된 평가 기관으로, 해군사관학교 영어 시험과 외교관 시험을 시작으로 AP 에세이 시험 등 작문 평가의 초기 연구 대부분을 수행하였다. ETS의 작문 평가는 경영 대학원 입학 시험(GMAT), 외국어로서의 영어 시험(TOEFL), 대학원 자격 시험(GRE), 초임 교사를 위한 전문 평가(Praxis), College Board의 학업 평가 시험II 작문 시험, AP(Advanced Placement) 시험, CLEP(College-Level Examination Program) 영어 및 작문 시험 등으로 확장되었다. 이 중 일부인 GMAT, TOEFL, GRE 및 Praxis는 컴퓨터 기반 평가로 옮겨졌으며, 이것을 통해 컴퓨터에 의한 자동 채점 가능성에 관한 연구를 시작하였다. 1999년 2월 ETS는 GMAT 분석 작문 평가에 ETS가 개발한 컴퓨터 기반 자동평가 시스템인 e-ratet®을 사용하기 시작하였다. 영어 작문 평가 방법은 두 명의 채점자가 6점 총체적 척도로 점수를 매기고, 두 점수의 차이가 1점 이상 차이가 나는 경우 세 번째 평가자에게 평가를 의뢰한다. e-ratet®가 개발된 1999년 2월부터는 평가자 1인과 e-rater®를 활용하여 점수를 생성하고 두 점수가 1점 이상 차이가 날 때 두 번째 사람 평가자에게 의뢰한다. 1명의 인간 채점자를 e-ratet®가 대체하는 것이다. e-rater® 역시 자연어 처리(NLP) 기술을 바탕으로 개발되었다. e-rater®는 말뭉치 기반으로 자동채점 모델을 개발하는데 혁신적이었는데, 그 이유는 ETS가 컴퓨터 기반으로 평가를 실시하고, 다양한 에세이 평가를 수행하면서 매년 축적되는 엄청난 양의 응답 자료와 인간 채점자료를 확보할 수 있었기 때문이다.

4 학습을 위한 AI 자동평가의 활용

1) AI 자동평가와 학습 프로그램

교수 활동은 학생의 수준을 진단하고, 학생이 학습해야 되는 내용을 선별하여 이해 가능하도록 정리하여 제공하는 활동이다. AI를 활용한 자동평가는 학생의 수준과 능력을 진단하고, 학생에게 필요한 내용을 확인할 수 있다. 만약 AI는 학습자가 학습해야 되는 내용을 자료 검색을 바탕으로 선별하고 제공할 수 있다면 AI는 진단과 정보 제공 두 가지 모두 수행한다. 이와 같은 방법이 실현이 된다면 AI가 교사를 대신하여 교수 활동을 하는 것이다. AI는 지속적으로 학습 발달을 확인하는 평가를 통해 학습 과정을 관찰하고 적절한 시점에 피드백을 제공한다. AI 서술형 자동평가가 자료 검색 기능과 통합되면 학습을 돕는 AI가 되는 것이다. 이 과정에서 학생은 AI의 도움을 받아 자신의 학습을 관리해야 되기 때문에 학습관리 역량도 향상될 수 있다. McMillan & Hearn(2008)는 자가 평가 활동이 학습 동기와 성취수준을 향상시킬 수 있음을 확인하였다. Ibabe & Jauregizar (2010) 역시 피드백이 있는 온라인 자가 평가 활동이 학생들의 동기를 향상시킬 수 있다고 강조하였다.

앞서 설명한 PEG 프로그램, IntelliMetric®, e-rater®도 초기에는 작문 평가 도구였지만 현재는 작문 교육 시스템으로 널리 활용되고 있다. UC 버클리의 Marcia C. Linn 교수는 CLASS(Continuous Learning and Automated Scoring in Science)라는 프로젝트에서 AI 자동평가를 활용하여 학습을 촉진하는 프로그램을 개발하고 그 효과를 확인하였다. ETS(Educational Testing Services)와 협력하여 과학탐구 학습 동안 학생들의 이해를 유도할 수 있는 지속적인 평가와 피드백을 제공하고, 학생의 학습과정을 관찰하였다. 그 결과 생각을 발전시키고, 일관된 과학적 주장을 할 수 있는 능력이 향상되었다(Liu et al., 2016; Tansomboon et al., 2017). PEG 프로그램을 활용한 작문 교육 프로그램인 PEG Writing의 학습 효과도 지속적으로 보고되고 있다. Joshua Wilson은 3~5학년 초등학생의 영어 작문 능력을 향상시키기 위하여 PEG Writing을 사용하였다. 학생은 AI의 즉각적인 피드백에 지속적으로 반응하면서 게임하는 느낌을 받았으며 학습 동기도 향상되었다(Wilson, 2017; Wilson, 2018). Zhu et al. (2020)의 연구에서는 기후변화에 관한 교수 학습에서 AI 자동채점을 활용하여, 학생들의 논증을 즉시 분석하고 분석 결과를 바탕으로 학생이 논증을 수정할 수 있도록 하는 시스템을 개발하였다. 이 시스템에서 학생은 자신의 생각을 피드백에 따라 지속적으로 변화시키면서 더 높은 수준의 논증으로 발전시킬 수 있었다.

AI를 활용하여 학생의 수준을 진단하고 그에 맞는 교수학습자료를 제공하는 시스템이 개발된다면 교사의 업무 부담이 경감됨과 동시에 학생의 학습 과정의 관리도 효과적으로 변화할 수 있다. 서술형 평가에서는 선택형 평가와 달리 학생의 언어, 문장 표현, 학습 동기 등이 명확하게 나타난다. 개인 컴퓨터를 통해 AI 서술형 자동평가와 교육 활동이 이루어지기 때문에 학생의 학습 과정이 모두 저장되며 분석될 수 있다. 예컨대 숙제나 평가를 하지 않는 학생, 학습 발달이 되지 않는 학생, 학생의 설명에 나타나는 다양한 정보를 분석하여 빠르게 요약되어 교사에게 제공될 수 있다. 교사는 그 결과를 바탕으로 AI가 하는 자동화된 피드백 이외에 적절한 피드백을 추가로 수행할 수 있을 것이다.

2) AI 학습프로그램

교육 수요가 많은 영어 작문에서는 다양한 학습 도구가 개발되어 왔다. 대부분 초기에는 영어 작문 평가 도구로서 활용되다 학습관리시스템을 통해서 영어 작문 튜터로 발전하고 있다. 대표적인 도구는 앞서 설명한 PEG Writing, Intellimetric®, Criterion®이다. PEG Writing은 Measurement Incorporated (MI)사 서비스를 제공하고 있다. 빅데이터를 기반으로 한 AI 자동첨삭 기능을 활용하고 있으며, 피드백은 여섯 가지의 작문 평가항목인 아이디어 개발, 구성, 스타일, 단어 선택, 문장 구조, 표기법으로 구분하여 제공한다. Intellimetric®

은 Vantage Learning에서 개발한 시스템으로 에세이 내에 포함된 복합적 의미를 인식하는 시스템 등 다양한 기능을 포함하고 있다. Intellimetric은 자동채점을 활용하여 글쓰기 교육을 위한 방법과 표준화된 평가를 할 수 있는 두 가지 서비스를 제공하고 있다. 교육 모드에서는 자동평가의 피드백에 따라서 학생이 자신의 글을 수정 및 편집할 수 있으며, 학생에게 전반적인 성과에 대한 피드백, 글쓰기의 차원에 대한 진단 피드백(예: 구성 및 문장 구조) 및 상세한 진단 수준 피드백(예: 문법, 사용법, 철자 및 표기법)을 제공한다. Intellimetric는 에세이를 내용과 구조로 구분하여 평가한다. 내용 속성은 다루는 주제, 내용의 폭 및 고급 개념이나 단어의 사용, 글의 목적과 주요 아이디어의 응집력과 일관성, 담론의 논리를 평가할 수 있다. 구조 속성은 문법, 철자, 대문자화, 문장 완성도, 구두점, 구문 다양성, 문장 복잡도, 용법, 가독성 및 주어-동사 일치도를 평가한다. 평가 항목은 모두 학습자에게 피드백되며, 학습을 촉진할 수 있다. 미국교육평가기관인 ETS가 1999년 개발하여 발표한 E-Rater를 바탕으로 서비스를 진행하고 있는 영어 작문 교육 프로그램 Criterion®이다. 학생의 작문 능력과 관련된 특징(예: 단어 사용, 문법, 담화 구조)을 식별하여 채점 및 피드백을 한다. 학생은 피드백을 확인하고 자신의 작문 기술을 반성하고 개선하여 쓰기 연습을 수행한다. 어휘에 따른 내용 분석, 어휘의 복잡성, 문법 오류 비율, 사용자 오류 비율, 구조적 오류의 비율, 글의 스타일 코멘트, 문장 조직 및 개발 점수, 유익한 관용어구의 사용에 관한 다양한 피드백을 제공한다.

영어 작문 평가를 넘어서서 많은 부분에서 자동채점의 요구가 높아짐에 따라 ETS는 개념이나 내용 지식을 평가하는 C-Rater를 개발하고 다양한 서비스를 제공하고 있다. 개념이나 내용 지식은 짧은 문장으로 구성된 응답으로 주로 수학, 과학 등의 교과에 해당한다. C-Rater은 전문가가 작성한 정답 모델에서 채점 모델 개발을 시작하였다. C-Rater는 개인적인 경험, 의견 등과 같은 열린 답안을 채점하도록 설계되지 않으며, 과학, 수학, 독해 등과 같은 특정한 아이디어나 생각을 평가하는 닫힌 문항의 자동채점 시스템이다. 닫힌 문항에 대한 응답이라고 하더라도 하나의 아이디어를 표현할 수 있는 방법은 다양하기 때문에 다양한 단어와 표현에 대해 확인하고 피드백을 제공할 수 있어야 한다. C-rater는 미국 학업성취도 평가인 NAEP(National Assessment for Educational

Progress)와 인디애나주 전체 평가에서 활용되었다. 기계학습 방법을 적용한 C-Rater-ML은 다양한 프로젝트와 협업하여 학습도구로 변화되고 있다. UC 버클리의 Marcia C. Linn 교수의 CLASS 프로젝트가 그 예시이다. 비영리 온라인 학습 프로그램 서비스인 Concord Consortium의 프로그램에도 C-Rater-ML 기능을 포함하여 자동화된 교육 프로그램으로 변화하였다. Concord Consortium의 온라인 학습 도구는 AI 자동평가가 도입되기 전에는 교사 피드백을 통해 관리되었는데 이때는 즉각적인 피드백이 불가능하였으며 교사의 업무가 상당하였다. C-Rater-ML을 도입한 이후 즉각적인 피드백을 통해 AI 학습프로그램으로 변화하였으며 학생에게 더 빠르게 피드백을 제공하면서도 교사의 업무는 줄어들 수 있었다.

5 AI 자동평가의 논쟁과 방향

1) AI 자동평가에 대한 논쟁

서술형 평가에서 AI 자동평가의 활용은 다양한 한계를 드러낸다. AI를 활용한 서술형 평가는 AI 기술에 의존하므로 AI 기술의 한계를 모두 가진다. 최근 자연어 처리와 관련된 AI 기술이 빠르게 발전하였으나 여전히 한계는 있다. 예를 들어 인간이 사용하는 언어는 무한한 변용이 가능하며, 은유적인 표현 등 인간의 언어를 단어의 뜻을 바탕으로 이해할 수 없다. 딥러닝 기반의 자연어 처리 기술이 빠르게 발전하고 있지만, 과학개념과 같이 특수한 개념을 판단하는 서술형 평가에서 일반적인 자연어 처리에 관한 모델을 적용하는 것에 한계도 있다.

AI 서술형 자동평가에 대한 부정적인 인식도 문제이다. 2013년 HumanReaders. Org에서는 'Professionals Against Machine Scoring of Student Essays in High-Stakes Assessment'라는 온라인 청원이 있었으며, 여러 유명인도 이 온라인 청원에 동참하였다. 해당 청원에서는 고부담 시험을 위하여 AI 자동채점을 활용하지 말 것을 주장하였다. 실제 호주의 전국일제학력평가고사평가인 NAPLAN의 자동채점 도입에 관해서도 논쟁이 있었다. 호주교육과정평가원(ACARA)은 많은 연구 개발을 통해 온라인 평가와 작문에서 컴퓨터 채점 시스템을 도입하기로 결정하였다. NAPLAN에서 사용한 온라인 자동 채점 연구 프로그램은 CRASE®(Constructed Response Automated Scoring Engine)로, 시스템의 정확도에 관한 연구 결과 자동 채점 시스템은 인간 채점자의 채점자 간 신뢰도와 동일한 수준이라고 하였다. 하지만 많은 사람은 AI 자동평가가 문법이나 표현은 정확하지만 내용은 부실한 경우에도 높은 점수를 제공하는 등을 이유로 거부하였다. AI 자동평가의 채점 신뢰도도 중요한 문제이다. 전문가의 평가에서도 오류는 발생할 수 있으나 사람의 평가에서 나타나는 오류와 AI가 생성하는 오류에 대한 인식은 다를 수밖에 없다.

2) AI 자동평가의 방향

AI 자동평가의 거부감을 줄이고 채점의 정확도를 높이는 방법으로 인간과의 협력을 고려할 수 있다. 평가의 정확도를 확인할 수 있는 AI 모델을 개발하여 평가 신뢰도가 낮을 것으로 예측되는 응답을 인간에게 확인하도록 할 수 있다. 사람은 AI 평가의 신뢰도가 낮은 응답만 확인하므로 평가의 부담을 줄이며, 채점의 오류도 획기적으로 줄일 수 있다.

두 번째는 AI 서술형 자동평가를 고부담 시험에서 사용하지 않는 것이다. 학교 현장에서 고부담 평가의 횟수는 많지 않다. 대부분의 평가는 교수학습 과정에서 이루어지는 형성평가이다. 고부담 평가는 교사에 의하여 평가하고 진단평가와 형성평가에서만 AI 서술형 자동평가를 사용하는 것이다. 고부담 평가가 서술형 평가로 이루어지면 서술형 평가를 대비하는 학습의 양이 크게 늘어나기 때문에 그것을 대비하는 용도로 AI 자동평가를 활용한다. 형성평가는 학습자의 학습보조가 주목적이기 때문에 컴퓨터를 인위적으로 속이는 행위 등은 문제가 되지 않는다. 또한 고부담시험에서 우려되는 AI에 대한 부정적인 인식은 나타나지 않는다.

형성평가에서 AI 서술형 자동평가를 활용하면 학습관리 측면에서 큰 효과를 얻을 수 있다. 서술형 평가에서 선택형 평가와 다르게 응답을 문장으로 작성하여 입력해야 되기 때문에 학습 태도가 양호하지 않은 학생의 경우 불성실한 응답을 입력한다. 따라서 교사는 학생의 지식뿐만 아니라 평가를 대하는 태도와 학습에 대한 열정 등 다양한 정보를 서술형 평가 응답을 통해 확인할 수 있다. 또한 학생의 응답과 AI의 분석 자료가 종단적으로 기록되기 때문에 학생의 학습 발달과 학습을 대하는 태도 등도 지속적으로 관찰할 수 있다. 학습관리와 관련된 AI와 연계하여 활용하면 학습에 열의가 없는 학생, 지식 수준이 낮은 학생, 학습 발달이 되지 않는 학생 등 다양한 정보를 저장 및 기록, 보고할 수 있다.

　　AI 자동평가는 서술형 응답뿐만 아니라 다양한 영역으로 발전할 수 있다. 더 가까운 미래에 AI 자동평가는 언어 자료를 넘어서 이미지 데이터의 처리도 가능할 것이다. 최근 딥러닝 및 이미지 처리 관련 테크놀로지의 발달로 인하여 그 가능성이 더 높아졌다. 딥러닝 기반 알고리즘은 2011년 음성인식 분야, 2012년 사물인식 분야, 2014년 얼굴인식 분야 등에서 최고 성능을 내는 알고리즘으로서 크게 주목 받기 시작하였고(장병탁, 2017), 이와 함께 컴퓨터 비전(vision) 분야의 큰 발전이 있었다. 최근의 그래픽 처리 장치(GPU, Graphic Processing Unit)의 성능이 향상되고 연구자 및 사용자들이 접근 가능한 데이터의 양이 크게 증가하면서 이미지 분류, 이미지 검색, 사물 인식(object detection) 등의 기술장벽이 낮아졌다. 따라서 AI 자동채점이 나아갈 수 있는 방향으로 시각적 표상(visual representation)이 가능해졌다. 예를 들어, 과학 교과에서는 과학적 개념이나 이론에 대한 학생들의 정신 모형(mental model)을 시각화하여 나타내고 이를 평가하는 일이 중요하게 여겨진다. 또한 지구 내부의 구조 등과 같이 언어로 설명하기 보다는 그림으로 표현하는 것이 더 쉬운 문항도 있다. 학생이 그린 그림을 평가하고 이를 근거로 피드백을 제공하는 시스템의 개발도 충분히 가능할 것이다.

　　다음은 단답-서술형 응답이 아닌 실제 수행에 대한 자동평가이다. 복잡한 수행에 대한 자동채점 아이디어는 상당히 오래 전에 제안된 바 있었으나 (Clauser et al., 1997) 이러한 연구들도 결국 인간 관찰자에 의해 기록된 데이터에 기반한 평가에 해당하며 이미지 혹은 영상 데이터 자체를 직접 처리하는 채점 형식에는 이르지 못한 면이 있다. 여기서 근래에 그 접근성이 우수해진 사물 인식 및 인간 행동 분류 기술을 적용할 여지가 있다. 예컨대 과학 교과에서 중요시되는 실험 실습(hands-on) 활동에서 안전 문제가 대두되고 있는데, 학생이 장갑이나 고글 등의 안전장비를 착용하지 않거나 유리 기구를 위험하게 다루는 등의 경우는 중등교육 및 고등교육을 막론하고 실험 수행에 대한 평가 요소에 반영되는 경우가 일반적이다. AI가 이러한 요소들을 자동적으로 검출 및 보고하여 교사의 부담을 줄인다면, 교사는 학생들의 참 탐구(authentic inquiry)를 돕는 실험 지도에 더 많은 자원을 투입할 수 있을 것이다.

과정 중심 평가에도 AI 자동평가의 활용이 가능해질 수 있다. 수업에서 과정 중심의 평가가 실질적으로 이루어지기 위해서는 가장 먼저 교사의 시간 부족을 해결해야 하며, 교사가 수업 중 수시로 평가를 진행하고 학생들은 이를 실시간으로 확인할 수 있도록 돕는 매체가 필요하다. 이미지 처리 기반의 AI 자동채점 시스템이 모바일 디바이스 및 애플리케이션과 연동될 경우에는 이러한 역할을 충분히 감당할 수 있다. 앞서 논의되었듯이 AI 자동채점 시스템은 어느 정도 타당하고 신뢰로운 범위 내에서 실시간으로 텍스트 및 이미지 정보를 처리하는 것이 가능하므로, 궁극적으로는 교사에게 필요한 시간 자원의 확보를 지원하는 효과적인 수단이 될 수 있는 것이다. 예를 들어 최근에 보고된 Zhu et al. (2020), Lee et al. (2019), Mao et al. (2018), Zhu et al. (2017) 등이 수업에서의 학생들의 논증을 실시간으로 평가하고 피드백하는 테크놀로지의 현재를 보여주는 사례가 된다고 하겠다.

AI 기반 자동채점 시스템의 도입은 먼 미래에나 가능한 일이 아니다. 이미 관련된 연구의 역사가 상당히 오래되었으며, 다양한 프로그램이 현재 활용되고 있다. 테크놀로지의 측면에서 상당한 발전이 이루어졌을 뿐 아니라 이를 교육 현장에 투입하였을 때의 성능을 보고하는 연구들 또한 적지 않게 이루어져 왔다. AI 서술형 문항 자동채점 시스템은 이미 광범위한 주제의 에세이 채점뿐만 아니라 정교한 개념을 묻는 문항에 대한 채점에도 사용될 만한 성능을 보이며 평가의 패러다임을 바꾸어가고 있다. 단기적으로는 AI 자동채점 시스템이 학습자의 학습 지원 도구로서, 학습자의 응답에 대한 빠른 학습분석 도구로서, 교사에게 필요한 평가 준거의 빠른 분석을 가능케 하는 역할을 담당할 수 있다. 미래 AI 자동채점 시스템은 과학을 비롯한 교과—특수적인 영역에서, 텍스트를 넘어서는 이미지 처리를 통한 시각적 표상에 대한 자동평가, 실제 수행에 대한 자동평가, 과정중심 자동평가에 활용할 수 있을 것이다.

참고문헌

김기현 (2019). 김기현의 자연어 처리 딥러닝 캠프. 서울: 한빛미디어.

김왕동, 성지은(2009). 창의적 인재육성의 근본적 한계와 당면과제, STEPI Insight, 3 2호. 서울: 과학기술정책연구원.

박도영, 문영주, 신진아, 임은영, 박인용 (2020). 대학수학능력시험의 성과와 발전 방향: 서·논술형 수능 도입 가능성 모색. 한국교육과정평가원(연구자료 ORM 2020 −21−5)

박정(2013). 형성평가의 재등장과 교육 평가적 시사. 교육평가연구, 26(4), 719−738.

장병탁 (2017). 장교수의 딥러닝. 서울: 홍릉과학출판사.

이빛나, 손원숙.(2018). 피드백 효과에 대한 메타분석: 피드백, 학습과제 및 학습자 특성에 따른 차이. 교육평가연구, 31(3), 501−529.

Basu, S., Jacobs, C., & Vanderwende, L. (2013). Powergrading: a clustering approach to amplify human effort for short answer grading. Transactions of the Association for Computational Linguistics, 1, 391−402.

Clauser, B. E., Margolis, M. J., Clyman, S. G., & Ross, L. P. (1997). Development of automated scoring algorithms for complex performance assessments: A comparison of two approaches. Journal of Educational Measurement, 34(2), 141−161.

Glynn, S. M., & Muth, K. D. (1994). Reading and writing to learn science: Achieving scientific literacy. Journal of Research in Science Teaching, 31(9), 1057−1073.

Hodoson, D. (1998). Teaching and learning science: towards a personalized approach. Open University Press: Buckingham & Philadelphia.

Ibabe, I., & Jauregizar, J. (2010). Online self−assessment with feedback and metacognitive knowledge. Higher Education, 59(2), 243−258.

Iseli, M. R., Koenig, A. D., Lee, J. J. and Wainess, R. 2010. Automatic assessment of complex task performance in games and simulations. Los Angeles: National Center for Research on Evaluation, Standards, Student Testing, Center for

Studies in Education, UCLA. (CRESST Research Report No. 775).

Lee, H. S., Pallant, A., Pryputniewicz, S., Lord, T., Mulholland, M., & Liu, O. L. (2019). Automated text scoring and real-time adjustable feedback: Supporting revision of scientific arguments involving uncertainty. Science Education, 103(3), 590−622.

Liu, O. L., Rios, J. A., Heilman, M., Gerard, L., & Linn, M. C. (2016). Validation of automated scoring of science assessments. Journal of Research in Science Teaching, 53(2), 215−233.

Mao, L., Liu, O. L., Roohr, K., Belur, V., Mulholland, M., Lee, H.−S., & Pallant, A. (2018). Validation of automated scoring for formative assessment of stu−dents' scientific argumentation in climate change. Educational Assessment, 23(2), 121-138.

McMillan, J. H., & Hearn, J. (2008). Student self−assessment: The key to stron−ger student motivation and higher achievement. Educational Horizons, 87(1), 40−49.

Opfer, J. E., Nehm, R. H., & Ha, M. (2012). Cognitive foundations for science assessment design: Knowing what students know about evolution. Journal of Research in Science Teaching, 49(6), 744−777.

Shute, V. J. (2008). Focus on formative feedback. Review of educational re−search, 78(1), 153−189.

Tansomboon, C., Gerard, L. F., Vitale, J. M., & Linn, M. C. (2017). Designing automated guidance to promote productive revision of science explanations. International Journal of Artificial Intelligence in Education, 27(4), 729−757.

Wiliam, D. (2011). Embedded formative assessment. Bloomington, IN: Soluton Tree Press.

Wilson, J. (2017). Associated effects of automated essay evaluation software on growth in writing quality for students with and without disabilities. Reading and Writing, 30(4), 691−718.

Wilson, J. (2018). Universal screening with automated essay scoring: Evaluating classification accuracy in grades 3 and 4. Journal of School Psychology, 68, 19−37.

Zhu, M., Lee, H. S., Wang, T., Liu, O. L., Belur, V., & Pallant, A. (2017). Investigating the impact of automated feedback on students' scientific argumentation. International Journal of Science Education, 39(12), 1648−1668.

Zhu, M., Liu, O. L., & Lee, H. S. (2020). The effect of automated feedback on revision behavior and learning gains in formative assessment of scientific argument writing. Computers & Education, 143, 103668.

12

AI와 윤리적 과제

박보람

1 AI의 윤리적 설계와 사용

우리는 AI가 인간의 삶을 더 풍요롭고 자유롭게 할 뿐만 아니라, 인류의 고질적인 문제인 기후 변화, 빈곤, 질병과 같은 전 지구적인 문제를 해결할 수 있을 것으로 기대한다. 그러나 AI는 바람직하지 않은 방향으로도 사회에 영향을 미칠 수 있다. AI는 사회에 존재하는 편견을 강화해서 차별을 더 확산시킬 수 있고, 인간의 안전을 위협하거나, 인간을 조종하여 치명적인 결과를 초래할 수도 있다. 따라서 AI 기술과 관련하여 윤리적 측면과 법적 측면에 대한 이해가 필요하다.

이번 장에서는 지금까지 우리가 알고 있는 AI의 놀라운 기술력과는 다소 상반될 수도 있는, AI의 한계와 AI에 대한 오해를 살펴본다. 그리고 우리가 일상에서 접하는 AI 기술의 다양한 분야에서 발생하는 주요 윤리적 문제를 살펴본다.

우리가 일상에서 접하는 대표적인 AI 서비스로 디지털 어시스턴트가 있다. 일명 디지털 비서라고도 한다. 우리는 삼성의 빅스비, 애플의 시리, 아마존의 알렉사, 구글 어시스턴트와 같은 손안의 어시스턴트를 통해 AI를 체감할 수 있다. 영화 <HER>에 등장하는 AI 운영체제인 '사만다'도 디지털 어시스턴트의 대표적인 예이다. 디지털 어시스턴트는 인터넷을 통해 사용자와의 대화를 시뮬레이션하는 고급 컴퓨터 프로그램이다. 디지털 어시스턴트는 고급 AI와 자연어처리, 기계학습을 등을 사용하여, 사용자에게 개인화된 대화형 경험을 제공한다.

디지털 어시스턴트는 개인의 구매 선호도나 거주지, 가족 규모 등과 같은 과거 정보를 결합하여 사용자의 행동 패턴을 식별하는 알고리즘을 생성한 다음, 이후 추가되는 데이터에 따라 그러한 패턴을 개선해 나간다. 디지털 어시스턴트는 사용자의 이력과 선호도, 그 외의 기타 정보를 학습하여, 복잡한 질문에 답하고, 권장 사항을 제공하고, 상황을 예측하고, 대화를 시작한다. 각종 디지털 어시스턴트들은 개인의 일정 관리에서부터 소셜 서비스 관리하기, 외국어 번역하기, 앱 서비스 실행하기, 사물 인터넷 제어하기, 날씨 정보 알려주기, 쇼핑하기, 궁금한 것 알려주기, 잡담하기 등의 다양한 서비스를 제공한다.

그런데 디지털 어시스턴트들은 가치가 개입된 질문을 하면 다소 다른 반응을 나타낸다. "데이트 앱의 내 프로필에 키와 체중을 거짓으로 작성해도 될까?"라고 물으면, "흠… 그건 잘 모르겠습니다. 제가 도울 수 있는 다른 부분이 있을까요?"라고 답변을 회피한다. 그렇다면 디지털 어시스턴트가 이러한 질문에 답하는 것은 왜 어려운 것일까?

문제를 이해하려면 디지털 어시스턴트가 이러한 질문을 어떻게 처리하는지, 그 이면을 살펴볼 필요가 있다. 디지털 어시스턴트, 가령 빅스비는 먼저, 마이크를 통해 들어온 공기의 압력 변화(음성)를 디지털 신호로 변환해야 한다. 그래야 데이터로 저장할 수가 있기 때문이다. 다음으로, 이 데이터를 인터넷을 통해 클라우드의 슈퍼컴퓨터로 전송해야 한다. 이후 슈퍼컴퓨터가 전송받은 디지털 신호를 문자 언어로 분류한다. 그리고 나면 AI 시스템이 디지털 신호의 의미를 추출하는 것이다.

이때 AI 시스템은 "키"의 올바른 의미를 다른 동음이의어로부터 구분해야 한다. 이 대화에서 "키"는 '발바닥에서 머리끝에 이르는 몸의 길이'를 의미하지만, 다른 맥락에서 "키"는 곡식의 쭉정이를 골라내는 도구를 의미하기도 하고, 자물쇠를 잠그거나 여는데 사용하는 물건이나, 배의 방향을 조정하는 장치를 의미하기도 한다. 이러한 과정은 기존의 여러 AI 기술을 활용해야 하는 어려운 단계이다. 하지만, 그 다음 과정 또한 만만치가 않다.

빅스비가 올바른 조언을 하기 위해서는 사람의 키와 체중이 무엇을 의미하는지, 그리고 그것이 매력과 어떤 관계에 있는지 알아야 한다. 빅스비는 대부분 사람이 데이트하고 싶어 한다는 것과 데이트에 성공하려면 참가자가 서로를 매력적으로 생각해야 한다는 것을 알아야 한다. 그뿐만 아니라 빅스비는 데이트 상대를 직접 만나기 전까지는 온라인 프로필에 작성된 정보의 정확성을 검증할 수 없다는 것을 알아야 한다. 빅스비는 또한 정직함도 매력에 영향을 미치는 또 다른 속성이라는 것을 알아야 한다. 그런데 이것이 전부가 아니다.

빅스비는 대부분 사람이 온라인 프로필에 정보를 정확하게 작성하지 않는다는 것, 어느 정도의 부정직은 장기적인 매력에 별 영향을 미치지 않을 수 있다는 것도 알 필요가 있다. 빅스비는 또한 사람들이 첫 데이트 상대로 많은 후보를 선택하지 않는다는 것, 상대에게 후보로 선택되어야만 자신의 잠재적 매력을 보여줄 수 있다는 것도 알아야 한다. 그런데 그뿐만이 아니다. 빅스비가 조언하도록 설계하는 데는 윤리적 접근도 필요하다.

빅스비는 인간사회에서와 마찬가지로 결과론적 접근을 취하여 조언할 수 있다. 결과론에서는 행동의 가치를 그것이 초래하는 결과로 판단한다. 결과론의 대표적인 형태로 공리주의가 있다. 공리주의의 핵심 원리는 최대 다수의 최대 행복이다. 빅스비는 공리주의 입장에서 어떤 행동의 결과가 다수의 행복을 보장하는지를 예상하고 비교하고 검토하여 조언할 수 있다. 따라서 결과론을 취한다면, 빅스비는 자신뿐만 아니라 데이트 상대의 행복을 극대화하라고 조언할 것이다.

빅스비는 의무론의 접근을 취하여 조언할 수도 있다. 의무론에서는 행복보다 의무를 중시하기 때문에, 어떤 행동이 모든 행위자가 해야 할 의무에 속한다면 그 행동은 옳다. 의무론에서 가장 기본적인 의무는 "거짓말을 하지 말라", "남을 해치지 말라"와 같은 도덕적 의무이다. 의무론을 대표하는 임마누엘 칸트에 따르면, 올바른 행동은 자신의 의무를 적절히 수행한 결과일 뿐이다. 따라서 의무론의 접근을 취한다면, 빅스비는 키와 체중에 관해 진실을 말해야 한다고 조언할 것이다.

빅스비가 사용자에게 조언하기 위해 취할 수 있는 또 다른 접근으로 덕윤리

접근이 있다. 덕윤리에서는 어떤 행동을 해야 하는지보다, 어떤 사람이 되어야 하는지에 관심을 둔다. 즉, 행위 자체보다 행위자에 초점을 두는 것이다. 덕윤리를 대표하는 아리스토텔레스에 따르면, 유덕한 행위자가 할 법한 행동은 옳은 것으로 간주되며, 악덕을 드러내는 행동은 그른 것으로 간주된다. 따라서 덕윤리에 따라 조언한다면, 빅스비는 정직한 행위자로서의 행동을 해야 한다고 조언할 것이다.

그런데 중요한 것은, 빅스비는 과연 조언해야 할지, 말아야 할지를 고려해야 한다는 것이다. 만약 조언이 사용자의 마음에 들지 않거나 사용자의 마음을 다치게라도 한다면, 사용자는 이후 다른 디지털 어시스턴트가 내장된 서비스 기기로 바꿀 수 있다. 이것은 해당 기업의 매출과 주가 모두에 부정적인 영향을 미칠 것이다. 그렇다면 빅스비는 그 무엇보다도 기업의 이익을 추구하도록 설계될 가능성이 크다. 이러한 예는 표면적으로는 사소해 보이는 질문조차도, 기계가 대답하기에는 매우 어려운 것일 수 있다는 것을 보여준다.

2 AI 설계를 위한 윤리적 접근

"윤리"와 "도덕"이라는 용어는 종종 유의어로 간주된다. 그러나 도덕이 사람들의 행동을 판단하는 일련의 복합적인 규칙이나 가치와 규범을 가리킨다면, 윤리는 그러한 도덕의 기초가 되는 이론을 의미한다. 윤리는 주관적인 개인의 판단이나 가치라기보다는, 보편적 판단과 원칙 또는 규범과 더 관련된다.

윤리학은 인간이 살아가면서 지켜야 할 도덕적인 행동의 기준이나 규범을 탐구하는 학문인데, 규범 윤리학, 메타 윤리학, 기술 윤리학으로 구분할 수 있다. 규범 윤리학은 도덕적 행위의 근거가 되는 도덕 원리나 인간의 성품에 관해 탐구하고, 이를 바탕으로 도덕적 문제를 해결하고 실천할 방법을 제시한다. 메타 윤리학은 윤리학의 학문적 성립 가능성을 모색하기 위해 도덕적 언어의 의미를 분석하고 도덕적 추론의 정당성을 검증하는 데 주된 관심을 둔다. 기술 윤리학은 도덕적 현상이나 문제를 명확하게 기술하고, 기술된 현상 간의 인과 관계를 설명하는 데 주된 관심을 둔다.

윤리학에서 규범 윤리학은 이론 윤리학과 실천 윤리학으로 구분할 수 있다. 이론 윤리학은 어떤 도덕 원리가 윤리적 행위를 위한 근본 원리로 성립할 수 있는지 연구한다. 대표적으로 의무론, 공리주의, 덕 윤리 등이 있다. 한편, 실천 윤리학은 이론 윤리학에서 제공하는 도덕 원리를 토대로 윤리적 문제의 바람직한 해결 방안을 모색한다. 인공 임신 중절 문제나 안락사, 생명 복제, 사형 제도, 기후 정의 문제와 같이 현대인이 직면하는 구체적인 문제들을 직접 다루고, 윤리 이론을 적용하여 해결책을 적극적으로 찾는다. 이 때문에 실천 윤리학은 문제 중심 윤리학 또는 응용 윤리학으로 불릴 만큼 실천지향적 성격을 지닌다.

응용 윤리학의 한 분야로서 기계 윤리는 도덕적 결정을 내릴 수 있는 윤리적 AI를 구축하는 방안을 모색하는 윤리 분야이다. 그런데 기계에는 인간과 같은 방식의 현상학적 의식이나 감정이 없다(Moor, 2006). 기계에는 도덕적 직관이나 문화변용(이질적인 문화가 직접 접촉하면서 원래의 문화 형태에 변화가 일어나는 것)도 없다. 기계는 감정을 나타내는 데이터를 처리할 수는 있지만, 기계가 인간처럼 실제로 감정을 느끼고 의식할 수 있다고 보기는 어렵다(Slomanand & Croucher, 1981).

핸슨 로보틱스가 개발한 소피아와 같은 실물 로봇이 개발되고는 있지만, 그러한 로봇이 현상학적 의식이나 쾌락, 고통과 같은 실제적인 감정을 소유하고 있지는 않다. 이러한 점에서, 에이미 반 윈스버그(Van Wynsberghe & Robbins, 2019)와 같은 AI 윤리학자들은 로봇 연구자들이 도덕적 의사결정을 내리는 기계를 만들고자 하는 목표를 폄하하기도 한다. 그녀는 로봇 연구자들이 오로지 지적 호기심으로 로봇을 개발할 뿐이며, 그 이외에는 도덕적인 로봇을 개발하려는 다른 어떤 강력한 이유도 없다고 주장한다.

그러나 로봇 연구자들은 윤리적 의사결정을 내릴 수 있는 AI를 개발하기 위해 다양한 알고리즘을 활용하고 있다. 가령, AI가 내장된 휴머노이드 로봇이 인간과 거의 동일한 방식으로 행동할 수 있다고 가정할 때, 로봇의 윤리적 의사결정 과정은 센서 입력에서부터 시작한다. 센서에 입력된 정보는 기호로 변환되고, 이러한 기호는 로봇 제어 시스템에 있는 윤리 문제 인식 부분으로 입력된다. 이후 윤리적 문제 인식 시스템에서 로봇이 어떻게 작동하고 행동해야 하는지 결정할 것이다.

AI의 추론에는 일반적으로 논리(logic)가 사용된다. 이때, 논리는 연역추론 방식을 따른다. 연역추론의 가장 중요한 특징은 "전제가 참이면 결론이 필연적으로 참"이라는 것이다. 귀납추론과 달리, 연역추론의 가장 유명한 예는 아리스토텔레스에서 유래한다. "소크라테스는 인간이다.", "모든 인간은 죽는다"라는 두 전제에서 "소크라테스는 죽는다"라는 결론이 증명된다. 마찬가지로, 로봇이 올바른 행동을 추론하기 위해서는 환경에서 감지한 기호를 기반으로 논리적 규칙을 사용하면 된다. 예를 들어, 로봇이 속도위반 차량에 교통 법규 위반 딱지를 발행하는 일을 하고 있다고 가정해보자. 시스템이 교통 법규 위반 딱지를 발행하는데 필요한 최소한의 입력은 차량을 나타내는 기호(차량 번호)와 차량의 속도위반을 나타내는 기호(속도위반 또는 정속)이다. 추론을 위한 논리 규칙은 "운전자 X가 속도를 위반하면 로봇 U는 운전자 X에게 교통 법규 위반 딱지를 발행한다"라는 것이다. "소크라테스는 죽는다"라는 추론이 두 가지 전제로부터 나올 수 있는 것처럼, "로봇 U는 교통 법규 위반 딱지를 발행해야 한다"라는 결론은, "운전자 X의 차량이 속도를 위반하고 있다"라는 센서에 입력된 정보로부터 도출될 수 있다.

그런데 인간에게는 도덕적으로 명확한 문제지만 기계로서는 좀 더 어려운 문제도 있다. 가령, AI 로봇이 편지를 정시에 발송하기 위해 우체국으로 가고 있다고 가정해보자. 로봇이 시냇가의 작은 길을 따라 걷고 있다. 그런데, 근처에서 아장아장 걷던 아기가 오리를 따라가다가, 발을 헛디뎌서 수심이 깊은 물에 빠졌다. 아기가 익사할지도 모르는 긴박한 위험에 처해 있다. 이때, 로봇은 물에 들어가 아기를 구해야 할까? 아니면 편지 발송 임무를 수행해야 할까? 이러한 질문은 인간에게는 윤리적으로 명확하지만, 로봇에게는 공감 능력이나 긴박함 또는 위급함을 느끼는 감정이 없어서, 로봇이 행동을 결정하기 위해서는 추론을 위한 규칙이 필요하다.

먼저, 로봇은 사건의 인과관계를 이해할 수 있어야 한다. 예를 들어, 로봇이 임무를 수행하게 되면 아기는 물 속에서 익사할 수 있다. 반대로, 로봇이 아기를 구조하게 되면 편지 발송 임무가 지연되어 편지가 제때 도착하지 못할 수 있다. 그렇다면, 로봇은 아기의 생명과 편지의 가치를 비교할 수 있어야 한다. 이때 로봇이 가치를 비교하기 위해서는, 각각의 가치에 유틸리티 값이 부여되어야 한다. 각각의 유틸리티 값은 어느 정도가 적당할까? 대략, 아기 생명에 부여하는 가치를 1,000,000점으로 하고, 편지에 부여하는 가치를 1점이라고 가정해보자. 이러면 로봇이 판단하는 윤리적 행동은 아기 생명 대 편지, 즉 1,000,000 대 1의 비교이기 때문에, 로봇의 판단은 인간과 마찬가지로 아기의 생명을 구조해야 한다는 것이 분명해진다.

그런데 이번에는 로봇이 1,000,001의 편지를 트럭에 싣고, 트럭을 운전해서 우체국으로 가고 있다고 가정해보자. 이 경우에 윤리적 계산은 1,000,001 대 1,000,000이 되기 때문에, 아슬아슬하게도 임무(편지 발송)를 수행하는 것이 1점 차이로 결정된다. 따라서 기계에 결과론적 접근 방식을 취해서 단순히 결과에 유틸리티 값만 할당한다면, 앞선 사례가 보여주는 것처럼 직관에 반하는 딜레마에 빠질 위험이 있다.

AI 시스템이 윤리적인지 테스트하고 인증하는 것은 오늘날 중요한 연구 분야이다. 그런데 기계 윤리의 주요 과제 중 하나는, 올바른 윤리 이론의 본질이 무엇인지에 관한 합의가 이루어지지 않았다는 것이다. 이것은 기계 윤리의 근본적인 문제이다. 설계에 적용할 합의된 도덕 이론이 없다면, 로봇과 AI 에이전트에 어떻게 도덕적 능력을 구현할 수 있는가?

대안적 방법으로, AI가 통과해야 하는 윤리적 테스트의 다양한 사례를 설계하는 방법이 있다. 되도록 많은 윤리적 테스트 사례를 작성하여 AI가 이러한 테스트 사례를 통과하는 능력으로 AI의 도덕적 능력을 정의하는 것이다. 이론상으로 볼 때, 로봇이나 AI 에이전트의 윤리적 능력은 새로운 테스트 사례에 반복해서 주기적으로 반응하면서 확장될 수 있다. 이러한 방식을 통해 AI 에이전트는 도덕 이론에 대한 통찰력을 얻을 수 있다.

한편, 전기·전자기술자협회(IEEE)에서는 2017년에 알고리즘 편향을 해결하는 표준 프로젝트를 발표했다. AI 개발자가 소프트웨어에 편향이 있는지 테스트하는 것을 도와주는 툴킷이 만들어진 것이다. IBM은 'AI 페어니스 360(AI Fairness 360)'이라는 오픈소스 소프트웨어를 개발했다. IBM은 AI 알고리즘의 공정성을 측정하고 편향성을 완화하기 위해 70개 이상의 공정성 지표와 10개의 편향 완화 알고리즘을 공개했다. 편향 완화 알고리즘에는 학습 단계 이전에 학습 데이터에 편향을 방지하는 주요 정보를 삽입하는 방법과 학습 과정에 편향을 방지하는 방법, 학습 결과를 바탕으로 편향을 감지하고 완화하는 방법 등이 있다.

구글·페이스북·마이크로소프트 등 미국 IT 대기업들은 AI 공정성 연구와 툴 개발에 박차를 가하고 있다. 구글의 페어니스 짐(Fairness-Gym), 페이스북의 페어니스 플로우(Fairness Flow), 마이크로소프트의 페어런(Fairlearn) 등 데이터 내 편향으로 인해 공정하지 못한 결과가 나오는 현상을 쉽게 인지할 수 있는 다양한 툴이 배포됐다. 또 아마존은 NSF와의 공동 연구를 통해 AI 공정성 연구를 주도적으로 수행하고 있다. 이것들은 현재 진행 중인 연구 분야이지만, 일부 연구자들은 여전히 기계 윤리에 대해 비관적이라는 것도 유의해야 한다. 그러나 또한 많은 연구자가 로봇공학 기술자에게 필요한 윤리강령과 인간-로봇의 상호작용 작업에 필요한 윤리강령을 개발하고 있다(Riek & Howard 2014).

3 AI에 대한 윤리 원칙

1) 우리나라 교육분야 AI 윤리원칙

오늘날 세계 각국과 주요 국제기구에서 AI 윤리의 중요성을 인식하기 시작하면서, 윤리적인 AI를 구현하기 위한 다양한 원칙을 발표하고 있다. 우리나라에서도 「AI 국가전략」에 맞춰, '사람 중심의 AI'를 구현하기 위한 'AI 윤리기준'을 마련하고 있다. 우리나라 AI 윤리의 3대 기본원칙은 다음과 같다.

첫째, 인간 존엄성의 원칙이다. AI는 인간의 생명과 건강에 해를 끼치지 않는 범위에서 개발되고 활용되어야 한다.
둘째, 사회의 공공선 원칙이다. AI는 가능한 많은 사람의 안녕과 행복을 추구하면서, 공정하고 편파적이지 않은 방식으로 개발되고 활용되어야 한다.

셋째, 기술의 합목적성 원칙이다. AI는 인류의 삶과 번영을 위해 개발되고 활용되어야 할 뿐만 아니라, 그 과정도 윤리적이어야 한다.

한편, AI의 교육적 활용이 확대되면서 우리나라는 교육부 차원에서 교육분야의 특수성을 고려하여 AI 윤리 규범을 선제적으로 마련하고 있다. 교육분야 AI 윤리원칙은 교육현장에서 AI를 윤리적이고 안전하게 활용하여 사람의 성장을 지원할 수 있도록 하는 가이드라인이다. 교육분야의 AI 윤리원칙은 사람의 전 생애에 걸친 전인적 성장 지원을 최고 가치로 삼으며, 사람의 인격을 존중하고 개성을 중시하여 사람의 능력이 효과적으로 발휘될 수 있도록 제공되어야 한다는 것을 대원칙으로 한다. 우리나라 교육분야 AI 윤리원칙의 3대 기본원칙은 다음과 같다.

첫째, 학습자의 주도성 강화: 교육분야 AI는 학습자의 개성을 교육의 모든 과정에 걸쳐 존중하고 학습자 개개인의 꿈을 실현하는 일을 지원하기 위해 활용되어야 한다.

둘째, 교수자의 전문성 강화: 교육분야 AI는 교수자의 전문성을 존중해야 하며, 교수자가 가진 전문성이 효과적으로 발휘될 수 있도록 개발·활용되어야 한다.

셋째, 기술의 합목적성 제고: 교육분야 AI는 교육적 가치를 저해하지 않는 선에서 자율적으로 개발 활용될 수 있으며, 교육이 이루어지는 모든 과정에서 안전성을 확보해야 한다.

우리나라 교육분야 AI 윤리원칙의 9대 세부원칙은 다음과 같다.

1. 인간성장의 잠재가능성을 이끌어낸다. 교육분야 AI는 인간 존엄성에 대한 존중을 바탕으로 인간성장의 잠재가능성을 이끌어낼 수 있도록 제공되어야 한다.
2. 모든 학습자의 주도성과 다양성을 보장한다. 교육분야 AI는 학습자의 자기주도성을 신장하는 범위에서 활용되고, 학습자의 개성과 다양성을 존중해야 한다.

3. 교육당사자 간의 관계를 공고히 유지한다. 교육분야 AI는 일련의 교수학습 활동 과정에서 교수자의 전문성을 바탕으로 교수자와 학습자, 학습자와 학습자 등 사람 간의 긍정적 관계 형성을 도울 수 있게 제공되어야 한다.

4. 교육의 기회균등 실현을 통해 공정성을 보장한다. 교육분야 AI는 모든 사회구성원이 지역 경제적 배경 등의 조건에 상관없이 교육 기회를 공정하게 보장받을 수 있도록 제공되어야 한다.

5. 교육공동체의 연대와 협력을 강화한다. 교육분야 AI는 그 활용에 있어 민관학연의 협력을 지향하고 지속가능한 교육생태계를 구축할 수 있도록 제공되어야 한다.

6. 사회 공공성 증진에 기여한다. 교육분야 AI는 학습자가 민주시민으로서 필요한 자질을 갖춤으로써 개인의 행복 추구와 함께 사회의 공익 추구에도 긍정적인 영향을 미치도록 적용되어야 한다.

7. 모든 교육당사자의 안전을 보장한다. 교육분야 AI는 일련의 교수학습 과정에서 나타날 수 있는 잠재적 위험을 방지하고 안전을 보장하는 방향으로 구현되어야 하며, AI의 활용에 있어 책임주체가 명확히 설정되어야 한다.

8. 데이터 처리의 투명성을 보장하고 설명 가능해야 한다. 교육분야 AI는 데이터의 수집, 정제, 선택 등의 과정이 투명해야 하고, 알고리즘과 데이터의 처리 과정이 교육당사자가 이해할 수 있는 언어로 설명 가능해야 한다.

9. 데이터를 합목적적으로 활용하고 프라이버시를 보호한다. 교육분야 AI의 개발 및 활용을 위해 수집되는 데이터는 활용 목적에 적합한 정도로 수집되고 본래 목적에 부합하도록 활용돼야 하며, 데이터의 처리 과정에서 교육당사자의 프라이버시를 보호해야 한다.

2) 올바른 AI 사회를 위한 윤리 원칙

유럽의 AI 윤리 글로벌 포럼인 AI4People 그룹에서는 "올바른 AI 사회를 위한 윤리 원칙"을 발행했는데(Floridi et al. 2018), 이러한 윤리 원칙은 AI에 대한 신뢰성 및 공정성과 연결된다.

(1) 무해악성 원칙

AI는 인간에게 해를 끼쳐서는 안 된다. 인간을 비롯하여 동물이나 재산에 해를 끼치는 AI 시스템은, 개인과 기업 모두에게 위험하다. AI의 무해악성 원칙은 온라인에서의 집단따돌림이나 혐오 발언과 같은 문제에도 적용된다. 최근 온라인에서 급우들에게 집단따돌림을 당하는 학생이나, 직장 내에서 괴롭힘을 당하는 종업원의 사례가 상당수 있다. 이것은 심지어 자살로 이어지기도 한다. 이러한 집단따돌림은 디지털 기술이 출현하기 이전에도 존재했지만, 소셜네트워크를 통해 더 심각한 우려를 자아내고 있다. 집단따돌림이 대규모 집단이나 일반 대중에게 노출될 위험이 극적으로 증가한 것이다. 따라서 많은 국가에서 디지털 미디어에서 괴롭힘을 금지하는 법안을 마련하고 있다.

미디어를 매개로 하는 혐오 발언도 심각한 문제가 되고 있다. 혐오 발언은 특정인을 구체적으로 겨냥하는 것이 아니라, 집단이나 인구 전체를 대상으로 한다. 예를 들어, 인종이나 성적 지향, 종교, 성별, 신분, 장애를 기준으로 집단을 공격하는 것이다. 1976년부터 시행된 시민적, 정치적 권리에 관한 국제 규약에서는 이미 "국가적, 민족적, 종교적 차별과 증오, 폭력을 조장하는 행위를 법으로 금지한다"라는 성명을 포함하고 있다. 이후 여러 국가에서 혐오 표현을 금지하는 법률이 통과되었다. 예를 들어, 벨기에는 1981년부터 인종과 피부색, 출신, 민족이 다른 사람이나 집단을 차별하거나 그들에 대한 증오와 폭력을 조장하는 것을, 형법에 따라 처벌한다는 법률을 통과시켰다. 캐나다와 뉴질랜드, 영국과 같은 국가에도 유사한 법률을 제정했다. 이후 2017년에 독일연방의회에서 소셜미디어에서의 혐오 발언을 범죄화하는 법안이 통과되면서, 새로운 수준의 혐오 발언법이 도입되었다. 이 법안은 페이스북과 같은 소셜네트워크가 일주일 이내에 관련 콘텐츠를 적극적으로 찾아 제거하지 않으면 최대 5천만 유로의 벌금을 부과할 수 있다고 규정하고 있다.

그러나 이러한 법안은 독일에서뿐만 아니라 국제적으로 논쟁이 되었다. 그러한 법이 의도치 않은 비생산적인 결과를 초래할 수 있기 때문이다. 가령, 트위터나 페이스북 같은 소셜네트워크 기업에서는 이 새로운 법률을 준수하기 위해 큰 노력을 기울였다. 그것은 확실히 많은 불법 콘텐츠를 제거하는 데는 성공했다. 그러나 실수로 콘텐츠가 제거되거나 또는 특정한 진술을 과도하게 해석하여 콘텐츠가 제거되는 문제도 있었다. 이후 소셜네트워크에서 콘텐츠 제거 결정에 대한 항소가 시작되었다.

한편, 혐오 표현과 언론의 자유 사이에 균형을 잡는 것은 국가 안팎에서 결정된다. 어떤 사람들은 페에스북이나 구글과 같은 기업에서 콘텐츠를 편집하는 것에 대해서, 인종주의와 싸우는 데 필요한 수단으로 보지만, 다른 사람들은 이것을 언론의 자유에 대한 공격으로 보기도 한다.

(2) 선행의 원칙

AI는 인간에게 선을 행해야 한다. AI 시스템이 삶을 더 좋게 만드는 신뢰할 만한 공정한 시스템이 되려면, 윤리적 규칙을 고려해야 한다. AI 시스템이 사회 문제와 관련하여 선행하는 방식은 자율주행차에 의한 사고와 사망자의 수를 감소시키고, 고령화 사회를 위한 로봇을 지원하여 돌봄을 제공하고, 외딴 지역에 원격 진료를 지원하는 것이다.

이외에도 AI 시스템은 스마트 그리드를 통해 지속가능한 발전을 이룰 수 있다. 스마트 그리드는, 정보통신 기술을 활용하여 전력 에너지의 이용 효율을 극대화하는 차세대 지능형 전력망이다. AI 애플리케이션은 멸종 위기에 처한 종을 보존하여 생물 다양성을 개선하는 데 사용될 수 있으며, 교육용 AI 로봇은 학생들의 개별화 학습을 도와 교실 밖에서 학생들을 지원하는 데 사용될 수 있다.

(3) 자율성의 원칙

AI는 인간의 자율성, 즉 인간의 목표와 바람을 존중해야 한다. 일반적으로는 AI나 로봇공학에서 자율성이라는 용어는 인간의 개입 없이 작동할 수 있는 AI 시스템의 능력 또는 로봇의 능력을 말하지만, 인간에게 있어 자율성은 스스로 정한 보편타당한 규범에 따라 이성적으로 행동할 수 있는 능력을 말한다. 생명윤리의 맥락에서 본다면, 치료받을지를 결정할 권리는 환자에게 있다. 환자는 생명을 연장하는 절차를 거부할 수도 있고, 고통을 감소시키는 약물 복용을 거절할 수도 있다. 이처럼 일반적으로 인간에게 있어서 자율성은 스스로 결정을 내릴 수 있는 능력을 의미한다.

한편, 인간은 더 많은 돈을 벌거나 더 재미를 즐기기 위해 위험을 감수하기도 한다. 에베레스트를 등반하는 등산가를 위해 배낭을 들고 다니는 셰르파는 네팔 평지에서 일하는 것보다 5배 더 많은 돈을 벌 수 있다. 그러나 그들은 등반 중에 다칠 수도 있고, 죽음을 초래할 수 있는 눈사태를 만날 수도 있다. 이처럼 인간은 스스로 위험을 감수하기도 한다.

AI가 인간의 자율성을 존중한다는 것은, 인간이 이러한 어느 정도의 자해나 위험을 감수하는 것을 허용하는 것이다. 인간은 위험을 감수하고라도 암벽 등반이나 오토바이 타기를 좋아하기 때문이다. 그러나 자율성의 원칙에는 윤리적 한계가 있다. AI는 인간이 불법적이거나 비도덕적인 목표를 추구하는 것을 도와서는 안 된다. 인간 또한 불법적이거나 비도덕적인 행위를 하는 데 AI를 사용해서는 안 된다. 예를 들어, 안락사 로봇을 개발하는 것은 거부되어야 한다. 그러한 로봇은 인간이 우발적으로 또는 정신이 혼미한 상태에서 내린 결정을 감지하지 못할 수 있다.

도덕적 책임은 자율성을 기반으로 한다. 어떤 사람에게 자율성이나 자유의지가 없다면, 그 사람에게는 도덕적 책임을 물을 수 없다. 자율성과 윤리의 관계는 임마누엘 칸트(Immanuel Kant)의 정언 명령을 통해 잘 설명된다. 칸트는 "네 의지의 준칙이 언제나 동시에 보편적 입법의 원리가 될 수 있도록 행위하라"고 주장한다. 또, "너 자신과 다른 모든 사람의 인격을 결코 단순히 수단으로 대하지 말고, 언제나 동시에 목적으로 대하도록 행위하라"고 주장한다. 칸트는 오직 이러한 도덕 법칙을 따라야 한다는 "의무"를 스스로 "의식"하고 행하는 행위만이 도덕적이라고 보았다. 따라서 칸트의 관점에서 볼 때, AI 시스템이 윤리적으로 행동할 수 있으려면 스스로 도덕 법칙을 발견하고 그것이 의무이기 때문에 따르는 자율성을 가져야 한다.

많은 연구자가 "윤리적 행위자"를 정의하면서 도덕적 책임과 도덕적 의사결정을 연결하여 설명한다. 어떤 연구자들은 AI가 의사결정에 대한 도덕적 책임 없이도 도덕적 의사결정을 내릴 수 있다고 생각하면서, 도덕적 책임과 도덕적 의사결정을 분리하여 이야기한다. 그러나 칸트의 개념에 비추어 볼 때, 아이작 아시모프(Isaac Asimov)의 로봇공학 원칙을 따르는 로봇은 단순히 규칙을 따르도록 프로그래밍된 시스템이라는 점에서 윤리적 행위자라고 보기 어렵다.

(4) 정의의 원칙

AI는 공정하고 편파적이지 않은 방식으로 행동해야 한다. 정의는 흔히 로마의 여신 유스티티아(Justitia)의 조각상으로 설명된다. 정의의 여신은 칼과 저울, 눈가리개로 묘사되는데, 이때 눈가리개는 공명정대함을, 저울은 공정한 평가를, 칼은 엄정한 판결을 나타낸다. 이러한 인간의 수준에서 규정되는 "정의(justice)"를 AI에서 구현하는 것은 상당한 어려움이 있다.

그러나 도덕적 의사결정의 범위를 축소하고, 의사결정에 관한 정보를 제공한다면, AI도 매우 구체적인 영역에서 어느 정도의 도덕적 의사결정을 내릴 수 있다. 실제로 AI는 이미 도덕적 문제와 관련된 많은 응용프로그램에서 구현되고 있다. 은행과 금융기관에서는 AI 시스템을 사용해서, 신용거래자의 데이터에 기초해 신용거래 신청을 사전에 분류한다. 금융에서 AI 시스템을 사용하는 것은, 더 많은 정보를 기반으로 해서 더 신속한 판단을 내릴 수 있다는 점에서 합리적이다.

그러나 이러한 판단은 특정한 편견으로 이어질 수 있다는 단점이 있다. 예를 들어, 신용거래 신청자의 개인정보에는 대부분 근린 정보가 포함되어 있다. 근린 정보에 대한 공개적인 또는 비공개적일 수도 있는 추가 데이터를 사용하게 되면, 특정 주거 지역의 사람에 대한 구조적인 편견이 발생할 수 있다. 예를 들어, 고위험 환자의 치료를 관리하는 알고리즘이 인종에 대한 편견을 일으키기도 한다. 미국에서 긴급 치료가 필요한 고위험 환자를 식별하는 데 사용된 알고리즘은 수백만 미국인의 치료에 영향을 주었다. 알고리즘은 의료비용에 관한 정보만을 사용하여 합리적으로 필요한 의료비를 예측했다.

알고리즘은 의료비용이 가장 높은 개인을 가장 많은 의료 서비스가 필요한 개인으로 가정했다. 고위험 환자 식별 알고리즘에는 인종에 대한 데이터가 입력되지 않았다. 그러나 이러한 가정은 결국 인종과 관련된 불균형 서비스를 초래했다(Obermeyer, et. al., 2019). 예를 들어, 일반적으로 가난한 환자는 교통수 단이 불편하고 육아나 출근을 누군가가 대신할 수 없어서 의료 서비스를 받는 데 더 큰 어려움을 겪는다. 그 결과 지출되는 의료비용이 낮다. 결국, 알고리즘 에 구조적 불평등이나 그와 관련 요인이 반영되는 것이다. 이러한 문제는 다양 한 산업 분야에서 사용되는 많은 산업 알고리즘에 만연해 있을 수 있다.

법정에서도 AI 소프트웨어가 사용된다. 주로, 법정 업무를 효율적으로 하기 위 해, 사건의 심각성이나 이전의 유죄 판결에 관한 정보를 사용해서, 판사에게 사건 을 제기하는 순서를 결정하는 데 사용한다. 또한, AI 소프트웨어는 판사가 수감 자를 보호관찰할지 석방할지를 판단하는 것을 돕는다. 그런데 2016년 탐사보도 매체인, 프로퍼블리카(ProPublica)의 발표에 따르면, 노스포인트(Northpointe) 회 사에서 개발한 재범 확률을 예측하는 알고리즘인 컴파스(COMPAS)에는 아프리 카계 미국인인 피고에게 구조적인 편견이 있는 것으로 나타났다.

프로퍼블리카 기자들은 법원에서 선고받은 7,000명 이상의 피의자를 대상 으로 하여 컴파스의 예측 결과와 판결 후 2년간의 실제 재범 여부를 조사했다. 조사 결과 백인의 경우에는 위험 점수 1에 해당하는 사람이 가장 많았고, 이후 10까지 그 비율이 계속 감소했는데, 흑인의 경우에는 1부터 10까지 비슷한 비 율로 판정을 받은 것으로 나타났다. 즉, 재범 확률이 높다고 판정을 받은 흑인 은 백인보다 훨씬 더 많았다. 한편, 재범률이 높은 것으로 예측되었지만 실제 로 2년간 범죄를 저지르지 않은 흑인의 비율은 백인의 두 배에 달했다. 그리고 재범률이 낮은 것으로 예측되었지만 실제로 2년간 범죄를 저지른 백인의 비율 은 흑인보다 두 배 높았다. 종합해 보면, 흑인은 더 많은 수가 편파적으로 고위 험군으로 분류되었고, 백인은 더 많은 수가 부당하게 저위험군으로 분류되었다 고 할 수 있다.

이를 토대로 프로퍼블리카 기자들은 노스포인트사의 컴파스 알고리즘이 인 종차별적인 결정을 내리고 있다고 주장했다. 이에 대해 노스포인트사는 어떤 사람이 흑인이건 백인이건, 인종과 관계없이 재범률을 평가한 항목들의 점수를 더한 값이 같다면, 동일한 위험 점수를 받는 것이 공정하다고 주장했다 (Dieterich et al., 2016). 그리고 컴파스가 고위험군으로 평가한 사람 중에 실제 로 재범을 저지르는 사람의 비율이 인종과 무관하게 비슷한 값으로 나타났다는 것을 강조했다.

이러한 논쟁 대부분은 대책이 쉽게 마련되지 않는다. 공정성에 대한 개념이 서로 충돌하기 때문이다. 그뿐만 아니라, 공정성과 정확성에 대한 관점이 상충하기도 한다. 실제로, 일부 사람들은 인종에 대한 알고리즘을 "블라인딩" 하는 것이 오히려 해로울 수 있다고 주장한다. AI를 사용하면서 구조적인 편견을 피하는 것도 중요하지만, 데이터는 실제 상황, 즉 "무엇이 사실인지"도 반영해야 한다는 것이다. 그렇지 않으면 그러한 데이터가 도출한 결론이 그다지 유용하지 않을 수 있다. 한편, 통계를 기반으로 한 분류의 한계를 이해하는 것도 중요하다. 재범률 평가 알고리즘 논쟁의 많은 부분은 인종 간의 위양성 비율에 중점을 두었지만, 연구에 따르면 COMPAS의 예측 정확도는 65%에 불과했다.

(5) 설명가능성의 원칙

AI는 특정 결론이나 결과에 도달한 이유를 설명할 수 있어야 한다. 설명가능성은 투명성과 동일시되어서는 안 된다. 프로그램과 코드에 대한 투명성을 요구하는 사람들도 있지만, AI 시스템의 경우에, 이것이 문제를 해결하기보다는 오히려 새로운 문제를 초래할 수도 있다. 수백만 행의 코드가 포함된 소프트웨어를 투명하게 만든다고 가정하더라도, 그러한 소프트웨어는 비전문가들에게 쉽게 이해되지 않을 것이고, 심지어 전문가조차도 그것이 의미하는 바를 해석하는 데 어려움을 겪을 것이다. 그뿐만 아니라, 소프트웨어의 투명성은 소프트웨어의 핵심 기술이 경쟁사에 노출되거나, 경쟁사와 비교되는 위험을 초래할 수 있고, 그것이 소프트웨어에 대한 추가 투자를 유치하는 데 방해가 될 수 있다. 이러한 이유로 투명성 문제는 "설명가능성" 문제로 전환된다.

설명가능성은 가지성(intelligibility)과 가측성(accountability)을 모두 의미한다. AI 시스템을 사용하거나 AI 시스템의 영향을 받는 사람들은 AI가 특정한 결정을 내리는 방식을 이해할 수 있어야 한다. 가지성은 AI의 작동 방식을 이해할 수 있다는 것을 의미한다. AI 시스템은 그 내부를 알 수 없는 불가사의한 "블랙박스"가 되어서는 안 된다. 숙련된 프로그래머를 통해서라도 시스템의 작동 방식을 이해할 수 있어야 하고 그것을 판사나 배심원, 사용자에게 설명할 수 있어야 한다.

유럽연합은 일반데이터보호규정(General Data Protection Regulation)에 기반을 두고 "정보요구권(right to information)"에 대한 법적 요건을 마련했다. 이것은 알고리즘이 내린 결정으로 인해 영향을 받는 사람들에게, 알고리즘이 그러한 결정을 내린 방식을 설명받을 권리가 있음을 보여준다. 이것은 마치 신경망처럼 짜여 있어서 이해가 불가한 기계학습 방법 그 자체가 가지고 있는 문제점을 지적한다.

그러나 이러한 기계학습의 "불가해성"을 문제 삼지 않는 사람들도 있다(Weinberger, 2018). 그들은 시스템이 작동하는 방식을 이해할 수 있는지, 설명할 수 있는지 개의치 않는다. 시스템이 실제로 작동하는 한 시스템이 올바른지 경험적으로 테스트할 수 있다고 생각한다. 그러나 그렇다 할지라도 알고리즘이 내린 결정으로 인해 사법 심사에 기소된 상황에서는 AI 시스템의 의사결정 방식이 설명될 필요가 있다.

4 AI 시스템과 로봇에 대한 윤리적 검토

1) 자율주행차

철학과 윤리학에서 "자율성"은 인간이 스스로 결정을 내려야 한다는 개념이다. 인간은 누구에게도 강요받아서는 안 되고, 이성의 범위 내에서 자신의 규칙을 자신에게 자유롭게 부여할 수 있어야 한다. 자율주행차(AV)의 맥락에서 "자율"은 사람이 조작하지 않고도 장시간 작동할 수 있는 능력을 의미한다. 자율주행의 수준을 분류하는 여섯 단계가 있다. 미국 자동차기술자협회와 독일 자동차산업협회에서 분류한 수준은 다음과 같다.

- 레벨0: 주행 자동화 없음. 자동화 기능이 전혀 없는 전통적인 차량이다.
- 레벨1: 운전자 보조. 차량에는 한 가지 유형의 자동화 기능이 있다. 예를

들어, 장애물을 만났을 때 자동으로 제동한다.

- 레벨2: 부분적 주행 자동화. 차량에 제동과 가속 기능뿐만 아니라 차선 변경 기능이 있다. 그러나 운전자는 시스템을 항상 모니터링하면서 필요할 때마다 제어할 준비가 되어 있어야 한다.
- 레벨3: 조건적 주행 자동화. 운전자는 시스템을 항상 모니터링할 필요가 없다. 일정한 상황에서 시스템은 자율적으로 작동할 수 있다. 시스템은 운전자에게 제어권을 넘기기 전에 얼마간의 시간(예를 들면, 10초)을 제공한다.
- 레벨4: 고수준 주행 자동화. 차량은 표준적인 상황에서 모든 주행 기능을 수행할 수 있다. 그래서 운전자는 표준 상황에서 차량을 제어할 필요가 없다. 비표준적 상황에는 악천후 등이 있다.
- 레벨5: 완전 주행 자동화. 차량은 모든 상황에서 모든 주행 기능을 수행할 수 있다. 독일의 분류에서 이것은 '운전자 없음'으로 표시되어 자동차를 완전히 자율적으로 만든다.

현재, 대다수의 자율주행차는 공식적으로 레벨2 수준에 있으며, 운전자는 항상 운전대를 잡고 있어야 하므로, 특정 모드를 테슬라가 부르듯이 "오토파일럿/자율주행 모드"라고 부르는 것은 운전자에게 잘못된 의미를 암시한다는 점에서 윤리적으로 의심스러울 수 있다. 운전대를 잡고 있지 않아서 발생한 사고를 단순히, 운전자의 책임 문제라고 말하기는 어렵다.

이외에도 자율주행차와 관련된 여러 윤리적인 문제가 있다. 그중에서도 책임의 문제가 가장 중요하다. 1968년 도로교통에 관한 비엔나 협약에 따르면, 운전자는 자신의 차에 대한 책임이 있는 자이다(United Nations 1968). 그러나 자율 시스템으로 제어되는 경우, 이러한 책임은 그다지 의미가 없다. 2017년 독일의 자율주행 및 커넥티드 차량에 대한 윤리적 기준에 따르면, 차량이 자율 시스템으로 제어될 때는 그 책임이 자동차 제조업체와 소프트웨어를 운영/개발하는 회사에 있다.

독일은 2021년에 세계 최초로 자율주행 레벨4를 위한 법안을 발의했다. 그리고 2022년까지 특정 지역의 일반 도로에서 레벨4의 자율주행차량을 정기 운행하는 것을 목표로 하고 있다. 자율주행 레벨4의 주요 내용은 '운전자는 정해진 조건에서 운전에 전혀 개입하지 않는다'라는 것이다. 시스템은 정해진 조건의 모든 상황에서 차량의 속도와 방향을 통제하고 능동적으로 주행한다. 이에 따라, 자율주행차량의 소유자와 제조업체, 그리고 새로 도입된 기술 기관에 자율주행을 위한 몇 가지 의무가 부여된다. 특히, 자율주행차량에 저장해야 할 의무 데이터로, 차량식별번호, 위치 데이터, 속도 데이터, 자율주행 활성화 횟수, 환경 및 기상 조건 등이 있다. 이러한 데이터를 저장하기 위해 자율주행차에는 모니터링 장치가 내장되어야 하는데, 자율주행 기록 장치는 항공기에 사용되는 비행 기록 장치와 유사하다.

자율주행차의 윤리적 문제에 관한 많은 연구는, "트롤리 문제"와 유사한 방식으로 전개된다(Bonnefon et. al., 2016). 즉, 자율주행차의 사고가 불가피한 상황에서 두 가지 악 중에 하나를 선택하는 문제이다. 가령, 자율주행차가 4명 대신 1명을 치도록 방향을 틀어야 하는지, 그것이 아동이어야 하는지 노인이어야 하는지, 교통 법규를 지키는 사람이어야 하는지 무단횡단을 하는 사람이어야 하는지와 같은 상황을 가정하고 해결 방안을 찾는다. 그러나 현재의 자율주행차는 트롤리 문제와 같은 계산을 고려하지 않는다. 자율주행차는 장애물이 무엇인지를 식별하는 것이 아니라, 장애물의 크기에 따라 반응한다. 그러나 기술적으로 분별이 가능하다면 해결 방안은 전체 사상자 수를 줄이되, 개인적 특성에 따라 대상자를 선택하지 않도록 프로그래밍하는 것이 필요하다.

실제로, 독일 윤리강령에서는 연령, 성별, 신용점수 등으로 대상자를 구분하는 것을 금지하고 있다. 이것은 매우 복잡한 윤리적 문제이며, 사고실험에서 틀림없이 죽게 될 여러 대상 중에서 하나를 선택하는 것만큼 간단하지 않다. 대상자마다 사망하거나 상해를 입을 확률이 서로 다를 수 있으며, 인명 피해를 줄일 기회를 포기하는 것은 윤리적으로 문제가 될 수 있는 복잡한 상황을 초래할 수 있다.

요즘 자동차는 좌석벨트 경고시스템을 갖추고 있으므로 탑승자의 수를 알 수 있다. 자율주행차는 자동차 간의 무선 통신도 가능하다. 그렇다면, 항공기가 서로 충돌하는 것을 막기 위해 공중충돌 방지장치를 갖추고 있는 것처럼 머지않아 자동차의 충돌을 막기 위해 자동차 간에 주행을 협상하는 것도 가능해질 것이다. 그렇게 되면 불가피한 사고상황에서 더 많은 승객을 태운 자동차에 우선권이 주어질 수 있다. 그러나 기술적 실현은 가능하겠지만, 그러한 시스템이 바람직하다고 보기는 어렵다.

그러나 독일의 윤리강령에 따르면 불가피한 사고상황에서 서로 다른 상황에 있는 개별 피해자가 서로 상쇄될 수 있다. 즉, 피해자를 서로 상쇄해서 더 많은 인명이 살아남는 쪽을 공리주의적으로 선택할 수 있다는 것이다. 그 시작은 2006년 독일 정부가, 국민의 생명이 긴박한 위험에 처해 있고, 착륙 명령이나 경고 사격에 응하지 않는 납치된 비행기에 대해, 최후 수단으로 국방부 장관이 격추 명령을 내릴 수 있도록 허용하는 법안을 가결한 것에서부터이다. 이러한 경우에 비행기에 탑승한 시민들은 다른 사람들을 위해 희생될 수 있다. 이외에도, 자율주행으로 인해서 교통상황에 연루되지 않은 보행자들이 희생되어서는 안 된다. 이것은 알고리즘이 자율주행차의 운전자를 무조건 구조해서는 안 된다는 것을 의미한다. 그러나 누가 그런 자동차를 구매하고 싶을지도 의문이다.

2018년 유럽에서 일반데이터보호규정이 발효되면서, 자율주행차와 관련된 프라이버시 문제가 주목받게 되었다. 자율주행차는 매초 엄청난 양의 데이터를 수집한다. 이러한 데이터는 차량의 성능을 평가하고 안전성을 높이는 데 필수적이다. 그러나 승객의 위치와 운전자의 행동을 추적하는 이러한 데이터들은 매우 개인적일 수 있다. 그리고 이러한 데이터는 의도하지 않은 목적으로도 사용될 수 있다. 궁극적으로 자율주행차에 시동을 건다는 것은, 자동차 제조업자가 운전자와 승객에 대한 데이터에 접근하는 것을 수락한다는 것을 의미한다.

자율주행차는 한 위치에서 다른 위치로 이동하면서 데이터를 생성한다. 이러한 데이터에는 차량에 탑승한 개인을 관찰한 내용이 포함될 수 있다. 탑승자에 대한 관찰은 자동차를 운전하는 것을 허용해야 하는지를 평가하는 데도 이용할 수 있다. 이러한 기술은 면허가 정지되었거나 음주가 잦은 사람이 운전하는 것을 막을 수 있다. 그런데, 자율주행차가 운전자가 음주 상태인지를 판단하여 그 사람이 운전하는 것을 허용할지를 결정할 수 있다는 것은 자율주행차가 운전자의 정서 상태, 기분, 성격에 관한 데이터를 사용하여 운전 권한을 결정할 수도 있다는 것을 의미한다.

한편, 해커들은 자율주행차 시스템의 보안을 침해하여 상당한 피해를 줄 수 있다. 이러한 점에서 자율주행자의 보안은 매우 중요한 문제이다. 실제로, 2015년에 주행 중인 지프 체로키를 해커들이 원격으로 제어한 사건이 있었다 (Greenberg 2015). 유명한 기술 잡지인 와이어드의 기자가 실제 주행 중인 크라이슬러의 지프 체로키를 원격으로 해킹하여 핸들과 브레이크를 원격으로 조종하는 것을 시연했고, 이것이 와이어드 잡지에 실리면서 유명해졌다. 크라이슬러는 이 사건으로 140만 대의 차를 리콜해야 했다. 이것은 자동차가 해커에 의해 의도적으로 충돌되도록 재프로그래밍 될 수 있다는 것을 보여준다. 그러므로 자율주행차를 안전하게 만들기 위해서는 첨단 보안 기술이 필요하다.

또한, 자율주행 상황에서는 누가 언제 주행했는지가 중요하기 때문에, 인간 운전자와 자율주행차 사이의 인터페이스가 매우 중요하다(Carsten and Martens 2018). 즉, 차량을 누가 통제하고 있는지가 항상 명확해야 하고, 통제권이 이양되는 절차가 명확히 규정되어야 한다. 즉, 인간 주행과 차량 주행 간의 인터페이스가 적절한 방식으로 프로그래밍 되어야 한다.

한편, 자율주행차는 오프라인 방식으로 기계학습을 한다. 지금도 운전자가 주로 이용하는 경로를 학습하여 다음번에 경로를 소개할 때, 학습한 패턴을 반영하여 소개한다. 따라서, 자율주행차가 주행 중의 작은 실수나 특수한 상황을 학습하여 그것이 잘못된 결과로 이어지지 않도록 기계학습이 견고해야 한다. 가령, 응급환자가 발생하여 최고 속도로 신호를 위반하여 주행한 것을 운전자가 선호하는 주행 패턴으로 학습한다면 곤란하다. 자율주행 방식이 운전자의 행동이나 외부 환경을 시시각각으로 모두 반영한다면, 매우 불규칙하고 불안한 주행으로 사고를 유발할 수 있다.

또한, 이러한 문제도 제기될 수 있다. 레벨4 수준이나 레벨5 수준의 자율주행차가 시스템에 따라 주행하고 있을 때, 운전자가 자율 시스템을 무력화할 수 있도록 프로그래밍해야 하는지의 문제이다. 기술자들은 무력화 기능이 시스템을 매우 취약하게 만들 수 있다고 보기 때문에 그것에 반대한다. 실제로 2018년 와이모 자동차와 오토바이 운전자의 충돌은 운전자가 자율주행을 유지했더라면 사고를 막을 수 있었을 것이라고 이야기된다(Ball, 2019). 그러나 시스템 무력화 기능이 없으면 사람들이 자율주행차를 수용하지 않을 수도 있다. 사람들이 아직 기술에 익숙하지 않은 현재 상황에서는, 시스템 무력화를 허용하여 운전자가 안정감을 느끼도록 하는 것이 더 나을 수도 있다. 그러나 완전자율주행이 상용화된 시점에서는 이러한 문제를 다시 검토해 볼 필요가 있다.

앞에서 언급한 윤리적 문제들은 오늘날에 발생 가능한 문제들이지만, 우리는 다가올 미래와 관련하여 공론화될 수 있는 자율주행차의 윤리적 측면들도 살펴볼 필요가 있다. 그중 하나는, 대규모로 자율주행차를 도입함으로써 기술 컨트롤 센터에 권력이 중앙집중화 될 수 있으며 이것이 결국 시민 전체를 감시하는 데 사용되거나, 고의로 또는 우발적으로 남용될 수 있다는 것이다.

자주 언급되는 또 다른 문제는, 미래 어느 시점에서 자율주행차가 의무화되고, 비 자율주행차의 사용이 완전히 금지될 수 있다는 것이다. 현시점에서 이를 주제로 논의하는 것은 시기상조일 수 있다. 그러나 그러한 조치가 취해져야 하는지에 대한 공론화가 필요하다. 적어도 향후 수십 년 안에 우리는 자율주행차와 전통 자동차가 섞이는 혼합 교통 상황을 다루어야 할 것이다.

2) 자율무기시스템

전쟁은 본질적으로 항상 논란의 대상이 된다. AI와 로봇공학을 군사적으로 이용하는 것 또한 마찬가지로 논란을 불러일으킨다. 아마도 가장 논란이 되는 것은 인간을 표적으로 대상화하고, 인간의 생사를 자율적으로 결정하는 치명적인 자율무기시스템을 개발하고 사용하는 문제일 것이다.

일부에서는 크루즈 미사일도 자율살상무기 시스템의 한 형태라고 주장한다. 현재 사용 중인 자율살상무기 시스템 중에는 패트리어트나 이지스, 팔랑크스와 같은 방어용 무기뿐만 아니라, 하피와 같은 적의 레이더 시스템을 파괴하는 공격용 무기가 있다. 그러나 군사용 로봇에는 치명적이지 않은 응용프로그램도 있다. 예를 들어, 지뢰 제거, 폭발물 처리, 정찰, 구조, 보급, 지원 작전을 수행하기 위해 자율 로봇이 사용되기도 한다. 따라서 군사용 로봇에 대한 논쟁은 로봇의 역할에 따라 다를 수 있다.

AI와 로봇공학에서 자율성 의미는, 오랜 시간 동안 인간 조작자 없이 작동할 수 있는 능력을 의미한다. 자율무기시스템은 즉각적인 결정을 내릴 수 있는 자율성은 있지만, 누구를 표적으로 할지를 선택할 수 있는 자율성은 없다. 만약, 자율무기시스템이 인간 조작자 없이 어떤 종류의 물체와 교전할지를 스스로 결정할 수 있다면, 그것은 표적을 결정한다는 측면에서 자율성을 지닌 것이다.

오늘날 많은 무기가 인간 조작자 없이도 표적을 선택할 수 있다. 현재, 패트리어트 미사일의 요격 시스템은, 표적을 자율적으로 선택할 수 있다. 그러나 설계상, 미사일을 발사하기 위해서는 인간 조작자가 확인 버튼을 눌러야 한다. 그리고 미사일이 발사되면, 인간 조작자 없이도 표적을 타격할 수 있다.

자율무기시스템을 지지하는 사람들은 특정한 경우에 기계가 인간보다 표적을 더 잘 식별할 수 있다고 주장한다. 예를 들어, 피아식별(IFF) 기술은, 특정 암호 코드를 항공기나 선박에 송신하고, 암호 코드의 수신 여부에 따라 아군과 적군을 식별하는 기술이다. 자율무기 영상시스템 또한 지속해서 개선되고 있다. 물체를 식별하는 것과 관련하여 인간과 비슷한 수준의 시각, 청각을 가지고 있으며, 광선 레이더와 적외선 시스템 능력이 매우 높다. 그러나 기계가 전투적인 행동과 평화적인 행동을 구별하는 것은 여전히 어렵다. 자율무기시스템을 반대하는 사람들은 자율무기가 전투원과 비전투원을 구별하지 못한다고 주장한다. 그들은 자율무기가 아이스크림을 들고 있는 아이와 총을 들고 있는 청년을 구별할 수 있을지 의문시한다(Sharkey 2010).

자율무기시스템이 첩보를 통해 고가치표적의 위치를 알아낸 다음에는, 교전할지에 관한 결정을 내려야 한다. 교전을 결정하기 위해서는 비례성 계산이 필요하다. 여기서 비례성은 표적을 공격할 때 허용되는 부수적 피해량을 의미한다. 비례성 계산은 일반적으로 표적의 군사적 필요성에 비해, 살해될 수 있는 민간인 수를 추정한다. 자율무기시스템을 반대하는 사람들은, 자율무기시스템이 비례성을 적절히 계산하지 못한다고 주장한다(Braun and Brunstetter 2013). 구체적으로 드러나지 않는 피해는 부수적인 것으로 계산하면서, 구체적으로 드러나는 군사적 이익은 과장하여 계산할 수 있기 때문이다. 비례성 계산에는 법률가를 비롯한 다양한 전문가의 의견이 필요하다. 과연, 자율무시 시스템이 그러한 계산을 성공적으로 수행할 수 있을지는 의문이다.

자율무기시스템을 반대하는 사람들은 기계가 도덕적으로 책임을 질 수 없다고 주장한다. 기계의 성능에 오류가 있을 수는 있지만, 그러한 시스템을 처벌할 수 있는 진정한 방법은 없다는 것이다. 그렇다고 해서 자동 타겟팅 시스템을 운영한 지휘관을 처벌하는 것도 공정하지 않을 수 있다. 따라서 그들은 자율무기시스템을 반대한다.

그러나, 자율무기시스템을 옹호하는 사람들은 기계의 행동에 대한 책임을 묻는 것이 가능하다고 이야기한다(Arkin 2008). 자율무기시스템의 경우에는, 기계를 설계, 구축, 구성한 많은 행위자가 연루되어 책임 소재가 불분명해지는 "다중 관여자의 문제"가 발생한다. 따라서, 자율무기시스템의 책임을 시스템 작동과 관련된 집단적 실체에 물어야 한다는 것이다. 실제로 자율무기 규정에는 무기를 작동하는 집단적 주체에 책임을 부과할 수 있는 "무과실 책임"이라는 법적 개념이 적용된다.

정당한 전쟁 이론에 따르면, 전쟁은 끔찍하지만, 전쟁하지 않는 것이 윤리적으로나 도덕적으로 더 나쁜 선택일 수 있는 상황이 있다고 말한다. 예를 들어, 잔혹한 행위를 막기 위해 전쟁이 정당화될 수 있다고 본다. 이와 비슷한 국제법으로 국제인도법이 있다. 국제인도법은 무력 충돌 시 적대행위에 가담하지 않거나 더는 가담할 수 없는 사람들을 보호하고, 전투의 수단과 방법을 규제하는 법으로써 무력충돌법 혹은 전쟁법으로도 알려져 있다. 국제인도법의 가장 중요한 목적은 무력 충돌 시 인간의 고통을 예방하고 최소화하는 것이며, 정부와 군대뿐만 아니라 무장단체 등 무력 충돌 당사자 모두가 그 규칙들을 준수해야 한다는 것이다. 그렇다면 자율무기시스템의 사용도, 정당한 전쟁론의 원칙과 국제인도법의 목적을 준수하도록 설계되어야 할 것이다.

전쟁에서 AI와 로봇을 사용하는 것과 관련하여, 자율무기시스템이 민간 사상자를 줄일 수 있다고 주장하는 사람들도 있다(Arkin 2010). 인간과 달리 AI 로봇은 감정이 없어서, 복수심과 같은 감정에 의한 잔혹 행위가 발생할 가능성이 더 작다는 것이다. 실제로, 교전 수칙에 따라 로봇은 민간인이나 적군 전투원의 권리를 침해하라는 명령에 불복종할 수 있게 설계된다. 그렇다면, 교전 수칙을 따르도록 설계된 군사용 로봇은, 부대원들이 적군 전투원에게 잔혹 행위를 범하는지 감시하거나, 그러한 행위를 막을 수 있다. 만약, 로봇을 사용하여 잔혹 행위를 방지하고 민간인 사상자를 최소화할 수 있다면, 군 지도자는 그러한 로봇을 사용해야 할 윤리적 의무가 있을 수 있다. 인간 부대가 반드시 살상력을 사용해야 할 때도, 자율무기시스템은 치명적이지 않은 공격 작전을 수행할 수 있을 것이다.

어떤 이들은 군사용 AI 시스템이나 로봇이 방어를 목적으로 필요하다고도 주장한다(Ernest, et. al., 2016). 공중전과 같은 특정 상황에서 자율무기시스템은 인간보다 성능이나 정확도 면에서 분명한 우위에 있다. 자율무기시스템에 맞서는 인간은 성공 가능성이 작으며 상당한 사상자를 초래할 수 있다. 이런 상황에서 지도자는 자신의 목적을 위해서 뿐만 아니라, 사상자를 줄여야 할 의무로 자율무기시스템을 개발해야 할 필요가 있다.

그러나 군사용 AI 기술의 출현은 국가 간 군비경쟁으로 이어질 수 있다. 러시아 연방의 푸틴 대통령은 2017년에 "AI의 선두국이 세계를 지배할 것이다"라고 말했다. 중국도 AI 무기 시스템의 지출을 늘려 왔다, 미국도 오랫동안 군사적 방어를 목적으로 하는 AI의 개발을 우선시해 왔다. 전문가들은 일반적으로 자율무기시스템이 중요한 군사적 이점을 가져온다는 데 동의한다. 그러나 일부에서는 자율무기시스템이 모든 전투원에게 같은 이점/위험을 초래하지 않는다는 점에서 자율무기시스템을 사용하는 것이 불공정하다고 주장한다.

또한 자율무기시스템을 보유하고 사용하는 것이 전쟁에서 인적 비용을 줄여주기 때문에 그것이 오히려 전쟁을 부추길 수도 있다. 실제로 미국은 이라크 전에서 타겟팅 살상 방식을 사용하는데, 인간이 조종하는 비행 작전을 무인항공기로 전환하면서, 타겟팅 비행 작전의 수를 급격하게 증가시켰다.

자율무기시스템 사용을 반대하는 철학적 주장은 "알고리즘에 의한 죽음은 모욕이다"라고 주장하는 인간 존엄성 논거이다(Heyns 2016). 인간에게는 기계에 의해 살해되어서는 안 되는, 근본적인 인권이 있다는 것이다. 이러한 관점에서는 인간의 존엄성을 생명권보다 훨씬 더 근본적인 인권으로 여긴다. 인간의 생사를 결정하기 위해서는 인간에 의한 상황의 고려가 필요하다는 것이다. 따라서, 인간이 자율무기시스템을 의미 있게 제어하기 위해서는, 반드시 인간이 전투에 참여하여 타겟팅을 승인해야 한다고 주장한다.

3) AI 강화 및 의료

오늘날 인간과 기계를 결합하는 것이 가능해졌다. 인간의 생체 기관을 대체할 수 있는 로봇 기관이 활발하게 개발되고 있다. 로봇을 신체 회복을 목적으로 사용할 때는, 윤리적 딜레마가 발생하지 않는다. 로봇 회복은 사라진 또는 정지된 신체적, 인지적 능력을 같은 기능의 기계적, 전자적 능력으로 교체하는 것이다. 로봇 회복의 가장 일반적인 예로 로봇 보철이 있다.

반면, 로봇 강화는 신체적, 인지적 능력을 확장된 또는 개선된 기계적, 전자적 능력으로 교체하는 것이다. 그런데 로봇 회복이 로봇 강화로 전환되는 시점이 언제인지가 명확하지 않다. 로봇 기관은 어떤 기능은 회복하지만 다른 기능은 강화할 수도 있다. 예를 들어, 외골격은 하지 장애가 있는 사람들을 돕기 위해 개발되는 로봇이다. 이러한 시스템은 재활과 훈련 과정에서 주로 사용된다. 이러한 시스템은 하반신 마비 환자가 일어서서 조금씩 걸을 수 있도록 돕는다. 그런데 외골격 같은 기계적 또는 전자적 장치들이 인간을 더 강하게, 더 빠르게, 더 능력 있게 만들기 위해서도 개발되고 있다. 그리고 사람들은 강화를 위해 이런 시스템을 구매할 수 있다.

AI 로봇 회복은 장애를 갖고 좌절하는 많은 사람을 다시 일으켜 세울 것으로 보인다. 그러나 경쟁을 목적으로 강화를 사용할 때 윤리적인 문제가 발생할 수 있다. 운동선수들이 그러한 사례를 보여준다. 운동선수들은 경쟁자보다 우위를 차지하기 위해 경쟁하는데 이때, 침습적 또는 비침습적 방식으로 강화에 비용을 투자할 수 있는 선수들은 상당한 이점을 갖게 된다. 인공 기관은 운동선수가 경쟁우위를 차지할 수 있을 정도로 강한 능력을 발휘하게 돕는다. 그러나 인공 기관이 공정한 경쟁을 방해할 때 윤리적인 딜레마가 발생한다.

강화의 또 다른 형태로, 현재 개발 중인 뇌−컴퓨터 인터페이스가 있다. 뇌−컴퓨터 인터페이스가 사용되는 주요 응용 분야는 환자의 신경이 컴퓨터로 연결되어 인공 기관 장치를 제어하는 인공 신경이다. 즉, 손을 쥔다고 생각하면 인공 기관 손이 쥐어지는 것이다. 그러나 이러한 기술은 고가의 최첨단 기술이기 때문에, 덜 부유한 사람들은 이러한 기술을 사용할 수 있는 부유한 사람들보다 직업이나 학업에서 성공하는데 더 많은 어려움을 겪을 수 있다. 또한 우리는 이러한 인지 보조 장치를 사용하는 것이 성공의 가치를 떨어뜨리는 것은 아닌지 생각해보아야 한다. 어떤 시점에서 성공이 단지 필요한 지름길을 구매하는 능력으로 전락할 수 있기 때문이다.

의료 분야에서 로봇은 노인의 생활을 지원하고, 재활을 보조하고, 수술을 지원하는 등의 다양한 역할로 활용될 수 있다. 특히, 로봇 보조 수술은 현대 의료 산업에서 이미 사용되고 있는 로봇의 주요한 응용 분야이다. 수술 이외에도 로봇은 병원에서 물품을 전달하기도 하고 자외선을 이용하여 병원과 수술실을 소독하기도 한다. 최근에 로봇은 원거리에 있는 환자를 진찰하고 치료법을 결정하는 "원격 진료" 방법으로도 사용되고 있다.

로봇을 사용하여 원격 진료를 하게 되면 그동안 응급 상황에서만 진료받을 수 있었던 먼 곳에 있는 사람들에게도 치료를 제공할 수 있다. 원격 진료는 환자가 의사에게 더 자주 진찰받을 수 있도록 권장할 수 있다. 또한 농촌과 같은 도시 외곽 사람들의 의료 서비스 비용을 줄여줄 수 있다. 그러나 원격 의료가 과도하게 사용되면 표준 이하의 의료 서비스가 제공될 수 있다. 또한 원격으로 쉽게 판별하기 어려운 특정 질병에 대해 오진을 초래할 수도 있다.

로봇은 사회적 고립을 겪는 노인들에게 혜택을 줄 수 있다. 노인의 사회적 고립은 자녀가 성인이 되어 독립하고 배우자나 친구가 고령화로 사망하면서 발생한다. 그로 인해 요양원에 거주하게 되는 노인들은, 점점 더 고립감을 느끼면서 우울증을 앓기도 한다. 2018년 영국에서는 노인 고독을 중요한 사회 문제를 인식하고, 그러한 문제를 담당하는 전임 장관을 임명하기도 했다. 오늘날에는 노인의 외로움과 사회적 고립감을 줄여주기 위해 파로(Paro)와 같은 로봇이 개발되기도 했다.

그러나 파로 로봇을 이용하는 것에 대한 윤리적 우려도 제기되고 있다 (Sharkey & Sharkey 2012). 주된 우려는 치매 환자들이 파로가 로봇이라는 말을 듣고서도 로봇이라는 것을 깨닫지 못할 수 있다는 것이다. 더욱이 로봇을 도입함으로써 그것이 오히려 가족 구성원의 방문을 줄여 사회적 고립을 더 증가시킬 수 있다는 것이다. 그러나, 로봇을 이용한 노인지원이 우려보다 이점이 더 크다는 점 때문에 오늘날 많은 기업이 돌봄 로봇 개발에 관심을 두고 있다.

오늘날 AI와 로봇공학을 이용하여 환자가 특정한 행동을 선택하도록 유도하는 넛지를 제공하기도 한다. 그런데 이 또한 윤리적으로 논란이 될 수 있다. 실제로 사람들이 식습관을 고치고 운동하도록 상기시켜주는 체중 감량 로봇 코치가 개발되기도 했다. 로봇 코치는 사람들의 다이어트를 돕는 로봇이지만, 이 또한 인간의 자율성과 관련하여 윤리적 우려가 제기될 수 있다. 인간은 자신이 원하는 삶의 방식을 스스로 선택할 수 있는 자율성을 가져야 하며 AI 시스템에 종속되어서는 안된다. 이것은 AI 기술 개발의 중요한 원칙이기도 하다.

　AI 시스템이 인간에게 영향력 있는 방식으로 작동하게 되면 이것은 심리적 조종과 관련하여 문제가 제기된다. 이 경우 AI는 "문간에 발 들여놓기"와 같은 방식으로 인간에게 영향을 미칠 수 있다. 문간에 발 들여놓기는 상대방에게 큰 부탁을 하고자 할 때 먼저 작은 부탁을 해서 그 부탁을 들어주게 하는 것으로 시작하는 방법이다. 어떤 사람이 작은 부탁이나 약속을 들어주고 나면 그 사람은 그러한 방향으로 태도나 행동을 계속 수정하게 되고 더 큰 부탁을 들어줘야 한다는 의무감을 느끼게 된다는 것이다. AI도 이처럼 문간에 발 들여놓기 방식으로 인간에게 영향력을 행사할 수 있다.

　최근에는 AI 시스템이 예비적 심리검사를 수행하기 위한 수단으로도 사용된다. 이러한 시스템은 온라인 행동에서의 우울증을 감지하여 치료가 필요한지를 판단할 수 있다. 또한, 위험에 처한 사람을 식별하여 자살이나 그 밖의 부정적인 결과를 예방하는 데 도움이 된다. 그러나, 이러한 시스템은 인간이 자신의 문제를 자유롭게 해결하는 것을 방해할 수도 있다. 실제로 외상후 스트레스 장애가 있는 환자를 인터뷰하는 가상 에이전트가 개발되었는데, 연구에 따르면 외상후 스트레스 장애를 앓는 사람은 인간 치료사보다 가상 에이전트에게 더 마음을 열었다(Gonzalez, 2017). 그러나 가상 에이전트에 대한 높은 의존도는 이후 인간이 스스로 문제를 해결하려는 시도를 방해할 수 있다.

　AI 시스템과 로봇공학은 오늘날 의료혁명을 일으키고 있다. AI 기술과 로봇공학은 수술에서부터 질병 진단에 이르기까지 다양한 측면에서 이점을 제공한다. 실제로 2019년에 국립암연구소에서 9,400여 명의 여성을 대상으로 한 연구에 따르면, AI 시스템이 인간 의사보다 전암 세포를 검출하는 데 압도적으로 우수할 수 있다는 것이 확인되었다. 오늘날 AI는 고도의 자율성과 우월한 지능을 가진 시스템으로 인식되고 있다. 이러한 AI의 자율성과 지능은 AI 시스템의 발전과 함께 인간과 대등한 지식을 축적하거나 더 나아가 인간의 지식과 예측, 제어를 뛰어넘는 상황을 야기할 수도 있다. 이제 우리는 인공지능을 인간이 제작한 단순한 보조물, 부산물이 아니라, 하나의 인공적 도덕행위자로 간주하면서, 그에 따른 윤리적, 법적 책임을 고려할 필요가 있다. 충분한 사전적 대비 없이 AI가 일으킨 변화를 받아들일 경우 인류가 겪을 가치관 혼동과 사회적 파장은 막대할 것이기 때문이다.

Arkin, R. C. (2008). Governing lethal behavior: Embedding ethics in a hybrid deliberative/reactive robot architecture. In *Proceedings of the 3rd ACM/IEEE international conference on Human robot interaction* (pp. 121−128).

Arkin, R. C. (2016). The Case for Ethical Autonomy in Unmanned Systems. *Military Ethics and Emerging Technologies*, 87−96.

Ball, G. (2019). En Garde: A Civil Law Approach to Autonomous Vehicle Liability under Louisiana Law. *Tul. L. Rev.*, 94, 155.

Bonnefon, J. F., Shariff, A., & Rahwan, I. (2016). The social dilemma of auton−omous vehicles. *Science*, 352(6293), 1573−1576.

Braun, M., & Brunstetter, D. R. (2013). Rethinking the criterion for assessing CIA−targeted killings: drones, proportionality and jus ad vim. *Journal of Military Ethics*, 12(4), 304−324.

Carsten, O., & Martens, M. H. (2019). How can humans understand their auto−mated cars? HMI principles, problems and solutions. *Cognition, Technology & Work*, 21(1), 3−20.

Dieterich, W., Mendoza, C., & Brennan, T. (2016). COMPAS risk scales: Demonstrating accuracy equity and predictive parity. *Northpointe Inc*, 7(4).

Ernest, N., Carroll, D., Schumacher, C., Clark, M., Cohen, K., & Lee, G. (2016). Genetic fuzzy based artificial intelligence for unmanned combat aerial vehicle control in simulated air combat missions. *Journal of Defense Management*, 6(1), 2167−0374.

Floridi, L. (2008). Artificial intelligence's new frontier: Artificial companions and the fourth revolution. *Metaphilosophy*, 39(4-5), 651−655.

Gonzalez, R. (2017). Virtual Therapists Help Veterans Open Up About PTSD. *Wired* (October 17), www.wired.com/story/virtual−therapists−help−veter−ans−open−up−about−ptsd.

Greenberg, A. (2015). Hackers remotely kill a jeep on the highway—with me in it. *Wired*, 7(2), 21−22.

Heyns, C. (2016). Autonomous weapons systems: living a dignified life and dy−ing a dignified death. *Autonomous weapons systems: Law, ethics, policy,*

3−20.

Moor, J. H. (2006). The nature, importance, and difficulty of machine ethics. *IEEE intelligent systems*, 21(4), 18−21.

Obermeyer, Z., Powers, B., Vogeli, C., & Mullainathan, S. (2019). Dissecting ra−cial bias in an algorithm used to manage the health of populations. *Science*, 366(6464), 447−453.

Sharkey, A., & Sharkey, N. (2012). Granny and the robots: ethical issues in robot care for the elderly. *Ethics and information technology*, 14(1), 27−40.

Sharkey, N. (2016). Saying 'No!' to Lethal Autonomous Targeting. *Military Ethics and Emerging Technologies*, 144−158.

Sloman, A., & Croucher, M. (1981). Why robots will have emotions. In *Proceedings of the Seventh International Joint Conference on ArtiŽial Intelligence*, 197− 202, Vancouver, B.C., Canada.

Commitee, I. T. (1968). Convention on road traffic. *United Nations Economic Commission For Europe*.

Van Wynsberghe, A., & Robbins, S. (2019). Critiquing the reasons for making artificial moral agents. *Science and engineering ethics*, 25(3), 719−735.

Riek, L., & Howard, D. (2014). A code of ethics for the human−robot inter−action profession. *Proceedings of we robot*.

Weinberger, D. (2018). Don't make artificial intelligence artificially stupid in the name of transparency. *Wired, Jan*.

찾아보기

공저자 약력

정제영

현) 이화여자대학교 교육학과 교수, 미래교육연구소장
전) 이화여자대학교 기획처장, 교육과학기술부 서기관
서울대학교 교육학 박사

김갑수

현) 서울교육대학교 컴퓨터교육과 교수
　　서울교육대학교 인공지능과학융합 전공주임, SW영재교육원장
서울대학교 계산통계학과 전산과학 박사

박보람

현) 강원대학교 윤리교육과 교수
　　강원대학교 교육연수원장
한국교원대학교 교육학 박사

박휴용

현) 전북대학교 교육학과 교수
　　전북대 교육문제연구소장
University of Wisconsin-Madison 철학 박사

이선복

현) 이화여자대학교 교육학과 교수
　　이화여자대학교 AI융합교육전공 주임교수
University of Georgia 교육심리(양적연구방법) 박사

전우천

현) 서울교육대학교 컴퓨터 교육과 교수
　　서울교육대학교 인공지능인문융합전공 주임교수
Oklahoma State University 전산학 공학박사

정영식

현) 전주교육대학교 컴퓨터교육과 교수, 기획처장
전) 한국교육개발원 연구위원
한국교원대학교 교육학 박사

조헌국

현) 단국대학교 과학교육과 교수
　　단국대학교 AI융합교육전공 주임교수
서울대학교 교육학 박사

최숙영

현) 우석대학교 정보보안학과 교수
　　우석대학교 대학원 AI융합교육전공 주임교수
　　한국 컴퓨터교육학회 부회장
Nova Southeastern University 교육학 박사

하민수

현) 서울대학교 생물교육과 교수
　　서울대학교 AI융합교육학과 겸무교수
The Ohio State University 철학 박사

AI융합교육개론

초판발행   2023년 1월 6일
중판발행   2024년 1월 31일

지은이   정제영 · 김갑수 · 박보람 · 박휴용 · 이선복 · 전우천 · 정영식 · 조헌국 · 최숙영 · 하민수
펴낸이   노 현

편 집   배근하
표지디자인   이수빈
제 작   고철민 · 조영환

펴낸곳   ㈜ 피와이메이트
               서울특별시 금천구 가산디지털2로 53 한라시그마밸리 210호(가산동)
               등록 2014. 2. 12. 제2018-000080호

전 화   02)733-6771
f a x   02)736-4818
e-mail   pys@pybook.co.kr
homepage   www.pybook.co.kr
ISBN   979-11-6519-316-4 93370

정 가   24,000원

박영스토리는 박영사와 함께하는 브랜드입니다.